बेदखल

(उपन्यास)

आभार

नेहरू संग्रहालय पुस्तकालय, तीनमूर्ति भवन, नई दिल्ली तथा डॉ०कपिल कुमार सहित उन सभी शोध-कर्मियों के प्रति, जिनकी कृतियों से उपन्यास के कथा-विन्यास में सहयोग मिला है, लेखक आभार व्यक्त करता है।

बेदखल

कमला कान्त त्रिपाठी

वाणी प्रकाशन

वाणी प्रकाशन

4695, 21-ए, दरियागंज, नयी दिल्ली 110 002

फ़ोन : +91 11 23273167 फ़ैक्स : +91 11 23275710

शाखाएँ

अशोक राजपथ, पटना 800 004, बिहार

कॉफ़ी हाउस कैम्पस, महात्मा गांधी मार्ग, इलाहाबाद 211 001, उत्तर प्रदेश

महात्मा गांधी अन्तरराष्ट्रीय हिन्दी विश्वविद्यालय, वर्धा 442 001, महाराष्ट्र

सुल्तानिया रोड, मोतिया पार्क, भोपाल 462 001, मध्य प्रदेश

www.vaniprakashan.com
marketing@vaniprakashan.in
sales@vaniprakashan.in

BEDAKHAL
by Kamla Kant Tripathi

ISBN : 978-81-7055-504-9
Novel

संस्करण 1997
आवृत्ति 2020

मूल्य : ₹ 495

यश प्रिंटोग्राफ़िक्स, नोएडा-201 301 (उ.प्र.) में मुद्रित

वाणी प्रकाशन का लोगो मक़बूल फ़िदा हुसेन की कूची से

एक

साल की पहली बारिश थी। वैसे तो अंधड़ के साथ बूँदाबाँदी हो चुकी थी लेकिन अभी तक लहरा नहीं पड़ा था। आज खूब जमकर बारिश हो रही थी। हवा भी तेज थी। पेड़ों की पत्तियाँ और ऊपर की डालें जोर से हिल रही थीं। नीचे की सूखी डालों पर से रेंगते हुए पानी की लकीरें तने की ओर बढ़ रही थीं। छप्पर और खपरैल से ओरी की तेज धार गिरने लगी थी जिसकी आवाज बारिश और हवा के शोर में खो गई थी। द्वार पर उमड़ी धूल बैठ गई थी और पानी फैलकर ढाल की ओर बहने लगा था। द्वार के सामनेवाली गड़ही में कुछ पानी जमा हो गया था और उसमें बूँदें पड़ने से बुलबुले नाच रहे थे।

शाम तक बारिश बन्द हुई तो गड़ही में इतना पानी भर गया था कि मेंढक बोलने लगे थे। बच्चे उनकी आवाज के साथ आवाज मिलाते थे—सम गम, गए हम। लेकिन बीच में टर्र-टर्र का कर्कश, एकाकी स्वर संगत तोड़ देता था। अँधेरा होते ही झींगुरों ने भी सुर मिलाना शुरू कर दिया। बिलों में पानी चले जाने से चींटे-चींटियाँ और दीमक पंख लगाए बाहर निकले और दिवठी पर रखे दीए के चारों ओर मँडराने लगे।

बुढ़ऊ आँगन में भोजन करने उठे थे। पाँखियाँ अगल-बगल गिरने लगीं तो दीए को हटाकर दूर रख दिया गया। पर उससे थाली के पास अँधेरा हो गया। अब तो कोई पाँखी आकर थाली में गिर जाए तब भी पता नहीं चलेगा। बुढ़ऊ खाते समय बोलते नहीं थे। वे अन्दर-ही-अन्दर कसमसाते रहे। जब दो-एक पाँखियाँ उनके बदन से टकराईं तो वे थाली छोड़कर उठ खड़े हुए। बाहर आकर मुँह-हाथ धोया और गरज उठे—

"मइ कहा, ई दोनों बहुरियाँ मुझे मांसाहार कराने पर तुली हुई हैं। आगाह किया था कि आज पहली बारिश हुई है, पाँखियाँ निकलेंगी, दिन रहते खवाई-पिआई निबटा लेना। लेकिन कौन सुनता है ! आखिर ठहरीं तो धाकरों (निम्न कुल के ब्राह्मणों) की ही बेटियाँ।"

द्वार सूना था। उनकी आवाज घिरते अँधेरे से टकराकर लौट आई। वे जाकर मड़हे में लेट गए। बूँदाबाँदी फिर शुरू हो गई थी। घर के अन्दर से खटर-पटर की आवाज आती रही।

बुढ़ऊ का असली नाम था शालग्राम जो बिगड़कर सालिकराम हो गया था। उम्र पचपन के आस-पास। लम्बा-ऊँचा शरीर। हल्का साँवला रंग। सिर और दाढ़ी के बाल साधुओं की तरह बढ़े हुए। साल में सिर्फ एक बार माघ मेले में संगम जाकर बाल

बनवाते थे। माथे पर द्वादश तिलक जो शाम तक धुँधला पड़ जाता था। भगवान् शालग्राम की बटिया वे हमेशा साथ रखते थे। रोज सुबह नहाकर बटिया को नहलाते थे। चन्दन, फूल, धूप, दीप, नैवेद्य चढ़ाते थे। सन्ध्या-तर्पण करते थे। विष्णु सहस्रनाम का पाठ करते थे। एक माला 'ओम् नमो भगवते वासुदेवाय' का जाप करते थे। फिर उठकर भगवान् का भोग लगाते थे। तब जाकर मुँह में कौर डालते थे। वेश-भूषा के चलते लोग उन्हें साधू भी कहने लगे थे। शालग्राम नाम के कारण कुछ लोग उन्हें भगवान् भी बुलाते थे। पर घरवालों के लिए वे बुढ़ऊ थे। इलाके के दस्तूर के अनुसार बड़े बेटे की बहू आते ही वे बुढ़ऊ कहलाने लगे थे। तीन बेटे थे उनके—तीनों की अपनी-अपनी अलग राह थी। बड़ा—राम अभिलाख—गैर-जिम्मेदारी की हद तक अपने में मस्त। मंडलीबाज और बोलिकर। देश-पवस्त और नाते-रिश्तेदारियों में नेवहड़ छौंकता, गप्पें मारता घूमता था। मझला—रामदेव—गुरु के यहाँ से संस्कृत व्याकरण पढ़कर आया था। पंडिताई करता था और साथ-साथ घर-गृहस्थी भी देखता था। छोटा—रामहित—मेहनती पर रंगीन मिजाज। गाँव में उसका मन नहीं लगता था। लड़-भिड़कर रंगून भाग गया था। दोनों बड़ी बहुएँ घर में थीं, छोटी मायके में। बड़ी बहू देखने में गोरी-चिट्टी, सुन्दर और स्वभाव से फितरती थी। सास के रहते उसने मालिकाना सँभाल लिया था। मझली देखने-सुनने में साधारण और स्वभाव से सीधी थी। वही बुढ़ऊ की सेवा करती थी और डाँट भी खाती थी। बूढ़ा पूरी गऊ थीं। ऊपर से साँस की मरीज। देखते-देखते सब कुछ बड़ी बहू के कब्जे में आ गया था। बूढ़ा कभी मझली का पक्ष लेकर कुछ बोलतीं तो उन पर भी झाड़ पड़ जाती थी।

घर में सात बच्चे थे। राम अभिलाख के एक लड़की और दो लड़के। रामदेव के दोनों लड़के। रामहित के एक लड़का और एक लड़की—दोनों प्रायः माँ के साथ ननिहाल में रहते थे।

मड़हे में लेटे हुए सालिकराम ने आँखें बन्द कर लीं। गहराती रात के सन्नाटे में उनके भीतर उमड़-घुमड़ हो रही थी। पहली बारिश हमेशा उन्हें विकल कर देती है। मन पीछे, बहुत पीछे भागता है। ...वक्त कैसे उड़ता चला गया। उन्चास-पचास साल तो हो गए होंगे। ऐसा ही दिन था और ऐसी ही बूँदाबाँदी वाली रात जब वे बसौली आए थे। पैतृक गाँव से चार कोस पैदल चल कर। माँ-बाप के रहते अनाथ और बेसहारा। तब कहाँ पता था कि यहीं के होकर रह जाएँगे।

कहने को ननिहाल था यहाँ लेकिन दुर्बली नाना भरी जवानी में ही चल बसे थे। कम्पनी सरकार की फौज में थे और गदर के समय मारे गए थे। उनके बड़े भाई शंकर का मालिकाना था। उनके आगे-पीछे कोई नहीं था पर स्वभाव से वे बेहद उग्र और हृदयहीन थे। दुर्बली के एक ही लड़की थी जिसे शंकर ने एक दरिद्र, घुमन्तू, बूढ़े ब्राह्मण के साथ ब्याह दिया था जिसकी पहले ही तीन-तीन शादियाँ हो चुकी थीं। वे तो इधर-उधर भटकते, दूसरों के यहाँ माँग-जाँचकर अपना पेट पाल लेते थे, विपन्नता की

मार पड़ती थी बीवी पर। गरीबी और अवहेलना से जूझती तीनों बीवियाँ एक के बाद एक बिना कोई सन्तान दिए चल बसी थीं। तब आई थी दुर्बली की बेटी—कच्ची उम्र की पितृहीन लड़की। गौने के दो साल बाद ही सालिकराम पैदा हुए थे। एक साल बाद एक लड़की और हो गई थी। बिना किसी सहारे के दो-दो बच्चों को सँभालना। और उसकी अपनी ही उम्र क्या थी। ग्यारह साल की थी जब शादी हुई थी, एक साल बाद गौना। महज सोलह-सत्रह की उम्र। मायके में सब कुछ भरा था लेकिन ससुराल में दरिद्रता का अखंड साम्राज्य। चार बीघे बीजर-बाँगर खेत थे और एक हड्डुही गाय। बारिश ठीक से हो गई तो दूसरों के हल-बैल के सहारे एक फसल हो जाती थी नहीं तो वही आकाश-वृत्ति। पिता महीने-दो महीने में घूम-फिरकर लौटते तो उनके झोले में आटा-दाल की छोटी-छोटी पुटकियाँ होती थीं। कभी-कभी वह भी नहीं। बीच-बीच में उपवास की नौबत आ जाती थी। ऊपर से लगान की चिन्ता हमेशा सिर पर सवार रहती थी।

उस साल बारिश हुई तो खेत में डालने को एक दाना अन्न नहीं था। पिता कहीं रमे हुए थे। माँ ने सालिकराम को पुराने चिथड़े पहनाकर किसी के साथ बसौली भेज दिया था। बड़े नाना ने कैसी ठंडी निगाहों से देखा था! पर घर के अन्दर नानी ने अंकवार में भर लिया था और देर तक हुमस-हुमस कर रोती रही थीं। फिर उन्होंने जल्दी-जल्दी खाना पकाया था। सामने बैठकर पूछ-पूछकर खिलाया था। कितने दिन बाद पेट भर खाने को मिला था। उस दिन भी दिवठी पर दीया ऐसे ही जल रहा था, पाँखियाँ मँडरा रही थीं और थाली के पास अँधेरा था।

लेटे-लेटे सालिकराम को झपकी आने लगी। बाहर बारिश तेज हो गई थी मेंढकों और झींगुरों की आवाजें उसमें दब गई थीं। द्वार पर पानी भर गया था जो धीरे-धीरे गड़ही की ओर सरक रहा था। बीच-बीच में बिजली चमकती तो बहते पानी पर लावे की तरह तैरते बुलबुले नजर आते।

दूर से पानी में किसी के चलने की आवाज आई तो बुढ़ऊ उठकर बैठ गए।

"के आ हो?"

"हम हैं दादा।"

रामदेव मड़हे के एक कोने में जाकर धोती बदलने लगा।

"मइ कहा बड़ी देर कर दी आज?"

"हाँ, झिंगुरी सिंह की सभा थी पट्टी में। चले तो बारिश शुरू हो गई।"

"तुम भी पड़ गये इन लुंगाड़ों के चक्कर में।"

रामदेव सूखे गमछे से देह पोंछते-पोंछते धीरे से हँसा पर कुछ बोला नहीं।

"यह विकरमाजीत का पाछिल, खुद तो डूबेगा ही, दूसरों को भी डुबोएगा। राय साहब ने सुन लिया तो आफत खड़ी हो जाएगी।" विक्रमाजीत झिंगुरी सिंह के बाप का नाम था।

रामदेव भोजन के लिए उठने लगा तो बुढ़ऊ ने ताकीद की—

"मार पाँखी उठी हैं, जरा देख के कौर उठाना।"

रामदेव भोजन खत्म कर बाहर निकला तब तक बारिश बन्द हो गई थी। वह ओसारे में बैठकर हाथ-मुँह धोने लगा तो बुढ़ऊ मड़हे में लेटे-लेटे बोले—

"आसमान औंधा हुआ है। रात में फिर बारिश के आसार हैं। हो सकता है, सुबह तक खेतों में लेव लग जाए। बेहनौर और धनहा खेतों का मेंड़ सँभालना है। ...बड़े जन तो जाने कहाँ रमे हैं। वैसे भी उन्हें कौन फिकिर है खेती-बारी की! पहला दौंगरा पड़ता है तो किसान घर की ओर भागता है, पर वे तो चुपड़ी रोटी और बघारी दाल उड़ा रहे होंगे।"

रामदेव कुछ देर असमंजस में खड़ा रहा। फिर धोती का फाँड़ बाँधकर और कन्धे पर फावड़ा लेकर सिवान की ओर चल पड़ा। वहाँ पहुँचने तक आसमान छँटने लगा था। एक ओर बादल के फाहों के पीछे से चाँद निकल आया था और सिवान में धुँधली-सी चाँदनी बिछ गई थी। झिल्लियों की झंकार, रेवों की सिसकार, मेढकों की टर्राहट और चुहचुइया की एकतार चीख आपस में मिलकर साज-सा बज रहे थे जिससे सिवान का एकाकीपन गाढ़ा हो गया था। जिन खेतों की जुताई नहीं हुई थी उनमें मजे का पानी भर गया था और चाँदनी में दूर से चमक रहा था। रामदेव ने मेंड़ों के चारों ओर घूम-घूमकर कटे हुए घारों को बाँधा। कई जगह चींटों और चूहों ने मेंड़ों के नीचे-नीचे से सुरंगें बना दी थीं जिनमें से पानी धीरे-धीरे रिस रहा था। पर रात में उन्हें बन्द करना आसान नहीं था। अक्सर ये टेढ़ी-मेढ़ी सुरंगें मेंड़ के नीचे-नीचे दूर तक चली जाती हैं और पानी के अन्दर घुसने की जगह बाहर निकलने की जगह से बहुत दूर होती हैं। पानी बाहर निकलता तो दिखता है पर उसके अन्दर घुसने की जगह बहुत ध्यान से खोजनी पड़ती है। कभी-कभी तो पूरी सुरंग की लम्बाई तक मेंड़ को काटकर फिर से दबा-दबाकर बाँधना पड़ता है। चाँदनी की धुंधली उजास में यह काम नहीं हो पाएगा और दिन में दुबारा आना ही पड़ेगा—रामदेव ने सोचा और फावड़ा कन्धे पर डाले घर की ओर लौट पड़ा।

बारिश के बाद की निस्तब्धता। रात का दूसरा पहर। फीकी चाँदनी में डूबे जंगल के बीच से गुजरते हुए रामदेव का मन बार-बार झिंगुरी सिंह की सभा की ओर दौड़ जाता था। देशी जबान में कैसे ठह-ठह कर बोलते हैं वे—

"मोरे भइया किसानो, तोहरी कमाई पर तालुकेदारन की धोती आकाश में झुराय रही है और तोहार दुःख-तकलीफ सुनै वाला कोई नहीं। ...पहली बारिश के बाद किसान उछाह के साथ हल-बैल लिये खेत की ओर दौड़ता है। मगर खेत उसका नहीं। तालुकेदार जब चाहे उसे बेदखल कर दे। जिस मिट्टी को पालते-पोसते बाप-दादे मिट्टी में मिल गए वह मिट्टी उसकी नहीं। दूर अपने आलीशान कोट में बैठा तालुकेदार उसका मालिक है और अँगरेज बहादुर उसका रखवाला। दोनों ने मिलकर रिआया को तबाह करने की कैसी रचना रची है। यही तालुकेदार जब सत्तावन के गदर में अँगरेजों के

खिलाफ खड़े हुए तो रिआया ने आगे बढ़कर उनका साथ दिया। उनके साथ लड़ी-मरी। बाद में दोनों मिलकर एक हो गए और रिआया को मक्खी की तरह निकाल फेंका। उसका कोई हक नहीं, कोई अख्तियार नहीं। बस वह तालुकेदार का मुँह जोहे। उसके यहाँ हारी-बेगारी करे, नजराना दे और खुद दाने-दाने को मोहताज रहे। मोरे भैया किसानो, आप कब तक चुपचाप सहते रहोगे?...."

रामदेव स्वभाव से भावुक था। झिंगुरी सिंह की बातें सुनकर उसका दिल पिघलने लगता था। उसकी इच्छा करती थी सब कुछ छोड़कर उन्हीं के साथ लग जाए। मगर घर का ध्यान आते ही मन सिकुड़ जाता था।

दरवाजे पर पहुँचकर उसने खँखारा और फावड़े को कन्धे से उतारकर जमीन पर रख दिया। कहीं कोई आवाज नहीं थी। चारों ओर सोता पड़ गया था। उसने अपनी चारपाई मड़हे से बाहर निकाली और लेट गया। गड़ही में मेढकों की टर्राहट पूरे उफान पर थी। घर के चारों ओर जंगल, उसके बाद खेतों और बागों का सिलसिला। सब को अपने में समेटे चाँदनी की धुँधली उजास दूर तक पसरी थी। देर तक सोचते, करवटें बदलते पता नहीं कब उसे नींद आ गई।

दो

रात-भर बारिश नहीं हुई। सुबह बादल घिरे थे और पुरवइया चल रही थी। दो घड़ी दिन चढ़े हवा का रुख बदला और रिमझिम शुरू हो गई। बीच-बीच में लहरा भी आ जाता था। ताल-तलैयों में पानी जमा होने लगा। लोग इधर-उधर से उलीचकर बेहनौर के खेतों में लेव लगाने लगे। अब तक जो सिवान सूना पड़ा था, हल और पाटा चलाते और फावड़ा लेकर खेतों के कोन गोड़ते या मेंड़ सँभालते किसानों से भर गया। चारों ओर से हट्-हट् नांऽऽह की आवाजें आने लगीं।

सालिकराम के दोनों हलवाहे तड़के ही आकर बैलों को सानी-पानी डाल दिए थे। बैल नाँद में मुँह डालकर सानी खाने लगे तो वे हल कन्धे पर उठाए समुझ लोहार के यहाँ चल दिए। उनमें फाल ठुकवाकर लेव में चलाने के लिए दाबी लगवानी थी। समुझ के यहाँ एक ओर भाथी चल रही थी जिसे उसका बेटा खींच रहा था। दूसरी ओर वह खुद बसूला लेकर बैठा था और हलों में दाबी डालकर फाल ठोंकता जा रहा था। वहाँ बड़ी भीड़ थी। कई किसान हाथों से हल थामे अपनी बारी का इन्तजार कर रहे थे और बातें भी करते जा रहे थे।

"अरे मिस्त्री, जरा जल्दी-जल्दी हांथ चलावा हो।" एक किसान बेसब्री से बोला।

"हाँ भइया, आज तो सबको जल्दी होगी। खरिहग-फरवार देते समय नानी मरती है। दस-दस चक्कर लगवाते हो।" समुझ अपने ढंग से काम करता रहा।

"क्या करें, जब राजा-दैव से बचे तब तो तोहका दें।"

"अरे भइया, दैव से एक बार बच भी जाय पर राजा से कैसे बचे।"

"ठीकै कहा भइया।....आज हाड़ तोड़कर बोआई कर रहे हैं, कल बेदखली हो जाय तो घरौ का ओर्द जंगेरे में जाये कि नाहीं?"

"लगान पूरा भरोगे तो बेदखली काहे होगी हो।"

"अरे कौनो अन्त है लगान का। बस भरे जाओ। रसीद देता है कोई?"

"रसीद दे दें तो बेदखली का डर कैसे दिखाएँ। और बेदखली का डर न रहे तो नजराना कौन देगा।"

"लो, हम बातों में लगे रहे और ई सुखई का पाछिल मेरी बारी झपट लिया। ....चल हट हियां से।"

"बनवा लेने दो, उसी को बनवा लेने दो भइया। मिस्त्री कहीं भागे थोड़े जा रहे हैं।"

हलवाहे समुझ के यहाँ से हल बनवाकर लौटे तब तक दो घड़ी दिन चढ़ आया था। एकाएक जोर से लहरा आया और टप-टप बूँदें गिरने लगीं। जुआ खोजकर दोनों भीगते हुए बैलों को नाँधने लगे। तभी सालिकराम नहाकर गमछा पहने कुएँ से लौटे और मड़हे के एक कोने में खड़े होकर सूखी धोती पहनने लगे। एक बैल उसी समय पेशाब करने लगा। देबीदीन हलवाहा उन्हें सुनाकर बैल से बोला—

"लो, ऊपर से भगवान् तुलतुल कर रहे हैं, नीचे से तुमने भी शुरू कर दिया।"

सालिकराम ने भौंहें टेढ़ी कर उसकी ओर देखा और चपचाप धोती बाँधते रहे। देबीदीन शरारत से मुस्कराता अपने काम में लगा रहा। वह और सालिकराम दोनों बराबर की उम्र के थे और सालिकराम से उसकी खंगड़ई चलती रहती थी। वे अकच्छ होने पर बोल नहीं सकते थे। उन्होंने काँछ बाँध ली तो नकली गुस्से में बोले—

"ऐसे ही मेल्हते रहे तो खेत तक पहुँचते दिन लटक जाएगा देबीदीन। आज जुताई का इरादा नहीं है क्या?"

"अब क्या करें भगवान्। न ऊपरवाला बस में है, न तोहरे ई बरधऊ। दोनों मिल के मार किच-किच किए हैं। आखिर मौका देखकर न कौनो काम करै चाही।"

सालिकराम ओठों में मुस्काराकर रह गए।

दोनों हलवाहे हल-बैल लेकर चले गए तो वे मड़हे के कोने में रखी चौकी पर बैठकर पूजा करने लगे। तभी बांस की टूटी छतरी लगाए, काँख में एक फटी-पुरानी पिछौरी दबाए, उघारे बदन एक आदमी आता दिखा। पास आने पर उसने ~~चक्कर~~ पैलगी की और छतरी एक किनारे रखकर चौकी के सामने खड़ा हो गया। सालिकराम

ने सिर उठाकर हाथ के इशारे से उसे बैठने को कहा।

"बिसार (उधार पर बीज) के लिए गए थे भगवान्, पदारथ महराज के यहाँ। पर वो निराश लौटा दिए।" सुचित जमीन पर उकड़ूं बैठ गया और शालग्राम के संपुट की ओर सिर नवाकर हाथ जोड़े।

आचमन करते-करते हाथ के इशारे से सालिकराम ने कारण पूछा।

"अभी पिछले साल का बकाया है महराज। बहुत हाथ-पैर जोड़े पर वो टस से मस नहीं हुए। समझ में नहीं आता अब कहाँ जाएँ।···घर में मुट्ठी-भर धान नहीं है। लरिकन को भात खाए महीनों गुजर गए। मजूरी में जो मोट-महीन मिलता है उसी से किसी तरह गुजारा चल रहा है। अगर धनहा खेत में बीज न पड़ा तो आगे भी सब अँधियार है।"

सालिकराम ने संकेत से कहा कि वह धीरज के साथ बैठे। फिर दत्तचित्त होकर पूजा करने लगे। सुचित एक कोने में रखी सुतली लेकर धीरे-धीरे साफ करने लगा। भगवान् को नहलाकर चन्दन और फूल चढ़ाने के बाद सालिक राम ने घंटी बजाई। मझली बहू धूप के लिए कलछुल में आग और नैवेद्य के लिए पत्ते में गुड़ लेकर घूँघट काढ़े घर से बाहर आई। वह आग और बालभोग रखकर वापस जाने लगी तो उन्होंने ताली बजाकर उसे रोका और सुचित को उससे अपनी बात कहने के लिए इशारा किया।

"बिसार चाही दुलहिन।···दो पसेरी धान मिल जाता तो लरिकन के लिए आगे का सहारा हो जाता। नहीं तो खाने बिना मरेंगे।"

बहू ने हाथ हिलाकर अपनी असमर्थता जाहिर की और अन्दर जाकर बड़ी बहू से बोल दिया। वह कुछ देर बड़बड़ाती रही, फिर बूढ़ा को सिखा-पढ़ाकर बाहर भेजी।

"कउनो सदाबरत खुला है क्या।···बस खाने और बीज भर का धान रखा है। उसमें से इसको कैसे देंगे?···बैठे-बैठे हुकुम चलाते रहते हो।" कहते-कहते बूढ़ा की साँस फूलने लगी।

सालिकराम ने बेसब्री से हाथ हिलाकर बूढ़ा को वापस जाने का इशारा किया। पर माला जपते हुए बराबर उनके माथे पर शिकन बनी रही। सुचित आशा-निराशा में झूलता बैठा रहा। पूजा खत्म होते ही सालिकराम ने आवाज लगाई—

"मइ कहा, कउनो है?"

फिर से बूढ़ा बाहर आई—"अब क्या है?···रसोई तैयार है, उठते क्यों नहीं?"

बुढ़ऊ का नियम था, पूजा खत्म होते ही सीधे भोजन के लिए उठ जाते थे। पीढ़ा-पानी न रखा हो तो बहुओं की शामत आ जाती थी। थोड़ी-सी अधपकी दाल मिल जाए तो ठीक, नहीं तो चार मोटी-मोटी रोटियाँ जरा से अमचुर के साथ बड़े प्रेम से खाकर उठ जाते थे।

"देखो, सुचित इतनी देर से आस लगाए बैठा है। उसे दो पसेरी धान तुलवा दो।"

"जानते तो हो, धरना-उठाना सब बड़की दुलहिन के हाथ में है। उसने जो कहा,

मैंने आकर बोल दिया। अब हमारी जान न खाओ।"

बुढ़ऊ कुछ देर शून्य में ताकते रहे। फिर अन्दर उठते उबाल को दबाकर शान्त स्वर में बोले—

"जरा बड़की दुलहिन को भेज दो।"

बूढ़ा बड़बड़ाते हुए अन्दर गईं और थोड़ी देर बाद बड़ी बहू तिरछा घूँघट निकाले ओसारे के पास आकर खड़ी हो गई।

"बहू यह बताओ, हमें खाने को देती कि नहीं? ⋯बस उसी में से निकाल दो। हम भात नहीं खाएँगे इस साल।"

बहू चिनकती हुई अन्दर गई। पहले एक दौरी में धान लेकर आई और ड्योढ़ी में धम्म से रखा। फिर अन्दर से तराजू और बाँट लाकर पटका। वह कुढ़ती हुई धान तौलती रही और साधू उसकी झटक-पटक को नजरअन्दाज कर खुलती धूप में धोती फैलाते रहे।

सुचित पोटली बाँधकर खड़ा हुआ और साधू के सामने झुककर हाथ जोड़े— "धन्य हैं महराज। तोहरे पुन्नि-परताप से सात पीढ़ी फले-फूलेगी।"

सुचित के जाने के बाद बुढ़ऊ ने भोजन किया और मड़हे में आकर अपनी चारपाई पर लेट गए। एक झपकी लेने के बाद उठे तो ओसारे में जाकर आवाज़ लगाई—

"अरे कउनो है, जरा सुँघनी बना के दे देना।"

इस बीच रामदेव खेत से आकर नहा-खाकर वापस चला गया था। औरतें भी खा-पीकर लेटी हुई थीं। बुढ़ऊ की आवाज सुनकर मझली बहू उठी। ताक पर रखा सुरती का पत्ता उठाया। चूल्हे से गरम राख निकाली। उस पर रखकर पत्ते को गरम किया। हाँडी से चूना लेकर लत्ते में दबाकर सुखाया। सुरती और चूना मलकर सुँघनी बनाई और डिबिया में भरकर बुढ़ऊ के पास ले गई।

"इसको यहीं रख दो। जरा एक लोटा ताजा पानी लेती आओ। लोटा ठीक से माँज लेना।"

बुढ़ऊ का लोटा अलग था जो चौकी पर रखा हुआ था। बहू ने उसे उठाया, अन्दर ले जाकर राख से माँजा। फिर डोरी खोजकर कुएँ पर गई। पानी भरकर लाई और चौकी पर रख दिया।

"जरा खड़ाऊँ दे दो।"

बहू ने छप्पर में खुँसे खड़ाऊँ लाकर रखे तो बुढ़ऊ ने फिर आदेश जमाया—

"एक ढोंका गुड़ लेती आओ।"

बहू का सब्र जवाब दे रहा था—एक बार में सब कुछ क्यों नहीं बोल देते। जब तक वह गगरी से गुड़ निकालकर उसे पत्ते पर रख बाहर आई, बुढ़ऊ हाथ-मुँह धो चुके थे और खड़ाऊँ पहनकर पैर लटकाए चौकी पर बैठे इन्तजार कर रहे थे।

"पैर में जाँत बँधा है क्या लक्ष्मी? जरा जल्दी-जल्दी डुलाया करो।"

बहू कुछ बोल तो सकती नहीं थी, अन्दर-ही-अन्दर कसमसाकर वापस चली गई।

बुढ़ऊ ने गुड़ खाकर पानी पिया। कुछ देर सुँघनी सूँघते बैठे रहे। फिर उठकर पौला पहना, सोंटा उठाया और सिवान की ओर चल पड़े। बेहनौर वाले खेत में हल चल रहे थे और रामदेव कोन गोड़ने में लगा था। बगल में पदारथ का खेत था। उसमें चार-चार हल एक साथ चल रहे थे। दो उनके और दो कुर्मियान के। बिसार और महाजनी से उन्होंने पूरे कुर्मियान को बाँध रखा था। जिस कुर्मी को बोल देते, वह अपने हल-बैल लेकर पहले पदारथ के खेत में बुआई कराता फिर अपने खेत में जाने की हिम्मत करता। हलवाहों के अलावा तीन आदमी और काम पर लगे थे। घर का कोई आदमी खेत पर नहीं था पर सारा काम मुस्तैदी से चल रहा था।

सालिकराम कुछ देर मेंड़ पर बैठे काम का जायजा लेते रहे, फिर उठकर पदारथ के घर की ओर चल दिए। आज सुबह से ही पदारथ का बखार खुल गया था। अभी तक बिसार लेने वालों की भीड़ लगी थी। पदारथ दालान के ओसारे में चारपाई पर लेटे थे और बगल में मझला बेटा बही लेकर बैठा था। जिन लोगों का पुराना हिसाब बकाया था वे हाथ जोड़कर गिड़गिड़ा रहे थे लेकिन पदारथ पर कोई असर नहीं हो रहा था। बड़ा बेटा धान तौल रहा था और खुलेआम डंडी मार रहा था पर किसी की कुछ बोलने की हिम्मत नहीं थी। जिसका पिछला चुकता हो गया था वह पिछौरी बढ़ाकर धान रोपता, पोटली बाँधकर कन्धे पर डालता, पदारथ के सामने पूरा झुककर पैलगी करता और अपने को धन्य मानता रास्ता पकड़ लेता। सालिकराम के आ जाने से इस काम में थोड़ी बाधा पड़ी।

"आवा-आवा हो साधू, कहाँ से रास्ता भूल पड़े?" पदारथ ने चारपाई से उठकर उन्हें सिरहाने बिठाया। उच्च कुल के नाते वह उन्हें पूज्य मानता था।

"बेरन-वेरन कुछ डलवा रहे हैं? लेव लगने भर का पानी तो हो गया होगा।"

"हाँ, रो-धो के हो ही गया है। रामदेव बड़के बेहनौर में लगा है।...तुम खेत पर नहीं गए?"

"हमें बिसरहों से फुरसत मिले तब तो जाएँ। सुबह से नाक में दम किए हैं। देख तो रहे हैं।"

"भागमान हो भइया, बिना हिले-डुले सब काम हो रहा है।...सिवान से ही आ रहा हूँ।"

"इन ससुरों को दबा के रखो तो दौड़ के सब करेंगे। जाति ही ऐसी है इनकी।" पदारथ आवाज धीमी करके बोले।

सालिकराम बिना कुछ कहे पदारथ की ओर देखते रहे। उनका ध्यान सुचित की ओर चला गया।

"अच्छा यह बताओ पदारथ, जो बिसार नहीं पाएँगे वो बोएँगे कहाँ से, और बोएँगे नहीं तो पहले का बकाया कैसे वापस करेंगे?"

"जरा धीरे बोलो साधू।...सब ससुरे जोत-बो लेंगे और लगान भर देंगे तो बेदखल

कैसे होंगे? बेदखल नहीं होंगे तो हमारे-तुम्हारे यहाँ मजूरी कौन करेगा? फिर बेदखल होंगे तो आखिर खेतवा कहाँ जाएगा। राय साहब किसी को तो देंगे, खुद तो यहाँ काश्त करने आएँगे नहीं।" पदारथ साधू की ओर झूककर उनके कान में फुसफुसाए।

किसी ने ध्यान नहीं दिया कि सालिकराम के चेहरे का रंग कैसे बदल गया। आखिर धरम-ईमान भी कोई चीज है। ऊपर वाले का कोई खौफ नहीं इसे। वहाँ और बैठने का मन नहीं हुआ उनका।

वहाँ से चले तो उनके मन में भँवरें पड़ रही थीं। पदारथ ने देखते-देखते कैसे अपना ऐश्वर्य बढ़ा लिया! शुरू में जमीन-जायदाद क्या थी, बस जैसे-तैसे खाने को हो जाता था। आषाढ़-कार्तिक में हमारे यहाँ से अनाज जाता था तो खेत में बीज पड़ता था। लेकिन जब से इसने होश सँभाला है जैसे लक्ष्मी बरसने लगी हैं। अब तो रुपया थैली में लिये घूमता है। जहाँ बेदखली हुई, नजराना गिनने को तैयार हो जाता है। कितने गाँवों में जमीन बना ली है। बिसार और महाजनी ऊपर से। चारों ओर तूती बोल रही है। थोड़ी बेरहमी, थोड़ा कपट और थोड़ा भाग्य।···· अपने से तो यह होने वाला नहीं। दो वक्त की रोटी मिल जाती है यही क्या कम है। भगवान् ने बहुत दिया है। जब बसौली आए थे तो क्या था। आज गाँव की आधी सीर के मालिक हैं। दरवाजे पर जोगी-फकीर को भीख मिल जाती है। साल में एक बार साधुओं का भंडारा हो जाता है। पवस्त में इज्जत-आबरू है। और क्या चाहिए। ····लेकिन पदारथ का रोब-दाब देखकर मन क्यों कसमसाता है? एक पानी पर क्यों नहीं रहता वह? दोनों तो नहीं हो सकता न।

रास्ता जंगल के बीच से जाता था। पानी बरसने से बीच-बीच में कीचड़ हो गया था। वे सोंटे के सहारे सँभल-सँभलकर चल रहे थे। शाम ढलने में अभी देर थी। पश्चिम में सूरज के पास से बादल हट गए थे और चटक धूप निकल आई थी जिसमें बारिश से धुले ढाक के पत्ते चमक रहे थे। आसमान की ओर देखने से लगता नहीं था कुछ देर पहले बारिश हो चुकी है। घर तक पहुँचते-पहुँचते उनके पसीना चुहचुहा आया।

तीन

यह सन् उन्नीस सौ सत्रह का साल था। आषाढ़ का दूसरा पाख। बसौली से चार कोस दूर, अवध की सरहद पर बसा छोटा-सा गाँव रूरे। गाँव में बछगोती ठाकुरों का टोला—ठकुरइया। इनके पूर्वज कभी छोटे-मोटे जमींदार थे। परिवार बढ़ता गया और भइयाबाँटन के तहत जमीन के टुकड़े-टुकड़े होते गए। उसी के साथ पुरानी शान मिटती

गई और दरिद्रता का साया फैलता गया। लोग आस-पास के गाँवों में जमीन लगान पर लेकर तालुकेदारों के असामी भी बने पर अपने हाथ से खेती करने का अभ्यास न होने से कोई खास बरकत नहीं हुई। इतना जरूर था कि रूरे में अभी भी वे अपनी-अपनी जमीनों के मालिक थे जो तालुकेदारों के चंगुल से मुक्त थी।

गाँव के निकार पर पीपल का एक पुराना दरख्त था जिसके नीचे चबूतरा बना था। पास में एक पुराना पक्का कुआँ था। जमींदारी के जमाने का बना हुआ। गाँव में बारात आती तो जनवासा वहीं लगता था। तीज-त्योहार और पद-पंचायत के लिए भी लोग वहीं जमा होते थे।

पीपल के पेड़ के उत्तर, टोले के पश्चिमी सिरे पर एक छोटा-सा मकान। खपरैल की छाजन और छनिहर ओसार। यही है झिंगुरी सिंह का घर। ओसारे में पड़ी एक निखड़हरी चारपाई पर वे बैठे हैं। आस-पास लगी दो और चारपाइयों पर उनके संगी-साथी बैठे है। किसान सभा के काम से जुड़े लोग। दो दिन पहले साल की पहली बारिश हो चुकी है। पहर-भर दिन चढ़ आया है। सामने के खेतों में इधर-उधर कई हल चल रहे हैं। किसान अषढ़ई के काम में लगे हैं। इधर बतकही चल रही है।

"सहदेव सिंह कहाँ रह गए हो?"

"बेरन डलवा रहे हैं। नहा-धोकर आएँगे।"

झिंगुरी सिंह और सहदेव सिंह की जोड़ी मशहूर थी। दोनों हमेशा, हर जगह साथ दिखते थे। लोग उन्हें नर-नारायण कहने लगे थे। झिंगुरी सिंह को बोलने का अच्छा अभ्यास था, सहदेव सिंह बन्दोबस्त के काम में माहिर थे। ठकुरइया के अछैबर सिंह और गयाबकस सिंह भी किसान सभा के काम से जुड़े थे। आस-पास के गाँवों के कुर्मियान से काशी, प्रयाग, अयोध्या, भगवान दीन, रामऔतार, जगदेव, माताफेर, पंगुल वगैरह भी आते-जाते रहते थे। पंगुल पैर से लाचार था, लाठी के सहारे चलता था। गला बहुत अच्छा पाया था और सभा के शुरू में भजन गाकर भीड़ को मोह लेता था।

"परसों पट्टी वाली सभा में तो भीड़ अररा रही थी। बाप रे, कहाँ-कहाँ से लोग चले आए थे।"

"लेकिन पानी बरसते ही सब फूट लिए।"

"अब जब तक अषढ़ई चलेगी ऐसा ही होगा।"

कुछ देर चुप्पी रही।

"सुना है, ठकुराइन ने बहुत बड़ा भंडारा किया।"

"कौन ठकुराइन हो?"

"अरे यही अपने अमरगढ़ की तालुकेदारिन—गजराज कुँवर।"

"ई कउनी खुशी में भइया?"

"अरे तुम्हें नहीं मालूम? ⋯इतना बड़ा फोड़ा हुआ था।" माताफेर ने दोनों हाथों से गोला बनाकर दिखाया, "छह महीने दवा चली। पूरा पैर ही सड़ गया था। कउनो

बैद, हकीम, साधू-संत, फकीर नहीं बचा जिसको न दिखाए हों। पूरा करम दंड भोगि लिहीं तब जाके ठीक हुआ।"

"एक बात नहीं सुने होगे। दवाई और भंडारा में जितना खर्च हुआ, सब रिआया से वसूल होगा। लगान की अगली किस्त के साथ फोड़ावन भी लगेगा।" झिंगुरी सिंह ने बड़े शान्त स्वर में कहा और सुँघनी की डिबिया निकालने लगे।

"ई फोड़ावन क्या बला है बाबू साहेब?" फर्श पर ईंट का टुकड़ा रखकर बैठे भगवान दीन ने पूछा।

"अरे जैसे हथियावन, घोड़ावन, मोटरावन, लटियावन वगैरह दिए थे न, वैसे अब फोड़ावन भी देना।"

"सब उसी मैनेजर की कारस्तानी है। बड़ा ऐबी है ससुर। का नाम है हो··· नैनसुख लाल। रानी का कान भर-भर के चौपट कर रहा है रियासत को।···देखते जाओ।"

"रियासत को काहे कहते हो भइया, रिआया को कहो।"

"और क्या, फोड़ा रानी के हो और खमियाजा भुगते रिआया।"

"रामगंज की ठकुराइन तो औरो हद कर दी हैं।"

"वो का किहीं भइया?"

"अरे वो धुरियावन लगाए हैं।···जिस खोरि से गाँव के मवेशी चरने जाते हैं न, वह कोट के बगल से गुजरती है। कहती हैं, धूल उड़ती है तो उन्हें परेशानी होती है। अब वे फी मवेशी सवा रुपया साल धुरियावन लेंगी। नहीं तो जानवर नहीं निकलने देंगी।"

"अब ई लीला देखो भइया। अरे थोरे-थोरे लंका नहीं जरी। सारे बछगोती तालुकेदार उधिराय गए हैं। विनाश काले विपरीत बुद्धी।"

"अब आगे क्या किया जाए यह सोचो।"

"हम तो कहते हैं, झिंगुरी काका के मेल्हाय-मेल्हाय के भाखन देने से कुछ नहीं होगा।" नई उम्र के गया बकस ने उत्तेजना दबाते हुए कहा।

"तुम्हीं बताओ क्या करने से होगा?"

"हम क्या बताएँ, आप लोग सोचो।···गांधी बाबा को लिखो। नाऊ-धोबी बन्द करो, रास्ता रोको। बहुत तरीके हैं।"

झिंगुरी सिंह कुछ बोलने को थे तभी कन्धे पर कुरता डाले सहदेव सिंह आते दिखे।

"गाँव भर की बेरन डलवाने लगे का हो?" झिंगुरी सिंह को माहौल हल्का करने का मौका मिल गया।

"आज खेत में पानी हो गया था, कल तक सूख जाता।"

"अरे बाबू साहेब, वह तो बेरन डालने पर भी सूख जाएगा। और चिड़ियाँ ऊपर का सारा दाना चुन ले जाएँगी।" भगवान दीन के स्वर में किसानी के अनुभव का पुट था।

"हो सकता है, कल तक फिर बरस जाए। नहीं तो बगलवाली गड़हिया से उबह

कर भर देंगे। उसमें पानी हो गया है।"

"सहदेव सिंह ठीक ही कर रहे हैं। पहले आत्मा तब परमात्मा। गृहस्थी नहीं रहेगी तो पंचायती काम कैसे होगा?"

"तो हम सब नाहक यहाँ झख मार रहे हैं, कहो भगत?" गया बकस भगवान दीन की ओर मुड़कर उद्दंडता से बोला।

"ऐसा नहीं है गया, बात समझा करो।" जवाब झिंगुरी सिंह ने दिया, "दोनों काम जरूरी हैं। जब जिसकी तरक आ पड़े।...तुम कह रहे थे गांधी बाबा को लिखो। वह भी किया जाएगा। लेकिन मेरी समझ से उससे कुछ होनेवाला नहीं है। उनके सामने हजारों काम हैं। है कोई राजकुमार सुकुल जैसा जो उन्हें घेरकर यहाँ लाए?...चंपारन की बात और थी। वहाँ अँग्रेजों की जमींदारी थी। मुझे तो नहीं लगता, देशी तालुकेदारों के खिलाफ कांग्रेस उस तरह खुलकर सामने आएगी।" झिंगुरी सिंह बोलने को तो बोल गए लेकिन वे अन्दर-अन्दर महसूस कर रहे थे कि बड़े नेताओं से संपर्क साधे बिना किसान सभा का काम आगे बढ़नेवाला नहीं है।

"बात यह है काका कि मुझे मुँहदेखी बोलना नहीं आता।" गया बकस का उद्वेग अभी शान्त नहीं हुआ था।

"बोलना भी नहीं चाहिए बेटा। लेकिन मुँह झौंस दे, ऐसा भी नहीं होना चाहिए। पंचायती काम है, धीरे-धीरे ही होगा।"

"अच्छा बाबू साहब, सुना है बनारस से कउनो बाबा आए हैं। कहते हैं, महाराष्ट्र की तरफ के हैं। बहुत अच्छा रामायन कहते हैं। बड़ी भीड़ होती है।"

"हाँ, सुना तो है।...पहले फीजी टापू में थे। वहाँ पंचायती काम करने लगे तो गोरों ने निकाल दिया।"

"हाँ-हाँ, वही कसईपुरवाले न। सुना है, किसी सुनार के यहाँ रहते हैं।"

"कोई कह रहा था गांधी बाबा के चेले हैं। उन्होंने ही इनको इधर भेजा है।"

"कौन जाने, गांधी बाबा को यहाँ की खबर मिल गई हो।"

"कैसे नहीं मिलेगी। उनकी पाल्टी कहाँ नहीं है! अरे पत्ता हिलता है तो उन्हें खबर लग जाती है।"

"लेकिन कहते हैं, तालुकेदारों के यहाँ भी बाबा का आना-जाना है।"

"साधू-संत हैं, किसी से वैर क्यों रखेंगे।"

"लेकिन जहाँ पहुँचते हैं, जनता का दुःख-सुख पूछते हैं। तालुकेदारों की गलती बताते हैं। कहते हैं, जिसके राज में प्रजा दुखी हो वह राजा नरक में जाता है।"

"देख लेना, तालुकेदारों से उनकी ज्यादा दिन निभनेवाली नहीं है।"

"एक दिन चलकर उनसे मिला न जाए? देखें किसान सभा के बारे में क्या कहते हैं।"

"पहले यह तो तय करिए कि अगली सभा कब होगी।"

"बारिश के बाद किसान बुआई-जुताई में लग गए हैं। अगर पानी बरसता रहा तो वे उसी में बझे रहेंगे। सभा के लिए उन्हें फुर्सत कहाँ मिलेगी ?"

बातों का क्रम देर तक चलता रहा। आखिर तय हुआ कि कुछ दिन लोग अषढ़ई कर लें फिर अगली सभा का दिन तय होगा। इस बीच कसईपुरवाले बाबा से सम्पर्क करने की कोशिश की जाएगी।

चार

अषढ़ई करा देने के बाद एक बार पानी निकल गया। दो दिन से चटक धूप हो रही थी। बसौली के सिवान में सावाँ, चरी और उतेर के खेतों में नई उगी फसल लहलहाने लगी थी। धान और बेरन के खेतों में भी अँखुए फूट आए थे और गीली मिट्टी के ऊपर हल्की धानी चादर-सी बिछ गई थी। आकाश खुला देखकर किसान जौ-गेहूँ के लिए चौमस छोड़े गये खेत जोतने में लग गए थे।

पहर-भर दिन चढ़ आया था। सुबह से जुताई में लगे किसान खेत में हल रोककर इक्के-दुक्के पेड़ों की छाया में बैठे खरमिटाव कर रहे थे। औरतें पोटली में बाँधकर भुना हुआ महुआ-मटर और कोई-कोई कमोरी में मट्ठा ले आई थीं। जिन औरतों को कमोरी वापस ले जानी थी वे खरमिटाव करते किसानों के पास बैठी इन्तजार कर रही थीं। बैल खड़े-खड़े पगुरा रहे थे और बीच-बीच में मक्खियाँ उड़ाने के लिए मुँह झटकते और पूँछ फटकारते थे। तभी लीक की ओर से आता शेख वाहिद अली जिलेदार का घोड़ा दिखाई पड़ा। पीछे-पीछे रियासत के पाँच सिपाही थे। पूरे सिवान में दहशत की लहर दौड़ गई। किसान खरमिटाव छोड़कर उठ खड़े हुए। जिलेदार का घोड़ा करीब आया तो अन्दर-अन्दर काँपते हुए उन्होंने सलाम बजाया और सिर झुका लिया।

लाला के बाग में आकर जिलेदार रुका। गाँव से फटाफट चारपाइयाँ आ गईं। सिवान में काम बन्द हो गया। बात की बात में अहिरान और कुर्मियान से मेटा-भर दूध इकट्ठा हो गया। कुम्हार के यहाँ से दौरी-भर कुल्हड़ आए। जिलेदार ने तीन कुल्हड़ साढ़ी वाला दूध पीकर डकार ली और दाढ़ी पर हाथ फेरता चारपाई पर उठँग गया। बाकी दूध एक पेड़ की आड़ में ले जाकर सिपाहियों ने दनादन चढ़ा लिया और पेट सहलाते हुए जिलेदार की चारपाई के पास आकर खड़े हो गये। जिलेदार ने बस्ता खोला और वसूली की कार्यवाही शुरू हुई।

गाँव में तीन घर ब्राह्मण और एक-एक घर कायस्थ, लोहार, कुम्हार, धुनिया,

गड़ेरिया और चमार थे। तीन घर बहेलिया थे। बाकी सारे घर कुर्मियों और अहीरों के थे। लाला का बाग कुर्मियान और अहिरान के बीच में था और हाकिम-हुक्काम वहीं आकर रुकते थे। कायस्थ और ब्राह्मणों के अलावा सिर्फ कुर्मियों और अहीरों के पास काश्त थी। बाकी अपना पुश्तैनी पेशा करते थे लेकिन तालुकेदार की जमीन पर बसे होने के कारण उसके दबदबे से मुक्त नहीं थे और समय-समय पर बेगार के लिए उन्हें भी कोट जाना पड़ता था। अहीर खेती के मामले में ज्यादातर फक्कड़ थे और जिलेदार जानता था कि उन्हें मार-मारकर अधमरा कर दो तब भी उनके घर से कुछ निकलनेवाला नहीं है। पर कुर्मियों के बारे में धारणा थी कि वे बाहर से फटेहाल दिखते थे पर अन्दर से पोढ़े थे। औरतों-बच्चों के साथ दिन-रात खेती में लगे रहते थे और जो कुछ बचता था, दबाकर रखते जाते थे।

वैसे तो रबी की किस्त जेठ-वैशाख तक वसूल हो जाती थी और बारिश होने के पहले-पहले बेदखली का नोटिस भी जारी हो जाता था। लेकिन इस साल लगान के साथ लड़ाई-फंड के लिए चन्दा भी वसूल हो रहा था। जिलेदार ने ज्यादातर लोगों के यहाँ बकाया निकाल दिया था। राय साहब ने तो एकमुश्त चन्दा भरकर अपनी खैरख्वाही दिखा दी थी। अब उसका दोगुना-चौगुना रिआया से वसूल हो रहा था। कुछ राय साहब हड़प रहे थे तो कुछ जिलेदारों-सिपाहियों के हाथ भी लग रहा था।

थोड़ी देर बाद सुचित की बारी आई। चन्दे के अलावा उसकी दो-दो किस्तें बकाया थीं। जिलेदार ने पदारथ की ओर अर्थपूर्ण ढंग से देखा और सिपाहियों को एक खास इशारा किया। वे सुचित को लोगों के बीच से निकालकर अलग ले गये और चटकती धूप में मुर्गा बनाकर खड़ा कर दिया। आगे की कार्यवाही आराम से चलती रही। सालिकराम, पदारथ और लाला रामदयाल के अलावा बाकी लोग जमीन पर बैठे थे। दूर, बाग के दोनों किनारों पर अहिरान और कुर्मियान की औरतें भी खड़ी होकर सारी हलचल देख रही थीं।

आधे घंटे तक तो सुचित बर्दाश्त करता रहा, फिर उसके पैर काँपने लगे। आगे उससे नहीं रहा गया तो वह उठकर खड़ा होने लगा। पास खड़े सिपाही ने उसे भद्दी-सी गाली दी और पीठ पर एक धौल जमाकर फिर से झुका दिया।

"इधर-उधर करे तो एक ईंट लाकर रख दो साले की पीठ पर।" जिलेंदार ने बस्ते से सिर उठाकर सपाट स्वर में कहा और फिर से काम में लग गया।

सुचित की माँ और बहू भी औरतों के पास खड़ी थीं। दोनों लपक कर घर गईं। थोड़ी देर बाद माँ एक पोटली लेकर आई और पदारथ के पास लाकर उनके पैरों पर गिर पड़ी। पदारथ ने पोटली खोलकर देखा। उसमें एक-एक जोड़ी गिलट के अगेले और बाजूबन्द थे। उन्हें उठाकर परखा, फिर पोटली में रखकर परे सरका दिया—"किसी काम का नहीं है। बेचने पर दो रुपए भी नहीं मिलेंगे।"

सुचित की माँ चिरौरी करते-करते रो पड़ी पर पदारथ पर कोई असर नहीं हुआ।

कुछ दूर दूसरी चारपाई पर बैठे सालिकराम सुचित की दुर्दशा देखकर कसमसा रहे थे। उसकी माँ का रोना सुनकर उनसे नहीं रहा गया। स्वर में बहुत नरमी लाकर जिलेदार से बोले—

"हुजूर, गरीब-गुर्गा है, थोड़ी मोहलत दे दी जाए। आखिर जमीन लेकर कहाँ जाएगा?"

"जमीन रहेगी तब तो ले जाएगा।...पंडित जी, रियासत की माली हालत बहुत खराब है। लड़ाई-फंड में कितनी रकम देनी पड़ी कुछ अन्दाज है? हमें बहुत सख्ती करने के लिए कहा गया है।...इसकी तो लगान की भी दो-दो किस्तें बाकी हैं।...आप जमानतदार बनने को तैयार हो तो बात अलग है।" जिलेदार ने चारा फेंका। उसकी निगाह सालिकराम के जंगल पर थी। इलाके में किसी के पास इतना बड़ा जंगल नहीं था। कुछ खास पैदावार न होने पर भी इससे उनकी इज्जत में इजाफा होता था।

सालिकराम कुछ देर असमंजस में पड़े सोचते रहे। तब तक सुचित की माँ पदारथ के पास से उठकर उनके पास आ गई और उनके दोनों पैर पकड़कर माथा टिका दिया—

"दोहाई हो महराज। आपै का बच्चा है। कौनो तरह रच्छा करो।"

धर्मसंकट से साधू का चेहरा खिंच गया। उनकी आँखें रामदेव को खोज रही थीं, उसकी सलाह के बिना वे इतना बड़ा जोखिम नहीं ले सकते थे। पर वह वहाँ नहीं था। इस समय वह गन्ने के खेत में गोड़ाई करा रहा था।

सुचित की माँ का रोना-धोना जारी रहा। आखिर उन्हें सुचित का जमानतदार बनना पड़ा। जिलेदार ने अन्दर-अन्दर खुश होकर एक रुक्का बनाया और दस्तखत के लिए उनकी ओर बढ़ा दिया। उन्होंने सँभाल-सँभाल कर कैथी में दस्तखत किया और उठ खड़े हुए।

जिलेदार के दौरे को एक पखवारा हो गया था। बीच-बीच में बारिश हो जाने से फसल तेजी से बढ़ रही थी। सिवान में चारों ओर हरियाली उमड़ आई थी। किसान धान के खेत निराने में लगे थे। उस दिन जिलेदार का सिपाही गाँव में घुसा तो दोपहर हो रही थी और कई किसान निराई की घास खाँची में उठाए तालाब पर धोने ले जा रहे थे। वह सीधा सुचित के घर पहुँचा और उसे वहाँ न पाकर सालिकराम के यहाँ आ धमका। वे अभी-अभी भोजन करके उठे थे और हाथ-मुँह धोकर नीम की सींक से दाँत खोद रहे थे। रामदेव खेत से लौट आया था और लोटा-गगरा लेकर नहाने जा रहा था। सिपाही को देखकर वह ठिठका।

"का भइया सब कुशल तो है? कैसे आना हुआ?"

"जिलेदार साहब कहे रहेन कि सुचित न मिले तो साधू से बात करूँ।"

"कउनी बाबत भइया?"

अब जाकर रामदेव को मालूम हुआ कि बुढ़ऊ सुचित के जमानतदार बने बैठे हैं।

"अरे भइया, अभी कै दिन हुआ। कुछ तो मोहलत दोगे।"

"अब हम का जानें महराज। हमें तो जैसा हुकुम हुआ वैसा कर रहे हैं।"

सिपाही को पहले रस-पानी कराया गया। फिर भोजन के लिए पूछा गया तो वह उसके लिए भी तैयार हो गया। घर की रसोई किसी बाहरवाले के खाने लायक नहीं बनी थी। औरतों ने बड़बड़ाते हुए जल्दी-जल्दी में भात पकाया और गेहूँ का आटा सानकर रोटी सेंकी। घर में दूध बिठाया हुआ था, इसलिए दाल के बिना काम चल गया नहीं तो और विलम्ब होता। सिपाही ने खा-पीकर आराम किया। फिर एक सेर घी देकर और बहुत समझा-बुझाकर उसे विदा किया गया।

शाम को सालिकराम ने सुचित को बुलाकर बात की। ले-देकर उसके पास एक बैल था जिसे वह दूसरों के साथ हरसझा करके जोतता था। कुर्मियान के और लोगों की तरह उसके पास भी फूस की झोंपड़ी थी जिसे हर दूसरे साल गन्ने की पत्ती माँगकर छाना पड़ता था। हाँड़ी में खाना पकता था जिसे रोज धोकर रस्सी के सहारे छप्पर में टाँग दिया जाता था। हाँड़ी फूट जाती तो बहुत मुश्किल से कुम्हार के यहाँ से दूसरी आती थी। पत्तल और कठौती में खाना खाया जाता था। जस्ते का एक लोटा था जिसमें रखने से मट्ठा-दही खराब हो जाता था। कुम्हार के यहाँ से आई मेटियों और भुरकों से किसी तरह काम चलता था। माँ और बीवी के पास सिर्फ एक-एक मोटिया धोती थी। वे टुकड़े पहनकर नहाती थीं और धोती सूखने के लिए डाल देती थीं। जब तक वह सूखती, टुकड़ा पहने झोपड़े में घुसी बैठी रहती थीं। दिन-भर खेत में खटने के बाद अवध के अधिकांश किसानों को यही इतना मयस्सर था। अगर सुचित के घर का एक-एक सामान कुड़क हो जाता तो भी लगान की भरपाई न हो पाती।

सालिकराम के जेहन में अब तक जो अस्पष्ट-सा था, बिल्कुल साफ हो गया। सुचित का लगान उन्हें ही भरना होगा। थोड़े दिनों में भदईं की फसल होगी तो बेच-बाँचकर किसी तरह निकालेंगे।

पाँच

उस दिन सालिकराम सुबह-सुबह दिशा-जंगल से लौट रहे थे। आसमान में बादल छाए थे, रात में बारिश हो चुकी थी। रास्ते में रेह भीगकर गीली हो गई थी। बीच-बीच में, जहाँ जमीन नीची थी, पीला-कत्थई रेहकट पानी जमा हो गया था। जंगल के बीच से एक जगह खुट-खुट की आवाज आ रही थी। वे कुछ देर आहट लेते खड़े रहे, फिर

आवाज की ओर बढ़े। जैसे-जैसे आगे बढ़ते गए, आवाज तेज होती गई। लगा, कई कुल्हाड़े एक साथ चल रहे हैं। जंगल का दक्खिनी किनारा करीब आ रहा था और ढाक के पेड़ों व करोंदे-मकोय की झाड़ियों के बीच से सिवान की फसलें नजर आने लगी थीं। तभी सामने का नजारा देखकर वे सन्न रह गए। सात-सात लोहार एक साथ मिलकर पेड़ काट रहे थे। भोर के एकान्त में जंगल के बीच एक लय के साथ गिरते कुल्हाड़ों की खटखट अजीब-सी दहशत पैदा करती थी। काटनेवालों में किसी का चेहरा परिचित नहीं लगा। जरूर बगल के गाँव भदौना से आए होंगे जहाँ बहुत बड़ा लोहरान था।

"का भइया, कौन लोग हो ? दिन-दहाड़े···कौनो नवाबी आ गई है ?"

लोहारों पर जैसे उनकी बात का कोई असर नहीं हुआ। वे चुपचाप अपने काम में लगे रहे। थोड़ी देर बाद एक पेड़ की आड़ से निकलकर पदारथ सामने आए।

"नवाबी नहीं आई है साधू, राय साहब के यहाँ से जंगल का पट्टा लेकर आया हूँ। आधा रकबा मेरे और आधा शेख वाहिद अली के नाम हो गया है। अब यहाँ जंगल नहीं रहेगा, दिशा-मैदान के लिए कोई और जगह ढूँढ़ लो।" पदारथ का तेवर बदला हुआ था।

"अच्छा तो तुम हो ! तभी तो कहें सुबह-सुबह कहाँ से जमराज के दूत टूट पड़े।"

आगे साधू के मुँह से शब्द नहीं निकले। कुछ देर वे काठ बने जंगल कटता देखते रहे, फिर चुपचाप लौट पड़े। घर आकर हाथ मटिआया, कुल्ला किया और कटे पेड़ की तरह चारपाई पर गिर पड़े। जनेऊ कान पर चढ़ा रहा। वैसे ही पड़े-पड़े एक घंटा दिन चढ़ आया, तब जाकर लोगों का ध्यान गया। वे रोज दिशा-जंगल से लौटकर तुरन्त नहाते थे और पूजा पर बैठ जाते थे। आज ऐसे क्यों लेटे हैं ? रामदेव ने आकर पूछा तो वे कुछ बोले नहीं, बस आँखें मूँदे पड़े रहे।

थोड़ी देर पहले देबीदीन हलवाहा हल-बैल लेकर सिवान की ओर गया था, वह आधे रास्ते से लौट आया। उसी ने आकर बताया कि पदारथ तेवारी बाहर से लोहार बुलाकर जंगल कटवा रहे हैं, साधू शायद वही देख कर आए हैं। कुछ देर वह उनकी चारपाई के पास खड़ा बिसूरता रहा। फिर हल उठाया और बुझा-बुझा-सा बैलों को हाँकता दुबारा खेत की ओर चल पड़ा। हराई लगाते हुए उसके जेहन में साधू का हारा हुआ उदास चेहरा घूमता रहा। दूसरा हलवाहा खेदू बगल के खेत में हल चला रहा था। दोनों खरमिटाव के समय मेंड़ पर आकर बैठे ही थे कि जंगल से भनभन की आवाज आने लगी। देबीदीन के चेहरे पर उद्विग्नता उभर आई—कहीं आज फौजदारी न हो जाए, पदारथ तो हर तरह से तैयार होकर आए होंगे। उसने खेदू को ताकीद की कि दोनों जोड़ी बैलों को देखता रहे और खुद खरमिटाव छोड़कर जंगल की ओर भागा। वहाँ काफी भीड़ इकट्ठी हो गई थी। लोग एक ओर खड़े देख रहे थे और लोहार दनादन कुल्हाड़े चला रहे थे।

जंगल था तो सालिक राम के कब्जे में लेकिन थोड़ा-बहुत फायदा सबको मिलता

था। गड़ेरिया उसमें अपनी भेड़-बकरियाँ चराता था और झाड़ें काटकर उन्हें खिलाता था। सूखा पड़ता तो लोग जानवरों को खिलाने के लिए ढाक की टहनियाँ काट ले जाते थे। गरमियों में लोग सूखी पत्तियाँ बटोर ले जाते और बरसात आने पर उन्हें जानवर बाँधने की जगह डालकर कीचड़ सुखाते और खाद बनाते थे। गाँव में किसी के यहाँ भी भोज-भात होता तो जलाने की लकड़ी इसी जंगल से जाती थी—साधू किसी को ना नहीं कर पाते थे। जाड़े में अलाव के लिए भी लोग लकड़ियां काट ले जाते थे—कभी चोरी से तो कभी माँगकर। फिर उसमें तमाम ऐसे बिरवे और जड़ी-बूटियाँ थीं जो आदमियों और जानवरों दोनों की बीमारी में काम आती थीं। लोग उन्हें खोजते दूर-दूर गाँवों से आते थे।

साधू का जंगल कटने की खबर सुनकर पूरा गाँव दौड़ा आया था। लेकिन पदारथ के सामने किसी की बोलने की हिम्मत नहीं थी। केवल राम अभिलाख क्रोध और हताशा में आंय-बांय बके जा रहा था। रामदेव उसके पीछे कसमसाता हुआ खड़ा था। पदारथ के चारों बेटे भी लाठियाँ लेकर आ गए थे और एक ओर चुपचाप खड़े मौका देख रहे थे। लोहार बड़े धर्म-संकट में थे, न उनसे रुकते बन रहा था न काटते। वे दूनी मजदूरी पर आए थे और जानते थे कि अब अगर पीछे हटे तो पदारथ महराज उन्हें छोड़नेवाले नहीं हैं।

देबीदीन कुछ देर हालत का जायजा लेता रहा। जाहिर था कि जब तक राम अभिलाख सिर्फ चिल्ला रहा है तब तक तो कोई बात नहीं, लेकिन जैसे ही कटाई में बाधा डालेगा, पदारथ के बेटे मार-पीट पर उतर आएँगे। वह जाकर राम अभिलाख के सामने खड़ा हो गया।

"अब चलो महराज। आप इज्जत-आबरूवाले आदमी हो। जबान खराब करने से क्या फायदा। कोई और रास्ता निकालो।"

राम अभिलाख ने उसका हाथ झटक दिया।

"क्या रास्ता निकालें। देख रहे हो हम इतनी देर से बक-बक कर रहे हैं पर उनके सर पर जूँ नहीं रेंग रही। ....ऐसी अनीति देखी थी कभी?"

"नहीं देखी थी। पर क्या करोगे महराज। मौका देखकर न कोई काम करना चाहिए। उनके पास ताकत है। आप फाँय-फाँय करते रहो, इससे क्या होगा।"

"तो क्या करें?"

"अभी तो यहाँ से चलो। कानून-कचेहरी जो समझ में आए करो। लेकिन यहाँ रुकना ठीक नहीं।"

देबीदीन अपनी जिद पर अड़ा रहा। आखिर दोनों भाइयों को साथ लेकर ही वापस गया।

घर पहुँचकर कुछ देर राम अभिलाख और रामदेव में आपस में चख-चख होती रही। फिर रामदेव जल्दी-जल्दी कहीं जाने के लिए तैयार होने लगा। साधू पड़े-पड़े

देखते रहे। वह झोला लेकर निकलने लगा तब जाकर उनके बोल फूटे।

"कहाँ जा रहे हो भइया?"

"दादा, जरा कोट तक जाकर देखता हूँ। राय साहब से कहूँगा, यह कहाँ का न्याय है!"

"अब कुछ नहीं होगा भइया, जिलेदार से वैर ऊपर से होगा। ...ईश्वर की यही इच्छा है तो यही सही।"

"दादा, आज जंगल गया है, कल खेत-बारी जाएगी। कहाँ तक संतोख करोगे?"

"कल की बात कल देखी जाएगी बेटा। जिसने मुँह चीरा है, शाम तक दो मुट्ठी अन्न भी देगा।"

"आप पदारथ काका को नहीं जानते। वह कल को हमारा घर से निकलना दूभर कर देंगे। जंगल का पट्टा लेकर हमें चारों ओर से घेर रहे हैं। अब हमारे जानवर किधर से निकलेंगे?"

"वक्त-वक्त की बात है बेटा। पदारथ का दोख नहीं, जब विधाता वाम होता है, ऐसे ही किसी को निमित्त बना देता है। ...जितना हमारा है, उतना ही हमारे पास रहेगा।"

"लेकिन दादा हम हाथ पर हाथ धरकर बैठे तो नहीं रह सकते।"

"सो तो है। ...चलो, अपना करतब कर लेते हैं। ...लेकिन अभी मैं हूँ। जहाँ जाना है मैं जाऊँगा। तुम वहाँ जाकर क्या करोगे।"

सालिकराम उठे। मन मारकर नहाया-धोया। पूजा की। भोजन करने उठे, लेकिन मुँह में कौर नहीं दिया जा रहा था। जैसे-तैसे आधा पेट खाकर उठ आए। मिरजई पहनी। सिर पर साफा बाँधा। पैरों में पौला डाला। कन्धे पर आगे-पीछे लटकनेवाला झोला रखा। उसमें एक ओर शालग्राम की बटिया और पुजहाई का सामान और दूसरी ओर लोटा-डोरी, एक धोती और एक पुटकी में बँधा गुड़, सत्तू और चबैना डाला। दूसरे कन्धे पर पिछौरी रखी। सोंटा उठाया और मंगलं भगवान विष्णुः मंगलं गरुड़ध्वजः बुदबुदाते हुए चल पड़े।

जंगल के बीच से गुजरते हुए कुल्हाड़ों की आवाज आई। लगा जैसे दिल को चीर रही हो। ...मोह के वशीभूत है सारा संसार। इसी गाँव में अनाथ की तरह आए थे। आगे-पीछे कुछ नहीं था। न किसी चीज का मोह, न कुछ खोने का डर। बस पेट भर जाए और तन ढकने को कुछ मिलता रहे इसी इतने से सरोकार था। अब सारी जमीन-जायदाद और भरा-पूरा कुनबा है। लेकिन कहीं खरोंच भर लग जाए तो मन तिलमिला उठता है।

जंगल पारकर आगे बढ़े तो बाईं तरफ ताल की ओर निगाह गई। निचले हिस्सों में बरसात का पानी भर गया था और भीगी जमीन फोड़कर निकली नरई की हरी-मुलायम डंडियों से पूरा ताल ढक गया था। ताल के उस पार सरैया गाँव की बस्ती झलकती थी जिसके निकार पर राम हरख सुकुल का घर दिख रहा था। सहसा उन्हें राम

हरख के बाप कालिका की याद हो आई। वे दुर्बली नाना के हमउम्र थे और उनके बचपन के दोस्त थे। उन्हीं के चलते 'सालिकराम' को बसौली की सम्पत्ति मिली थी। इस जंजाल में पड़ना था, सो विधि ने ऐसा विधान रच दिया। न कालिका सुकुल बीच में आते न वे इस मायाजाल में फँसते।

सत्तावन के गदर के पहले का वाकया है। दशरथपुर के तालुकेदार राय कुंजल सिंह ने सालिकराम के परनाना गुरुदत्त को विंध्याचल से लगे हुए कन्तित गाँव से लाकर बसौली में बसाया था। यहाँ पहले रियासत की पाही थी। उन्होंने पाही की सारी जमीन गुरुदत्त के नाम लिख दी थी। जंगल और बागात भी बिना किसी लिखा-पढ़ी के उन्हें सौंप दिया था। गुरुदत्त तो बसौली आने के बाद जल्दी ही चल बसे पर बड़े बेटे शंकर ने बड़ी होशियारी से सब कुछ सँभाल लिया और तालुकेदार से रप्त-जप्त बढ़ाकर तीन गाँवों के मालगुजार बन गए। गदर के ठीक बाद जब फौरी बन्दोबस्त हुआ, छोटे भाई दुर्बली के कम्पनी की फौज में होने से बड़ा फायदा मिला। सारे खेत उनके नाम दर्ज हो गए। बाग और जंगल पर भी उनका कब्जा बना रहा। दुर्बली कम्पनी के जिस रिसाले में थे, गदर के समय उसने विद्रोह कर दिया। दुर्बली लापता हो गए। डेढ़ साल बाद खबर मिली कि वे तराई के जंगलों में राना बेनी माधो के साथ अँग्रेजी फौज से लड़ते हुए मारे गए। शंकर की मालगुजारी चली गई। पर औवल बन्दोबस्त के समय पाहीघर की जायदाद पर उनका कब्जा बना रहा।

उन दिनों की याद आने पर अन्दर धुआँ-सा भर उठता है। वह माँ की जिद पर बसौली आ तो गए थे पर शंकर नाना को वे फूटी आँखों नहीं सुहाते थे। घर में इतना सब भरा था लेकिन उन्हें जानवर चराने के काम पर लगा दिया था। अन्य चरवाहों की तरह उन्हें भी पाँच बिस्वा खेत दे रखा था। हलवाहा उसे जोत देता था, बाकी बुआई, गुड़ाई और फसल की कटाई सब वही करते थे। शरीर पर भगई के सिवा और कोई कपड़ा नहीं होता था। जाड़े में वे उसी खेत के एक कोने में पाल खोदते थे। नीचे गड्ढा, ऊपर जमीन और घुसने के लिए छोटा-सा मुँह। उसी में पुआल बिछाकर फटी-पुरानी पिछौरी लपेटकर सो जाते थे। जो कुछ गुनने-सीखने की उम्र थी वह डंडा लिये ढोरों के पीछे डोलते बीत गई।

कालिका से जुड़ी पुरानी बातें रह-रहकर याद आती हैं।...गोरू चराते और गृहस्थी में खटके सालिकराम धीरे-धीरे बड़े हो रहे थे। कालिका दूर-दूर से उन पर नजर रखते थे लेकिन अन्दर का स्नेह जाहिर नहीं होने देते थे। दिवंगत दुर्बली की वही एक निशानी थे। उनका बचपन तो ऐसे ही बीत गया लेकिन थोड़ा बड़ा होने पर कालिका ने उन्हें संस्कृत पढ़ाने और कर्मकांड सिखाने की कोशिश की। शंकर को यह सब नहीं भाया। वे तो सालिकराम को हरदम गृहस्थी के काम में पेरे रहना चाहते थे। पर उन्हें जब भी मौका मिलता, ताल पारकर कालिका के यहाँ निकल जाते। ज्ञान-ध्यान की बातें होतीं, शास्त्र-पुराण की चर्चा चलती। इसी में उनका मन रमता था। ननिहाल के टुकड़े

पर पल रहे सालिकराम के लिए कालिका ही एक सहारा थे। उन्हीं की अगुअई में उनकी शादी हुई थी। तीन साल बाद गौना आया तो शंकर को लगा अब इसके पाँव यहाँ जमने लगे हैं, अभी न उखाड़ दिया तो अपना हक जताने लगेगा। उन्होंने उनका उद्वास लगाना शुरू कर दिया।

शंकर जैसे-जैसे बूढ़े हो रहे थे, मति अस्थिर होती जा रही थी। इधर हर साल बिना नागा विन्धाचल जाते थे। कन्तित में उनकी घरुही अभी कायम थी। देवी के दर्शन के बाद वे हर बार कन्तित की ओर मुड़ जाते। दूर-दराज के कुछ भाई-भतीजे थे जो सगे बनने की कोशिश कर रहे थे और लिपरी-चुपरी किया करते थे। उड़ती-पड़ती खबर तो यह भी थी कि वहाँ कोई औरत थी जिसके साथ उनका चक्कर चल रहा था। जो भी हो, शंकर जब भी कन्तित जाते, कई-कई दिन के लिए रुक जाते और आते समय किसी-न-किसी को बसौली की जायदाद देने का वायदा कर आते। और आकर सालिक-राम को उललाना शुरू कर देते।

उस बार शंकर बीमार पड़े तो सालिकराम निःस्वार्थ भाव से उनकी सेवा में जुट गए। उठाना-बैठाना, नहलाना-धुलाना और जो भी जड़ी-बूटी, खर-खुदुर कोई बता दे उसे खोजकर लाना, कूट-छानकर दवा बनाना और नियमपूर्वक खिलाना—दिन-रात इसी में लगे रहते। कालिका इस फिक्र में पड़ गए कि इस बीमारी के दौरान ही शंकर की जायदाद सालिकराम के नाम करवा दें, वरना बाद में पता नहीं क्या हो।

उस दिन सुबह-सुबह वे दरवाजे पर आए तो सालिकराम शकर को उठाकर दातुन करा रहे थे। कालिका ने मौका देखकर बात शुरू की—

"तो क्या तय किया दूबे?"

"किस बारे में सुकुल?"

"अरे यही खेत-बारी के बारे में। ...किसको लिख रहे हैं?"

"समय आएगा तो देखेंगे। अभी क्या जल्दी है।"

कालिका कुछ देर चुपचाप सोचते रहे। फिर समझाना शुरू किया—

"आदमी की जिन्दगी का क्या भरोसा, अगली साँस आए कि न आए।...एक सलाह दूँ, बुरा तो नहीं मानिएगा?"

फिर वे सालिकराम की ओर मुखातिब हुए—

"मैं शंकर भइया के पास बैठा हूँ, तुम नित्य-कर्म से निबट आओ।"

सालिकराम उठकर चले गए तो वे फिर शंकर को समझाने लगे—

"लड़का आपका पूज्य है। बचपन से यहाँ पड़ा रखड़ रहा है। इस समय जैसी सेवा आपकी कर रहा है कोई और क्या करेगा। कन्तित वाले तो यहाँ आकर सेवा करने से रहे। वे सब पुजारी-पुरोहित हैं, दूसरों से सेवा करानेवाले, किसी की सेवा करना क्या जानें। उनका नाटक ज्यादा दिन नहीं चलेगा। इसको जमीन दोगे तो लोक-परलोक दोनों बनेगा। पिछले जनम में पता नहीं क्या किया था कि...अब अगला जनम तो सुधार लो।"

"अगर नाम लिखते ही बदल गया तो?"

"आपको आदमी की पहचान नहीं है दूबे।...स्वभाव से थोड़ा अक्खड़ जरूर है लेकिन मन से हीरा है।...फिर हम लोग तो हैं ही, कहाँ जाएगा। अब ज्यादा संकल्प-विकल्प मत कीजिए।"

सालिकराम लौटकर आए तब तक शंकर मन बना चुके थे। उन्हें पास बुलाकर बिठाया और धीरे से बोले—"कल डोली-खटोली का इन्तजाम करो...दशरथपुर चलेंगे।"

वह दिन और आज का दिन। न शंकर रहे न कालिका। कितना कुछ बदल गया। जमीन-जायदाद मिली, इज्जत मिली। पवस्त में मान-सम्मान मिला। लेकिन अब पदारथ की छाया राहु की तरह घेरे हुए है। किसी तरह मुक्ति दिलाओ भगवान्। हे दीनबन्धु दीनानाथ! थोड़ी ही दूर चलने में उन्हें पसीना चुहचुहा आया था।

छह

सात गाँवों और सैंतीस मोहालों का एक छोटा-सा तालुका था बीरापुर जिसकी सालाना मालगुजारी सोलह हजार पाँच सौ रुपये थी। तालुकेदार राय जगतपाल सिंह बछगोती ठाकुर थे। बसौली गाँव पहले दशरथपुर तालुके में था जिसके तालुकेदार सजरे में बीरापुरवालों के सबसे करीब पड़ते थे। वहाँ निर्वंश हो गया तो उस पर हक पाने के लिए बीरापुर और रामगंज रियासतों के बीच लम्बा मुकदमा चला जो प्रीवी कौंसिल तक गया। आखिर में फैसला बीरापुरवालों के पक्ष में हुआ।

फैसला हुए बीस साल हो गए थे। दशरथपुर का कोट अब सुनसान पड़ा था। उसका एक हिस्सा बीरापुर रियासत के जिले के रूप में इस्तेमाल होता था। वहाँ दो-तीन मुलाजिम रहते थे। राय साहब कभी दौरे पर आनेवाले होते तो कचेहरी और दीवानखाना खुलता था और उसकी साफ-सफाई होती थी। बाकी कोट धीरे-धीरे ढह रहा था।

जगतपाल सिंह अभी नौजवान थे। उनके पिता जगमोहन सिंह को मरे ज्यादा दिन नहीं हुए थे। जगमोहन सिंह अधिकांश जिन्दगी नीम पागल रहे। तालुकेदारी सँभालने का जिम्मा डोले से उतरते ही उनकी पत्नी ठकुराइन सुल्तान कुँअर के कन्धों पर आ पड़ा। जगतपाल सिंह के खून की असलियत को लेकर तमाम अफवाहें थीं। बछगोती खानदान में कोई उन्हें जगमोहन सिंह की सन्तान मानने को तैयार नहीं था। एक कबीरपंथी साधू थे जिनसे ठकुराइन ने दीक्षा ली थी। पास के गाँव बिछौर में दस

बीघे की आराजी और एक बहुत बड़ा बाग देकर वहीं पर ठकुराइन ने उनका मठ बनवा दिया था। लोग दबे-छिपे ठकुराइन के इसी सम्बन्ध को जगतपाल सिंह की पैदाइश से जोड़ते थे। अँग्रेज हाकिमों तक यह बात पहुँचाई गई और जगतपाल को तालुके से बेदखल कराने की पूरी कोशिश की गई। पर ठकुराइन हिम्मत नहीं हारीं। चुपचाप सारे लांछन झेलती रहीं और दिन-रात तालुके के इन्तजाम में लगी रहीं। आखिर अँग्रेजों को उनके बेटे का हक मानना पड़ा।

ठकुराइन अभी जीवित थीं। तालुका जगतपाल सिंह के नाम आ गया था पर मौके-बेमौके ठकुराइन को उसका इन्तजाम सँभालना पड़ता था। जगतपाल की ऐयाशी, फिजूलखर्ची और मनमानी हरकतों से वे मायूस थीं और बराबर कुढ़ती रहती थीं।

बसौली से बीरापुर पाँच कोस का फ़ासला था। बरसात बन्द थी पर आसमान में बादलों के थक्के जमा थे। बीच-बीच में उन्हें भेदकर तेज धूप निकल आती थी। सालिकराम पौला खटकाते तेजी से बढ़े जा रहे थे। रास्ते में एक जगह कुआँ और पेड़ों की छाया देखकर रुके। पसीना पोंछकर थोड़ी देर सुस्ताए। फिर लोटा-डोरी निकालकर पानी भरा। हाथ-मुँह धोया और गुड़ खाकर पानी पिया। उठकर चले तो मन में छाई दुश्चिन्ता से कमजोरी-सी लगी। अन्दर कुल्हाड़ों की खटखट बज रही थी। आगे क्या होगा यह सोच-सोचकर दिल डूबा जा रहा था। राय साहब के सामने क्या और कैसे कहेंगे। न सन्तोष करके बैठ सकते हैं, न मन किसी के सामने याचक बनने को तैयार होता है।

सई नदी पार करते-करते दिन ढल गया। बरसात में नदी का पाट चौड़ा हो गया था और मल्लाह जिस बाँस से नाव खे रहा था वह धारा के बीच जरा-सा ही पानी के ऊपर रह जाता था। एक बार बारिश और हुई तो डाँड़ से नाव चलने लगेगी।

बीरापुर पहुँचते-पहुँचते शाम होने लगी थी। लखपेड़वा बाग से ही कोट के कंगूरे और ऊपरी मंजिल झलकने लगी थी। कोट के पास पहुँचे तो उसका भीतरी फाटक बन्द हो रहा था। असामियों के लिए बने छप्पर के बैठके में अब भी कुछ लोग जमा थे। कुछ लोग दिशा-मैदान से लौटकर कुएँ की जगत पर हाथ-मुँह धो रहे थे। सालिकराम ने बैठके के बाहर पौला उतारा, खड़े होकर पसीना पोंछा, फिर भीतर घुसे। झोला उतारकर एक कोने में रखा और बैठकर सुस्ताने लगे। बैठे-बैठे अँधेरा घिर आया। एक नौकर कोट के अन्दर से दो मशालें जलाकर लाया। एक बैठके के पाख से लगाकर रख दी और दूसरी कुएँ की छूही से। सालिकराम उठकर कुएँ पर गए, हाथ-मुँह धोया, धोती बदली और जगत के एक कोने में बैठकर संध्या करने लगे। संध्या खत्म हुई तो थोड़ा-सा चबेना और गुड़ मुँह में डालकर पानी पिया और बैठके में बिछी जाजिम पर आकर लेट गए। करवट बदलते, राम-राम करते किसी तरह रात कटी। भोर में चिड़िया बोलने के पहले उठ गये। दिशा-मैदान से लौटकर नहाया-धोया। फिर भगवान् को नहलाकर भोग लगाया और गमछे में सत्तू निकालकर साना। बगल में एक किसान बैठा

उनकी ओर देख रहा था—साथ में सर-सामान कुछ नहीं, कई वक्त का भूखा लगता था। सना हुआ आधा सत्तू उसे दे दिया और आधा खाकर संतोष किया। फिर बैठके में आकर इन्तजार करने लगे। दो घड़ी दिन चढ़े कोट का फाटक खुला। तब तक वहाँ जिलेदारों, सिपाहियों और किसानों की भीड़ लग गई थी। सालिकराम को कुछ सूझता ही नहीं था कि किससे मिलें, क्या कहें। राय साहब महल से निकलकर कचेहरी में आकर बैठे तो लोग एक साथ उधर उमड़ पड़े। सालिकराम धक्का-मुक्की से बचते एक किनारे खड़े थे। अन्दर-अन्दर भगवान् शालग्राम को याद करते और आशा-निराशा के बीच झूलते हुए। बिना नागा भगवान् की पूजा-अर्चा करते हैं लेकिन संकट के समय उन पर दृढ़ विश्वास क्यों नहीं आता? मन कातर क्यों होता है?

तभी अचानक लाला सरजूलाल दिख गए—बसौली और उसके आस-पास के गाँवों के पटवारी। वैसे तो पटवारी तहसील के मुलाजिम थे लेकिन कोट में उनका आना-जाना बना रहता था। सरजूलाल सालिकराम को बहुत मानते थे। जब कभी बसौली में रात गुजारनी पड़ती, उन्हीं के यहाँ रुकते थे। उन्हें खिलाने-पिलाने में सालिक राम को बहुत खुशी होती थी। वे सरजूलाल से किसी तरह के फायदे या पक्षपात की आशा नहीं रखते थे। पदारथ का बहुत मन रहता था कि लाला उनके यहाँ रुकें लेकिन उनके तिकड़मी स्वभाव से सरजूलाल वाकिफ थे। सालिकराम की निश्छलता के कारण उनसे मेल-जोल रखने में सरजूलाल को कोई झिझक नहीं होती थी। सरजूलाल उन्हें एक कोने में ले गए, सारी बात ध्यान से सुनी, फिर उन्हें क्या और कैसे कहना है सब ठीक से समझा दिया।

साधू धीरे से आकर एक कोने में बैठ गए। कचेहरी की कार्यवाही चलती रही। इन्तजार करते-करते दोपहर हो गई। राय साहब उठने लगे तो साधू उनके सामने जाकर खड़े हो गए।

"दोहाई हो सरकार···बहुत दूर से आपकी सरन में आये हैं अन्नदाता।"

"क्या बात है?" साधू के सिर और दाढ़ी के बढ़े हुए बाल और माथे पर द्वादश तिलक देखकर जगत पाल सिंह के भीतर परम्परा से जमा हुआ अनजान-सा डर उभर आया।

"महराज, आपके पुरखों ने हमें बसौली लाकर बसाया था। आज तक गुन गा रहे हैं। अब आपकी निगाह फिर गई है। हम कहाँ जाएँगे?"

"हुआ क्या, यह तो बताइये।"

तब तक सरजूलाल कहीं से आकर उनके पास खड़े हो गए और कान के पास मुँह ले जाकर कुछ समझाने लगे।

"अच्छा वह···बसौली के जंगल वाला मामला?"

सरजूलाल ने आँखों-आँखों में साधू को इशारा किया।

"सरकार, जंगल तो हमारा उठना-बैठना है। गाय-गोरू चरते हैं। काज-परोजन

चलता है। उसके बिना तो हमारा निकार-पैठार बन्द हो जाएगा।"

"तो हम क्या करें। आप कुरमियों-धुरमियों के जमानतदार बनते हो। रियासत के खिलाफ छोटी जातियों का हौसला बढ़ाते हो।" फिर जैसे उन्हें कुछ याद आ गया—"और जंगल पर तो कभी आपका कानूनी हक था ही नहीं। वह तो ऐसे ही···"

"नहीं महराज, आपको गलत बताया गया है। राय कुंजल सिंह ने पाही की सारी मिल्कियत मेरे परनाना को सौंप दी थी।"

"कोई लिखा-पढ़ी हुई थी?"

"छिमा करें सरकार। क्षत्रिय की बात भी तो कुछ होती है। सालों-साल से हम उस पर काबिज हैं।···सारा पवस्त जानता है।"

जगतपाल सिंह कुछ देर सोचते रहे। उन्हें याद आया, पदारथ से पाँच सौ रुपये का नजराना मिला था जो अब तक पीने-पिलाने की महफिलों में साफ भी हो चुका था। उनका चेहरा खिंच गया।

"देखिए बराभन देवता, हम मजबूर हैं। वो पुराने जमाने लद गए। हमें सरकार को मालगुजारी भरनी पड़ती है। अभी लड़ाई के फंड में कितना सारा पैसा गया है।···पुरानी बातें पकड़ कर बैठे रहें तो एक दिन तालुका ही हाथ से निकल जाय।"

सरजूलाल उनका धर्म-संकट ताड़ गए। उन्होंने सालिकराम को इशारा किया। वे रास्ता छोड़कर बुदबुदाते हुए पीछे हट गए। पर सरजूलाल ने हिम्मत नहीं हारी। उन्होंने साधू को नई तरकीब सुझाई।

दिन ढले वे कोट के फाटक के पास पिछौरी बिछाकर लेट गए। कोट में चारों ओर यह बात फैल गई कि एक भक्त ब्राह्मण अनशन पर बैठा है। एक दिन बीता, दो दिन बीता। साधू का चेहरा मुरझाने लगा। आवाज धीमी पड़ गई। लोगों में खलबली मच गई। जगतपाल सिंह किंकर्तव्यविमूढ़ थे। उनकी शाम की महफिल बदस्तूर जारी थी लेकिन हँसी-ठट्ठे के बीच गले में कुछ अटक जाता था।

तीसरे दिन द्वादशी थी और प्रदोष का व्रत था। ठकुराइन सुल्तान कुँअर नहा-धोकर शंकरजी को जल चढ़ाने कोट से बाहर निकलीं। कोट के बाईं ओर पीपल का पेड़ था जिसके चारों ओर पक्का चबूतरा बना था। पेड़ के खोंढ़र में कुछ गोल-मटोल पत्थर रखे थे जिन पर जल चढ़ता था। कबीर पंथ में दीक्षा लेने के बावजूद ठकुराइन प्रदोष का व्रत बराबर रखती थीं। जाते समय तो वे रनिवास के लिए खासतौर से बने पीछे के दरवाजे से गईं लेकिन जल चढ़ाकर लौटने लगीं तो जाने क्या मन में आया कि मुख्य फाटक की ओर मुड़ गईं। शायद उन्होंने साधू के अनशन के बारे में किसी से सुन रखा हो। फाटक के सामने सालिकराम को लेटे देखा तो ठिठक गईं। नाइन पीछे-पीछे आ रही थी। उससे पूछा तो वह ठीक-ठीक बता नहीं पाई। उसे पूरी बात पता करने के लिए कहकर वे तेजी से अन्दर चली गईं। पूछ-पेखकर नाइन को जो मालूम हुआ, उसने जाकर ठकुराइन को बताया। उन्होंने पहले तो सरबराहकार को

बुलाया। वह कोई माकूल जवाब न दे सका और इलाके के जिलेदार से दरयाफ्त करने की बात करने लगा। ठकुराइन ने कहा, जिलेदार को हमारे पास भेज दो।

शेख वाहिद अली उस समय वहाँ नहीं थे। वे वसूली पर गए थे। घोड़े पर आदमी दौड़ाकर उन्हें बुलाया गया। वे एक घड़ी रात बीते आए। तब तक ठकुराइन अकुला रही थीं। शेख के सामने आते ही उबल पड़ीं—

"क्या धाँधली मचा रखी है!···उस बसौली के बाभन से जंगल क्यों ले लिया? देख रहे हो, वह जान देने पर उतारू है।"

वाहिद अली सिटपिटा गए। वह इसके लिए तैयार नहीं थे। उन्होंने कभी सोचा ही नहीं था कि पागल साधू यहाँ तक आ जाएगा और रानी माँ तक उसकी फरियाद पहुँच जाएगी।

"हुजूर, वह तो कभी उसके नाम था ही नहीं। वह तो बस ऐसे ही···" घबड़ाहट में उन्हें शब्द नहीं मिल रहे थे।

रानी का सन्देह पक्का हो गया कि यह सब शेख की कारस्तानी है।

"मैं सब जानती हूँ शेख। दशरथपुरवालों ने सारी मिल्कियत उसके पुरखों को दी थी। जंगल उसके नाम नहीं था तो अब तक क्या कर रहे थे?"

"हुजूर, आप उसे नहीं जानतीं। बड़ा अक्खड़ है। कुर्मियों को भड़काता है। एक कुर्मी से थोड़ी सख्ती कर रहे थे तो उसका जमानतदार बन बैठा। आखिर में न उसने लगान दिया, न इसने।"

"जो भी हो। बाभन हमारे ऊपर जान दे, यह मैं नहीं होने दूँगी। पहले कभी ऐसा हुआ था? पहले भी तो लगान वसूल होता था। वैसे ही तुम लोग रियासत का बहुत नाम कर रहे हो, अब एक कलंक और···"

"हुजूर जैसा कहें···" शेख को बात बनती नजर नहीं आई तो रानी को खुश करने में लग गए—"आपके जितना रहमदिल कौन होगा। आपके वक्त की बात ही और थी।"

"कितना नजराना दिलवाया है?"

"उसकी कोई बात नहीं, वह सब तो हम समझ लेंगे।" कहते-कहते उन्हें अन्दर से एक झटका-सा लगा। राय साहब को उन्होंने साफ-साफ नहीं बताया था कि आधा जंगल उनकी झोली में जा रहा था। चलो, आज तो पासा पलट गया, फिर देखेंगे। जिलेदारी बनी रही तो फिर मौका आएगा।

"जाइए फिर, खड़े क्यों हैं? बाभन को उठाइए, उसको खिलाने-पिलाने का बन्दोबस्त करिए।"

दूसरे दिन सालिकराम बीरापुर से चले तो उनके हाथ में पदारथ का पट्टा रद्द करनेवाला रुक्का था। रानी ने एहतियातन एक सिपाही भी साथ कर दिया था। वे कमजोरी जरूर महसूस कर रहे थे पर अन्दर से उत्साह भरा था। भगवान् ने लाज रख ली। ठकुराइन की बदनामी बहुत सुनी थी पर यह पहलू नहीं देखा था। भगवान् ने

आदमी को कैसा विचित्र गढ़ा है! और सरजूलाल कहाँ से देवदूत की तरह आ टपके! जो काम होना होता है ऐसे ही कोई सहायक निकल आता है।

सालिकराम के बसौली पहुँचने तक पदारथ एक बीघा जंगल कटवा चुके थे। पट्टा रद्द होने के बावजूद उन्होंने उतने पर से कब्जा नहीं छोड़ा। बहुत भाग-दौड़कर इतना ही कर पाए कि सालिकराम को दुबारा उस पर काबिज नहीं होने दिया। एक दिन कई हल एक साथ लगाकर उसे दो बांह जुतवाया और अरहर फिंकवा दी। जब उसके अंखुए निकल रहे थे तभी सालिकराम ने एक बार उसे देखा था। उसके बाद से तो उन्होंने उधर का रुख करना ही बन्द कर दिया। जो जंगल बाकी बचा था उसका रकबा भी चालीस बीघे से कम नहीं था। खरीफ की फसल होते ही साधू ने सुचित का लगान भर दिया। उनके घर के आगे-पीछे शायर-मायर और जानवरों के चरने का ठिकाना बना रहा। और उसी के साथ गाँव-पवस्त में उनकी इज्जत भी। लेकिन पदारथ के साथ लम्बी दुश्मनी की नींव पड़ गई।

सात

जो आदमी पीठ पर पुस्तकों का पुलिन्दा उठाए इस तरफ आ रहा है उसे दूर से ही देखकर पता चल जाता है कि वह यहाँ का बाशिन्दा नहीं है। उसने अवध की बोली सीख ली है, यहाँ का पहनावा अपना लिया है लेकिन उसकी लम्बी, सुतर काया और गोरा, दमकता रंग उसके महाराष्ट्रीय होने का भेद खोल देते हैं।

थोड़ी देर पहले बारिश हो चुकी थी। धान के खेतों में झूमती हरियाली के बीच रेंड़ फूटने लगे हैं और उनकी खुशबू हवा में घुल गई है। धूप निकल आई है और मेंड़ों पर झपसी धान की पत्तियों पर पानी की बूँदें चमक रही हैं। उन पर चलने से धोती भीग जाती है।

वह आदमी सिवान पारकर एक छोटी-सी बस्ती में पहुँचता है और सीताराम की हाँक लगाता है। उसकी देखा-देखी आस-पास के लोग भी जोर से सीताराम बोलते हैं। आवाज सुनकर भीड़ इकट्ठी होने लगती है। वह रामचरित मानस की चौपाइयाँ गाता है। भीड़ बढ़ती जाती है। फिर उसका प्रवचन शुरू होता है। ज्ञान-ध्यान की बातें। रामायण के प्रसंग। गीता के उद्धरण। कुछ-कुछ उत्सुक और अचम्भित-से लोग थोड़ी देर के लिए दूसरी दुनिया में खो जाते हैं और रोजमर्रा की जिन्दगी से ऊपर उठ जाते हैं।

उसे बस्ती में आए आधा घंटा हो गया है। प्रवचन अभी चल रहा है। सूरज ऊपर

चढ़ आया है। पास के घर से कोई रस-चबेना लेकर आता है। तभी दूसरे घर से पूड़ी-भाजी आ जाती है। वह प्रवचन समाप्त कर खड़े-खड़े ही कुछ खा लेता है। तब तक कोई चिलम चढ़ाकर लाता है। चिलम का दो कश लेकर वह औरों की ओर बढ़ा देता है। हाथ जोड़कर सबसे सीताराम बोलता है और आगे चल पड़ता है। बस्ती के निकार तक लोग उसके पीछे-पीछे जाते हैं। आग्रह करके वह उन्हें लौटाता है और अगली बस्ती की ओर बढ़ जाता है।

आगे फिर वही धान की हरी-भरी फसल, चौमस जोतकर छोड़े गए खेत, आम-महुए के बाग और बीच-बीच में बंजर जमीन। उनसे होकर गुंजरते हुए बाबा रामचन्द्र का मन बार-बार पीछे दौड़ता है। जिन्दगी कहाँ से शुरू हुई और कहाँ आ गए। कितने देश, कितनी जातियाँ, कितनी तरह के लोग, कैसा-कैसा पहनावा और खान-पान।

कहाँ ग्वालियर राज्य का वह छोटा-सा गाँव जीरनपुर, कहाँ रत्नागिरि, कहाँ बम्बई, कहाँ मद्रास और कहाँ फीजी। और अब यह अवध का देहाती इलाका। घर छूटा, जाति-बिरादरी छूटी, अपनी मिट्टी, अपना देश छूटा। यहाँ, इस अनजान देश में दर-दर भटक रहे हैं। एकदम अकेले और निःसंग। लोग मिलते हैं और छूटते हैं। फिर मिलते हैं, फिर छूट जाते हैं। और यह क्रम चलता रहता है····पैर कहीं थिर नहीं होते। **आगे का** कुछ पता नहीं।

बस इतना मालूम है कि शाम तक कसईपुर पहुँचना है। आजकल वहीं डेरा है। महादेव बन्दवार के मकान के बाहरी खंद में एक कोठरी मिल गई है। शाम को वहीं सत्संग होता है। आस-पास के कुछ लोग इकट्ठे हो जाते हैं। कथा-वार्ता होती है। मर्म की बातें होती हैं। रस मिलता है। थोड़ी देर के लिए पीछे का सब कुछ भूल जाता है।

कसईपुर गाँव प्रतापगढ़, सुल्तानपुर और जौनपुर तीनों जिलों की सरहद पर बसा है। थोड़ी दूर पर गोमती बहती है। वहीं धौपाप घाट है। पर्व पर वहाँ हजारों की भीड़ होती है। कहते हैं, लंका से लौटते समय रामचन्द्र जी ने ब्रह्म-हत्या का पाप धोने के लिए वहीं स्नान किया था। क्या सच और क्या झूठ! लोग जो मान लें वही सच, बाकी सब झूठ। कहते हैं, वहाँ स्नान करने से अब भी पाप धुलते हैं। कैसे बनी होंगी ये मान्यताएँ जो हजारों-हजार साल तक जीवित हैं! ····कब बसा होगा कसईपुर गाँव और कैसे पड़ा होगा उसका यह नाम? क्या यह तय रहा होगा कि जहाँ से होकर रामचन्द्र जी अयोध्या लौटे थे, दर-दर भटकने के बाद वहीं यह बाबा रामचन्द्र भी एक दिन आकर ठौर जमाएगा? ····ग्वालियर राज्य के उस छोटे-से गाँव में ही जिन्दगी गुजर जाती तो कैसा रहता?

देशस्थ महाराष्ट्रीय ब्राह्मणों की एक बनी-बनाई लीक है जिस पर लोग सालों-साल से चलते आ रहे हैं। पुरखों के पास छोटी-मोटी रियासतें थीं जो अन्धाधुन्ध खर्चों के कारण बिक गईं। अब कुछ लोग खेती करते हैं, कुछ नौकरी करके जीविका चलाते हैं। मराठी, उर्दू, हिन्दी और संस्कृत पढ़ते हैं। कोई-कोई गायन विद्या भी सीखते

हैं। बीड़ी या हुक्का पीने का चलन है। तम्बाकू की सुँघनी सूँघते हैं। शतरंज, गंजीफा और चौसर खेलते हैं। कई लोग रंडियों के गुलाम हैं। भंग-माजूम का भी शौक है। हर साल श्रावणी का उत्सव बड़े धूमधाम से मनाते हैं। कथा-पुराण सुनने बड़े चाव से इकट्ठे होते हैं। इसी तरह कुछ भक्ति, कुछ धन, कुछ शृंगार के मायाजाल में फँसे, भवसागर में डूबते-उतरते जिन्दगी गुजार देते हैं।

पर बाबा के भाग्य में तो घाट-घाट का पानी पीना लिखा था। शायद पूर्व जन्म का विधान रहा हो। कौन जाने! जिन्दगी में जो विचित्र मोड़ आते हैं, उनके पीछे कुछ तो कारक होंगे। नहीं तो पुत्रवती पत्नी के होते पिता दूसरी औरत क्यों लाते? आजा और नाना दोनों का इतना नाम था, पिता ऐसा कलंक क्यों खड़ा करते? पेशवाओं, श्रीमन्तों की बात और है, साधारण गृहस्थों में ऐसा कहाँ होता है!

नई माँ ने आते ही लीला दिखानी शुरू कर दी। पिता को तो जैसे भेंड़ा बना लिया। उनके सामने मीठी और भोली बनी रहती पर माँ, उन्हें और उनके भाइयों को देखते ही सुलग उठती। घर में खाने-पीने का दुःख नहीं था पर नई माँ की वजह से हमेशा कलह मचा रहता। शायद परिवार और समाज में अपनी निन्दित स्थिति के कारण वह क्षुद्र और कर्कशा हो गई हो। वे खेत से थककर लौटते तो नई माँ घर का कोई काम बता देती। बासी-तेवासी खाने को देती। माँ चुपचाप सब कुछ देखतीं और अन्दर-ही-अन्दर कटकर रह जातीं। अकेले में पातीं तो चिपकाकर रोतीं और अपना भाग्य कोसतीं।

आजा-आजी ने अपने जीते-जी जनेऊ करा दिया था लेकिन पिता की बदनामी के चलते शादी नहीं हो पाई। खास पढ़-लिख भी नहीं पाए। देखते-देखते जिन्दगी के अट्ठाईस साल निकल गए। ऐसे ही शायद सारी उम्र गुजर जाती, लेकिन उस दिन के झगड़े ने सब उलट-पलट दिया। पिता ने माँ पर हाथ चला दिया तो उनसे रहा नहीं गया। वे बीच में आकर खड़े हो गए। पिता की आँखें अंगार हो उठीं। फिर भी उन्होंने अपने को बहुत जब्त किया। दिन-भर घर में उपवास हुआ। दूसरे दिन छोटे भाई नाना के यहाँ चले गए। वह और माँ एक कोने में बिसूरते पड़े रहे। एक बार तो मन हुआ, नाना के यहाँ जाकर नाते-रिश्तेदारों को इकट्ठा करें और पिता का कच्चा चिट्ठा खोल दें। फिर लगा, इससे हानि-ही-हानि होगी। पिता को ठेस पहुँचेगी और पूरे परिवार की थू-थू होगी। अँधेरे में कोई रास्ता नहीं सूझता था। सब ओर से निराश आखिर यही निर्णय लिया कि यहाँ से निकल चलें, आगे जो होगा देखा जाएगा। रात-भर पड़े-पड़े करवटें बदलते रहे। सुबह होने के पहले मुँह-अँधेरे में ही चल दिए। जिन कपड़ों में लेटे थे बस वही बदन पर थे बाकी साथ में कुछ नहीं। तब से कितना अरसा बीत गया! फिर लौटकर वहाँ जाना नहीं हुआ। गाँव-घर के बारे में सोचते हैं तो दिल में हूक-सी उठती है।

इतने दिन बाद सारी बातें क्यों याद आ रही हैं? यहाँ गाँव-गाँव घूमकर

धर्म-चर्चा करते हैं। कुछ सम्पन्न लोगों की कृपा से रहने-खाने का इन्तजाम हो गया है। लेकिन मन जैसे भँवर में पड़ा घूमता रहता है। आखिर इस सबसे क्या होगा? यह पाप-पुण्य, आत्मा-परमात्मा, इहलोक-परलोक की बातें तो तमाम साधू-संत, रामायणी, कथावाचक हमेशा से करते आए हैं। इससे कहीं कुछ बदला है? लोगों की जिन्दगी वैसे ही घिसटती चली आ रही है। वही अभाव, वही वंचना, वही अपमान, वही दुःख। लोग ध्यान से सुनते हैं। रस लेते हैं। कुछ जिज्ञासु भी मिलते हैं जो गहराई में जाना चाहते हैं। लेकिन जब खुद को ही रह-रहकर शंका होती है तो उनका क्या बननेवाला है। बार-बार लगता है, उनकी समस्याओं की जड़ कहीं और है और यह सारा शब्दजाल महज भुलावा है।...यहाँ के किसान गरीब हैं, कमजोर हैं, सताए हुए हैं। तालुकेदारों के मुलाजिम बात-बात पर उनसे अकड़ते हैं, आँखें दिखाते हैं। जब चाहे बेगार के लिए हाँक ले जाते हैं। लगान वसूल लेते हैं, रसीद नहीं देते। बेदखली का भूत हमेशा सिर पर सवार रहता है। नजराने की रकम जोड़ते-जोड़ते उम्र बीत जाती है। ऊपर से शादी-विवाह, मरनी-करनी पर औकात से ज्यादा खर्च। कैसी रिसती, धुआँती-सी जिन्दगी है उनकी।...क्या कुछ हो नहीं सकता?...जितना सोचते हैं, मन उतना ही उलझता जाता है।

बाबा ने सिर झटककर अन्दर घुमड़ते विचारों से मुक्ति पानी चाही। सामने दूर तक ऊसर था और पगडंडी के किनारे एक बबूल का पेड़ एकाकी खड़ा था। उसी के पास गाँव की चौहद्दी का पत्थर गड़ा था। वे उसी पर बैठकर सुस्ताने लगे। दिमाग फिर उन्हीं बातों पर चला गया। अगर किसानों को संगठित कर उनमें एका कायम करने की कोशिश की जाए तो शायद कुछ बात बने। लेकिन वे तालुकेदारों के सामने कैसे खड़े होंगे? इतने सालों से दबे-दबे उनका तो इनसानी जज्बा ही मर गया है।...हाँ, किसी धार्मिक काम के लिए वे भले जुड़ जाएँ।

आठ

महडौरा गाँव गोमती के ठीक किनारे बसा है। बस्ती और नदी के बीच ऊँचा टीला है जिस पर पेड़ों के झुरमुट के नीचे शंकर की एक प्राचीन मूर्ति है। जमीन में आधी धँसी हुई। पेड़ों की जड़ें मूर्ति के पास तक फैली हैं और उसे चारों ओर से लपेट रखा है। पहले वहाँ विशाल मन्दिर रहा होगा। टीले पर चारों ओर टूटे-फूटे पत्थरों के टुकड़े अब भी बिखरे हुए हैं। कहीं-कहीं नींव के निशान भी दिखते हैं।

गाँव के कुछ लोग वहाँ नया मन्दिर बनवाना चाहते हैं लेकिन किसी अकेले के बस का यह काम नहीं है। और सब लोगों में एका हो नहीं पाता। कोई-न-कोई मुकर ही जाता है। यह भी तय नहीं हो पाता कि कौन कितना सहयोग दे। सभी एक से एक बढ़कर गरीब हैं। जो दे सकते हैं वे भी औरों का रुख देखकर पीछे हट जाते हैं। सोचते हैं, आखिर मन्दिर बनेगा तो पूरे गाँव का नाम होगा। कोई धन्ना सेठ तो है नहीं कि अकेले यह काम करवा दे और मन्दिर में अपना नाम लिखवा ले। लिहाजा हर बार बात टल जाती है।

उस दिन घूमते-घूमते बाबा महडौरा पहुँच गये। सीताराम का घोष सुनकर लोग इकट्ठे हुए और धर्म की चर्चा होने लगी तो मूर्ति और मन्दिर की बात उठ खड़ी हुई। लोग एक-दूसरे को दोष देने लगे। कई बूढ़े दुखी थे कि मन्दिर देखने की अभिलाषा लिए-लिए ही वे चले जाएँगे। बाबा के दिमाग में एकाएक वह संगठन वाली बात कौंध गई।

"सब लोग मिलकर तय करें तो मन्दिर क्यों नहीं बनेगा।"

"यही तो बात है। सब लोग मिलकर कैसे तय करें?"

"गाँव की एक पंचायत बनाइए। उसके कार्यकर्ता चुनिए। वे बैठकर तय करें कि कैसा मन्दिर बनेगा और कितना खर्च होगा। फिर हैसियत के मुताबिक सब में तकसीम कर दें। सब उनका निर्णय मानें। एक जानकार और विश्वासी आदमी को खजांची बनाइए। वह आमदनी-खर्च का हिसाब रखे। बीच-बीच में सबकी सम्मति लेकर कार्यकर्तागण सारा काम करें।"

"बात तो बहुत अच्छी है। लेकिन कार्यकर्ता कौन होंगे? खजांची कौन बनेगा?"

"आप जिसको बनाएँगे वही बनेगा। एक दिन अकाज कर सब लोग इकट्ठे होइए। मैं भी आ जाऊँगा। तभी सब तय हो जाएगा।"

"ऐसा क्यों नहीं करते बाबा कि आप ही पैसा लो और हिसाब रखो। आप जैसा कहोगे, हम करेंगे। ...हमारे बीच कोई ऐसा मातबर आदमी नहीं है।"

"नहीं, ऐसा नहीं है। मातबर आदमी कहीं से गढ़कर नहीं आते। सारे कार्यकर्ता आपके बीच से होंगे। मेरा क्या भरोसा, मैं कभी यहाँ तो कभी वहाँ। कार्यकर्ता जो भी हों, सारे अहम फैसले आप सब की सम्मति से होंगे। आप जब चाहो, खजांची से हिसाब माँग सकते हो।"

बहुत देर तक बतकुच्चन होती रही। ब्राह्मणों-ठाकुरों के अलावा बाकी लोगों को बिरादरी की पंचायत का अनुभव था। लेकिन गाँव के छोटे-बड़े सभी मिलकर, बराबरी से बैठकर, पंचायत में कुछ तय कर सकते हैं, यह लोगों की कल्पना में नहीं आता था। जैसे-तैसे, बाबा के लिहाज बस, आधे मन से उन्होंने यह बात मान ली।

एक हफ्ते बाद पंचायत जुड़ी। कहे अनुसार बाबा भी आए। सबकी ओर से कार्यकर्ता चुनना आसान नहीं था। छोटी-छोटी बातों को लेकर आपस में मनमुटाव था। कुछ पुरानी दुश्मनियाँ भी थीं। जातिगत पूर्वाग्रह थे ही। जब गाँववालों से कोई बात

नहीं बनी तो बाबा ने दखल दिया। बोले—"अच्छा, आप एक आदमी का नाम लीजिए जिस पर सबको भरोसा हो।" कुछ देर चुप रहने के बाद लोग आपस में फुसफुसाने लगे। किसी एक नाम पर सहमति नहीं हो रही थी। बाबा ने फिर कहा—"अच्छा जितने भी नाम हों सब पर एक-एक कर हाथ उठाइए। पक्ष में भी, विरोध में भी।" कुछ लोग पक्ष में तो हाथ उठा देते थे लेकिन विरोध में कोई नहीं उठाता था। आखिर जिस नाम के पक्ष में सबसे ज्यादा हाथ उठे उसे ही चुन लिया गया। फिर उसी को चार और नाम बताने का जिम्मा दिया गया। बहुत हुज्जत के बाद किसी तरह उसने नाम गिनाए। फिर एक-एक नाम लेकर सिर्फ उन लोगों को हाथ उठाने को कहा गया जो उसके विरोध में थे। पर किसी के विरोध में एक भी हाथ नहीं उठा। इस तरह पाँच कार्यकर्ता चुन लिए गए। उन्हें ही आपस में सलाह करके किसी थोड़ा पढ़े-लिखे आदमी को खजांची चुनने का काम सौंपा गया। काफी देर की बहस के बाद एक आदमी को चुना गया जो लेन-देन का काम करता था और कैथी में हिसाब लिख लेता था। पंचायत खत्म हुई तो चुने गए नामों पर लोग टीका-टिप्पणी कर रहे थे। कुछ लोग तो समय पर हाथ न उठा पाने के कारण पछता भी रहे थे। लेकिन बाबा की नेकनीयती पर किसी को सन्देह नहीं था। उन्हें भरोसा था कि बाबा की निगरानी में सारा काम ठीक से हो जाएगा।

अगले हफ्ते बाबा फिर से गाँव में आए तो मन्दिर के खर्च का मोटा-मोटा हिसाब लगा लिया गया था और यह तय हो गया था कि कौन कितना चन्दा देगा। एक महीने के अन्दर मन्दिर का काम शुरू हो गया। जैसे-जैसे वह आगे बढ़ता गया, पंचायत पर नई-नई जिम्मेदारियाँ आती गईं। चुने गए कार्यकर्ताओं के अलावा कुछ और लोग भी सक्रिय हो गए और अपने-आप गाँववालों के झगड़े निपटाने और सुलह कराने का काम करने लगे। दिन-भर तो लोग काम-धाम में लगे रहते, उजाली रात देखकर खवाई-पिआई के बाद पंचायत जुड़ती। कभी-कभी भजन और गाना-बजाना भी होता। लोगों को सामूहिक जीवन का रस आने लगा। उनमें एक अजीब-सा आलम था।

पहले कुछ लोग चारपाइयों पर और कुछ जमीन पर ईंटें रखकर बैठते थे। बाद में चन्दे की रकम में से एक जाजिम खरीदकर आया और अधिकांश लोग उस पर बैठने लगे। फिर भी कुछ छोटी जाति के लोग जाजिम से बाहर ही बैठते रहे।

जाजिम पर भी प्रायः एक बिरादरी के लोग एक साथ सिमटकर बैठते थे और बीच-बीच में आपस में खुसुर-फुसुर करते थे। बाबा ने देखा कि लोग बिरादरी के भीतर ज्यादा सहज होकर बोलते हैं और पूरी पंचायत में खुलकर नहीं बोल पाते।····क्या जाति की इकाई बनाकर ही यहाँ कोई पक्का संगठन खड़ा हो सकता है?

मन्दिर बनकर तैयार हो गया। पुरानी मूर्ति की प्राण-प्रतिष्ठा हुई और गाँव-भर का भोज हुआ। जिस काम के लिए पंचायत बनी थी वह पूरा हो गया पर पंचायत चलती रही। लोग खुश थे, सामूहिक शक्ति के एहसास से उनमें एक नया विश्वास आ गया था। बाबा भी सन्तुष्ट थे, उन्हें आगे का रास्ता दिख रहा था। धीरे-धीरे पंचायत में

दीवानी और फौजदारी के बड़े-बड़े मामले भी सुलझने लगे। लोगों का थाना-कचेहरी जाना बन्द हो गया। तालुकेदार के गुमाश्ते भी अब उस गाँव में घुसने से डरते थे। देखा-देखी आस-पास के गाँवों में भी पंचायतें बनने लगीं।

उस दिन बाबा महडौरा से कसईपुर की ओर चले तो मुँह-अँधेरा हो गया था और ओस पड़ने लगी थी। रबी की बुआई का वक्त था और इक्का-दुक्का खेतों से अब भी लोगों के बोलने की आवाज आ रही थी। रात गहराने के साथ ठंड बढ़ गई और चाँदनी की झीनी चादर दूर तक जुते या पाटा दिए गए खेतों पर बिछ गई। सपाट खेतों के ऊपर अभी से ओस की धुंध छाने लगी थी। बस्तियों में कहीं-कहीं अलाव की हिलती रोशनी में लोगों के साए दिख जाते थे, नहीं तो घरों की दिवठी पर रखे दीयों की टिमटिमाती लौ तो कभी की फीकी चाँदनी में डूब गई थी। रास्ते के सूनेपन में बाबा के भीतर लगातार कुछ घुमड़ता रहा।

कसईपुर गाँव में घुसे तो आहट पाकर रास्ते के अगल-बगल बँधे मवेशी उठ खड़े हुए। एक मरकही गाय ने झौंकारा तो वे घबड़ाहट में पीछे हटे और पैर गोबर में पड़ गया। अपनी कोठरी में पहुँचकर सबसे पहले उन्होंने लोटा-डोरी निकाली और कुएँ पर जाकर ठीक से पैर धोया। दिन-भर की भाग-दौड़ से बहुत थक गए थे। जैसे-तैसे खिचड़ी पकाई और खाकर लेट रहे। थकान के बावजूद नींद नहीं आ रही थी। मन पीछे दौड़ने लगा। उस दिन घर से निकलने के बाद जब पहली बार अपने हाथ से खाना बनाया था, मन कैसा डोल रहा था! ····बाईस-तेईस साल तो हो गए होंगे।

घर छोड़कर चले तो पाँच कोस तक पीछे मुड़कर नहीं देखा। आगे एक नाला था जिसमें जानवरों का झुंड पानी पीने के लिए उतर रहा था। दोपहर हो गई थी और चरवाहे एक पेड़ के नीचे बैठकर चबेना कर रहे थे। उन्हें देखकर तेज भूख लग आई। साथ में कुछ भी नहीं था। भूख से ज्यादा घबड़ाहट थी कि आगे क्या होगा। चरवाहों से थोड़ी दूर पर बैठकर सुस्ताने लगे। मन डूबा जा रहा था तभी गाँव की ओर से तेजी से आता एक परिचित किसान दिखा। माँ का बड़ा विश्वासपात्र था। उसे देखकर राहत-सी हुई। फिर शंका भी कि कहीं वह जिद करके घर न लौटा ले जाए। एक बार सोचा कहीं छिप जाएँ लेकिन अन्दर की भूख ने विचलित कर दिया। सचमुच माँ ने उसके हाथ पच्चीस रुपये भेजे थे। उसे पाकर धीरज बँधा। किसान ने बहुत समझाया कि घर वापस लौट चलो। एक बार तो मन भी हुआ पर फिर जी कड़ा किया। किसान को समझा-बुझाकर वापस किया। जाते समय उसने माँ का सन्देशा दिया। अब तक याद है। आपत्काल में देश में चोरी, परदेश में भीख। लेकिन इसका उल्टा नहीं। फिर उन्होंने कहलवाया था—उनके आशीर्वाद से बहुत यश मिलेगा, उसे पाकर अभिमान न करना और अपना भेद किसी से न कहना। ····जाने क्या था मन में उनके।

किसान को विदा कर आगे बढ़े तो भूख के मारे चला नहीं जा रहा था। अब तो गाँठ में दाम भी था। एक किसान बैलगाड़ी में फसल लादे जा रहा था। उसके साथ हो

लिए। पूछ-पेख हुई। माँ की बात याद आई—किसी से अपना भेद न कहना। बोल दिए—तीरथ करने निकले हैं। वह अपने घर ले गया। आटा निकालकर लाया। लोगों को भौरी लगाते देखा था। उससे कंडे माँगे और किसी तरह आटा गूँधकर भौरी लगाई। कुछ जल गईं, कुछ कच्ची रह गईं। अन्दर से दूध आया। अपने हाथ की बनी कच्ची-पक्की भौरी में भी क्या स्वाद था! खाकर तृप्त हुए तब जाकर जान में जान आई।

थोड़ी देर आराम कर फिर चल पड़े। इक्का-दुक्का किसान खेतों में काम कर रहे थे। ऊपर सूरज चमक रहा था। जानी-पहचानी धरती पीछे छूट रही थी। मन में अजीब-सा हाहाकार भरा था। रात में क्या करेंगे। कमर में बँधी रुपयों की थैली टटोली। थोड़ा भरोसा हुआ।

चलते-चलते शाम ढल गई। अँधेरा घिरने लगा। पैर थक गए थे। कहीं से आवाज आई—बच्चा चलते जाओ, मैं आगे मिलूँगा, तुम्हें बहुत दूर जाना है। ठिठककर चारों ओर देखा पर कोई नहीं दिखा। वह आवाज कहाँ से आई थी? जिन्दगी में कितने मुकाम आए जब उस आवाज ने हौसला बढ़ाया। अभी तो दूर जाना है—बहुत दूर। और चलते ही जा रहे हैं। कब खत्म होगा यह सफर?····नींद कब आएगी?

करवट बदलते, बीच-बीच में झपकियाँ लेते, रात बीत गई। पूरब से उजास फूटने लगी। पेड़ों पर चिड़ियों का चहचहाना शुरू हो गया था। बाबा ने कमरी हटाकर देखा। घर की औरतें जंगल से लौट रही थीं। कोई कुएँ पर पानी भर रहा था। पानी भरकर उसने जगत पर खड़े होकर भरे घड़े को दोनों हाथों से ऊपर उठाया और हर-हर गंगे, मातु गंगे कहते हुए शरीर पर उड़ेलने लगा। सुबह की धुंध भरी उजास में लिपटे सन्नाटे को तोड़ती उसके नहाने की आवाज दूर तक फैल रही थी। बाबा आलस छोड़कर उठ बैठे।

नौ

बाबा कसईपुर के डेरे से तैयार होकर निकल ही रहे थे कि दक्षिण की ओर से दो लोग आते दिखे। धूप फैलने लगी थी और किसान खेतों में पाटा देकर नँधे हुए बैलों के साथ सिवान से लौट रहे थे। कुएँ पर कुछ लोग खँखारते हुए दातुन कर रहे थे, कुछ नहा रहे थे। एक आदमी जगत के पास धूप में आसन बिछाए जोर-जोर से रामायण बाँच रहा था। कुछ बच्चे अभी भी अलाव से चिपके बैठे थे जिसमें अब सिर्फ धुआँ और गरम

राख रह गई थी।

आगंतुकों को देखकर बाबा ठिठके। पैलगी-असीस हुई।

"बाबा हमारा घर है रूरे।"

"रूरे···नाम तो सुना है। झिंगुरी सिंह का गाँव है न?"

"मैं ही हूँ झिंगुरी सिंह। ···और यह हैं सहदेव सिंह, मेरे पट्टीदार।"

"अच्छा-अच्छा। ···बहुत दिनों से मिलने की अभिलाषा थी। आज संयोग अच्छा था, नहीं तो अब तक मैं निकल गया होता।"

"बाबा बहुत नाम सुना था आपका। आज जाकर दर्शन हुआ। हमारा अहोभाग्य जो इस क्षेत्र में आपका पदार्पन हुआ।"

बाबा ने ध्यान से देखा। झबरी मूँछें, मटमैला धोती-कुरता और पैरों में चमरौधा। लम्बा-इकहरा बदन। धूप और गरमी-सरदी की मार से सूखा, ताम्बई चेहरा। पर आँखों में सजगता और विश्वास की झलक। इस धरती का असली बेटा है—बाबा ने सोचा और इस मुलाकात में उन्हें कोई दैवी विधान नजर आया। जब जैसी भवितव्यता, तैसी मिलै सहाय—वे अन्दर-अन्दर गुनगुनाए।

कुछ देर खड़े-खड़े बातें होती रहीं। फिर बाबा ने झोरा-झंतरा उतारकर एक चारपाई पर रख दिया। वहीं और चारपाइयाँ लग गईं। धीरे-धीरे लोग इकट्ठा होने लगे। झिंगुरी सिंह का नाम सुनकर महादेव बन्दवार भी आ गए। वे पक्के आर्यसमाजी थे और बहस का कोई मौका हाथ से नहीं जाने देते थे। इधर बातें हो रही थीं, उधर रस-पानी का बन्दोबस्त। बातों का सिलसिला धर्म-कर्म, ज्ञान-ध्यान और देश-पवस्त पर घूमता हुआ आखिरकार किसानों की समस्या पर आकर ठहर गया।

सन् अठारह सौ अड़सठ में अवध लगान कानून लागू हुआ था। तब से किसानों की दुर्दशा लगातार बढ़ती रही थी। बहुत शोर-शराबे के बाद सन् छियासी में कानून में तब्दीली हुई और किसानों को सात-साला हक मिला। अब कानूनन सात साल तक लगान में बढ़ोतरी नहीं हो सकती थी और उसके बाद भी फी रुपया एक आना ही लगान बढ़ाया जा सकता था। कुछ दिन राहत रही। लेकिन फिर वही ढाक के तीन पात। शेर के सामने बकरी बैठी हो तो उसकी क्या दशा होगी। तालुकेदारों के पास हजारों हथकंडे। लगान अदा नहीं हुआ, इस बिना पर बेदखली। काश्तकार मर गया, इस बिना पर बेदखली। बेदखली से बचना है तो नजराने का इन्तजाम करो। कितने असामी नजराने की रकम चुकाने के लिए बेटियाँ बेचने को मजबूर हुए।···और असामी के मरने पर मुर्दाफरोशी का रिवाज। कानून तो कहता है कि मृत काश्तकार के वारिस को सात साल में बाकी रह गई अवधि के लिए जमीन पर हक हासिल है। लेकिन किसानों में कोर्ट-कचेहरी जाने का दम कहाँ। धीरे-धीरे लोग इस हक के बारे में भूल ही गए। अब तो मुर्दाफरोशी तालुकेदारों की आमदनी का मुख्य जरिया बन गया है। एक ओर घर के कमासुत सदस्य की मौत से टूटा परिवार रो-धोकर क्रिया-कर्म के खर्च का जुगाड़ कर रहा

है, दूसरी ओर तालुकेदार के कारिंदे बेदखली की कार्रवाई में लगे हैं। इधर मुर्दा पड़ा है, उधर नजराने के लिए बोलियाँ बोली जा रही हैं। मकसद है ज्यादा से ज्यादा रकम ऐंठना। अगर वारिसों से अपेक्षित नजराना न मिला तो उन्हें बेदखल कर जमीन किसी और को दे दी गई। परिवार तबाह हो गया। तरह-तरह की ऐयाशियों और फिजूलखर्ची में डूबे तालुकेदारों से इन्सानियत की आशा करना व्यर्थ है। वे तो अन्दर-अन्दर मनाते हैं कि कोई महामारी फैले जिससे उन्हें मुर्दाफरोशी में अन्धाधुन्ध कमाई करने का मौका मिले।

भाँति-भाँति के गैरकानूनी टैक्स, मुफ्त में उपली, भूसा, गन्ने की पत्ती, रस, गुड़, हारी-बेगारी तो थी ही, अब लड़ाई के नाम पर लूट मची है। चन्दे के मद में दुगुनी-तिगुनी रकम वसूल हो रही है। गरीब किसानों को चूसकर तालुकेदार सरकार को खैरख्वाही दिखा रहे हैं, वाहवाही लूट रहे हैं और अपनी तिजोरी भी भर रहे हैं। किसानों को फौज में भरती होने के लिए मजबूर किया जा रहा है। जिसके घर में कोई भरती होने लायक नहीं, उससे भरपाई की रकम वसूली जा रही है। वायदा किया गया था कि भरती होनेवालों का बकाया लगान माफ कर दिया जाएगा, जंग के दौरान उन्हें लगान से छूट रहेगी और वहाँ से लौटने पर सस्ती दरों पर जमीनें दी जाएँगी। पर एक बार भरती हो जाने के बाद कौन पूछता है। जो किसान मोरचे पर मारे गए, उनकी विधवाओं तक को मुर्दाफरोशी से नहीं बख्शा गया।

झिंगुरी सिंह बोल रहे थे और बाबा सुन रहे थे। बीच में वे रुके तो बाबा धीरे से बुदबुदाए—"नहिं कोउ अस जनमेउ जग माहीं। प्रभुता पाइ जाहि मद नाहीं।"

"बात सिर्फ तालुकेदारों की नहीं है बाबा। जाति-पाँति और ऊँच-नीच के भेद ने और भी बेड़ा गर्क कर रखा है। मरनी-करनी पर औकात से ज्यादा खर्च और तीरथ-व्रत, देवी-देवता, भूत-प्रेत, ओझा-सोखा के हजारों चोंचले। सबने मिलकर किसानों को इतना पस्त कर दिया है कि उन्हें कोई कितना भी दबाए, वे सिर नहीं उठा सकते।" महादेव बन्दवार को किसानों के प्रति सहानुभूति से ज्यादा उनके अज्ञान पर क्षोभ था।

"बन्दवार जी ठीक कहते हैं। रजील कौमें भगवान् की बनाई हुई नहीं हैं। यह तो हमने-आपने बनाया है। बुनियादी तौर पर देखा जाए तो दुनिया के सब नर-नारी एक समान हैं। सुख-दुःख, हानि-लाभ सबका एक है। जमीन, आसमान, हवा, पानी और आग में सबका बराबर का हिस्सा है। हिन्दू-मुसलमान में भी क्या फर्क है? सबको एक ही परमात्मा ने बनाया है।····खेती करनेवालों और मजूरी करनेवालों की सब जगह एक ही जाति है। यह सारा ढकोसला पैसेवालों का और जुल्म करनेवालों का है। जब तक लोग इस बात को नहीं समझेंगे, मिलजुलकर कोई बड़ा काम नहीं कर पाएँगे।" कहते-कहते बाबा के स्वर में हल्का-सा आवेश आ गया।

"इसीलिए तो हम आपके पास आए हैं बाबा। आपने दुनिया देखी है। भाँति-भाँति के लोगों से मिले हैं। देश-परदेश घूमे हैं। मुलुक-मुलुक में क्या हो रहा है,

वहाँ लोग क्या सोच रहे हैं और कहाँ जा रहे हैं, सब आपको पता है। आप किसान सभा का काम सँभाल लें तो हमारा उद्धार हो जाएगा।"

"हाँ बाबा, हमारे गाँव के निकार पर पीपल का एक पेड़ है। उसी के नीचे हम इकट्ठा होते हैं। वहीं एक आश्रम बनाने का संकल्प है। आप वहीं चलकर रहें। आपकी अगुअई में सारा काम ढंग से होगा। हमें भी बड़ा सहारा रहेगा।" सहदेव सिंह ने पहली बार जबान खोली तो बाबा का ध्यान उनकी ओर गया। थोड़ी मोटाई लिये हुए ठिंगना बदन। गहरा साँवला रंग। चेहरे पर चेचक के दाग। अन्दर को धँसी हुई छोटी-छोटी आँखें। इन सबके बावजूद चेहरे पर एक आब, एक खास चमक जो उन्हें औरों से अलग करती है।

दोपहर में भोजन के बाद दोनों ने थोड़ी देर आराम किया। फिर चलने को तैयार हुए। रात में रुकने के लिए बन्दवार ने बहुत आग्रह किया पर वे नहीं माने। जाते-जाते एक बार फिर बाबा से विनती की। वे आगा-पीछा सोचते रहे। फिर कहा—विचार करके खबर करेंगे।

उस दिन बाबा खा-पीकर रात में लेटे तो दिमाग में वही बातें घूम रही थीं। मैंने क्यों नहीं कह दिया कि हाँ, मैं इसी की तो राह देख रहा था।....इधर हम पंचायतें बना रहे हैं, उधर झिंगुरी सिंह की किसान सभा है। वे वही काम तो कर रहे हैं जो हम करना चाहते हैं। लेकिन किसी चीज में एकदम से कूद पड़ने में हल्कापन लगता है। धीरे-धीरे आगे बढ़ने, स्थितियों पर निर्णय छोड़ देने में कर्तृत्व भाव नहीं आता। दायित्व भी कम होता है। लेकिन अब वक्त आ गया है कि यह धार्मिक बाना छोड़ दिया जाए जिसमें कभी अपना मन नहीं रमा। हमेशा यही विचार रहा कि यह केवल एक साधन है, असली काम कुछ और है जो आगे करना है। ....झिंगुरी सिंह के पास इलाके का अनुभव है, वे यहाँ के लोगों की बोली-बानी जानते हैं। तालुकेदारों की नस-नस पहचानते हैं। उनके साथ मिलकर काम करें तो एक बना-बनाया आधार मिलेगा। ....इतने दिन भटकने के बाद एक निश्चित दिशा में आगे बढ़ने का अवसर। लेकिन शुरुआत कहाँ से की जाए? ....किसी का विरोध करने से पहले उसे अपने को सुधारने का मौका तो देना चाहिए। आखिर तालुकेदार भी मनुष्य हैं। उसी ईश्वर के अंश। तो पहले उन्हीं से बात करके देखते हैं।

पहले रामायण-प्रवचन और धार्मिक व्याख्यानों के सिलसिले में बाबा का रियासतों में आना-जाना होता था। लेकिन पंचायत का काम शुरू होने पर वे तालुकेदारों से कटते गए थे। अब फिर उन्होंने कसईपुर के आस-पास स्थित राजाबाजार, सिंघरामऊ, रामगंज और अमरगढ़ की रियासतों का दौरा किया। महादेव बन्दवार ने इसमें सहयोग दिया। वे सोने के बाजूबन्द बनाने के लिए मशहूर थे और रनिवासों तक में उनकी पहुँच थी। उन्हीं की मार्फत राजाबाजार की मानशाही रियासत से बुलावा मिला। बाबा बहुत उत्साह से गए। बड़ी देर तक गीता-रामायण पर चर्चा हुई। देश-विदेश की बातें चलीं।

मौका मिलते ही बाबा ने वह बात उठाई—आप अपनी प्रजा को सँभालिए। आपके जिलेदार-कारिन्दे किसानों को बहुत तकलीफ देते हैं। रामायण में गोसाईं जी ने लिखा है—जासु राज निज प्रजा दुखारी, सो नृप अवसि नरक अधिकारी। प्रजा का कष्ट राजा को लगता है। तालुकेदार ने सुना और बात बदलकर टाल दिया। अमरगढ़ की ठकुराइन ने कहा—बाबा, हमारी प्रजा सँभली हुई है। आप अपनी फिक्र कीजिए। रामगंज में तो बाबा को दबी-दबी धमकी भी दी गई—आप साधू-महात्मा हैं, बाहर से आए हैं। धर्म की चर्चा करिए, कथा-वार्ता सुनाइए। यहाँ के लोगों की शिकायत पर ध्यान न दीजिए, वे बहुत तिकड़मी हैं। आपके लिए मुसीबत खड़ी हो जाएगी।

कोटों से निराश होकर लौटने के बाद एक दिन बाबा सत्तू-चबेना लेकर जिले के सदर हाकिम से मिलने प्रतापगढ़ गए। डिप्टी कमिश्नर वी. एन. मेहता का बड़ा नाम सुना था। और जैसा सुना था, वैसा ही पाया। नाम भेजते ही उन्हें बुला लिया गया। बाबा को आश्चर्य हुआ कि वे तो पहले से ही उनका नाम सुन चुके थे। किसानों की दयनीय दशा से भी काफी कुछ वाकिफ थे। लेकिन कुछ करने में असमर्थ। उन्होंने बताया, सूबे की सरकार और तालुकेदारों के बीच बहुत पुरानी साँठ-गाँठ है। लखनऊ में बैठा बड़ा लाट बटलर तालुकेदारों का बड़ा हिमायती है। वे देर तक अवध के तालुकेदारों का इतिहास बताते रहे। कैसे अँग्रेज उन्हें अवध की जनता का कुदरती नुमाइन्दा मानते हैं। राज के हित में उनकी दोस्ती को कितनी अहमियत देते हैं। ...और उनके हाथ किस तरह कानून से बँधे हैं। बिना सबूत के कोई कार्रवाई नहीं हो सकती। आखिर उन्होंने बाबा को सलाह दी—जो दुखी किसान आपके पास आएँ, उनकी शिकायत एक कागज पर लिख लीजिए और उनका दस्तखत करा लीजिए या अँगूठा-निशान लगवा लीजिए। ऐसे ही एक-एक गाँव के किसानों की शिकायत अलग-अलग लिखकर और उनसे सही कराकर मेरे पास भेजिए। मैं जाँच करने का सुझाव देकर ऊपर लिखूँगा। देखिए क्या होता है।

प्रतापगढ़ से लौटकर बाबा कई दिनों तक मनन करते रहे—क्या रास्ता अख्तियार किया जाए। पुस्तकें पढ़ते रहे, लोगों से सलाह करते रहे। अन्दर उठते विचारों को सँवारते रहे।

उस दिन ढखवा बाजार में सभा थी। प्रवचन हुआ, रामायण की चौपाइयाँ गाईं गईं। इसके बाद बाबा बोलने खड़े हुए। धर्म-कर्म की चर्चा करने के बाद वे किसानों के दुःख की बात पर आ गए। अन्त में उन्होंने कहा—

"हम आपका दुःख लेकर तालुकेदारों के पास गए। उनसे विनती की। पर उनके सर पर जूँ नहीं रेंगी। वे पीढ़ी-दर-पीढ़ी से जो करते आए हैं वही अपना हक समझ बैठे हैं। ...हम जिले के हाकिम से भी मिले। वे भले आदमी हैं पर अँग्रेजों के बनाए कानून से बँधे हैं। आपको अपना भाग्य बदलने के लिए खुद ही खड़ा होना पड़ेगा। आप सोच-समझकर जो भी रास्ता अपनाएँ, हम आपके साथ हैं।"

भाषण खत्म हुआ तो कई किसान बाबा के पास सिमट आए। उनके रुख में आए

बदलाव ने लोगों में एक नया उत्साह भर दिया था। वे आगे बढ़कर कुछ करना चाहते थे। उन्हें आशा की एक किरण दिख रही थी।

ढखवा से कसईपुर का रास्ता। घिरती शाम का अँधेरा। सभा से लौटते समय बाबा का दिल उछल रहा था। जैसे सामने गरजता-लहराता समुद्र हो जिसमें छलाँग लगाने जा रहे हों। अच्छा हुआ, झिंगुरी सिंह ने आकर अन्दर का अनिश्चय दूर कर दिया। अब उन्हें खबर भेज देनी चाहिए।

कसईपुर आकर बना-खाकर वे बिस्तर पर लेटे तो मन फिर पुरानी यादों का ताना-बाना बुनने लगा। चीजें अपने को कैसे दोहराती हैं। फीजी में राजनीतिक जीवन की शुरुआत ऐसे ही संयोगवश हो गई थी।

नौसूरी शहर। भारत विनय विनोदिनी सभा। लोग शाम को इकट्ठा होते थे। या फिर इतवार को जब गोरे लोग चर्च चले जाते थे। रामायण गाना, चौपाइयों के अर्थ करना और उसके प्रसंगों को शास्त्र, पुराण और गीता के साथ मिलाकर प्रवचन करना। धीरे-धीरे रामलीला भी शुरू हो गई। लोगों का आना-जाना बढ़ता गया। लोग अपनी छोटी-मोटी परेशानियाँ भी सभा के सामने रखने लगे।

केले की एक कम्पनी थी जिसमें एक नया मैनेजर आया था। पूरा तानाशाह था वह। थोड़े ही दिन बीते थे कि उसने हिन्दुस्तानी किसानों के केले के गाछ कटवाकर फिंकवा दिए। सभा में लोग उन्हीं को ज्यादा जानते थे, इसलिए दौड़े-दौड़े उन्हीं के पास आए। वे कुछ देर सोचते रहे। किसी से राय-मशविरा करने का समय नहीं था। उन्होंने किसानों से केले के पेड़ लदवाए और उनके साथ सूबा-शहर में लाट के बँगले की ओर चल दिए। रास्ते में किसान जयजयकार कर रहे थे। सूबा-शहर पहुँचते-पहुँचते चारों ओर खबर फैल गई। गोरों की दुकानें बन्द हो गईं। वे किसानों को लेकर सीधे लाट की फुलवारी में पहुँचे। अन्दर कुछ व्यापारी बैठे थे और लाट से उनकी बातचीत चल रही थी। समस्या थी कि उससे मुलाकात कैसे हो। संयोग से उसका खानसामा शंकरदास जान-पहचान का निकल आया। उसी की मार्फत लाट को खबर भेजी गई। तुरन्त उसका जवाब आया कि किसान इन्तजार करें, वह आकर उनसे मिलेगा।

उन्हें ज्यादा इन्तजार नहीं करना पड़ा। लाट बाहर आया और किसानों के सामने एक बक्से पर बैठकर उनकी दास्तान सुनी। उसने कबूल किया कि किसानों के साथ बेइंसाफी हुई है। सलाह दी कि एक वकील करके अदालत में दावा करो, मुआवजा मिलेगा। किसानों को बल मिला। वे सीधे कचेहरी पहुँचे। एक वकील थे डॉ. बरफ जिनके बारे में मशहूर था कि हिन्दुस्तानियों की मदद करते हैं। खोजते-खोजते उनके पास पहुँचे। लोगों की विनती पर वे तैयार हो गए। तुरन्त किसानों का बयान लेकर दावा बनाया और किसानों के साथ जाकर अदालत में पेश कर दिया। तारीख पड़ी और फैसला हो गया। किसानों को मुआवजा मिला और नए मैनेजर को निकाल दिया गया।

उनके द्वारा थोड़ी हिम्मत दिखाने से लोगों की जीत हुई। तब से लोगों में उनका ऐसा प्रभाव जमा कि उन्हें हर काम में आगे रखा जाने लगा। इस तरह वे राजनीतिक कार्यकर्ता तो बन गये लेकिन गोरों की आँखों में गड़ने भी लगे जो अंततः उनके फीजी से निकाले जाने का कारण बना।

आज फिर उसी मोड़ पर खड़े हैं।····बहुत सँभल-सँभलकर पैर बढ़ाना होगा।

दस

देर रात किसी तरह नींद आई थी, फिर भी जल्दी ही आँख खुल गई। चारों ओर घना अँधेरा था। ठंड बढ़ गई थी। बाबा लघुशंका के लिए बाहर निकले। आकाश में तारे छिटके थे। हन्नहवाँ देखकर अन्दाज लगाया अभी तो काफी रात है। लौटकर बिस्तर पर लेटे तो मन फिर पीछे दौड़ने लगा।····घर से निकलने और फीजी पहुँचने के बीच का अन्तराल। बारह साल की लम्बी अवधि। किस-किस घाट का पानी पिया, कहाँ-कहाँ भटके। जेहन में एक-एक दृश्य तैरते हैं।

उस दिन किसान के यहाँ से दूध-भौरी खाकर चले थे और चलते-चलते अँधेरा घिर आया था तो वह आवाज आई थी। उसी के सहारे आगे बढ़ते रहे। मन में रह-रहकर चिन्ता उठती थी रात कहाँ गुजारेंगे। काफी रात गये एक बाजार मिला। पूछने पर मालूम हुआ वहाँ एक धर्मशाला है। किसी तरह सोने की जगह मिल गई। सबेरे नहा-धोकर तैयार हुए तो तेज भूख लग आई थी। एक रुपया तुड़ाया। इकन्नी का गुड़-चना लेकर किसी तरह पेट भरा और वहाँ से चल पड़े। दो कोस चले होंगे। आगे बियाबान जंगल था। रास्ता बिलकुल सुनसान। अन्दर धुक-धुक हो रही थी। एक जगह कुछ लोगों द्वारा आपस में बातें करने की आवाज आई। उत्सुकता में पैर उधर बढ़ गए। चार लोग आपस में कुछ सामान बाँट रहे थे। पहनावे से लगा—एक कंजर था और तीन मीने। जरूर चोरी का माल होगा। डर लगा। पर पास पहुँच गए थे, अब लौट भी नहीं सकते थे। राम-राम हुई। कंजर कुछ देर देखता रहा। फिर शायद उसे शंका हुई। या लोभ आ गया। उसने अपनी भाषा में मीनों से कहा—इसकी तलाशी लो। जान सूख गई। माँ के भेजे रुपए तो गए ही, जान भी जा सकती है। अन्दर-अन्दर भगवान् का नाम लिया। तभी जंगल का रखवाला उधर आ निकला—एक हथियारबन्द राजपूत। उसे देखते ही चारों तो नौ-दो-ग्यारह हो गए, पर वे ठिठककर रह गए। सोचा—यदि भागते हैं तो वे भी चोर समझे जाएँगे। राजपूत ने पहुँचते ही हाथ चला दिया। बड़ी मुश्किल से

उसे रोका और अपनी राम-कहानी सुनाई। आखिर उसे दया आ गई। उन्हें साथ लेकर जंगल के बाहर गया। एक गाँव में खाना खिलाया और हिफाजत के लिए एक कंजर को साथ कर दिया जो दस कोस दूर भीलवाड़ा स्टेशन तक उन्हें छोड़ गया। जब चारों ओर अन्धकार हो, कोई रास्ता न सूझता हो, लगता हो बस अन्त आ गया तो कहीं न कहीं से सहारा निकल आता है।

भीलवाड़ा स्टेशन। दोनों ओर से गाड़ियाँ आती-जाती हैं। यहाँ से किधर जाएँ। जो भी गाड़ी आएगी, बैठ लेंगे। गाड़ी के इन्तजार में स्टेशन पर इधर से उधर घूम रहे थे। तभी एक वैष्णव साधू मिल गये। उन्होंने पूछा, कहाँ जाओगे। कुछ बता नहीं पाए। वे बोले—मेरे साथ चलो, एक देवस्थान तक जा रहे हैं। साथ हो लिए। देवस्थान पर बड़ी भीड़ थी। दोनों मन्दिर के बगल में बैठकर राम-राम, सीताराम करने लगे। साधू ने कहा—बच्चा चेला बन जाओ। उससे क्या मिलेगा बाबा? परलोक बनेगा। वह कहाँ है, देखने में तो आता नहीं। बहुत दूर है बच्चा, कोई-कोई पहुँचता है। आप वहाँ पहुँचे थे? पहुँचे न होते तो तुम्हें बताते कैसे। वहाँ जाकर लौट क्यों आए बाबा? मुझे भेजा है कि और लोगों को साथ लाओ। वहाँ शहर है या जंगल या गाँव? अब साधू महराज बिफर पड़े। चिल्लाकर बोले—बहुत बक-बक करता है। जा भाग, तू मेरा चेला बनने लायक नहीं। बारह बरस लँगोटी धोओ तब जाकर कुछ पल्ले पड़ता है। बात समझ में आ गई। बारह बरस लँगोटी धोओ, फिर खुद भी परलोक की पंडागीरी करने लगो क्योंकि तब तक तो और रास्ते बन्द हो चुके होंगे।

वहाँ से चल दिए। कुछ दिन आस-पास के गाँवों में भटकते रहे। मन ऊब गया तो एक दिन गाड़ी में बैठे और उज्जैन पहुँच गए। वहाँ की फौजी छावनी में उनके इलाके के एक सज्जन रहते थे—गोविन्दराव पाटणकर। फौज में छोटे-मोटे हाकिम थे। खोजते-खोजते छावनी पहुँचे। बहुत मुश्किल से मुलाकात हुई। उन्होंने तरस खाकर मुंशी की नौकरी दिला दी। एक ठिकाना लग गया। खोली लेकर रहने लगे। जिन्दगी की नैया चल निकली। आँधी-तूफान, बिजली-बादल, ओला-बारिश के बीच नाव सरकती रही और नदी बहती रही। ....वहीं ठहर जाते तो आज कहाँ होते?

औरत। कितने रूप, कितनी माया। कभी आग तो कभी पानी। एक—जिसके चलते दर-बदर हुआ, दूसरी—जिसने चलते-चलते सहारा दिया। और अब तीसरी। औरत का एक नया रूप। याद आते ही झुरझुरी-सी होती है। बगल में रहती थी। कसा-कसा बदन, हल्का साँवला रंग। जाति की मराठन। नाम अभी तक याद है—गंगा। उसी से पहली बार जाना कि स्त्री-शरीर क्या होता है। कुछ औरतों में शरीर ही प्रधान होता है, बाकी सब कुछ गौण। वे शरीर-सुख के लिए जीती हैं। मन उसी से इर्द-गिर्द घूमता है। खुलकर सुख लेती हैं और खुलकर सुख देती हैं। आगे-पीछे की कोई फिक्र नहीं। ऐसी ही थी गंगा। सम्पर्क हुआ तो शरीर तक पहुँचने में देर नहीं लगी। फिर तो उसी में खो गए। और सब कुछ भूल गए। कुछ महीने नशे की हालत में

रहे। फिर धीरे-धीरे उसका चरित्र समझ में आने लगा। मन पानी की तरह अस्थिर। इधर-उधर निगाह डालती फिरती थी। नजरों से, बातों से, हाव-भाव से जैसे सबको न्योता देती रहती थी। समझाने की बहुत कोशिश की। पर वह अपने स्वभाव से मजबूर। सोचते थे, उससे नाता तोड़ लें। लेकिन मन लालची और कमजोर। विवेक साथ नहीं देता था। स्वाभिमान को चोट लगती थी, अन्दर-अन्दर तड़पते थे पर कुछ कर नहीं पाते थे। एक दिन उसे दूसरे मर्द के साथ बिस्तर पर देख लिया। सोचने लगे, अब यहाँ रहे तो किसी-न-किसी दिन टंटा खड़ा होगा। हिंसा भी हो सकती है। उसका साथ छोड़ नहीं सकते, इसलिए जगह ही छोड़ दी।

एक परिचित मराठा रत्नागिरि जा रहा था। उसी के साथ हो लिए। पहली बार समुद्र देखा तो मन उछल पड़ा। कैसा विस्तार और कैसा उफान। समुद्र के किनारे मराठा कुर्मियों की बस्ती थी। उन्हीं के साथ रहने लगे। वे नावों पर नारियल, केला और मूँगफली लादकर बाजार ले जाते थे। वे भी यही काम करने लगे। शाम को आठ आने मजदूरी मिलती थी। किसी तरह गुजर-बसर हो जाता था। कभी-कभी गंगा की याद दिल में सूई की तरह चुभती थी। कभी समुद्र के किनारे खड़े हो दूर-दूर तक नजर दौड़ाते। मन उसकी अनन्तता में खो जाता था। ....समुद्र के पार क्या होगा? कैसे-कैसे देश, कैसे-कैसे लोग? इतनी बड़ी दुनिया में उनके लिए विधि ने कहाँ जगह बनाई है? क्या यही मंजिल है जिसके लिए घर से निकले थे।....तीन साल बाद रत्नागिरि छोड़ दिया।

बम्बई आए। एक सेठ के यहाँ नौकरी की। परेल में घुड़दौड़ होती थी, उसमें पैसा लगाने लगे। बराबर हारते रहे। तीसरे साल माँ के नाम पर लगाया तो आठ सौ इकट्ठे जीत गए। इतने रुपये का क्या करें! एक साथ पाकर अभिभूत। आखिर सौ रुपये रखकर बाकी सात सौ माँ को भेज दिए। रुपये भेजते समय कैसा लगा था! जैसे दिल उछलकर बाहर आ जाएगा।....कैसी होगी माँ! कैसे होंगे और लोग! छह साल बाद कितना बदल गया होगा गाँव! रुपये पाकर कैसा लगेगा माँ को? ....सौ रुपये की पूँजी से भायखला स्टेशन पर श्रीखंड-पूरी बेचने का काम शुरू किया। दो साल में खान-खोराकी के बाद ढाई सौ रुपये बचे। यही इतना लगाकर एक कोयले के ठेकेदार के साथ काम शुरू कर दिया। अच्छा चल निकला। दो साल में एक हजार बचाए। नौ सौ माँ को भेजे। फिर साझीदार से अनबन हुई और यह काम भी छोड़ दिया। एक कोयले के जहाजवाले ने जहाज पर रंग लगाने का काम दिया। ढाई रुपये रोज मिलते थे। छह महीने में माँ को चार सौ भेजे। फिर ग्रह-दशा बिगड़ी और यह काम भी छूट गया।

बम्बई से मन उखड़ गया था। दो लोगों का साथ मिला तो पैदल ही मद्रास के लिए चल पड़े। बाबूलाल मराठा और सुल्तान खाँ मुसलमान। तीनों में गाढ़ी दोस्ती हो गई। बार-बार सोचते थे, जाति और धर्म क्या है। आदमी आदमी होता है। बुरा भी, भला भी। न हर जगह बुरा, न हर जगह भला। असली लड़ाई तो भले और बुरे के बीच है। ....मद्रास पहुँचने में तीन महीने लग गए। कुछ दिन भटकने के बाद तीनों ने मिलकर

फीजी चलने का निश्चय किया। एक जहाज हिन्दुस्तानी कुलियों को लेकर फीजी जा रहा था। फूलताला नम्बर चार। उसमें नौ सौ के ऊपर कुलियों को जाना था। पहले दिन भरती के लिए गए तो नाम और जाति बताते ही उन्हें अलग कर दिया गया। अँग्रेज मराठा ब्राह्मणों को शक की निगाह से देखते थे। साथियों से सलाह किया। दो दिन बाद फिर गए। इस बार नाम बदल दिया। श्रीधर वल्द बलवन्त राव की जगह रामचन्द्र वल्द लक्ष्मण बता दिया। इस बार रख लिए गए।

हिन्दुस्तान छोड़ रहे हैं, दूसरा जन्म हो रहा है। अब पुराने नाम में क्या है। श्रीधर मर गया और उसी के साथ मर गया उसका अतीत। माँ-बाप, भाई-बन्धु, संगी-साथी, उसका वतन, उसका देश। कहाँ सोचा था कि फीजी से कभी वापस आना होगा। ...माँ से फिर कोई सम्पर्क नहीं हुआ। ...पता नहीं वह जीवित है या मर गई।

रात के अँधेरे में कहीं एक बिल्ली रो रही थी। शायद बिल्ले ने उसके बच्चों को मार दिया था। कैसी हृदय-विदारक आवाज ! बच्चे के लिए इतनी करुणा। ...माँ, आज मैं तुम्हें याद करता हूँ। तुम जहाँ भी हो।...पर लौट नहीं सकता।...लोग समझ लिए होंगे श्रीधर मर गया। समझे रहें, यही अच्छा है।...अब नींद तो क्या आएगी। अभी पौ फटने में कितनी देर है ?

ग्यारह

दशरथपुर में हर हफ्ते बुधवार को बाजार लगता है। आस-पास के बनिए आकर दुकान लगाते हैं। अनाज के कुछ आढ़तिए भी बैठते हैं। किसानों की जरूरत की छोटी-मोटी चीजें मिलती हैं। लड़ाई की वजह से चीजों के दाम बहुत बढ़ गए हैं। अफवाह है कि कपड़े और नमक पर कंट्रोल होनेवाला है। बाजार के दिन बहुत भीड़ होने लगी है। लीक के दोनों ओर कलवारों की बस्ती है। कुछ पीढ़ी पहले उन्होंने शराब का पुश्तैनी पेशा छोड़कर अनाज, किराना, कपड़े और मिठाई की दुकानें कर ली थीं और साहु कहलाने लगे थे। उनमें से कई वैष्णव हो गए और पूजा-पाठ करने लगे। धीरे-धीरे पुराने पेशे से जुड़ी अप्रतिष्ठा खत्म हो गई और सबके साथ उठना-बैठना होने लगा।

कालू साहु की किराना और मिठाई की दुकान है। सालिकराम उनके नियमित ग्राहक हैं। उन्हें साल-भर जिस किसी चीज की जरूरत पड़ती है, कालू साहु बिना दाम-काम किए तौलकर पुटकी में बाँध देते हैं। साल में दो बार फसल के समय बसौली आते हैं और अनाज तुलवा ले जाते हैं। सालिकराम ने कभी हिसाब-किताब नहीं पूछा।

यह उनके स्वभाव में ही नहीं है।

उनके दुकान पर पहुँचते ही सहुआइन सारा काम छोड़कर पहले उनका लोटा माँगती है। फिर उसे अच्छी तरह माँजकर पानी लाती है। साथ में एक दोने में रखकर दो पेड़े लाना नहीं भूलती। वे पानी पीकर सुस्थिर होते हैं तो बड़े प्रेम से घर का हाल-चाल पूछती हैं। इस बीच कालू साहु ग्राहकों से निबटते रहते हैं। कभी कालू दुकान पर न हुए तो सहुआइन आग्रह करके उन्हें रोक लेती है। कहीं आस-पास गए होते हैं तो कहती है—महराज, बैठकर थोड़ा सुस्ता लीजिए, आते ही होंगे। किसी काम से दूर गए होते हैं और वही दुकान देख रही होती है तो किसी को दुकान पर बिठाकर उनके लिए पानी लाती है, फिर खुशी-खुशी उनका सौदा तौलती है और बातें करती जाती है। साधू को भान है कि जब वह सौदा देती है तो चुन-चुनकर अच्छा देती है और तौल भी कुछ ज्यादा ही रहता है। साइत-सुदेवस पूछने से लेकर घर-गृहस्थी की सारी बातों में वह साधू की राय लेती है। उसके व्यवहार में एक अपनत्व-भरी गरमाहट है जिससे सालिक राम का गम्भीर व्यक्तित्व अन्दर-अन्दर पिघलने लगता है।

कालू साहु चार भाइयों में सबसे छोटे हैं। उमर हो गई है पर बाल-बच्चे नहीं हुए। औरतों की रार से तंग आकर वह भाइयों से अलग हो गए हैं। पुश्तैनी मकान में उन्हें दो कोठरियाँ मिली हैं। लीक की ओर खुलनेवाली कोठरी में दुकान है और पीछे वाली में घर-गृहस्थी का सामान। घर-आँगन अभी भी साझे में होने से बीच-बीच में टुन्न-पुन्न लगी रहती है। सहुआइन को जिठानियों की गुलामी मंजूर नहीं, न ही वह उनकी साँठ-गाँठ में शामिल होती है। उनकी तरह उसे तिरिया-चरित्र नहीं आता। इसलिए वह उनसे अलग-थलग पड़ जाती है।

उस दिन साधू दशरथपुर पहुँचे तो मालूम हुआ रात कालू साहु के यहाँ चोरी हो गई। दोनों प्राणी दुकानवाली कोठरी में सोए थे। चोरों ने भीतरवाली कोठरी में सेंध लगाकर सारा सामान निकाल लिया। जेवर, नकदी, कपड़े-लत्ते, यहाँ तक कि बर्तन-भाँडे तक। लोग सेंध के पास जमा थे और सहुआइन एक ओर पल्लू से मुँह ढके सिसक रही थी। कुछ औरतें उसे ढाँढस बँधा रही थीं। थोड़ी दूर पर उसकी जिठानियाँ कुछ और औरतों के साथ बैठी खुसुर-फुसुर कर रही थीं। कुछ बच्चे कौतूहलवश सेंध को हाथ लगाकर देख रहे थे—इतने छोटे छेद से चोर अन्दर कैसे घुसे होंगे। गोड़इत थाने पर इत्तला करने गया था और पुलिस के आने का इन्तजार हो रहा था।

साधू को देखकर सहुआइन धाड़ मारकर रो पड़ी—

"हम बरबाद हो गए महराज। जिन्दगी-भर की कमाई चली गई।" फिर थोड़ा सँभलकर धीरे से बोली—"अब सबका दिल ठंडा होगा।"

"ऐसा नहीं कहते सहुआइन, अपना-अपना प्रारब्ध तो सबको भोगना ही पड़ता है।"

कालू साहु लोगों से घिरे थे। वे निकलकर साधू के पास आए और कान में

फुसफुसाने लगे—

"बाबा, सब इन्हीं लोगों की करामात है। घर के भेदी के बिना चोरी नहीं होती।"

"देखो साहु, जब तक ऊपरवाला नाराज न हो, किसी के करने से कुछ नहीं होता। व्यर्थ में मन खराब न करो।"

"सो तो ठीक है बाबा, लेकिन मन में शंका तो होती है। अब देखिए, परसों ही मैं चार सौ रुपये उगाही करके लाया था। कल सौदा लेने बेल्हा जानेवाला था। सरदी-जुकान के कारण रुक गया। और आज यह रचना रच उठी। ···इन लोगों को सब मालूम था।"

"ऊपरवाले को जो करना होता है उसका कोई-न-कोई बहाना बना देता है। किसी को दोष देने से क्या लाभ!"

"साधू महराज, आप इनको नहीं जानते। पता नहीं क्यों जलते हैं मुझसे। अपना काम करता हूँ, अपनी राह चलता हूँ। न किसी से लेना न किसी को देना। लेकिन पता नहीं क्यों इनकी आँखों में गड़ता हूँ।···अब तो दिल फट गया है बाबा इनसे। यहाँ नहीं रहेंगे अब।"

"कहाँ जाओगे?"

"कहीं भी चले जाएँगे। झोंपड़ी खड़ी कर लेंगे, मेहनत-मजूरी करके खाएँगे। पर यहाँ नहीं रहेंगे। रोज-रोज की किच-किच से जी कंटाल गया बाबा।"

"धैर्य रखो साहु, संकट में बुद्धि काम नहीं करती। धीरे-धीरे सब ठीक हो जाएगा। मन मैला न करो।"

तब तक तीन सिपाहियों के साथ थाने से दारोगा आ गया। उसने लोगों को हटाकर पहले सेंध का मुआयना किया। फिर कोठरी के अन्दर जाकर देखा। पूछ-पूछकर गायब सामानों की फेहरिस्त बनाई। अन्त में कालू साहु का बयान लेने लगा।

"किसी पर शुबहा है?"

कालू ने नजर घुमाकर साधू की ओर देखा। उन्होंने इशारे से किसी का नाम लेने से मना कर दिया।

"नहीं साहेब।"

"किसी ने पैसा रखते देखा था?"

कालू ने फिर साधू की ओर देखा। अबकी बार साधू ने और जोर देकर बरजा।

"किसी से दुश्मनी है?"

"नहीं साहेब।"

पुलिस को कार्यवाही समेटने में घंटों लग गए। लोग धीरे-धीरे ऊबकर जाने लगे। सबसे आखिर में, पुलिस के जाने के बाद साधू चलने को तैयार हुए।

"साहु, घर आना। जितने से काम चले, अनाज लाद ले आना। किसान आदमी हैं। और हम कर ही क्या सकते हैं।"

साहु-सहुआइन दोनों ने झुककर उनके पैर छुए। सहुआइन अपने को रोक नहीं पाई। आँसू की कुछ बूँदें साधू के पैर पर गिरीं तो उनका मन विचलित हो उठा।

चार दिन बाद कालू साहु रास्ते के गाँवों में ग्राहकों से वसूली करते हुए बसौली आए। साथ में एक लद्दू घोड़ी थी। तीन-चार ग्राहकों से इतना अनाज मिल गया था कि अब और लादने की गुंजाइश नहीं थी। बस साधू से दो बातें करने इधर आ गए थे। वे खाना खाकर उठे ही थे। जिद करके उन्होंने साहु को खाने के लिए रोक लिया। दुबारा अदहन चढ़ाते समय औरतें बहुत भुनभुनाईं लेकिन क्या करतीं।

कालू ने घोड़ी से सामान उतारा और उसके अगले पैरों को रस्सी से छानकर चरने के लिए छोड़ दिया। खुद आकर साधू के पास बैठ गए।

"पुलिस ने कुछ धर-पकड़ की?"

"नहीं बाबा, जब मैंने ही किसी का नाम नहीं लिया तो पुलिस को क्या पड़ी है।"

"दुकान शुरू की?"

"नहीं बाबा, मन नहीं करता। लगता है, उस घर में ही अनसहन है। हम कभी वहाँ फले-फूले नहीं।"

"तो कहाँ जाओगे?"

"सहुआइन तो अपने मायके चलने को कह रही है। मैं ही आगा-पीछा सोच रहा हूँ। सुजान गंज बाजार है तो अच्छा पर पता नहीं उन लोगों के साथ कैसी निभे। सोचता हूँ, इसी तरफ कहीं कोई कोठरी मिल जाती तो जगह बदल लेता। सब जाने-पहचाने ग्राहक हैं। पास में घोड़ी है ही। कर्जा-कुआम लेकर कुछ माल खरीद लेता और बाजार-बाजार घूमकर दुकान लगाता। पास में पूँजी न हो तो एक जगह टिककर बैठने से बरकत नहीं होती महराज।"

साधू कुछ देर जैसे पसोपेश में पड़े सोचते रहे।

"इधर ही क्यों नहीं आ जाते साहु?"

"इधर कहाँ?"

"इस गाँव में और इसके आस-पास कोई दुकान नहीं है। छोटी-छोटी चीज के लिए दशरथपुर जाना पड़ता है। यहाँ एक दुकान हो जाती तो सबको सुभीता रहता। और चलती भी खूब।"

कालू साहु कुछ देर साधू का मुँह देखते रहे।

"यहाँ कहाँ जगह मिलेगी बाबा?"

"पहले मन तो बनाओ। जगह मिल जाएगी।"

साधू के मकान के पिछवाड़े एक गुलौर थी—गुड़ बनाने की मड़ही। एकान्त में पड़ जाने से वहाँ हमेशा रखवाली करनी पड़ती थी। जंगल सटा होने से मौका पाते ही सियार आकर कड़ाह और चकरा चाट जाते थे। कभी पौना-फरुही भी घसीट ले जाते थे। आखिर वह जगह छोड़कर दरवाजे के सामने नई गुलौर बनवानी पड़ी थी। पुरानी

जगह अब खाली पड़ी थी। भट्ठे को पाटकर थोड़ी मरम्मत कर देने और चारों ओर दीवार खड़ी कर देने से वह दो लोगों के रहने लायक हो जाएगी—साधू ने सोचा और अन्दर-अन्दर निश्चय कर लिया। परिवार के लोग भनभनाएँगे जरूर लेकिन उन्हें विश्वास था कि एक बार कालू आकर बस गये तो धीरे-धीरे सहुआइन सबका मन जीत लेगी। फिर सबको सौदा-सुलफ की सुविधा भी हो जाएगी।

यह कहना कठिन है कि साधू के मन में कहीं सहुआइन का सान्निध्य पाने की लालसा भी छिपी थी या नहीं।

कालू साहु भोजन करके उठे तो तमाम ना-नुकुर के बावजूद पुरानी गुलौर देख आए। पास में नीम, जामुन और महुए के पेड़ थे। बगल में बाँस की एक कोठ थी। पीछे से ढाक का जंगल शुरू होता था। जगह सुन्दर है—कालू ने सोचा। दशरथपुर बाजार के साझी मकान को देखते हुए कुछ ज्यादा ही एकान्त है। लेकिन आदमी जहाँ रहने लगे, मन लग ही जाता है। रोज-रोज की किचकिच से तो छुट्टी मिलेगी। क्या पता, जगह बदलने से भाग्य भी बदले। लेकिन साधू का अहसान? आदमी भले हैं। फिर भी कुछ-न-कुछ तो करना चाहिए। जेहन में धुँधली-सी कौंध उठी—सहुआइन को साधू से एक खास तरह की ममता है। शायद साधू को भी हो। लेकिन सिर्फ इसीलिए जगह दे रहे हों ऐसा तो नहीं लगता। अन्दर हल्की-सी चुभन हुई लेकिन जल्दी ही मन साफ हो गया।

पखवाड़े-भर में कालू साहु तीन बार बसौली आए। हर बार गुलौर के पास आकर चारों ओर नजर दौड़ाते और देर तक कुछ सोचते-गुनते खड़े रहते। तीसरी बार गुलौर की मरम्मत के लिए आदमी लगा गए। और उसी महीने साइत देखकर दशरथपुर छोड़ बसौली आ बसे।

बारह

सहुआइन स्वस्थ और सुन्दर थी। भरा हुआ, कुछ-कुछ गदराया-सा, सुडौल और सुगठित शरीर। खुला हुआ रंग। बड़ी-बड़ी चमकीली आँखें और उत्फुल्लता से दमकता चेहरा। भरी-पूरी परिपक्व जवानी में एक खास तरह की मोहकता थी जिस पर चलते-चलते लोगों की निगाह अटक जाती थी और उसका सान्निध्य पाने की लालसा सुगबुगाने लगती थी। बसौली आने पर कुछ दिन तो उसे गृहस्थी जमाने में लग गए। फिर चोरी का गम भी रहा। लेकिन धीरे-धीरे सब ठीक हो गया और जिन्दगी अपनी सहज धारा में बहने लगी। नई जगह साहु का कारोबार भी मजे का चल निकला। वह लड़ाई का दौर

था। बाहर से माल लाकर आस-पास के बाजारों में दुकान लगाने, किसानों से गल्ला खरीदकर देशावर भेजने और उगाही के लिए गाँव-गाँव घूमने से उन्हें फ़ुरसत नहीं मिलती थी। घर पर कोई सौदा-सुलफ लेने आता तो सहुआइन को ही निकलना पड़ता। उसके चेहरे पर हमेशा एक अपनत्व भरी मुसकान और बातों में गहरी मिठास रहती थी। हर शख्स उससे बात करना चाहता था। धीरे-धीरे काफी दूर से लोग सौदा लेने आने लगे।

कई ग्राहक ऐसे थे जो वहाँ आते तो घड़ी-दो घड़ी साधू के पास भी बैठ जाते। वैसे भी उनके पास आनेवालों की कमी नहीं थी, अब तो हमेशा कोई-न-कोई जमा रहता। कुशल-मंगल पूछने के बाद देश-पवस्त की चर्चा, किसी की निन्दा, किसी की स्तुति, कुछ ज्ञान-ध्यान की बातें। एक उठता तो दूसरा आ जाता। पदारथ को ईर्ष्या का एक और कारण मिल गया। उन्हें लगता साधू ने पवस्त में अपना दबदबा बढ़ाने के लिए ही कालू साहु को पिछवाड़े लाकर बसाया है। जंगलवाले मामले में मुँह की खाने के बावजूद उन्होंने एक बीघा रकबा अभी तक दबा रखा था। उन्हें हमेशा उसके हाथ से निकल जाने की चिन्ता लगी रहती थी। कुछ नहीं मिला तो वे सहुआइन को लेकर साधू पर कीचड़ उछालने लगे।

ऊपर से तो सहुआइन में साधू के लिए आदर का भाव ही दिखता था। उसके मन में कुछ और रहा हो तो किसी को इसका आभास नहीं होने देती थी। रोज नहाने के बाद वह साधू से चरणामृत लेने आती थी। वे पूजा पर बैठे होते और वह सिर पर पल्लू डाले, आँचल को ठीक से सँभाले, एक खास लोच के साथ चलती पिछवाड़े की ओर से निकलकर आती। पैरों में पड़े गोड़हरा और पायजेब शरीर की लय के साथ धीरे-धीरे बजते। साधू का ध्यान पूजा से भटककर उधर चला जाता। अगर पूजा खत्म होने में देरी होती तो वह साड़ी समेटकर चौकी के पास बैठ जाती और निगाह नीची किए इन्तजार करती रहती। चुपचाप चरणामृत लेकर फिर वैसे ही चलती हुई वह पिछवाड़े की ओर निकल जाती। उसके पास बैठी होने के एहसास-भर से साधू के अन्दर नरम-नरम फुहारें-सी छूटती रहतीं और उसके जाते ही उनके भीतर कुछ टूट जाता। आते-जाते हुए साधू उसे द्वार बुहारते, कुएँ पर पानी भरते, कमर पर घड़ा रखकर एक मोहक लचक के साथ घर की ओर जाते और पूजा के लिए कनेर और कटसराई के फूल चुनते देखकर अन्दर-अन्दर असहज हो उठते। लेकिन आत्म-सम्मान और मर्यादा के भाव इतने गहरे थे कि व्यवहार में इसकी कोई झलक न दिखती। बस अन्दर एक मीठा-मीठा दर्द-सा पकता रहता और कुदरत के इस खेल पर भौंचक वे कुछ खीझते, कुछ खिसियाते अपने में खोए रहते। साहु को देखते तो मन का यह द्वन्द्व और बढ़ जाता और उनसे कुछ ज्यादा ही स्नेह से बातें करने लगते।

साहु रबी की बुआई के समय बसौली आए थे। अब फसल कटकर खलिहान में आ गई थी। दिन भर मड़ाई और ओसाई चलती रहती। देबीदीन और खेदू मुँह-अँधेरे

ही आ जाते और बैलों को पानी पिलाकर दँवरी नाँध देते। दँवरी में चलते समय बैलों के मुँह पर खोंच न दी जाती और वे पैर को औझार-औझारकर दिन-भर में इतना दाना खा लेते कि अलग से सानी खिलाने की जरूरत न पड़ती। जैसे-जैसे दिन चढ़ता, चारों ओर फसल कटने से खाली पड़े खेतों में जौ-गेहूँ की खूँटियाँ धीरे-धीरे फैलती हुई धूप के साथ पहले भूरी, फिर सुनहरी होकर चमकतीं। बीच-बीच में धूल और खर-पतवार उड़ाते बगूले उठते और नाचते हुए कुछ दूर तक जाकर आकाश में विलीन हो जाते। चरने के लिए छुट्टू छोड़े गए मवेशी बस्ती से निकलकर धीरे-धीरे पूरे सिवान में फैल जाते। मनमनाती दोपहरी में वे ताल के भीटे पर इकट्ठे होकर पेड़ों की सिकुड़ती छाया तले बैठ जाते। सन-सन करती लू में उन्हें दूर से पगुराते हुए देखकर एक सुकून का आभास होता था जो लोगों के दिलों में कहीं नहीं था। सब को जल्दी-से-जल्दी फसल निबटाकर लगान की किस्त भरने की फिक्र पड़ी थी। जिलेदार के सिपाही खलिहान-खलिहान लट्ठ लिये घूम रहे थे।

उस दिन दोपहर तक जौ की एक पैर की दँवाई पूरी हो गई। हवा बन्द थी इसलिए ओसाने के लिए देबीदीन और खेदू पिछौरी लेकर परौता मारने लगे और देबीदीन की बहू और बेटी टोकरी में भूसा मिला अनाज भर-भरकर ओसाने लगीं। एक हाथ से टोकरी ऊपर उठाए दूसरे से उसे नीचे से पकड़कर धीरे-धीरे हिलाती हुई वे भूसा मिला दाना लहरा-लहराकर नीचे गिरातीं। दाना जहाँ गिरता वहीं रह जाता पर भूसा पिछौरी की हवा के साथ उड़कर दूर तक फैल जाता। दोपहर बाद पछुआ शुरू हुई तो परौता मारना बन्द हो गया और चारों जन टोकरियाँ लेकर ओसाने लगे। शाम तक ओसाई चलती रही और दाने को भूसे से अलग कर बड़ी-बड़ी टोकरियों में भरकर घर तक ढोते-ढोते अँधेरा हो गया। देबीदीन की बहू और बेटी तो अरी-तरी में मिले अनाज की गठरियाँ सिर पर रखे अपने घर चली गईं पर देबीदीन के निकलते-निकलते आसमान में चाँद झाँकने लगा।

वह घर के लिए चला तो चारों ओर धुँधली चाँदनी फैल गई थी। दिन-भर के काम से देह थककर चूर हो गई थी। ऊपर से नीचे तक भूसे के छोटे-छोटे तिनके पसीने के साथ चिपककर सूख गए थे और अब शरीर में गड़ रहे थे। वह जंगल से गुजर रहा था तो कोई दूसरी ओर से लद्दू घोड़ी पर बैठा उसे कित्-कित् करता उधर ही आ रहा था। चाँदनी को काटकर पसरी पेड़ों की छाया से वह बाहर आया तो मालूम हुआ साहु हैं।

"आज बड़ी देर कर दी साहु।"

"हाँ देबीदीन। महदहा का बाजार था। लौटते हुए एक-दो जगह उगाही के लिए रुकना पड़ा। खलिहान निपट रहा है, अभी न पहुँचा तो बाद में कौन देगा।" साहु घोड़ी से उतरकर खड़े हो गए।

"आपकी बड़ी मौज है साहु। लछ्मी दाहिन हैं। सौदा बेचते जगह-जगह घूमते हैं और कमाई भी होती है। ....हम खट-खट के मर रहे हैं, फिर भी दो जून का पूरा नहीं

पड़ता।"

"हाँ भइया···अपनी तकलीफ अपने को ही समझ में आती है।"

"आपको क्या तकलीफ है साहु ?"

"एक हो तो बताएँ।···अब पदारथ महराज को ही लो। मेरी देखा-देखी छोटे बेटे को कपड़ाही के काम में लगा दिए हैं। हर बाजार में अदबदाकर मेरी बगल में दुकान लगाता है। गाहकों को भड़काता है। कुछ बोलो तो चढ़ बैठता है। वहाँ थे तो भाइयों ने उद्‌वास लगा रखा था, यहाँ आए तो पदारथ मिल गए।···इधर एक नया होहा उड़ा रखा है। जहाँ जाते हैं लोगों के कान में फुसफुसाते हैं।···अब तुमसे क्या छिपाना देबीदीन। मेरी तो चलो कोई बात नहीं पर साधू जैसे देवता आदमी पर कलंक उछाल रहे हैं।···मन खट्टा हो जाता है।"

"अच्छा···मैंने तो कुछ सुना नहीं।"

"ऐसी बातें कानों-कान फैलती हैं। तुम्हें भी कहीं-न-कहीं सुनाई ही पड़ जाएँगी।"

"फिर भी।"

"बात कुछ भी नहीं है देबीदीन। लेकिन कोई किसी की जबान तो रोक नहीं सकता। और किसी के बारे में बुरा कहो तो लोग जल्दी से पतिया भी जाते हैं। ···अब देखो, कटनी का समय है, हम इधर-उधर घूमकर चार पैसा कमाएँ कि पदारथ की बात लेकर घर बैठे रहें।···तुम्हीं बताओ सहुआइन में तुम्हें कोई खोट नजर आती है ?"

"कैसी खोट साहु। ···अरे सौ औरतों में एक है। इस तरफ से बहुत भागमान हो साहु। बस भगवान् ने कोख नहीं भरी। ···असल में ई पदारथ महराज बहुतै दोखी हैं। हमारे साधू तो सदा से उनकी राह बचाते आए हैं। उनसे जरा सँभलकर रहना साहु। किसी के बारे में कुछ भी असंभाख बोल सकते हैं, कुछ भी कर सकते हैं।"

अब तक देबीदीन को समझ में आ गया था कि साहु क्या कहना चाहते हैं। उसने देखा कि उसकी बात से वे और डर गए हैं तो समझाने लगा—

"असल में साहु, जिसके मन में गन्द होती है न, उसको हर जगह वही दिखाई पड़ती है। पदारथ का चरित्तर किसी से छिपा नहीं है। सब जानते हैं वह क्या हैं और साधू क्या हैं। फिर ऊपरवाला सब देखता है। इसको लेकर मन न खराब करो साहु।"

अपनी बहुओं के साथ पदारथ की आशनाई जग जाहिर थी। जब उनका गौना आता, लड़कों में बचपना रहता था। उनकी रोज-रोज की ताक-झाँक और रगड़े से तंग आकर आखिर बहुएँ उनके चक्कर में पड़ ही जाती थीं। लड़के जैसे-जैसे बड़े होते उनकी करतूत समझ में आने लगती थी। लेकिन इतना आतंक था उनका कि बस वे कसमसाकर रह जाते। छोटी बहू ने हाथ नहीं धरने दिया तो वे इतना खिसिआए कि घर में उसका रहना दूभर कर दिया। उसको इस कदर प्रताड़ित किया कि वह बाहर निकल गई और माँग-जाँचकर खाने लगी। जग-हँसाई होने लगी तो उसे समझा-बुझाकर घर ले आए। फिर मौका देखकर एक रात बदमाशों को बुलाकर उसका कत्ल करवा दिया और

लाश रातों-रात गोमती में फिंकवा दी। बात खुली तो दरोगा को गठरी भर चाँदी के रुपए गिनकर किसी तरह मामले को रफा-दफा कराया। कई साल तक बिरादरी से बाहर रहे। फिर तमाम तिकड़म भिड़ाकर मड़रीकों को पटाया और भोज-भात देकर दुबारा शामिल हुए। लेकिन तब से साधू ने उनके यहाँ भोजन नहीं किया। बस ऊपर-ऊपर से बात-व्यवहार चलता रहा। जंगल के पट्टेवाली घटना के बाद तो वह भी बन्द हो गया।

"क्या-क्या कुकरम नहीं किया है पदारथ महराज ने। उनका चिट्ठा खोलकर बैठें तो रात बीत जाए। यह तो कहो कि बड़वार आदमी हैं इसलिए सब पच गया। ...लेकिन लोगों को कुछ भूला थोड़े है।"

"अब तुम्हीं बताओ देबीदीन, हम क्या करें। साधू से कुछ कहते नहीं बनता। ...घर थोड़ा एकान्त में पड़ जाता है। सहुआइन अकेले रहती है। ...कभी-कभी पदारथ से बहुत डर लगता है। आज यह उड़ा रहे हैं, कल को जाने क्या कर बैठें।"

"ऊपरवाले पर भरोसा रखो साहु। उसकी मरजी के बिना कुछ नहीं होता। हाँ सहुआइन से कहना थोड़ा हुसियार रहे।"

देबीदीन आगे बढ़ गया तो साहु कुछ देर असमंजस में खड़े उसी की ओर देखते रहे। फीकी चाँदनी की धुंध में डूबा जंगल अपनी नीरवता में खौफनाक लग रहा था। वे घोड़ी पर चढ़े तो दूर जंगल के किसी कोने में सियारों ने हौहाना शुरू कर दिया था। फिर बस्ती की ओर से कुत्ते भूँकने लगे। घर के सामने आकर सामान उतारा और घोड़ी को हौदे के पास बाँधकर अन्दर घुसने लगे तो सहुआइन दरवाजे पर खड़ी थी। उसे देखकर दिल में एक चुभन-सी हुई। ...मन को कितना भी समझाओ शंका तो उठती ही है। कहीं-न-कहीं कुछ तो होगा, बिना आग के धुआँ नहीं उठता।

खाना खाते समय उन्होंने साधूवाली बात चलानी चाही तो सहुआइन ने सुनी-अनसुनी कर दी। वह अपने में ही मगन थी। उसने आज फलाहारी मिठाई बनाई थी और एक दोने में लेकर साधू को भोग लगाने के लिए देने गई थी। उन्होंने तुलसीदल डालकर प्रसाद के रूप में आधी वापस कर दी थी। खाने के पहले उसने साहु के सामने वही दोना बढ़ा दिया था।

"एक दिन साधू से बात क्यों नहीं करते। ...कोई पूजा-अनुष्ठान, कुछ तो बताएँगे। नई जगह आए हैं, हो सकता है भगवान् यहाँ सुन लें।"

"तुम किस बारे में बात कर रही हो?"

"तुम से तो कुछ कहना बेकार है। कोख सूनी होने का दुख क्या होता है तुम कभी समझोगे? अरे दशरथपुर में तो जेठानियों ने टोटका कर रखा था। यहाँ तो कुछ करना चाहिए। आदमी काबू आछत कोई उपाय नहीं छोड़ता। ...पर तुम्हें धन्धे से फुरसत हो तब तो।"

"तुम्हीं क्यों नहीं बात करतीं?"

"शरम आती है। इतने बुजुरुग हैं...बाप जैसे।" कहते हुए सहुआइन को लगा,

बिना जाहिर किए ही साहु के भीतर उठती शंका दूर करने का मौका उसे मिल गया। पर उसे अपनी बात अटपटी-सी लगी।

"अच्छा!" साहु अजीब-सी फीकी हँसी हँसकर रह गए।

कुछ देर चुप्पी रही।

"तुमने कुछ सुना?" सहुआइन को जैसे कुछ याद आ गया और चेहरा गमगीन हो आया।

"किस बारे में?"

"साधू महराज का मझला लड़का लड़ाई में गया है। मोरचे से चिट्ठी आई है। ···भला ई लड़ाई कहाँ चल रही है हो?"

"सात समुन्दर पार···जाने किस मुलुक में। गोरे आपस में ही लड़ रहे हैं।"

"सो किस बात पर?"

"अब हमें क्या मालूम। जैसे आदमी-आदमी आपस में लड़ते हैं वैसे ही मुल्कों में भी लड़ाई छिड़ जाती है। इसके लिए कोई कारण थोड़े होता है।"

"हम तो भगवान् से यही मनाते हैं कि वह कुशल से लौट आए।"

"जैसा उसके कपार में लिखा होगा।"

"साधू धर्मात्मा मनई हैं। कुछ तो पुन्नि सहाय होगी।"

"कलजुग है यह। सब उलट-पलट गया है। अब देखो पदारथ जैसा आदमी कैसे फल-फूल रहा है।"

"क्या फल-फूल रहा है। ऊपर से लोग भले डरते हों, अन्दर-अन्दर उनकी करनी सब जानते हैं। थूकते हैं उन पर।"

"इससे क्या जाता है उनका। जाता तो उसका है जिसके कुछ लाज-लिहाज हो।"

"बरकत तो अपने धन्धे में भी कम नहीं हुई है। नहीं?"

"हुई तो है लेकिन पदारथ के मारे चलने पाए तब न।"

"ऊ क्या करेंगे इसमें?"

"अब तुमसे क्या बताएँ, क्या करेंगे। ···उनका अपना धन्धा चले न चले, हमारा बिगाड़ने की फिराक में हमेशा रहते हैं। गाहकों को कैसे-कैसे बरगलाते हैं।···जिलेदार से मिलकर किसानों से लड़ाई का चन्दा वसूल करा रहे हैं। रुपये पर सूद बढ़ा दिए हैं। ऊपर से यह रोज-रोज बढ़ती महँगाई।···किसी के पास कुछ होगा तभी तो इस आदमी से खरीदने आएगा। ···हाँ, शहर के बड़े व्यापारी और फौज के ठेकेदार जरूर मौके का फायदा उठाकर दोनों हाथों से बटोर रहे हैं।"

"लड़ें मुए गोरे और साँसत हो इस देश के आदमी की। जान जाए ऊपर से। ···मैंने तो बेल्हा देवी की मनौती मान दी है। साधू का बेटा कल-कुशल से लौट आए तो कड़ाही चढ़ाऊँगी।"

खाना खत्म कर साहु चारपाई बाहर निकालकर लेटे तो रह-रहकर रिमकती हवा में

हल्की-सी ठंड उतर आई थी। उन्होंने पिछौरी ओढ़कर आँखें बन्द कर लीं। नहीं, सहुआइन पर सन्देह करना बेकार है। धीरे-धीरे उनके दिमाग के कसे हुए तार ढीले पड़ने लगे और पलकें भारी होने लगीं।

तेरह

सारे कुर्मियान का खलिहान बस्ती के निकार पर खुली हुई निचाट जमीन में एक साथ लगता था। लोग बैलों का साझा करके दँवरी नाँधते थे। कुर्मियों के पास छोटी-छोटी काश्त थी और वे औरतों-बच्चों के साथ मिलकर खेती का सारा काम खुद कर लेते थे। मड़ाई के समय खलिहान में कई दँवरियाँ एक साथ चलती थीं और वह दिन-भर गुलजार रहता था। रात में लोग खलिहान में ही अपनी-अपनी पैर के पास सो जाते थे। लोगों में बहुत पुरानी धारणा चली आ रही थी कि अनाज की राशि कभी अकेली नहीं छोड़नी चाहिए।

खलिहान के आस-पास इमली और महुए के बड़े-बड़े पेड़ थे। सुबह बदन पर महुआ गिरने से नींद खुल जाती। दो घड़ी दिन चढ़े तक रह-रहकर महुआ टपकता रहता और खलिहान में पड़े बोझों के गिरांव पर या माड़ी जा रही पैर पर गिरकर कुछ-न-कुछ दाने के साथ मिल जाता। कुर्मियान का अनाज खरीदते समय बनिए हमेशा इसको लेकर किच-किच करते। दिन-भर तोते इमली के पेड़ पर बैठे कच्ची-कच्ची इमलियाँ कुतरकर गिराया करते और बच्चे उन्हें बीनकर इकट्ठी कर लेते। वहीं रखे सिल-बट्टे पर नमक-मिर्च मिलाकर चटनी पीसी जाती। दोपहर में औरतें घर से चिथड़ों में लिपटी मोटी-मोटी रोटियाँ लेकर आतीं जिन्हें चटनी के साथ चटखारे लेकर खाया जाता। दँवरी में चलते समय बैल गोबर करने लगते तो भूसे और ढाक के पत्ते पर उसे रोपकर एक ओर फेंक दिया जाता जहाँ पड़ा-पड़ा वह सूखता रहता। बाद में चमाइन आकर उसे बटोरती, पीट-पछोरकर दाना अलग करती और टोकरी में भरकर घर ले जाती। उसे फरवार देते समय गोबर से कितना दाना निकला इसको लेकर हमेशा चख-चख होती। लोहार, कुम्हार, नाई और धोबी खेत कटते ही पैदावार के हिसाब से लेहना ले जाते और बाद में फसल निपटने पर घर के प्राणियों की संख्या के आधार पर खरिहग लेते थे।

उस दिन सुचित की आँख खुली तो धीरे-धीरे पछुआ रिमक रही थी। उजास फूटने लगी थी लेकिन अभी हल्का अँधेरा था और आकाश के पश्चिमी कोने में शुकवा चमक रहा था। आज दिन में ओसाने लायक हवा चलने का आसार है—उसने सोचा

और दिशा-मैदान से निबटकर माँ और बहू को बुलाने घर की ओर चल पड़ा। सुरसुर करती सुबह की हवा में एक गुदगुदानेवाली छुअन थी जो मन में आह्लाद के साथ-साथ अजीब-सी टीस और कसक भर रही थी। चलते-चलते अनायास सुचित के होंठों से बारामासा के बोल फूट पड़े—

ऊधो हो कन्हैया कब घर अइहैं, कब अइहैं कन्त हमार।
चन्दन अगरा सुभावन सुभकर मास असाढ़।
मंगियन एँगुरा झुराने कोउ नहिं देखनहार।
सावन रिमझिम बिरह गढ़ाने ई दुख सहा न जाइ।
भादौं की अँधियरिया बिजली चमकइ जिया डेराइ।
क्वारै की रितु आई सब सखि गाछैं हार।
कातिक फूलै कतिकी सब सखि गंगा नहाँइ।
गंगा नहाइ के लट झुरवावैं जोहैं परदेसी कऽ बाट।
हमरा परदेसी न आए नहिं आए कन्त हमार।
अगहन कै रितु आई सखियन पहिरैं चीर।
इहै चिरिया जे पठएन परदेसी बाढ़ैं लाख बरीस।
पूसै कै पुनवासी गोरी करैं उपवास।
गोरी के हाथे नरियर चुनरी गाछैं फुलवन कर हार।
माघै कै रितु आई बिनु पिया सूनी सेजरिया जड़ाइ।
फागुन मास लाल रंग बरसै सखियन खेलँइ फाग।
हमरा विदेशी घर जौ होतेन खेलतेन बुक्का अबीर।
चैते की रितु आई लै के जवा कऽ टूँड़।
इहै महिनवाँ ऊधो निकरेन, इहै फिरि आइ।
ऊधो हो कन्हैया कब घर अइहैं कब अइहैं कन्त हमार।

गुनगुनाते हुए सुचित बस्ती में जिधर से गुजरा, औरतों की निगाह उसकी ओर उठ गई। वे उसे तिरछी नजर से देखकर मुस्कराईं और फिर अपने काम में लग गईं।

हवा का रुख देखकर उस दिन सभी लोग ओसाई के काम में लग गये थे। भूसे के महीन टुकड़े दूर तक हवा में तैर रहे थे और चारों ओर मटियाली धुन्ध छाई थी। सुचित अपनी माँ के साथ जौ की पैर ओसा रहा था और बहू टोकरियाँ भर-भरकर दोनों को दे रही थी। सुचित ने धोती की लाँग बाँध ली थी और सिर पर चिथड़े का गमछा लपेटे हुए था। बाकी सारा बदन उघार था जिसका साँवलापन भूसे के छोटे-छोटे तिनकों से ढककर धुरिया गया था। जैसे-जैसे पैर ओसाई जा रही थी, दाने का ढेर निकलता आ रहा था जिसे देखकर तन-मन की थकान भूल जाती थी।

"इस साल दाना साबुत और मोटा है। भगवान् ने चाहा तो लगान की किस्त भरने के बाद भादों-क्वार तक मजे से गिरस्ती चल जाएगी। तब तक धान की फसल आ

ही जाएगी।" सुचित ने जौ के ढेर को उत्साह से देखते हुए कहा और बैठकर उसे बटोरने लगा।

"बहू की धोती चिथड़ा-चिथड़ा हो गई है। तुम्हें कुछ दिखता भी है?"

"वह भी लाऊँगा माई। फसल निपट जाए तो एक दिन कालू साहु के यहाँ हो आऊँ।"

"साधू महराज ने जो पिछला लगान भरा था वह भी लौटाना है। वे माँगें न माँगें, हमें तो नहीं भूलना चाहिए।"

"भूला किसे है माँ। लेकिन उनका आगे-पीछे हो सकता है। पहले तो पदारथ का पुराना बकाया चुकाना है। अब तक जोड़-गाँठ कर जाने कितना कर लिए होंगे..."

उसकी बात पूरी भी नहीं हुई थी कि तिवरान की ओर से पदारथ आते हुए दिखाई पड़े। सभी लोग काम छोड़कर खड़े हो गए। उनके पास आने पर सबने झुककर पैलगी की और उनके इर्द-गिर्द सिमट आए। सिर्फ सुचित दूर से हाथ उठाकर अपने काम में लगा रहा।

"इस साल फसल अच्छी रही, क्यों महतो।" पदारथ ने बुजुर्ग से दिखते पुदई भगत की ओर मुखातिब होकर कहा जबकि उनकी तिरछी निगाह सुचित की ओर लगी थी।

"हाँ महराज, आप ही का पुन्य-परताप है।"

"बिसार जल्दी पहुँचा जाना। देशावर की माँग से अनाज का भाव बढ़ गया है तो लालच में बेच मत देना। पहले ही ताकीद किए दे रहा हूँ। बाद में मत कहना कि पदारथ महराज बैल खोल ले गए।"

"बस निपटने की देर है महराज। सबसे पहले आपका ही भरेंगे। नहीं तो दुबारा कैसे मुँह दिखाएँगे। है तो आपका ही सहारा महराज।"

किसान सिर झुकाए, हाथ जोड़े खड़े थे। सुचित द्वारा पदारथ को दिखाई गई अवहेलना से वे अपने लिए भी डर रहे थे।

"देख रहा हूँ सुचितवा बड़ा कामकाजी हो गया है। बहुत पैदावार हो गई है क्या?"

"ऐसा कुछ नहीं है महराज।...अरे सुचितवा वहाँ क्या कर रहा है, सुनता नहीं महराज क्या कह रहे हैं।" पुदई ने सिर पीछे घुमाकर सुचित को जोर से बुलाया।

वह बहुत बेमन से काम छोड़कर उठा और सिर से गमछा खोलकर मुँह पोंछता हुआ पदारथ के पास आकर खड़ा हो गया।

"नहीं-नहीं, अपना काम देखो। मेरी परवाह क्यों करोगे।...मालूम है कितना पिछला बकाया पड़ा है? ...लेकिन भरने के लिए तुम्हारे साधू तो हैं ही। अभी तो एक ही बीघा जंगल गया है।"

"नादान है महराज।...छिमा करना।" पुदई भगत घिघियाने लगे।

"छिमा की क्या बात है। इसके मुँह से तो बोल ही नहीं फूटते। लगता है बहुत

मोटा गया है। ...कुछ करना पड़ेगा।"

वे गुस्से में लाठी खटकाते निकल गए तो पुदई सुचित को कोसने लगे। उसकी माँ भी बुरा-भला कहने लगी। पर वह सत्य-असत्य कुछ नहीं बोला। जाकर चुपचाप अपने काम में लग गया। काम करते हुए नीचे से ऊपर तक तिलमिलाहट की एक लहर ऐंठती रही।

देखते-देखते वैशाख बीत गया। आम के बाग में पेड़ों पर बौर सूख गए और टिकोरे लग गए। खलिहान निपटाकर, औने-पौने भाव में अनाज बेचकर लोगों ने लगान की किस्त चुकाई। फिर सवाई देकर बिसार अदा किया। उससे फुरसत पाकर वे जानवरों की सार से खाद निकालकर खेतों में डालने और छान-छप्पर छाने में लग गए। शादी-विवाह भी खूब भदराए थे। आए दिन किसी-न-किसी ओर से आती ढोल-ताशे की ढब-ढब सुनाई पड़ती, शाम को छुड़छुड़ी और सरगबान छूटते और रात में मशाल की रोशनी में सपेड़े के नाच का स्वर हवा में गूँजता। कभी-कभी शाम के झुटपुटे में जानवर की बीमारी लोहकारने का शोर एक गाँव से दूसरे गाँव में होते हुए दूर तक फैल जाता। जेठ का दशहरा आते-आते आम में जाली पड़ गई और औरतें खटाई-अचार बनाने में लग गईं।

पदारथ का पुराना बकाया चुकाकर बेबाक होने में सुचित के घर का सारा अनाज चला गया। माँ और बहू की धोतियों में कुछ और थिलगे लग गए। साधू से बीघा भर खेत अधिया पर लेकर उसने जेठऊ साँवा बोया। इस बीच उनके यहाँ से अगवढ़ मजदूरी लाकर किसी तरह परिवार का पेट पालता रहा।

उस दिन वह खारा-खोंच लेकर साधू के बाग में चौथाई पर कच्चे आम तोड़ रहा था। दोपहरी ढल गई थी पर अभी भी साँय-साँय करती लू चल रही थी। जिलेदार का सिपाही बड़ा-सा लट्ठ लिये गाँव में घुसा तो सुचित घर पर नहीं मिला। वह पूछते-पूछते बाग में आया तो देखा सुचित पेड़ पर चढ़ा हुआ है। साधू के घर के बच्चे पेड़ के नीचे जमा थे। सुचित खोंच से आम तोड़-तोड़कर खारे में डालता जाता और उसके भर जाने पर रस्सी से नीचे सरका देता। बच्चे टोकरी में आम उलट लेते तो वह फिर से खारे को ऊपर खींच लेता। पेड़ के नीचे खड़े होकर सिपाही ने सिर ऊपर उठाया। सुचित आम तोड़ने में तल्लीन था।

"सुचितवा है रे?"

उसने नीचे झाँककर देखा और सिपाही पर नजर पड़ी तो सन्न रह गया।

"हाँ महराज।"

"नोटिस है तुम्हारे नाम।"

"नोटिस?"

"हाँ, नीचे तो उतर। या सरग से ही बातें करता रहेगा?"

सुचित ने आधे भरे खारे को नीचे सरका दिया और डगमगाते पैरों से

जल्दी-जल्दी उतरने लगा। जमीन करीब आई तो कूद गया और सिपाही के सामने सिर झुकाकर खड़ा हो गया।

"कैसी नोटिस है सरकार?"

"बेदखली की।"

सुचित की रूह काँप उठी। सिपाही उसके हाथ में एक कागज थमाकर जल्दी-जल्दी डग बढ़ाता निकल गया।

सुचित कुछ देर तक तो काठ बना खड़ा रहा। फिर होश में आया तो दौड़ता हुआ साधू के घर पहुँचा।

"यह क्या हो गया बाबा?"

साधू मड़हे में लेटे झपकी ले रहे थे।

"क्या हुआ सुचित, इतना घबराए क्यों हो?"

"जिलेदार का सिपाही आया था। बेदखली की नोटिस लेकर। पर बाबा···इस साल तो खलिहान निपटते ही लगान की पूरी किस्त भर दी थी।"

"रसीद रक्खी है?"

"वह तो दिया ही नहीं। जिलेदार ने कहा, बाद में सबको इकट्ठे दी जाएगी।"

"यही तो है। तुम लोगों को बुद्धि कब आएगी?···लेकिन तुम्हारा भी क्या कसूर! ऐसी अनीति चला रखी है कि भगवान् ही मालिक है।···लोभ ने अन्धा कर दिया है उन्हें।"

"सब पदारथ महराज की कारस्तानी है बाबा।"

"कैसे?"

"आए थे एक दिन खलिहान पर। वहीं से बमककर गये थे।" सुचित ने उस दिन की पूरी बात बताई तो साधू को पूरा माजरा समझ में आ गया।

दूसरे दिन वे सुचित को साथ लेकर जिलेदार शेख वाजिद अली के घर गए। जंगलवाले वाकये के बाद अन्दर-अन्दर कुढ़ते हुए भी शेख साधू का दबदबा मानने लगे थे। साधू का नाम सुनकर वे बाहर आए और भलमनसाहत से बात की।

"अबकी बार तो इसने सौ करम करके किसी तरह लगान की किस्त भर दी थी।" साधू ने बेदखली का कागज दिखाकर कहा।

"मना कौन करता है साधू। लेकिन जो किस्त दी थी वह तो लड़ाई के चन्दे में कट गई। आपको तो पता है राय साहब को कितनी बड़ी रकम लड़ाई के फंड में देनी पड़ी।"

"यह तो सभी के साथ हुआ है शेख। तो क्या सबको बेदखल करेंगे?"

"कानूनन तो कर ही सकते हैं। जिसे लगान की रसीद कट गई है उसकी बात और है। लेकिन लड़ाई का चन्दा तो उसको भी भरना पड़ेगा।"

"कुछ हो नहीं सकता शेख? गरीब आदमी है···मारा जाएगा।" साधू को अपनी पिछली गिड़गिड़ाहट याद आ गई और उसका क्या हश्र हुआ था यह भी दिमाग में घूम गया।

शेख साधू को इशारे से एक ओर ले गए।

"नोटिस निकल चुकी है।....बहुत मोटा नजराना पड़ेगा।"

"बहुतै गरीब है शेख। मेहनत-मजदूरी करके किसी तरह पेट पाल रहा है। कहाँ से लाएगा बेचारा?"

"आपका तो पुराना खादिम है। पिछली बार भी आपने मदद की थी।" शेख कुटिलता से मुस्कराए।

"नहीं शेख, एक बार बहुत हो गया। काफी भोग लिया है।"

वहाँ से लौटे तो साधू बहुत हताश थे। धम्म से चारपाई पर बैठ गए। मिरजई पसीने से भीग गई थी। चेहरा लाल हो रहा था। सुचित चारपाई के बगल में खड़ा हो बेनिया डुलाने लगा। कुछ देर बाद उन्होंने रामदेव को बुलाया। उसके आते ही बोले—"हम झिंगुरी सिंह से मिलेंगे।"

"क्या हो गया दादा?"

"अरे अन्धेर मचा रखी है। गरीब आदमी कैसे जिएगा। झिंगुरी, सहदेव ठीक ही कर रहे हैं। वही इनकी शोरि धोएँगे।"

"बाबा आप हलाकान न हों। जैसे पड़ेगा मैं झेल लूँगा।" सुचित साधू की परेशानी देखकर अपनी परेशानी भूल गया था।

"क्या झेल लेगा? अरे खाने बिना मरेगा, खाने बिना।"

"वही बदा होगा तो वही सही महराज।"

साधू कुछ देर उसे एकटक देखते रहे। उन्हें अपना बचपन याद हो आया। कैसा होता है खाने बिना मरना! उनसे ज्यादा कौन जानता है।

चौदह

उन्नीस सौ अठारह। अगस्त महीने की आठवीं तारीख। फ्रांस में साम नदी का किनारा। अँग्रेजी और हिन्दुस्तानी फौज का बंकर। हिन्दुस्तानी सिपाही बंकर में लगे कमोड का इस्तेमाल नहीं करते। वे बाहर निकलकर पहाड़ियों की ओट में चले जाते हैं। सुबह का धुँधलका छँट रहा है और उसी के साथ पीछे के क्षितिज पर आमेन शहर की बस्तियाँ धीरे-धीरे उभर रही हैं। सामने जर्मन मोरचा है जहाँ से रह-रहकर गोलाबारी होती है। पर तमाम कोशिशों के बावजूद हिन्दुस्तानी सैनिकों को डोलडाल के लिए बाहर निकलने से रोका नहीं जा सका है।

आज सोकर उठने के बाद से ही रामहित का चित्त उचाट है। कई दिनों से बंकर के अन्दर पड़े-पड़े मन में अजीब-सा अवसाद भर गया है। दिमाग बार-बार घर की ओर दौड़ता है—कितनी दूर होगा यहाँ से और किस तरफ? बंकर की ओर लौटते हुए वह एक पहाड़ी की ओट में ठिठक गया। सामने दूर तक फैला हुआ निचाट मैदान। कोई पेड़-रूख नहीं। घास का तिनका तक नहीं। बस बार-बार के हमलों से कुचली, रौंदी, नंगी जमीन। इधर-उधर टूटी हुई बन्दूकें, अधफटे गोले, फौजी गाड़ियों के पुर्जे। सैनिकों की सड़ती हुई लाशें। बीच-बीच में गोलों के गिरने से बने छोटे-छोटे गड्ढे जो दूर से चेचक के दाग जैसे दिखते हैं। बीच-बीच में हवा के झोंकों के साथ लाशों की सड़ांध का भभका इधर आ जाता है।

रामहित खड़े-खड़े शून्य में ताकता रहा। विधि का कैसा विधान! कहाँ था, कहाँ लाकर पटक दिया। किस देश की जमीन है यह? क्या रिश्ता है इससे अपना जिसके एक-एक चप्पे के लिए जान की बाजी लगा रहा है। कितनी बार मशीनगन की गोलियों की बौछार के बीच लड़ता हुआ आगे बढ़ा है, कितनी बार दुश्मन से मुँह की खाकर पीछे लौटा है। कितनी बार गोली सनसनाती हुई बगल से गुजर गई है। कितनी बार साथ के लोगों को दम तोड़ते देखा है। कितनी बार जर्मन गोलाबारी की चपेट में धुएँ और धूल से घिरकर सोचा है—बस यही अन्त है। ···और फिर साँस चल पड़ी है। जिन्दगी और मौत के बीच का फासला कितनी पतली, काँपती धार पर टिका है यहाँ! पता नहीं लौटकर देश जाना होगा या नहीं।

देश! याद आते ही कैसा धुआँ-सा भर उठता है!···सावन बीत रहा होगा या भादों की शुरुआत होगी। झरिहग पड़ रहा होगा।···लहरे पर लहरा। बूँदें टूटने का नाम नहीं लेतीं। जंगल की जमीन हरी-ऊँची घास से ढक गई है। झाड़ियाँ झपस कर उमड़ आई हैं। धान के खेतों में धानी चादर बिछ गई है। अगहनी धान की बेरन लग रही है। कतार में झुकी औरतें जल्दी-जल्दी कीले धँसा रही हैं और सुर मिलाकर गाती जा रही हैं। बगल के पानी-भरे खेत में हल चल रहे हैं। बैलों की सफेद देह कीचड़ की बुँदकियों से अँट गई है। बीच-बीच में सन-सन करती बारिश आती है और सर्राटे से भिगोकर निकल जाती है। लोग भीगकर काँप रहे हैं पर काम जारी है।

और घर। आँगन में ओरी टपकने से किनारे-किनारे की मिट्टी कट गई है। बारिश होने पर उसमें पानी भर जाता है और तैरते हुए बुलबुले नाबदान की ओर बढ़ने लगते हैं। कीचड़ से बचने के लिए आर-पार ईंटों के अद्धे डाल दिए गए हैं। उन पर चलते हुए पैर डगमगाता है। औरतें कूटते-पीसते कजरी उठा देती हैं। हवा में गुड़िया (नाग पंचमी) की तैयारी घुली हुई है। लड़कियाँ ससुराल से आ रही हैं और नई बहुओं की विदाई हो रही है।···बहू कहाँ होगी इस समय? गुड़िया के पर्व पर तो वह मायके चली जाती थी। क्या गुड़िया हो गई होगी?··· आज यह सब क्यों याद आ रहा है?

कितने साल हो गए घर छोड़े।···इसी मौसम में तो भागकर रंगून गया था।

ससुराल के गाँव के कई लोग थे वहाँ। वहीं खेत-बारी बना लिए थे। पर उसमें मन नहीं लगा। धान के खेतों में काम करना। वही सब तो छोड़कर घर से गया था, वही फिर वहाँ। बाद में धान के एक गोदाम में चौकीदार की नौकरी मिली। कुछ-कुछ मन लगने लगा। तभी गोदाम में आग लग गई और काम छूट गया। वहाँ से कलकत्ता आया, फिर बनारस। लेकिन लौटकर घर नहीं गया। फौज में भरती चल रही थी। वहीं भरती हो गया। बटालियन में देश-पवस्त के कई लोग साथ मिल गए। फौजी तालीम मिली और मोरचे पर भेज दिया गया।

बंकर में लौटकर आया तो खदर-बदर शुरू हो गई थी। वहाँ अभी धुँधला अँधेरा था। पैराफिन के लैम्प की रोशनी में भोल्लारी सिंह हनुमानचालीसा पढ़ रहा था और राम बकस डण्ड-बैठक लगा रहा था।

"निपट आए तेवारी महराज?" भोल्लारी सिंह ने पाठ रोककर पूछा और फिर उसी में तल्लीन हो गया।

"हाँ भइया।"

कुछ देर रामहित चुपचाप हाथ-मुँह धोता रहा, फिर अचानक बोल पड़ा—"कहो भोल्लारी, गुड़िया हो गई होगी?"

भोल्लारी सिंह पाठ के बीच में धीरे से हँसकर रह गया। राम बकस डण्ड-बैठक खत्म कर बदन पोंछते हुए रामहित के पास आया।

"का हो तेवारी, देश की बड़ी याद आ रही है?"

रामहित ने उसकी ओर देखा और बिना कुछ बोले सिर झुका लिया। चेहरे पर विषाद की ऐसी छाया थी कि उसे देखकर रामबकस भी गमगीन हो गया।

दोनों वरदी पहन रहे थे तभी सायरन बजा। फौज को बंकर से निकलकर धावा बोलने का आदेश। भोल्लारी सिंह पाठ अधूरा छोड़कर जल्दी-जल्दी तैयार होने लगा। चारों ओर अफरा-तफरी मच गई। कारतूस और हथगोले की पेटियाँ सँभालते और खाने का पैकेट और पानी का थैला पीठ पर लादते रामहित के जेहन में बराबर वह सवाल हिलकता रहा—क्या गुड़िया हो गई होगी?

अँग्रेजी लश्कर के साथ रामहित की टुकड़ी के जवान बायोनेट ताने आगे बढ़ रहे थे। शान्त, निर्जन धरती सुबह की धूप में नहा रही थी। कतार में बढ़ती संगीनों की धार रह-रहकर धूप में चमकती थी। जर्मन मोरचा अभी दूर था लेकिन अन्दर दहशत भरी थी कि जाने कब गोलाबारी शुरू हो जाए, किधर से मशीनगनें गोलियाँ उगलने लगें, किधर से दमघोटू गैस के फुहारे छूटने लगें।

रामहित की टुकड़ी में भोल्लारी सिंह और रामबकस के अलावा अवध के देहात से नए-नए आए कई नौजवान थे जिन्हें बेदखली का डर या लगान में छूट का लालच दिखाकर तालुकेदारों ने फौज में ठेल दिया था। उन्हें तुरत-फुरत में फौजी तालीम देकर मोरचे पर भेज दिया गया था। उनके दिमाग में भरा गया था कि जर्मन सिपाही

लड़ते-लड़ते पस्त हो चुके हैं, उनका गोला-बारूद खत्म होने को है, वे बिना खाए-पिए लड़ रहे हैं और किसी भी वक्त हथियार डाल सकते हैं। पर जो लोग दो-दो, तीन-तीन साल से इस भयावह मोरचे पर पड़े हैं उन्हें इन बातों पर जरा भी विश्वास नहीं। छोकरों का उत्साह देखकर उन्हें तरस आता है। बहुतों के होंठों पर अभी रेख तक नहीं उभरी है। ...जिबह के लिए ले जाए जा रहे बकरे...इन छोकरों ने अभी जिन्दगी का देखा ही क्या है !

जब जर्मन मोरचे की ओर से गोलाबारी शुरू हुई, अँग्रेजी फौज को दौड़कर चार्ज करने का हुकम हुआ। गोला जहाँ गिरता, धुएँ और धूल से अँधेरा छा जाता। फौज की कतार टूट जाती। लोग घायलों को छोड़कर गिरते-पड़ते फिर आगे चल पड़ते।...अब अँग्रेजी फौज जर्मन तोपों के निशाने से आगे हो गई थी। कँटीले तारों की बाड़ के पीछे से उनके बंकर झलकने लगे थे। मशीनगनों की गोलियाँ सनसनाने लगी थीं। जर्मनों के सिर धब्बे जैसे खाई के ऊपर उठते थे और निशाना लेकर तुरन्त नीचे धँस जाते थे। अँग्रेजी फौज में लोग धड़ाधड़ गिर रहे थे, घायल हो रहे थे, मर रहे थे। जो जीवित थे, सब ओर से आँखें फेरे आगे बढ़ते जा रहे थे। दिमाग सुन्न हो गया था। सारी चेतना एक ही बिन्दु पर सिमट आई थी—जैसे भी हो आगे बढ़ते जाना है।

तब तक पीछे के अँग्रेजी ठिकाने से भी तोपें दगने लगीं। उनके गोले ठीक जर्मन बंकर के ऊपर गिर रहे थे। जल्दी ही वह फटते गोलों के धुएँ और रह-रहकर उठती लपटों में डूब गया। तोपें शान्त हुईं तो सैनिकों को आगे बढ़कर जर्मन बंकर में हथगोले फेंकने का हुक्म हुआ। हथगोले फटने के साथ जर्मनों की घुटती हुई चीखें ऊपर आने लगीं। फिर वे बंकर से निकलकर गिरते-पड़ते भागने लगे। पर निचाट मैदान में कहीं ओट लेने की जगह नहीं थी। वे पीठ पर गोलियाँ खाकर गिरते और आस-पास की जमीन खून के कतरों से रंग जाती। गोलियों से बचने के लिए वे कुहनी के बल लेटकर रेंग रहे थे, छोटे-छोटे गड्ढों में सिर छुपाने की कोशिश कर रहे थे और फिर उठकर भाग रहे थे। गोलियाँ बराबर उनका पीछा कर रही थीं। आखिर वे निराश होकर जमीन में सिर गड़ाकर लेट गए और एक के बाद एक गोलियाँ खाकर दम तोड़ गए। पर किसी ने समर्पण में हाथ नहीं उठाया।

शाम ढलने के पहले रामहित की फौज फ्रांस के एक उजड़े, वीरान गाँव में पहुँची। सुनसान गलियाँ। टूटी-ढही इमारतें। बमबारी से कलझे पेड़ों के ठूँठ। बिजली के टूटे तार, ऐंठे खम्भे। जीवन के नाम पर बस कुछ कुत्ते-बिल्लियाँ। लड़ाई के खतरों से अनजान इधर-उधर मुँह मारते हुए।

एक टूटे गिरजे के अहाते में रामहित की टुकड़ी ने पड़ाव डाला। जवानों ने आस-पास के घरों से टूटे-फूटे सामान, दरवाजे, खिड़कियाँ, फर्नीचर इकट्ठा कर अलाव जला दिया। खाना-पीना होने के बाद लोग अलाव के चारों ओर सिमट आए। आकाश में चिन्दी-चिन्दी बादल बिखरे थे जिनके बीच से चाँद धीरे-धीरे सरक रहा था। चारों ओर की इमारतें पीली धुन्ध में डूबी थीं। एक जवान धीरे-धीरे कुछ गुनगुना रहा था।

लोगों ने मनुहार की तो वह खुलकर गाने लगा—

मोरा बलम परदेशी, कब घर आई रे।
खोलौं मैं रेशम बटुआ ई लौंगा के खाई रे।
पहिरौं मैं हरी-हरी चुरिया ई बहियाँ के देखी रे।
पहिरौं मैं अतलस चुनरी ये घूँघटा के खोली रे।
पहिरौं मैं कसमस अँगिया ये बन्दा के खोली रे।
पहिरों मैं अनबट बिछुआ ये सबदा के सुनिहैं रे।
मोरा बलम परदेशी कि कब घर आई रे।

दिन-भर तोपों की मार और गोलियों की बौछार के बीच जूझते सिपाही इस अनजान, उजाड़ गाँव में पड़े-पड़े अपने घरों में पहुँच गए जहाँ कोई दुल्हन रेशमी बटुआ लिए, हरी-हरी चूड़ियाँ, अतलस चुनरी, कसी हुई अँगिया और अनोखा बिछुआ पहने घूँघट खोले जाने का इन्तजार कर रही थी। वे उस गरीबी और जलालत को भूल गए जिसने उन्हें इस बेगाने देश की बेगानी धरती पर आकर मौत के मुँह में खड़े होने के लिए मजबूर किया था।

सबका चेहरा गमगीन देखकर रामबकस ने फटकारा—"अरे यह क्या मेहरारू वाला गाना गाके सबका मोह बढ़ा रहे हो, कोई आल्हा-वोल्हा ललकारो।" और बड़ी-बड़ी मूँछों पर ताव देते हुए खनकती आवाज में खुद ही शुरू हो गया—

अब करौं बड़ाई वह ऊदल को जो असवार बेंदुले क्यार।
जा दिन जनम भयो ऊदल को कि कलिंजर छाँड़ि दैव अररान।
गज भा धरती दहला होइगै कि हालै धुरी कुबेरन क्यार।
तख्त हालिगा प्रिथीराज का कि दुश्मन कहीं लिया अवतार।
वह पट खुलिगा जगदम्बा का कि अपुनै बजै नगारा लाग।
धन्नि महोबा का पानी है जहँ कर छेड़ी बाघ बिआय।
जे हर जोतइ गढ़ मोहबा माँ कान्हे से लेहे रहै तरवार।
धान निरावै जे मोहबा माँ मेड़े पे धरे रहै तरवार।

समां बँध गया था। लोग रौ में आ गए थे। कुछ रानों पर तो कुछ बन्दूक के हत्थों पर थाप दे रहे थे। तभी एक ओर से उठते शोर की हल्की-हल्की आवाज आने लगी। लोगों ने कान उधर लगा दिए। शोर बढ़ता जा रहा था। लोग एक-एक कर उठे और उसी दिशा में चल पड़े। एक गली में भीड़ जमा थी। एक मकान के सामने कुछ जवान बन्दूकें ताने खड़े थे। मकान के सारे दरवाजे-खिड़कियाँ बन्द थीं। कुछ लोग सामनेवाले दरवाजे पर धक्का दे रहे थे। सभी एक-दूसरे से पूछ रहे थे कि माजरा क्या है। मालूम हुआ अन्दर कुछ जर्मन बन्द हैं। उनमें से एक रात गहराने पर टोह लेने बाहर निकला होगा। लौटकर मकान की ओर जा रहा था कि गश्त लगाते संतरी की निगाह उस पर पड़ गई। संतरी ने गोली चलाई पर निशाना चूक गया। जर्मन ने जल्दी से

मकान में घुसकर दरवाजा बन्द कर लिया था।

खबर मिलते ही रेजिमेंट का बड़ा हाकिम वहाँ पहुँच गया। आते ही उसने दरवाजा तोड़ने का हुक्म दिया। वह टूटकर गिरने ही वाला था कि अचानक बगलवाली खिड़की खुली। तड़तड़ करती मशीनगन की गोलियाँ बरसने लगीं। भीड़ में पाँच लोग गिर गए। दो ने तो वहीं दम तोड़ दिया। तीन को लादकर बेस कैम्प भेजा गया। जर्मनों पर काबू पाकर उनकी मुश्कें बाँध दी गईं और उन्हें बाहर निकाला गया। कुल चार थे। तीन तो पीकर धुत। उनसे खड़ा नहीं हुआ जा रहा था।

भीड़ में मरनेवालों में एक रामहित की टुकड़ी का था। कुछ लोग उसकी लाश उठाकर गिरजे की ओर बढ़े। पीछे-पीछे रामहित, भोल्लारी और राम बकस।

"कौन था हो भोल्लारी?"

"ठीक से देखा नहीं। शायद···" और भोल्लारी सिंह का गला खुश्क हो आया।

"शायद क्या?"

"चलो देखते हैं।···कहीं वह लड़का तो नहीं था।"

"कौन?"

"अरे वही···कुछ पक्का नहीं है।"

वह गानेवाला लड़का तो नहीं था? रामहित के भीतर धक् से हुआ। पैर जल्दी-जल्दी आगे बढ़ने लगे।

उसे गिरजे के अहाते में लिटाया गया था। अलाव की मद्धिम रोशनी उसके चेहरे पर पड़ रही थी। आँखें खुली थीं। चेहरा भिंचा हुआ था। वरदी पर खून के धब्बे रात में काले-काले दिख रहे थे। रामहित दिल की धड़कन सँभालते हुए उसके पास गया।···नहीं वह नहीं है।···नहीं-नहीं वही तो है। हे भगवान्! अभी तो वह गा रहा था—मोरा बलम परदेशी कब घर आई रे।···अब परदेशी कभी घर नहीं आएगा।

बाद में मालूम हुआ जर्मनों को कुछ दूर ले जाकर एक चौराहे पर खड़ा किया गया और एक-एक कर गोली मार दी गई।

आधी रात के बाद लोग जैसे-तैसे लेटे। रामहित की आँखों में नींद नहीं।···जर्मन ने मशीनगन क्यों चलाई होगी? हमसे उसकी क्या दुश्मनी थी? उसे तो खत्म ही होना था। नफरत या सिर्फ मौत का डर? और नफरत के क्या मायने हैं? हमारे लिए जर्मनों और अँग्रजों में क्या फर्क है?···लड़ाइयाँ क्यों होती हैं?

रामहित बिस्तर से निकलकर अहाते में आया। चाँद डूब गया था। अलाव की आग बुझ गई थी। चारों ओर घुप्प अँधेरा था। आसमान में तारे उबल रहे थे जिससे वह झुका-झुका-सा लग रहा था। फिर वही बातें कुरेदने लगीं।···यह लड़ाई क्यों शुरू हुई होगी? हम इसमें क्यों हैं? किसके लिए लड़ रहे हैं? हार-जीत से क्या होगा? क्या सिर्फ पगार के लिए जान देने आए हैं? एक बार उसके मन में आया, अभी इसी वक्त यहाँ से भाग निकले। लेकिन किधर जाएगा? जर्मन मिले तो देखते ही मार देंगे।

अँग्रेज मिले तो भगोड़ा करार कर कोर्ट मार्शल करेंगे। कैसा जाल है जिससे निकलने का कोई रास्ता नहीं।

पन्द्रह

बाबा को रूरे पहुँचते-पहुँचते गोधूलि की वेला हो गई थी। कसईपुर से रूरे कसकर चार कोस पड़ता था। दोपहर ढले चले ही थे, रास्ते में कई जगह रुकना भी पड़ा। चलते समय सिर्फ दो-तीन लोग साथ थे। रास्ते में जिस किसी गाँव से गुजरे, सीताराम का घोष सुनकर भीड़ इकट्ठी हो गई। ज्यादातर लोग तो पूछ-पेखकर लौट गए और अपने काम में लग गए लेकिन हर बस्ती से दो-चार उत्साही लोग काफिले के साथ लग लिए।

खेतों के बीच मेंड़-डाँड़ से होकर रास्ता गुजरता था, जिसके दोनों ओर जौ, गेहूँ, मटर, सरसों और गन्ने की फसलें थीं। बीच-बीच में दुबला या पुर से सिंचाई चल रही थी। मेंड़ों को काटकर बनाए गए बरहों में साफ, चमकता पानी बह रहा था जिसमें सूरज की फीकी किरणें थिरकती थीं। जब बाबा का जत्था पहुँचता तो कुछ देर के लिए दुबला या पुर बन्द हो जाता और उतनी ही देर में पानी टूटकर रेंगने लगता।

जाड़े के दिन दोपहर के बाद धूप को जैसे सिमटने की जल्दी होती है। दिन ढलने के साथ बढ़ती ठंड से रास्ते में पड़नेवाला धूप का एक-एक कतरा मूल्यवान लग रहा था। लोग बिना किसी तैयारी के फटे-पुराने कपड़ों में बाबा के साथ हो लिए थे। वैसे भी उनके पास कौन-से कपड़े धरे थे। फटी-पुरानी धोती, सिर पर चीर का गमछा और किसी-किसी के बदन पर बंडी या मिरजई। उनकी आँखें सिमटती धूप को अगोर रही थीं। मन में धुँधली-सी आशा थी कि शायद ऐसा कुछ हो जाए जो उनका भाग्य बदल दे। जमाने से दबे, कुचले, निरीह लोग इस यात्रा के पार क्या देख रहे थे, कहना मुश्किल है।

रूरे में गाँव के निकार पर जो पीपल का पेड़ था उसके चबूतरे पर घिसी-पुरानी दरियाँ बिछी थीं। चबूतरे के नीचे जाजिम बिछा था। उस पर किसान सभा के लोग बैठे थे। झिंगुरी सिंह, सहदेव सिंह, अयोध्या, काशी, प्रयाग, भगवानदीन, पंगुल और उनके साथ आए सौ-डेढ़ सौ किसान। एक ओर सिकुड़ी-सहमी कुछ औरतें बैठी थीं। आगे वाली औरत की उम्र तीस-बत्तीस की लगती थी। वैसे वह सत्ताईस-अट्ठाईस की भी हो सकती थी। सिर से पैर तक एक ही धोती में लिपटी थी। धोती की लाल किनारी पर बैंगनी रंग के फूल बने थे। उसकी बगल में ग्यारह-बारह साल की एक लड़की चिपकी बैठी थी। दूसरी बगल में एक छोटी-सी पोटली रखी थी जिससे जाहिर होता था कि वह

किसी दूर गाँव से आई थी। दोनों के शरीर पर गिलट के कुछ गहने थे जो वहाँ बैठी अन्य औरतों की अपेक्षा बहुत कम थे और उनकी विशेष विपन्नता को उजागर करते थे। दोनों टकटकी लगाए सारी कार्यवाही देख रही थीं। उनकी आँखों में अजीब-सा खौफ था जिसमें से घिरती रात और अनिश्चित भविष्य का अँधेरा झाँकता था।

बाबा आए तो जोर से सीताराऽऽम का घोष हुआ। लोग हड़बड़ी में उठ खड़े हुए। झिंगुरी सिंह और सहदेव सिंह ने बढ़कर उनकी अगवानी की। बाबा चबूतरे पर बैठे। एक दौरी में गुड़ फोड़कर आया। कुएँ से घड़ों में पानी भरकर लाया गया। पीतल का एक ही लोटा था। लोग बारी-बारी से गुड़ खाकर पानी पीने लगे।

चबूतरे के बगल लकड़ी के थाम पर दोहरे बाँस की बड़ेर रखकर दोनों ओर लटकता छप्पर डाल दिया गया था। छप्पर के चारों ओर थोड़ी-थोड़ी दूर पर बाँस की थूनें गड़ी थीं और तीन ओर सनई और अरहर के रहठे की टट्टी बँधी थी। यही वह मड़हा था जो बाबा के रहने के लिए बनाया गया था, जिसे सहदेव सिंह ने आश्रम कहा था।

बाबा गाँव की बस्ती की ओर देख रहे थे। अवध के अधिकांश गाँवों की तरह रूरे में भी दरिद्रता का साम्राज्य था। मिट्टी की दीवारोंवाले थोड़े से खपड़ैल, बाकी छप्परों के घर। दीवारें और छतें बीच-बीच में टूटी हुईं। दरवाजे पर बँधे हुए छोटे-छोटे बैल और मरियल, हड्डुही गायें। पूरे माहौल में विपन्नता की ऐसी छाया थी जो उतरती शाम के धुँधलके में मन को उदास कर देती थी।

चबूतरे पर दो ढिबरियाँ लाकर रखी गईं। एक ढिबरी रह-रहकर भभकती थी। दूर कुएँ की छूही पर एक मशाल धुआँती हुई जल रही थी। जल्दी ही अँधेरा घिर आया और ढिबरी और मशाल की रोशनी के बावजूद किसी को चेहरे से पहचान पाना मुश्किल हो गया। सिर्फ चाल-ढाल और आवाज से अन्दाज होता था।

अँधेरे और ठंड के कारण बाबा का प्रवचन अगले दिन के लिए टल गया। वे चबूतरे से उतर आए और लोगों से अलग-अलग मिलने और बातें करने लगे। झिंगुरी सिंह सबका नाम-गाम बताते जा रहे थे। अँधेरे के कारण बीच-बीच में गलती हो जाती थी जिसे तुरन्त कोई ठीक कर देता था।

बाबा औरतों के झुंड की ओर जाते-जाते रुक गए। उन्होंने आगे बैठी माँ-बेटी की धुँधली आकृति को अबूझ निगाहों से देखा और दूसरी ओर लौट गए।

पिछली मुलाकात में जाति-पाँति के बारे में बाबा की बातें सुनने के बावजूद झिंगुरी सिंह को पूरा विश्वास नहीं हुआ था। उन्होंने बाबा को अलग से भोजन बनाने के लिए नेवहड़ का इन्तजाम किया था। आखिर ब्राह्मण हैं, पता नहीं किसका छुआ खाएँ, किसका नहीं। हो सकता है स्वयंपाकी हों। लेकिन जब बाबा से पूछा गया तो वे बोले—"घर की रसोई में जो बना होगा वही पा लेंगे।" तब जाकर झिंगुरी सिंह को इत्मीनान हुआ। बाबा कुछ सोचकर फिर बोले—"जितने किसान-किसानिन यहाँ इकट्ठा हैं, सबके भोजन का इन्तजाम होना चाहिए। राशन लाना हो तो पैसे हमसे ले जाइए। ···कोई भूखा न रहे।"

जो किसान पास के गाँवों से आए थे, अगले दिन फिर आने के लिए कहकर चल दिए और मेंड़ों और पगडंडियों पर लाठी खटकाते अँधेरे में गुम हो गए। बाकी के लिए एक बड़ा-सा चूल्हा खोदा गया। हंडा-बटुआ चढ़ा और चावल-दाल पकने लगा। मड़हे के पास लक्कड़ भेड़कर अलाव भी जला दिया गया जिसके चारों ओर पुआल डालकर लोग बैठ गए। बतकही शुरू हो गई। खाना-पीना होने तक उत्सव का-सा माहौल रहा।

अब सोने का सवाल आया। रात गहराने के साथ ठंड बढ़ गई थी। किसानों के पास ओढ़ना-बिछौना कहाँ से होता। इतनी जल्दी में दरिद्र गाँव से भी कहाँ इन्तजाम हो पाता। मड़हे के भीतर, बाबा की चारपाई के पास पुआल डालकर जाजिम और दरियाँ बिछा दी गईं। थोड़ा और लक्कड़ डालकर अलाव को धधका दिया गया। लोग जाजिम और दरियों पर धोती की खूँट लपेटकर गुड़ी-मुड़ी हो गए। कुछ देर कथा-वार्ता में, फिर घर-गृहस्थी की बातों में काफी रात कट गई। अवध के किसान तीरथ-पर्व और खेत-खलिहान में जाड़े की रात ऐसे ही काट देने के अभ्यस्त थे।

दूसरे दिन सबेरे से ही रूरे में मेला-जैसा लग गया। किसानों के रेले-के-रेले चले आ रहे थे। बाबा तैयार होकर चबूतरे पर आए तो चारों ओर धूप फैल गई थी। वहाँ से लेकर झिंगुरी सिंह के पिछवाड़े तक लोग-ही-लोग दिख रहे थे। औरतों को एक ओर चबूतरे के पास बिठाया गया था। बैठने के लिए आगे थोड़ी दूर तक जाजिम था, उसके पीछे कोई पुआल का आटा, कोई ईंट का अद्धा तो कोई लकड़ी का चैला लेकर बैठ गया था। जिसको कुछ नहीं मिला, वह आराम से जमीन पर ही पालथी मारकर पसर गया था।

बाबा ने बोलना शुरू करने से पहले सीताराम का उद्घोष किया जिसे लोगों ने उत्साह से दुहराया। फिर उन्होंने भैरवी स्वर में रामायण की कुछ चौपाइयाँ गाईं। माहौल बन गया और लोग दत्तचित्त हो गए तो उन्होंने धीरे-धीरे बोलना शुरू किया—

"देश के किसान हर जगह दुखी हैं। बंगाल, बिहार, मद्रास, मालाबार, गुजरात, खानदेश, पंजाब, राजपूताना, युक्त प्रांत—सब जगह वही हाल है। लेकिन आपके इस अवध प्रांत की दशा सबसे बुरी है।....झिंगुरी सिंह, सहदेव सिंह और उनके साथियों ने मुझसे मिलकर आपका दुःख बयान किया। फीजी से आकर मैंने भी गाँव-गाँव घूमकर आपकी दशा देखी। आपका दर्द सुना, समझा। हर जगह वही गुहार—तालुकेदारों की मनमानी, बेदखली, नजराना।....झिंगुरी सिंह ने किसान सभा के बारे में बताया। मुझे रूरे आने का न्योता दिया। मैं तो तीन जिलों के संगम कसईपुर में बैठा था। वहीं से जो बन पड़ता था, कुछ धर्म का, कुछ समाज का काम कर रहा था। झिंगुरी सिंह के आग्रह पर बहुत मनन किया। काफी सोचने-विचारने के बाद तालुकेदारों से मिला। आपकी हालत सुधारने के लिए उनसे करबद्ध प्रार्थना की। लेकिन कोई सुनवाई नहीं हुई। फिर मैं हाकिमों से मिलने गया कि कोई रास्ता निकले। वहाँ भी कुछ हासिल नहीं हुआ। ....आखिर यहाँ आ गया।

सवाल है आपका दुःख कैसे दूर हो। आप सबका हुकुम मानते हो। जाड़ा, गर्मी,

बरसात खेत में खटते हो। तालुकेदारों के यहाँ हारी-बेगारी करते हो। लगान जमा करते हो और रसीद नहीं पाते। ऊपर से नाना प्रकार के टिकस जो तालुकेदार अपनी मर्जी से लगा देते हैं। गुड़, रस, पाती, उपली, भूसा तालुकेदार को मुफ्त देते हो। आपके जवान लड़कों को फौज में भरती के लिए मजबूर कर गोरों की आपसी लड़ाई में कटने-मरने को भेजा जा रहा है। फिर भी आपकी यह अवस्था है। पेट भर खाने को नहीं, तन ढकने को कपड़ा नहीं। तालुकेदार जब चाहे, लगान बढ़ा दे, आपको बेदखल कर दे, आपको बरबाद कर दे। आपके पास किसी का सहारा नहीं। हाकिम उनके, वकील-बालिस्टर उनके। कचेहरी उनकी, पुलिस उनकी। आप डर के मारे घर में घुसे पड़े हो। ऐसे में क्या होगा?

ये तालुकेदार कौन हैं?···· इर्विन नाम के एक अंग्रेज ने अपनी पुस्तक में लिखा है, अवध को कुदरत ने भारत की फुलवारी बनाया था। तालुकेदारों की करतूतों से यह बरबाद हो गया। ये लोग पहले मालगुजारी के ठेकेदार थे, बाद में तिकड़म भिड़ाकर जमीनें दबा बैठे। कुछ अंग्रेज हाकिमों की मदद और कुछ अपनी चालबाजी से जमीनों पर मालिकाना हक जमा लिए।

पहले तालुकेदार आपस में लड़ते थे, एक-दूसरे के गाँवों पर कब्जा करते थे। रिआया की हालत वही थी जो दो भैंसों की लड़ाई में भेड़ों की होती है। लेकिन तब उनसे बचने का रास्ता था। जब रिआया पर ज्यादा जुल्म होता था तो वह बलवा करके तालुकेदार को हटा देती थी। अब अंग्रेजों के राज में किसान बलवा भी नहीं कर सकते। कानून, पुलिस, पल्टन सब अंग्रेजों के मातहत। जब चाहें रिआया को पीसकर रख दें।

सरकार को लगान से ज्यादा-से-ज्यादा आमदनी इष्ट है। मालगुजारी बढ़ने से सरकार को भी फायदा है। उसका एक हिस्सा उसे भी मिलता है। वह किसानों का साथ क्यों देगी? आप लोग निरक्षर हो, भोले-भाले हो। आप में एकता नहीं, दृढ़ता नहीं, धन नहीं, शक्ति नहीं। आप क्या करोगे? पटवारी, अमीन, गिरदावल, जिलेदार, सिपाही, महाजन सब आपको ही चूसते हैं।

जब तक आप में एका नहीं होगा, संगठन नहीं होगा, कुछ नहीं हो सकता। आप सच्चे दिल से लगकर संघ-शक्ति पैदा करो। उसी में तन, मन, धन लगा दो।····यह कैसे हो?

मैंने चौदह मंत्रों की एक प्रतिज्ञा तैयार की है। हर किसान नर-नारी निडर होकर ये चौदह मंत्र लें। मुसलमान किसान कुरान की और हिन्दू किसान गंगा की कसम खाएँ कि हर हालत में ये वचन निभाएँगे और किसी से डरेंगे नहीं।····अब मैं हर मंत्र को एक-एक कर पढ़ूँगा और आप उसे दोहराएँगे।"

बाबा बोलते गए और लोग रुक-रुककर दोहराते गए—

(1) हम किसान सच बोलेंगे और अपने दुःख की बात निडर होकर कहेंगे। झूठ कभी नहीं बोलेंगे।

(2) हमें कितना ही दुःख क्यों न हो, हम मार-पीट नहीं करेंगे। न किसी को गाली देंगे न किसी पर हाथ छोड़ेंगे।

(3) हम किसी की मार या गाली बर्दाश्त नहीं करेंगे। जब कोई जिलेदार या सिपाही हम पर हाथ उठाएगा तो पाँच-दस लोग मिलकर उसका हाथ रोक देंगे। जब कोई गाली देगा, हम मिलकर उसे समझाएँगे। नहीं मानेगा तो उसे ठाकुर के यहाँ ले जाएँगे।

(4) हम गाँव-गाँव में सभा बनाएँगे। बेदखली का कानून मंसूख कराने के लिए सभा में जाएँगे। किसी के रोकने से नहीं रुकेंगे।

(5) हम आपस में नहीं लड़ेंगे। सुमति रखेंगे। आपसी झगड़ा-तकरार पंचायत में तय करेंगे।

(6) सभी किसानों का सुख-दुःख अपना समझेंगे। गाँव में किसी किसान को खाने-पीने का या किसी और तरह का दुःख होगा तो उसकी मदद करेंगे।

(7) हथियावन, घोड़ावन, मोटरावन, मुड़ावन, नचावन, लटियावन वगैरह-वगैरह गैर-कानूनी टिकस नहीं देंगे।

(8) उपली, पाती, रस, भूसा, घी बाजार भाव पर बेचेंगे। रुपया लेंगे तभी देंगे।

(9) बिना मजूरी के बेगार नहीं करेंगे।

(10) खेत का लगान ठीक वक्त पर देंगे। लगान की रसीद जरूर लेंगे। अगर रसीद न मिली तो डाक से लगान भेजेंगे या गाँव-भर के लोग मिलकर ठाकुर के यहाँ जाकर देंगे।

(11) खेत चाहे निकल जाए, नजराना नहीं देंगे।

(12) बेदखल खेत कोई दूसरा किसान नहीं लेगा। अगर कोई लेगा तो उसे सभा से निकाल देंगे। उसका छुआ पानी नहीं पिएँगे। उससे सलाम-बन्दगी नहीं रखेंगे। उसका नाऊ-धोबी बन्द कर देंगे।

(13) हम लड़कियों को पढ़ाएँगे। उन्हें कपड़ा बुनना सिखाएँगे।

(14) हम ईश्वर में विश्वास रखेंगे। अपना दुःख मिटाने के लिए साँझ-सकारे ईश्वर से प्रार्थना करेंगे और साहस व धीरज के साथ उसे दूर करने की कोशिश करेंगे।

प्रतिज्ञा खत्म हुई तो बाबा ने लम्बी साँस ली और कुछ देर शून्य में ताकते रहे। फिर धीरे-धीरे जैसे अपने आप से बोले—"आज के दिन···इस घड़ी···यहाँ से इसे शुरू होना था।···हर चीज का एक समय होता है।···रूरे का यह गाँव धन्य है जहाँ से यह आन्दोलन शुरू हो रहा है। यह आन्दोलन आपका है··· यहाँ की जनता, यहाँ के किसानों का है। हम तो बस आपके सेवक हैं।"

फिर बाबा ने बालकाण्ड की एक चौपाई आधी बदलकर गाई—

राज समाज विराजत रूरे।
रामचन्द्र सहदेव झिंगूरे॥

दो-तीन बार रुक-रुककर उन्होंने यह चौपाई दोहराई। जब उन्हें लगा कि यह

लोगों के हृदय में बैठ गई है तो सीताराम के उद्घोष के साथ भाषण समाप्त किया।

किसान वहाँ से उठकर चले तो उनमें एक ज्वार-सा उमड़ रहा था। छलकते उत्साह से पैर सीधे नहीं पड़ते थे। जैसे मन के अँधेरे कोने में किसी ने मशाल जला दी हो। तैरते हुए शब्दों और भावों के गाले सिमटकर एक ठोस विश्वास का आकार ले रहे थे।....तो हमारा भाग्य बदल सकता है।....और यह हमारे हाथ में है।

सोलह

दोपहर में बाबा की रसोई का इन्तजाम मड़हे के एक कोने में छोटी-सी चुल्हिया रखकर किया गया था। उसी औरत को जो सभा में बेटी के साथ आई थी, बाबा के लिए खाना बनाने का काम सौंपा गया था। खा-पीकर वे चारपाई पर आराम करने आए तो चिलम भरकर आ गई। दो-चार कश लेकर उन्होंने कागज-कलम उठाया और लिखने लगे। लिखते-लिखते झपकी आने लगी तो कागज-कलम एक ओर रखकर चारपाई पर लेट गए। रात में ठीक से सोए नहीं थे, तुरन्त आँख लग गई।

आँख खुली तो खर्र-खर्र की आवाज आ रही थी। माँ-बेटी सरपत के झाड़ू से मड़हा बुहार रही थीं। वे चुपचाप पड़े-पड़े दोनों को काम करती हुई देखते रहे। बुहारने के बाद दोनों ने मिलकर मड़हे को गोबर से लीपा। जब तक गोबर सूखा, दोनों हाथ-पैर धो आईं और एक कोने में बैठ गईं। अब मड़हा लक-दक चमक रहा था।

औरत के चेहरे पर ऐसी बुझी-बुझी सी लुनाई थी जो लगातार दुःख और प्रताड़ना झेलने से सुन्दर चेहरे पर आ जाती है। गाल की उभरी हुई हड्डियाँ, धूप-ताप से कुम्हलाया रंग और बड़ी-बड़ी आँखों में जिन्दगी की थकान, निराशा और सूनापन। बाबा को उत्सुकता हुई कि दोनों के बारे में जानें।

झिंगुरी सिंह उधर आए तो उनसे पूछा। भगवान दीन किसान सभा के कार्यकर्ता हैं—उन्हीं की भौजाई की छोटी बहन है यह। नाम है धिराजी। यह इसकी बिटिया है—जग्गी। जाति कुरमी। पति के मरने के बाद मुर्दाफरोशी में जमीन निकल गई तो धिराजी अपनी बेटी को लेकर बहन के पास आ गई। भगवानदीन के कहने से किसान सभा में शामिल हो गई। दिलासा दिया गया कि जो सब खाएँगे वही यह भी खाएगी, जहाँ सब रहेंगे, यह भी रह लेगी। झिंगुरी सिंह ने बाबा से कहा—"आपकी सेवा-टहल के लिए कोई तो चाहिए था, सो इसे आज के लिए रोक लिया। आगे देखा जाएगा।....बहुत ही सन्तोषी और मेहनती जीव है।"

झिंगुरी सिंह के जाने के बाद बाबा फिर से लिखने में मशगूल हो गए। थोड़ी देर बाद उन्होंने सिर उठाया तो बच्ची माँ से सटी उनकी ओर टुकुर-टुकुर ताक रही थी। इशारे से उसे पास बुलाया। पहले तो वह झिझकी, फिर चली आई। बाबा ने पुचकार कर नाम पूछा। वह चुपचाप खड़ी कभी बाबा को देखती थी, कभी माँ को। बाबा ने उसका हाथ पकड़कर पास बिठाना चाहा तो छिटककर भाग गई। माँ ने उसे चिपका लिया और फुसफुसाकर समझाने लगी कि बाबा के पास जाओ, जो पूछ रहे हैं बताओ। उस पर कोई असर नहीं हुआ तो बाबा ने कहा—"कोई बात नहीं। बच्ची है, शरमा रही है। धीरे-धीरे परच जाएगी।" माँ ने बुदबुदाते हुए कुछ कहा जो सुनाई नहीं पड़ा।

बाबा फिर से लिखने लगे। सेंठे की कलम और काजल की स्याही से रूलदार कागज पर बड़ी सफाई से बड़े-बड़े, सुन्दर अक्षर उकेरते जा रहे थे। धिराजी एक कोने में सिमटी बैठी थी। बाबा ने कागज पर दृष्टि गड़ाए हुए धीरे से पूछा—

"घर में कौन-कौन हैं?"

धिराजी ने सिर तिरछा करके आँख दूसरी ओर कर ली और पल्लू खींचकर दाहिना गाल ढकते हुए धीरे से बोली—

"सास-ससुर खोखिअहिया बीमारी में पहले ही चल बसे थे। दो देवर हैं, मेहनत-मजूरी करते हैं।"

"उन्होंने कुछ किया नहीं?"

"क्या करते! उन्हें खुद ही खाने के लाले पड़े थे।...किसी तरह कफन-दफन का इन्तजाम किया। नजराना कहाँ से लाते!"

"तालुकेदार से कुछ अर्जी-विनती नहीं की?"

"औरत जात, मैं कहाँ जाती महराज! देवरों से कहा तो वे बोले—नजराने की रकम का जुगाड़ करो, नहीं तो वहाँ कौन सुनेगा।...जिलेदार से बहुत रोई-गिड़गिड़ाई। पर सब बेकार।"

"जमीन किसको मिली?"

"दूसरे गाँव का है। महाजनी करता है। रुपया टेंट में लिये घूमता है। जहाँ बेदखली हुई, गिनने को तैयार हो जाता है।"

"कैसे गुजर चलता है?" बाबा ने सिर उठाकर दोनों को देखा। फिर उन्हें लगा जैसे गलत सवाल पूछ बैठे हों।

"ऊपरवाला जैसे रखता है, रह लेती हूँ।...किरिया-करम के बाद घर बिल्कुल खाली हो गया। थोड़ा-सा आटा मिलाकर चकवड़ की रोटी बनाती थी। बेटी के मुँह नहीं दी जाती थी। वह भूख से बिलबिलाती थी। तीन दिन उपवास किया। फिर कुछ समझ में नहीं आया तो बहन के यहाँ चली आई।...वहीं किसी तरह पार हो रहा है।"

"मायके में कोई है?"

"कोई नहीं महराज। सब संपापत हो गए। उसी खोखिअहिया बीमारी में। घर के

घर साफ हो गए थे उस साल।"

बाबा कुछ देर छत की ओर ताकते रहे।...उनसे क्या हो सकेगा? यह आन्दोलन किधर जाएगा? क्या धिराजी जैसे लोगों के लिए कुछ हो पाएगा?...उन्होंने कागज-कलम समेटकर एक ओर रख दिया।

"अब आगे का क्या सोचा है?"

धिराजी के चेहरे पर कई भाव आए और गए।

"मुझे तो बस बेटी की चिन्ता है।...मेरा क्या, जैसे-तैसे पार ही हो जाएगा।"

उसने चेहरे को पल्लू से लपेटा और घुटनों में छिपा लिया। उसे सिसकती देख बेटी कुछ देर तो भौंचक खड़ी रही, फिर वह भी रोने लगी। बाबा किंकर्तव्यविमूढ़-से देखते रहे।

शाम को दोनों भगवानदीन के साथ उनके गाँव मेंहदिया चली गईं तो बाबा को मड़हा खाली-खाली-सा लगने लगा। औरत के आस-पास होने से कैसी आँच-सी रहती है!

फिर वही अकेलापन। नई जगह। अनजान गाँव। जाड़े की घिरती शाम की उदासी।...मन क्यों छटपटाता है? बार-बार विगत की ओर क्यों लौटता है?

मद्रास से जहाज चला तो वे अपनी गठरी लिये एक कोने में सिकुड़े-सहमे बैठे थे। जहाज के किनारा छोड़ते समय लोग कैसे विह्वल थे! अपना देश, अपनी धरती और अपने लोग पीछे छूट रहे थे। आगे एक अपरिचित देश और अनिश्चित जिन्दगी का घना अँधेरा था। लोग सिसक रहे थे, औरतें बुक्का फाड़कर रो रही थीं।

जहाज आगे बढ़ा तो किसी तरह रोना-चीखना बन्द हुआ। भीतर की विकलता दबाए लोग जहाँ जगह मिली, बैठ गए। पहले ही दिन सबको टीन का लोटा-थाली और तीन-तीन कम्बल बाँट दिए गए। खाना मिलने लगा।...पापी पेट के लिए ही तो सब कुछ हो रहा था।

सत्ताईस दिन लगातार जहाज चलता रहा। चारों ओर पानी ही पानी। देखते-देखते मन ऊब जाता था। रह-रहकर उबकाई आती थी। कई औरतों को उल्टियाँ हो रही थीं। मन घिनाता था। बार-बार पछतावा होता था, कहाँ चले आए। आगे शायद अच्छे दिन देखने को मिलें—सोचकर मन को दिलासा देते थे।

अट्ठाइसवें दिन जाकर जहाज फीजी टापू के लखना डीपो से लगा। एक महीना डीपो में रहे। वहाँ रोज कुलियों के व्यापारी आते थे। लोगों को जानवरों की तरह देख-परखकर छाँटते थे। मजबूत और हट्टे-कट्टे लोगों को चुनकर ले जाते थे। इसकी औरत उसके साथ, उसकी इसके। बिछुड़ते समय लोग रोते-कलपते थे। औरतें चीख-चीखकर बेहाल हो जाती थीं।

कद-काठी से कमजोर होने के कारण उन्हें सबसे बाद में लिया गया। एक चीनी-मिल का मालिक था, वही अपनी जागीर पर ले गया। डीपो से जागीर पहुँचे तो

एक थैली में आटा, चावल, दाल, चीनी, एक डिब्बे में घी और साथ में कुदाल, छुरी, खुरपी पकड़ा दी गई। अब वे महाराष्ट्रीय, देशस्थ ब्राह्मण नहीं थे, एक गिरमिटिया मजदूर थे जिसे वहाँ कुली कहा जाता था। वहाँ की भाषा में कुली का मतलब था कुत्ता और कुलियों की जिन्दगी कुत्ते से बेहतर नहीं थी। नौ फुट की एक चौकोर कोठरी थी जिसमें चार कुली एक साथ रहते थे। मालिक ने मार-पीटकर काम कराने के लिए कुछ सरदार रख छोड़े थे जो छँटे हुए बदमाश थे। नाप-जोख कर शक्ति से बाहर काम लिया जाता था। बीमार होने पर छुट्टी नहीं मिलती थी। उसके लिए डॉक्टरी जाँच करानी पड़ती थी। जाँच के समय डॉक्टर अक्सर डाँट-डपटकर और लुच्चा और कामचोर कहकर भगा देता था। छोटा-मोटा घाव हो तो उसे खोद-खादकर और तकलीफ पहुँचाता था। सुबह चार बजे से रात आठ बजे तक काम चलता था। काम में कमी होने पर दस-पन्द्रह सेर का पत्थर उठवाया जाता, नरकुल की छड़ियों से पीटा जाता। कभी-कभी जेल भी भेज दिया जाता। जेल में देख-रेख के लिए फीजी के जंगली लोग तैनात थे जो और भी खूँखार थे। फिर वहाँ का खाना इतना खराब था कि पेट भरना मुश्किल। लोग जेल जाने से बहुत घबराते थे। मर्दों को साढ़े बाईस और औरतों को सवा ग्यारह रुपए तनख्वाह देने की करार होती थी, लेकिन उसमें से कुछ दलाल खा जाते थे, कुछ काम न होने का बहाना बनाकर काट ली जाती थी।

उनसे खेती और कारखाने का काम नहीं हुआ तो पानी पिलाने के काम पर लगाया गया। वह भी नहीं हो पाया तो घोड़ों के लिए घास काटने का काम दिया गया। वहाँ भी काम में कमी हुई तो जेल जाना पड़ा। वहीं से तकदीर खुली। एक बार जेल से उन्हें मजिस्ट्रेट के बंगले पर काम करने के लिए भेजा गया। उसकी मेम उनके काम से खुश हो गई। उसने मजिस्ट्रेट से कहकर कम्पनी से उनकी बदली अपने यहां करवा ली। जो तनख्वाह मिलती थी उसमें से कम्पनी को दिया जानेवाला मुआवजा कट जाता था। फिर भी मजे से रहते थे। रहने और खाने का अच्छा इन्तजाम था। सुबह उठकर झाड़ू लगाते थे, चाय बनाकर देते थे, फिर गायों का दूध दुहते थे, मक्खन निकालते थे, फर्नीचर की सफाई करते थे और मजिस्ट्रेट के कागजात कचेहरी पहुँचाते थे। वहाँ से लौटकर जंगली कैदियों से बर्तन और कपड़े साफ करवाते थे। फिर मेम को दोपहर का खाना खिलाकर दिन भर के लिए छुट्टी। शाम को फिर चाय बना देते और सात बजे खाना खिलाकर अपनी कोठरी में आ जाते थे। अण्डा-मांस बनाने के लिए अलग से एक ठाकुर रसोइया था। उनका मान देखकर बहुत जलता था लेकिन मेम उनके काम और बात-व्यवहार से इतनी खुश थी कि उसकी कोई दाल नहीं गलती थी।

बगल में गिरमिट से आजाद हुए हिन्दुस्तानियों की बस्ती थी। फुर्सत में वहाँ चले जाते थे। धीरे-धीरे उन्हें सत्यनारायण की कथा और रामायण सुनाने लगे। देश से इतनी दूर निकल गए लोगों में भक्ति की बड़ी प्रधानता थी। इस काम से अच्छी आमदनी होने लगी। जिन्दगी आराम से चल निकली। लेकिन आदमी की फितरत ऐसी है कि शरीर

की बुनियादी जरूरतें पूरी होते ही मन में तरह-तरह की तरंगें उठने लगती हैं। भौतिक अभाव की दशा में जिन्दगी की समस्याएँ बहुत सीमित लगती हैं, लेकिन दो जून का खाना, तन ढकने को कपड़ा और सिर के ऊपर छत मिलते ही उनका दायरा बढ़ने लगता है।

उन दिनों मन अजीब-सी कशमकश से गुजर रहा था। मजिस्ट्रेट के दो लड़के और दो लड़कियाँ थीं। लड़के तो इंग्लैंड में रहकर पढ़ते थे, लड़कियाँ उसके साथ रहती थीं। दोनों नौजवान, कामुक और उच्छृङ्खल। घर में कोई काम नहीं था, हमेशा मौज-मस्ती में मशगूल रहती थीं। बँगले में उनके आते ही वे उन पर डोरे डालने लगीं। हाव-भाव और नजरों के कटाक्ष से कुटिल कामुकता का प्रदर्शन करने लगीं।

शहर का अजीब-सा नाम था—बा नसाऊ। एक नदी के किनारे बसा था। नदी के उस पार हरी-भरी पहाड़ियाँ थीं। दोनों लड़कियाँ कभी-कभी नदी में नहाने जाती थीं। साबुन, कपड़े वगैरह लेकर उनके साथ जाना पड़ता था। वे घंटों पानी में तैरती, किल्लोल करती थीं। लौटने पर उन्हें भी डाँट खानी पड़ती। कभी उन्हें साथ लेकर वे घुड़सवारी के लिए निकलतीं और जंगल में दूर तक चली जातीं। उन्हें भी घोड़े पर चढ़ाने के लिए जिद करतीं और अनायास हँसती-खिलखिलातीं। तरह-तरह की भाव- भंगिमा दिखाकर लुभाने की कोशिश करतीं। वे हैरान थे। डर लगता था कि कहीं उनकी बात न मानें तो शिकायत करके नौकरी से निकलवा दें, और यदि सचमुच कुछ कर बैठें तो बुरा मान जाएँ। वे अजीब उलझन में थे जिसका वे माली फायदा भी उठाती थीं। कभी उनके साथ अँग्रेजी दुकानों पर जातीं तो सजावटी बर्तन, गिलट की चूड़ियाँ और ऐसी ही छोटी-छोटी फालतू चीजें उठाकर उनकी पसन्द पूछतीं और खरीद लेतीं। दाम उन्हें चुकाना पड़ता। एक बार एक कैटलाग दिखाकर उनकी पसन्द के बारे में पूछने लगीं। जान छुड़ाने के लिए उन्होंने हाँ-हूँ कर दिया। कुछ दिन बाद अचानक इंग्लैंड से उनके नाम एक बड़ा-सा पैकेट आया जिसमें एक छोटा-सा टेंट और ग्रामोफोन की मशीन थी। पैसा उनकी तनख्वाह से कटा। वे पछताकर रह गए।

पर मन का एक कोना था जिसे यह सब अच्छा भी लगता था। जिन्दगी में आगे-पीछे कोई था नहीं। देश से पूरी तरह नाता टूट चुका था। सोचते थे, वहीं के होकर रह जाएँगे। वहीं का रहन-सहन, वहीं का लिबास, वहीं के अँग्रेजों की तरह का जीवन अपना लेंगे। लेकिन हिन्दुस्तानी बस्ती में पहुँचते ही मन बदलने लगता था। अपने देश का सब कुछ याद आने लगता था। वहाँ से लौटते तो लड़कियों से दूर-दूर रहने की कोशिश करते। वे भी यह बदलाव महसूस करतीं। एक बार वे भी उनके साथ हिन्दुस्तानी बस्ती चलने की जिद करने लगीं। मजबूरन ले जाना पड़ा। फिर तो वे बराबर वहाँ जाने लगीं, हिन्दुस्तानी लोगों से मिलने-जुलने लगीं। वहीं उस लड़की से उनकी मुलाकात हुई थी और तुरन्त ही उसके साथ उनकी शादी का चक्कर चलाना शुरू कर दिया था।

ढेर सारी यादें हैं। ढेर सारे दृश्य और घटनाएँ जिनके बीच से उसका चेहरा झाँकता है। चंचल, चमकती आँखें जिनमें हमेशा एक प्यास, एक बुलावा-सा झलकता था। चेहरे पर एक सलोनापन था जो लोलुप आँखों से मेल नहीं खाता था। शरीर में एक खास लचक थी। उसके कटाव आज भी इतने पास लगते हैं जैसे अभी छू लेंगे। जवानी की दहलीज पर उसके कदम पड़े ही थे कि हिन्दुस्तानी बस्ती में उसके रूप-लावण्य की चर्चा होने लगी थी। वहाँ भक्ति के अलावा किसी और चीज का जोर था तो वह था स्त्री-भोग। विलायती माहौल का असर रहा होगा। एक-एक स्त्री के पीछे कई-कई लोग पड़े रहते थे। झगड़ा-फसाद के पीछे अक्सर यही कारण होता था। इस मामले में जाति-पाँति का भी कोई विचार नहीं था। वैसे भी वहाँ जाति-पाँति, छुआछूत का चक्कर न के बराबर था। देश से दूरी और सारे काम साथ-साथ करने की मजबूरी ऊँच-नीच का भेद खत्म कर देती थी। आर्य समाज का भी काफी जोर था।

उसके शरीर ने इस कदर खींचा कि उसके कुल-खानदान पर ध्यान ही नहीं गया। एक लपट-सी निकलती थी उसमें से। बाद में मालूम हुआ जाति की चमारिन थी। पर रंग-रूप, चाल-ढाल में उसके सामने वहाँ की कोई भी औरत फीकी लगती थी। लड़कियों ने मजिस्ट्रेट से कहकर आनन-फानन में शादी करवा दी। फीजी रीति से शादी हुई और वे उसे सजाकर हँसती-इठलाती उनकी कोठरी में ले आईं। मजिस्ट्रेट ने तीन दिन की छुट्टी दी थी। दो दिन तो कोठरी में ही पड़े रहे। दोनों की उम्र में काफी फर्क था। उसके बात-व्यवहार में कच्चापन था लेकिन शरीर की कला में वह माहिर थी। और उद्दाम वेग था उसमें।

तीसरे दिन उसे लेकर घूमने निकले तो लड़कियाँ भी साथ हो लीं। वे बराबर हँसी-ठिठोली करती रहीं। वहाँ से नदी के किनारे गए, फिर पार्क, फिर बाजार। लौटे तो लड़कियाँ कोठरी में आ धमकीं। काफी देर जमी रहीं। फिर तो उससे मिलने के बहाने वे बराबर कोठरी में आने-जाने लगीं। अब उन्हें माँ-बाप का भी डर नहीं रहा। उस स्त्री का भी लिहाज नहीं था। उसके सामने तो और भी खुलकर हँसी-मजाक करतीं, लुभानेवाले हाव-भाव दिखातीं। वह बुरा मानने के बजाय इस सब में मजा लेती थी। धीरे-धीरे समझ में आने लगा कि लड़कियों ने शादी के लिए इतना हड़कम्प क्यों मचाया था। नई पत्नी के स्वभाव का हल्कापन भी दिखलाई पड़ने लगा।…आखिर उसका शरीर कब तक बाँधता।

लेकिन इतने अन्तराल के बाद आज उसका शरीर ही प्रधान हो उठा है। रह-रहकर उसी पर ध्यान जाता है। कल्पना में उसके एक-एक कोण उभरते हैं, एक-एक कटाव सहलाने का मन करता है। खून में अजीब-सा उफान उठता है।…इसी इलाके से तो गए थे उसके माँ-बाप। यहीं की औरतों की तरह वह साड़ी पहनती थी। यहीं की बोली बोलती थी।…यहीं किसी बस्ती में उसके पुरखों का घर होगा।…फीजी से लौटकर वे इधर ही क्यों आए, अपने गाँव-देश की ओर क्यों नहीं गए? मन की गुत्थियाँ कितनी जटिल हैं!

सत्रह

जाड़े के दिनों की बदली और रह-रहकर होती बूँदाबाँदी। लोग ठिठुरते हुए घर से निकलते थे और आसमान की ओर देखकर भगवान् को कोसते थे—बरसना हो तो एकाध लहरा बरस जाओ, सिंचाई से तो छुट्टी मिले। नहीं तो खुलकर घाम करो, आदमी के हाथ-पाँव तो सीधे हों। ठंड और बदली के कारण पुर-दुबला बन्द थे। दिन-भर अलाव के पास बैठे-बैठे लोगों का मन उकताता था। गाँव में दो-तीन घरों को छोड़कर किसी के पास ठीक से ओढ़ना-बिछौना नहीं था। सारी रात ठिठुरते बीतती थी। लोग सी-सी करते हुए कहते थे—गरीब-दुखिया के लिए जाड़ा जानी दुश्मन है, गर्मी कम-से-कम अमीर-गरीब का भेद तो नहीं करती।

रामहित कलकत्ते से आनेवाली गाड़ी से दोपहर में प्रतापगढ़ स्टेशन पर उतरा था। हाथ में एक छाता और बड़ा-सा फौजी थैला। धोती के ऊपर फौजी कमीज, जर्सी और पैरों में फौजी जूता। प्लेटफार्म पर पैर रखते ही जी धक् से हो गया। तो आ गया अपना देश, अपना जिला। भागकर रंगून जाते समय यहीं से कलकत्ते के लिए गाड़ी पकड़ी थी।···कितना अरसा बीत गया! इस बीच दुनिया कितनी बदल गई! कितना कुछ टूट-फूट गया। कितने शहर, कितने मुल्क लड़ाई की चपेट में आए और बरबाद हो गए।···पर यह स्टेशन तो वैसा का वैसा ही है।

प्लेटफार्म के एक किनारे कुछ खलासी अँगीठी में कोयला जलाकर ताप रहे थे। थोड़ी दूर पर कुछ मुसाफिर पास-पास दुबके बैठे थे। एक खौराया कुत्ता पिछले पैरों में पूँछ दबाए कूँ-कूँ करता घूम रहा था।

स्टेशन से बाहर निकला तो एक इक्का मिल गया। वहाँ से बसौली नौ कोस का रास्ता था। इक्केवान दीवानगंज तक जाने को तैयार था, वहाँ से केवल तीन कोस रह जाएगा। वह इक्के पर सवार हुआ तो इक्केवान ने पिछौरी को गाँती बनाकर ओढ़ लिया और सोंटी लहराकर ठंड से सिकुड़ती घोड़ी को हाँक दिया। टिक्-टिक् करता इक्का सड़क पर चल पड़ा। कस्बा पार करते ही सई नदी का पुल था जहाँ से बेल्हा देवी का मन्दिर दिखता था। रामहित ने इक्के पर बैठे-बैठे सिर झुकाकर हाथ जोड़े—धन्य हो बेल्हा माई, आपका ही प्रताप है कि सब कुछ फिर से देख रहे हैं।

पुल के आगे मुख्य सड़क तिरछी रेलवे लाइन को काटकर उत्तर की ओर चली गई थी। आगे, नवाबगंज बाजार से एक पतली सड़क दाहिने निकलकर दीवानगंज-पट्टी की ओर जाती थी जिस पर इक्का मुड़ गया। नवाबगंज से आगे बढ़ते ही सड़क के दोनों ओर बदली और कोहरे की धुन्ध में लिपटी जौ, गेहूँ, सरसों और मटर की उमड़ी हुई फसलें दिखने लगीं। बीच-बीच में गाँवों की बस्तियाँ थीं। उनमें कहीं-कहीं अलाव जल रहे थे। उनके चारों ओर जमा लोग सड़क से गुजरते इक्के को सिर घुमाकर एक

नजर देख लेते और फिर अपने में खो जाते। बारी-बारी से सड़क के दोनों ओर दूर तक निगाह दौड़ाते रामहित की नजरों में एक अबूझ-सी प्यास थी और दिल बराबर उछल रहा था।

दीवानगंज में इक्के से उतरकर उसने खेत के मेंड़ों, बागों और गाँव की बस्तियों से गुजरती बसौली की पगडंडी पकड़ ली। जैसे-जैसे आगे बढ़ रहा था, अन्दर का उफान बढ़ता जा रहा था।...अब आगे फलाँ गाँव आएगा, फिर सिवान, फिर तालाब, फिर फलाँ गाँव, फिर ऊसर, फिर बाग, फिर छोटा-सा जंगल, फिर फलाँ गाँव ...आखिर में बसौली का ऊसर आएगा जहाँ से अपना बाग दिखने लगेगा। बाग से पहले कुआँ दिखेगा, फिर घर... अपना घर, अपने लोग।...कैसी होगी बहू! क्या कर रही होगी!

अभी दिन नहीं डूबा था लेकिन बदली की वजह से धुँधलका छा गया था। बसौली के ऊसर तक पहुँचते-पहुँचते बाग, फसलें और घर अँधेरे की स्याही में डूब गए। कुएँ पर पहुँचा तो इतना सुनसान था जैसे सोता पड़ गया हो। सिर्फ गोरुआरी से कुछ आहट आ रही थी। कोई जानवर नाँद में ओंड़-ओंड़ कर सानी खा रहा था और उसकी आवाज रात की निस्तब्धता को तोड़ती अँधेरे में गूँज रही थी। द्वार सूना था पर ओसारे में अलाव जल रहा था जिसके इर्द-गिर्द कुछ लोग जमा थे।

जूते की आहट हुई तो लोगों ने सिर उठाकर देखा।

"के आ हो?" सालिक राम ने कड़क, झन्नाती आवाज में पूछा।

"हम हैं।"

"कौन...इतनी रात गए?"

"हम...रामहित।"

स्थिति स्पष्ट होते ही लोग अव्यवस्थित हो उठे। अफरा-तफरी मच गई। बूढ़ा ने सुना तो धीरे-धीरे कारन करके रोने लगीं। देर रात तक खवाई-पिआई चलती रही। खाने के बाद रामहित अलाव के पास आकर बैठा तो धीरे-धीरे बातों के सूत्र पीछे की ओर सरकते चले गये। रंगून, बनारस, फौज में भरती, इंग्लैंड, फ्रांस, आमेन का मोरचा, जर्मनों की हार...फिर इंग्लैंड...बादशाह का मोरचे से लौटे फौजियों से हाथ मिलाना और वापसी में जहाज का लम्बा, उबाऊ सफर। आधी रात तक अलाव जलता रहा, बातें होती रहीं, बाहर आसमान में तारे झिलमिलाते रहे और नीचे फसलों और पेड़ों की पत्तियों और घास की फुनगियों और घर की छतों पर ओस और कोहरे की महीन बूँदें झरती रहीं।

सोने की बात उठी तब जाकर मालूम हुआ, बहू दोनों बच्चों के साथ मायके गई है। रामहित का मन उदास हो आया। कपड़े-लत्ते का इन्तजाम कर, इक्का तय कर, अनवार भेजने में कुछ समय तो लग ही जाएगा। मन तो करता है, अभी उड़कर उसके पास पहुँच जाए।...न हुआ तो वह खुद ही आनने चला जाएगा, लोग जो कहें सो कहते रहें।

अगले दिन बदली छँटी तो पछुआ चलने से गलन होने लगी। रात में पाला पड़ा। लोग अरहर, मटर और शकरकंदी की मुरझाई पत्तियाँ देखकर हाय-हाय करने

लगे। जल्दी से फसल को एक पानी मिल जाता तो पाले से नुकसान कुछ कम होता। गोलि-बरहा ठीक करके ताल के सारे घारों पर एक साथ दुबले चलने लगे। रामहित भी पूरे उत्साह से काम में लग गया। इतने दिन बाहर भटकने और मोरचे की भयावह अनिश्चितता से उबरकर आने के बाद पहली बार उसे खेती में आनन्द आ रहा था। वह जहाँ भी जाता, दो-चार लोग उसके पास जुट आते और खोद-खोदकर लड़ाई की बातें पूछने लगते। उसके पास भी बताने के लिए सच्चे-झूठे अनगिनत किस्से थे जिन्हें सुनकर लोग रोमांचित होते और हसरत भरी निगाह से उसे देखा करते—कैसी-कैसी जगहों, कैसे-कैसे लोगों के बीच रहकर, कैसे-कैसे खतरे उठाकर वह वापस लौटा है। रामहित को यह सोचकर विचित्र लगता कि बसौली का यह जाना-पहचाना संसार मन में लिए-लिए वह कहाँ-कहाँ घूम आया, कैसी-कैसी जिन्दगी जी आया, पर लौटकर फिर उसी में घुल गया, बीच का सारा कुछ पराया और दूर लगने लगा।

उस दिन जंगल के पासवाले खेत की सिंचाई चल रही थी। साधू पूजा पर बैठे थे। राम अभिलाख जवाँर में कहीं सुध (दशगात्र) में गया हुआ था। रामहित और रामदेव सिंचाई के काम में लगे थे। बड़े ताल के एक ओर पदारथ का और दूसरी ओर साधू का दुबला चल रहा था। रामहित मुख्य घार पर था और रामदेव सुचित के साथ खेतवाई कर रहा था। अपनी पारी से छुट्टी पाकर रामहित लोगों के बीच बैठा मोरचे के बारे में बतिया रहा था कि किसी ने जंगल के पट्टेवाली बात छेड़ दी।

“पदारथ महराज ने बहुत साँसत की साधू की। उन्हें पता होता कि छोटा बेटा गोरों की फौज में है तो भला उनकी हिम्मत होती।....”

और धीरे-धीरे पदारथ द्वारा जंगल का पट्टा लेने से साधू के अनशन और रानी के दखल से पट्टा रद्द होने तक की पूरी घटना सामने आ गई। किसी ने यह भी जड़ दिया कि एक बीघे का जंगल तो कटकर साफ भी हो गया जिस पर से आज भी पदारथ ने कब्जा नहीं छोड़ा है।

“कऽ भइया, लोग सही कहते हैं, फौजी लोगों का सात खून माफ होता है?”

रामहित ने कोई जवाब नहीं दिया। उसके बदन में आग लग गई थी। वह वहाँ से उठा और जल्दी-जल्दी पैर बढ़ाता जंगल में घुस गया और दक्खिन की ओर बढ़ने लगा। एकाएक जंगल खत्म हो गया और सामने हरा-भरा खेत निकल आया जिसमें मटर और सरसों की फसल लहलहा रही थी। ऐड़ी से चोटी तक गुस्से से थरथराता वह कुछ देर वहाँ खड़ा-खड़ा देखता रहा। फिर छनछन करता लौटा और सिंचाईवाले खेत पर जा पहुँचा। वहाँ रामदेव फसल के बीच से गुजरते बरहे को सँभालने में लगा था और सुचित पाँती की मेड़ी पिड़िया रहा था। खेत के सींचे हुए हिस्से के ऊपर कौवे मँडरा रहे थे। वे बीच-बीच में झपट्टा मारकर पानी के साथ आई किसी अदृश्य मछली या कीड़े को चोंच में दबाए ऊपर उड़ जाते और काँव-काँव करने लगते। किलहटियाँ और पिड़कियाँ भीगी जमीन पर धीरज से सधे पैर बढ़ाती चारा खोज रही थीं। रामहित

के अन्दर जलती प्रतिहिंसा की आग से बेखबर एक अलसाई-सी शान्ति चारों ओर पसरी थी।

"पदारथ ने जंगलवा कब कटवाया हो ?"

रामदेव ने सुनी-अनसुनी कर दिया।...तो खबर लग गई इसे। एक न एक दिन तो यह होना ही था।

रामदेव स्वभाव से भावुक था। किसी भी अन्याय और अत्याचार पर तिलमिला उठता था। लेकिन बहुत चाहने के बावजूद उसके खिलाफ खड़ा होने की हिम्मत नहीं जुटा पाता था। जिम्मेदारी का भाव घर-गृहस्थी की ओर ध्यान दिलाकर उसे एकदम से ठंडा कर देता था। उमर बढ़ने के साथ साधू के धीरे-धीरे विरक्त होते जाने और बड़े भाई के शुरू से मस्तमौला होने के कारण घर की सारी जिम्मेदारी उसी के ऊपर आ गई थी। ठीक से जवान होने के पहले ही उसे सारा बोझ सँभालना पड़ा था। बात-व्यवहार में साहस की कमी नहीं थी लेकिन मार-पीट, लड़ाई-झगड़े से वह बहुत घबड़ाता था। गाली-गलौज, चटका-चटकी से वह दूर भागता था और अपना नुकसान सहकर भी नंगे लोगों का रास्ता बचाता था। इस मामले में साधू के सारे गुण उसमें उतर आए थे। लेकिन रामहित की बात अलग थी। वह बिना आगा-पीछा सोचे आग में कूद सकता था। फौजी जिन्दगी में मौत को इतने करीब से देख लेने के बाद वह और भी निर्भीक हो गया था। आज लोगों की बातों ने उकसाकर उसका पारा आसमान पर चढ़ा दिया था।

रामदेव की चुप्पी से खीझकर वह वहाँ से चल पड़ा और उस घार की ओर लपका जहाँ पदारथ का दुबला चल रहा था। रामदेव ने उसे इतने गुस्से में जाते देखा तो काम छोड़कर उठ खड़ा हुआ और उसके पीछे-पीछे दौड़ा। आशंका से उसका मन काँप रहा था। कुछ दूर जाने के बाद वह किसी तरह उसे पकड़ पाया।

"अब गड़ा मुर्दा उखाड़ने से क्या फायदा रामहित। जाने किस जन्म का पुण्य सहाय हुआ कि तुम लड़ाई के मैदान से जीते-जागते वापस आ गए। कल-कुशल से यहाँ पहुँचकर अब बादर न ब्योंतो। जान रहेगी तो बहुत खेत मिलेंगे।" रामदेव ने हाँफते-हाँफते कहा।

"भला उनकी मजाल ! मैं यहाँ नहीं था तो उत्पात मचा दिया।...दादा से अनशन करवाया। उनकी इतनी फजीहत हुई।...अभी भी इतना खेत दबाए हुए हैं।"

"भैया राम को आ जाने दो। जैसे इतना जंगल बच गया वैसे इसका भी कोई रास्ता निकलेगा।"

लेकिन रामहित ने एक न सुनी। वह हाथ छुड़ाकर घार तक पहुँच गया। वहाँ पदारथ का बड़ा लड़का दुबला चला रहा था और मझला ओहार से छूटकर सुतली बँट रहा था। रामहित उसे देखते ही ललकारने लगा। दोनों इस आकस्मिक हमले से स्तब्ध रह गए। गीध-गोहार सुनकर देबीदीन दूसरे घार से दौड़ा आया और बीच-बचाव करने लगा। सुचित खेतवाई छोड़कर घर दौड़ा गया और साधू को खबर की। वे पूजा छोड़कर

उठ गए और सोंटा खटखटाते घार की ओर दौड़े। उनके पहुँचने तक रामदेव और देबीदीन ने किसी तरह रामहित को सँभाल लिया था और उसे लेकर वापस लौट रहे थे।

बाद में पदारथ ने सुना तो घार पर सबको सुनाकर बोले—"साधू का छोटका बेटा फौज से लौटकर बौरा गया है। वही हाल है—बाप पदऊ न जानें पूत संख बजावें। साधू से कभी चींटी तक नहीं मारी गई। चरवाही करते जिन्दगी गुजर गई। आज बेटा इतना बढ़-चढ़ के बोल रहा है।....एक जन गए तो थे फौज में, चले गए धुरिया-धाम को। अब इसको भी खुजली हो रही है। देख लेंगे इसे भी।" वे सालिक राम के नाना दुर्बली दूबे की ओर इशारा कर रहे थे।

कुछ दिनों तक दोनों परिवारों के बीच फौजदारी की आशंका हवा में मँडराती रही। साधू को बराबर इसकी चिंता लगी रहती। रामहित जहाँ भी जाता कोई-न-कोई उसके साथ लगा रहता।

लेकिन एक बार तड़क-भड़क दिखा लेने के बाद रामहित शान्त हो गया। सिंचाई खत्म होते ही सब कुछ भूलकर वह ससुराल जाने के लिए तैयार होने लगा।

अठारह

रामहित की ससुराल बसौली से सात कोस पश्चिम थी। एक छोटी-सी बरसाती नदी के किनारे बसा गाँव—नांचर भादर। गाँव का नाम जबान पर आते ही लोग भेद-भरे ढंग से मुस्कराते थे।....बहुत पहले कभी गाँव में बारात के साथ सपेड़े का नाच आया था। एक नचनिए ने गाँव की एक लड़की को पटा रखा था। गाँव से थोड़ी दूर, बाग में जनवासा लगा था जहाँ दोपहर बाद नाच हो रहा था। गर्मी के दिन थे और तेज पछुआ चल रही थी। उधर लोग नाच देखने में मशगूल थे, इधर गाँव में आग लग गई और तेजी से फैलने लगी। जनवासे में खबर पहुँची तो वहाँ भगदड़ मच गई। अफरा-तफरी का फायदा उठाकर नचनियाँ उस लड़की को ले भागा। तब से बाहरवालों के लिए गाँव का नाम पड़ गया नाचर-भादर। पर गाँव में यह गाली जैसा था। कितना अरसा बीत गया लेकिन अब भी आस-पास के गाँववाले यह किस्सा चटखारे लेकर सुनाते थे। पर गाँव के भीतर यदि कोई यह नाम ले ले तो उसकी शामत आ जाती थी। इसलिए लोग सिर्फ भादर कहकर काम चलाते थे, हालाँकि इलाके में इस नाम के दो-एक गाँव और थे।

गाँव बहुत बड़ा था। सात-आठ सौ घरों की आबादी। जातियों के आधार पर भिन्न-भिन्न पुरवों में बँटा हुआ। ज्यादातर घर ठाकुरों के थे जो अमेठी के बछगोती

तालुकेदार के खानदानी और भैयाबाँटन के तहत अपनी-अपनी सीरों के मालिक थे। नदी से लगा एक छोटा पुरवा ब्राह्मणों का था—बैरघाट। पहले नदी के पश्चिम बछगोतियों के पूर्वज असल सिंह और पूरब उनके भाई घूँघे सिंह के वंशज काबिज थे। बरसात में नदी अक्सर रास्ता बदल देती और खेत इधर-उधर हो जाते। हर बार सर-फुटौवल होती। इसी से घाट का नाम ही बैरघाट पड़ गया था। बाद में असल के वंशजों ने घूँघे वंश के पुरोहित पांडे लोगों को उनके गाँव से बुलाकर नदी के पश्चिमी किनारे पर बसा दिया और आस-पास की जमीन उन्हें संकल्प कर दी। लो, अब लड़ो—अपने ही पुरोहितों से। तब से लड़ाई तो बन्द हो गई पर घाट का नाम चलता रहा और नए बसे ब्राह्मणों का पुरवा भी बैरघाट कहलाने लगा। पांडे लोगों ने पुरोहिती छोड़ दी और जी-जान से खेती में लग गए। इन्हीं लोगों के यहाँ रामहित की ससुराल थी। बैरघाट गाँव के कुओं का पानी खारा था। लेकिन इतना पाचक कि अधिकांश लोगों की खूराक दुगुनी थी। गाँव में कोई मरियल, ठिंगना आदमी नहीं दिखता था। जिसको देखो वही हट्टा-कट्टा, छह फुटा।

रामहित नदी के पास पहुँचा तो दोपहरी ढल रही थी। नदी के पेटे में जहाँ-तहाँ गड्ढे बने थे जिनमें अभी तक पानी रुका हुआ था जिसके ऊपर सिवार जमी थी। बीच-बीच में खुले पानी के नीचे सलेटी रंग की छोटी-छोटी मछलियाँ लुपलुप करती तैर रही थीं। तेज धूप के बावजूद रह-रहकर रिमकती हवा जाड़े की ठिठुरन लिए हुए थी।

ढलती दोपहरी के सन्नाटे में घाट के बगल, नदी के पेटे में बने एक बड़े-से गड्ढे में कुछ लड़कियाँ नहा रही थीं। एक लड़की नहाने के बाद नदी के किनारे खड़ी हो कपड़े बदल रही थी। गीले बालों से चेहरे पर ढरकती पानी की बूँदें धूप में चमकती थीं। गीली धोती पैरों के पास गिर गई थी पर सूखी अभी ठीक से सँभल नहीं पाई थी। आँचल हवा में उड़-उड़ जाता था। सुनसान रास्ते से निश्‍चिंत वह उसे समेटने में लगी थी कि रामहित उधर से गुजरा। एकाएक उसकी निगाह रामहित पर पड़ गई। शरमाकर वह धोती लपेटती कगार की आड़ में भाग गई। पर वहाँ से बीच-बीच में सिर उठाकर उसकी ओर देख लेती थी। नदी पार करता-करता रामहित थोड़ी देर ठिठका। जब आगे बढ़ा तो घाट के एकान्त में फैली उस खुशनुमा धूप में नहाकर कपड़े बदलती लड़की का अधखुला बदन, शरमाया चेहरा और उत्सुक निगाहें उसके साथ चल रही थीं।

नदी के आगे दूर तक सिवान था जिसमें रबी की हरी-भरी फसलें धीरे-धीरे चलती हवा के साथ हिल रही थीं। दूर कुएँ पर पुर चल रहा था और पास के खेत में, जहाँ पानी जा रहा था, एक आदमी खेतवाई में लगा था। बरहे के पास एक बगुला बहते पानी पर नजर गड़ाए खड़ा था। जब वह बरहे को पार कर आगे बढ़ा, खेतवाई करते आदमी ने सिर उठाकर उसकी ओर देखा, जैसे पहचानने की कोशिश कर रहा हो। फिर झुककर अपने काम में लग गया।····कौन होगा वह ?

सिवान के आगे आम का बाग था और पेड़ों के बीच से बैरघाट की बस्ती

झलकती थी। बाग में पहुँचकर रामहित को वह जगह याद आई जहाँ उसकी शादी के समय जनवासा लगा था। वहाँ पेड़ थोड़ी दूर-दूर थे और उनके बीच से साफ-चिकनी जमीन झाँक रही थी। इधर-उधर सूखी पत्तियाँ पड़ी थीं जिनकी परिचित गंध माहौल में भरी थी। उसने उस पेड़ को पहचान लिया जिसके नीचे द्वारपूजा के पहले नाई ने उनके सिर पर मौर बाँधा था।····फिर तो शादी के समय का एक-एक दृश्य जेहन में तैर गया।

ससुरालवाले घर के दरवाजे पर पहुँचकर वह रुका। सुनसान द्वार। कुएँ की जगत के पास खड़ी करके रखी कुछ चारपाइयाँ। एक चारपाई गिराकर वह बैठ गया। लोग खेत पर काम करने गए होंगे। पहले एक बच्चा घर से निकला और झाँककर अन्दर चला गया। फिर सिवान की ओर से एक नई उम्र की दुबली-पतली औरत मटर का जंगेर अंकवार में लिए आई और उसे देखकर सकपका गई। जंगेर द्वार पर ही छोड़कर वह धोती सँभालती अन्दर भाग गई। रामहित को उसके चेहरे की एक झलक भर दिखी।····बहू ही तो थी।····कैसी हो गई है! सूखा चेहरा, सँवराया रंग, घिसी-पुरानी धोती। इधर सालों से उसके इधर-उधर भटकते रहने से उस पर क्या गुजरी होगी?····रामहित चारपाई पर उठँग गया और आँखें बन्द कर लीं। जेहन में उस लड़की का चेहरा उभरा जिसे वह अभी घाट पर देखकर आ रहा था। कितनी ताजगी थी उसमें! फिर वह बहू के मलिन चेहरे से गड्डमड्ड हो गया। जब तक रस-पानी लेकर उसकी सास बाहर आई, उसे तन्द्रा-सी आ गई थी।

रात उसे खाने के लिए उठाया गया तो ओसारे में एक ओर गारी गानेवाली औरतें और लड़कियाँ सिमटकर बैठी थीं। सबसे आगेवाली लड़की के हाथ में ढोलक थी। दीए की धुँधली रोशनी में रामहित ने उसके चेहरे को देखा।····हाँ वही तो है। उस समय वह भीगा था और बूँदें टपक रही थीं, इस समय साफ-चिकना होकर दिए की उजास में दमक रहा है। उसे लगा—बड़ी-बड़ी आँखें उसी की ओर ताक रही हैं और उनमें झाँकती उद्दण्डता के पीछे एक चुनौती-सी है।

रामहित दो दिन वहाँ रुका। किसी-न-किसी बहाने वह लड़की बराबर उसके सामने पड़ती रही। जब लोगों के बीच होती तो एकटक उसे देखती रहती पर जब अकेले में मिलती तो आँखें झुकाकर धीरे-धीरे मुस्कराती।

विदा के समय गाँव की औरतें और लड़कियाँ नदी तक छोड़ने आई थीं। नदी के उस पार इक्का खड़ा था। रामहित ने देखा, वही लड़की दोनों बच्चों को सँभाले बहू के साथ चल रही थी। इक्का चला तो वह नदी के किनारे खड़ी थी। इक्के के चारों डंडों से ओहार बँधा था जिसके भीतर बहू और उसकी गोद में दोनों बच्चे थे। रामहित ओहार के बाहर पैर नीचे लटकाए बैठा था। इक्का दूर होता जा रहा था और वह लड़की उसकी ओर एकटक देख रही थी। उसके चेहरे की चुहल और शरारत गायब हो गई थी।

इक्का हिचकोले खाता आगे बढ़ता रहा और रामहित के मन में उमड़-घुमड़ होती रही। कितने साल हो गए शादी को। पाँच साल बाद गौना आया था। अभी ठीक से

जवान भी नहीं हुआ था कि ताबड़तोड़ दोनों बच्चे हो गए। पर न खेती में मन लगता था न घर में। बहू एकदम सीधी-सादी थी। सपाट और भावहीन चेहरा। दिन भर घर के काम में लगी रहती थी। शुरू की ललक खत्म होते ही मन ऊबने लगा था। रंगून से ससुरालवालों की चिट्ठी आई तो वह घर से निकल भागने के लिए कसमसाने लगा। एक रात बहू से जिक्र किया तो उसने अपने सारे जेवर लाकर सामने रख दिए। मन बहुत तड़फड़ाया पर कोई और रास्ता नहीं दिख रहा था। दूसरे दिन हँसुली और कंगन एक पुटकी में बाँधकर दशरथपुर गया और एक महाजन के यहाँ गिरवी रख आया। जो रुपये मिले वही लेकर चल पड़ा था।···रंगून में पहली पगार मिली तो सबसे पहले बहू के गहने की याद आई थी। लेकिन चिट्ठी में लिखते-लिखते रह गया था। बाद में महाजन तकादा करने आया था तब जाकर घरवालों को यह बात मालूम हुई थी। किसी तरह रुपए का जुगाड़कर रामदेव ने गहना छुड़वाया था। रामहित को चिट्ठी से मालूम हुआ तो जैसे बहुत बड़ा बोझ मन से उतर गया था।···तब से कहाँ लौटना हो पाया। कितना वक्त बीत गया।···बहू, जो ओहार के उस तरफ दोनों बच्चों को गोद में सटाए बैठी है, कितनी दूर, कितनी अपरिचित लगती है। कैसे आँख मिलाएगा उससे!···और नदी के उस पार खड़ी वह लड़की। अभी भी उसका चेहरा अन्दर खुबा हुआ है। दूर से वह कितना उदास लग रहा था! वह नदी से वापस लौटकर क्या कर रही होगी?

उन्नीस

जाड़ा बीता। चैती की फसल पककर तैयार हुई और कटकर खलिहान आ गई। बेदखली के कारण उस साल सुचित का खलिहान नहीं लगा। घर में दाने-दाने का अकाल था। उसकी बहू भिनौखा होते ही चौथाई पर महुआ बीनने बभनौटी की ओर निकल जाती। वहाँ से लौटते समय जंगल से टोकरी भर जंगली बेल बीन लाती। दोपहर में बेल फोड़कर गूदा निकालती और देर तक बैठकर उसमें भरे बीज अलग करती। महुए की लपसी के साथ बेल का गूदा खाकर दोपहरी काट दी जाती।

सुचित आँख खुलते ही सालिकराम के खलिहान पर आ जाता और दोनों हलवाहों के साथ दिन-भर काम में लगा रहता। पहर दिन चढ़े भुने हुए महुए और मटर का खरमिटाव मिलता। दोपहर में घर जाकर जल्दी से जो मिलता खा-पीकर वापस आ जाता। फिर शाम तक माँड़ते-ओसाते वहीं पड़ा रहता। शाम के धुँधलके में घर लौटते समय पेट खाली होता, देह थकी होती और मन निराश। पर जंगल की ओर से करोंदे,

मकोय और आछी के फूलों की महक लेकर आती हवा के झोंके बदन को सहलाते तो मुँह से बरबस कभी बिरहा तो कभी फगुआ तो कभी कोई निरगुन फूट पड़ता। उस दिन वह अपने अरयें गाता जा रहा था—

आई गवनवाँ की सारी उमरि अबहीं मोरी बारी।
साज सिंगार पिया लै आए और कहँरवा चारी।
बभना बेदरदी अंचरा पकरि के जोरत गँठिया हमारी।
सब सखियन मिलि गावत गारी।
जाइ के पहुँचे नदिया किनारे देत घुँघट पट टारी।
आई गवनवाँ की सारी उमरि अबहीं मोरी बारी।

अँधेरे भविष्य के खौफ में डूबे और व्यवस्था की जकड़ से पस्त अवध के बेदखल किसान की छटपटाहट थी जिसके स्वर शाम के धुँधलके में डूबकर गुम हो जा रहे थे।

"सीताराऽऽम" बस्ती की ओर से आवाज आई और बार-बार गूँजने लगी। सुचित के पैर तेज हो गए। गाँव में मेंहदिया से भगवानदीन आए थे। कल बाबा रामचन्द्र की सभा है। मेंहदिया के बाग में। तालुकेदारों के जुल्म के खिलाफ, नजराना-बेदखली के खिलाफ। ज्यादा-से-ज्यादा लोग आएँ। काम का अकाज हो तब भी आएँ।

दूसरे दिन पूरा कुर्मियान उमड़ पड़ा। औरत, मर्द, बच्चे सभी। सुचित मुँह-अँधेरे ही उठ गया था। सोचा, साधू के यहाँ खबर कर दें, फिर लौटकर नहा-धोकर चलेंगे। वहाँ पहुँचा तो वे भी सभा के लिए तैयार हो गए। रामदेव का तो पहले से ही मन था। सुचित घर जाकर जल्दी से नहा-धोकर वापस आ गया। साधू ने आज पूजा जल्दी निपटा ली। जब तीनों तैयार होकर निकले, दो घड़ी दिन चढ़ आया था और आँखों को चौंधियानेवाली तेज धूप फैल गई थी।

सालिकराम के हाथ में सोंटा, पैरों में पौला, बदन पर बंडी और कन्धे पर झोला था। रामदेव ने मिरजई पहन रखी थी और उसके पैरों में चटपटी थी। सुचित नंगे बदन और नंगे पैर था। तीनों ने सिर पर गमछा लपेट रखा था। रास्ते की भुरभुरी, सफेद मिट्टी अभी से जलने लगी थी। उससे बचने के लिए सुचित पगडंडी के किनारे-किनारे की घास पर पैर रखता चल रहा था। बसौली का ऊसर पार करते ही सामने दूर तक फैला मेंहदिया का ताल दिखा जो इस समय सूखा पड़ा था। ताल पार करने पर कुर्मियान की बस्ती थी जिससे लगा हुआ आम का बाग था। वहीं सभा होनी थी।

बाग की ओर जानेवाली हर पगडंडी लोगों से भरी थी। झुंड-के-झुंड लोग लपकते चले आ रहे थे। पूरे देवजानी की मुसलमनौटी की ओर से आकर कुछ लोगों का जत्था बसौली के झुंड में शामिल हो गया। चारखाने की लुंगी, मैली-फटी बनियाइनें और मिट्टी में जलते नंगे पैर। झुंड ने जब सीताराम का घोष किया, मुसलमानों ने एक बार ठिठककर एक-दूसरे को देखा। फिर वे भी सीताराम बोलने लगे। पहले दबे-दबे, फिर पूरे उत्साह से। सालिकराम ने अचरज से देखा। उन्हें अस्पष्ट-सा आभास हुआ कि

बाबा ने जैसे इस शब्द का अर्थ ही बदल दिया है। अब यह महज भक्तों का सीताराम नहीं है।

आगे ताल का मेंड़ था जिस पर भीड़ आगे-पीछे होकर कतार में बदल गई।

"बाबा हमार खेतवा वापस दिलवा देंगे महराज?" सुचित मेंड़ पर से उतरा और आगे बढ़कर सालिकराम की बगल से नीचे-नीचे चलने लगा।

सालिकराम चुपचाप चलते रहे। कुछ देर उनके बोलने का इन्तजार करने के बाद उनके पीछे चल रहे रामदेव ने कहा—

"खेत तो क्या दिलाएँगे, हाँ जिसने लिया है, उसका नाऊ-धोबी जरूर बन्द करा सकते हैं।"

"हुँह···मजाल है उनकी···पदारथ ने हचक के नजराना दिया है, ऐसे ही थोड़े छोड़ देगा।···नंगा आदमी है, नाऊ-धोबी की टाँग तोड़ के रख देगा वह।" सालिकराम अपने स्वर की कुढ़न नहीं दबा पाए।

सुचित का चेहरा बुझ गया।

"बाबा भी ऐसे माननेवाले नहीं हैं। वे गांधी महात्मा के पास जाएँगे।" रामदेव फिर भी निराश नहीं हुआ।

"सुनते हैं महराज, गांधी बाबा से तो गोरे लोग भी डरते हैं!"

"और क्या, चम्पारन में सब गोरे ही तालुकेदार तो थे। नाक नाँथ दी गांधी बाबा ने उनकी।"

"ई चम्पारन कहाँ है महराज?"

"क्या करोगे जानकर भगत, बहुत दूर है।···गांधी जी का प्रताप तो पूरे देश में फैला है।"

"ई बाबा उन्हीं के चेला हैं न?"

"अब सभा में चल ही रहे हो। वहीं पूछ लेना।"

"हमार खेतवा मिल जाए महराज···चाहे बाबा दिलावें, चाहें गांधी महात्मा। हमरे लिए तो दुइनौ बड़कवा हैं।"

बाग में भीड़-ही-भीड़ थी। अब भी लोग चारों ओर से लपकते चले आ रहे थे। बीच में एक पेड़ की डाल से रस्सी बाँधकर चारपाई लटका दी गई थी। उसी पर बैठकर बाबा को बोलना था। उन्हीं के आने का इन्तजार हो रहा था। लोग बैठ रहे थे, खड़े हो रहे थे, आ रहे थे, जा रहे थे, आपस में जोर-जोर से बतिया रहे थे। चारपाईवाले पेड़ के नीचे तीन-चार लोग खड़े होकर भीड़ को शान्त करने और लोगों को बिठाने की कोशिश कर रहे थे। रामदेव ने उनकी ओर इशारा करके बताया—वह जो इस ओर देख रहे हैं, काशी हैं। जो हाथ ऊपर उठाए हैं, प्रयाग हैं। और जो उनके कान में कुछ कह रहे हैं, अयोध्या हैं। वह साँवले रंग के, लाल गमछेवाले भगवानदीन हैं जो कल बसौली आए थे। भगवानदीन तो इसी गाँव के हैं, बाकी सब रूरे से आए हैं। झिंगुरी सिंह और

सहदेव सिंह नहीं दिख रहे, शायद बाबा के साथ आएँगे।

भीड़ की बेसब्री बढ़ने लगी तो भगवानदीन ने बगल में खड़े पंगुल को इशारा किया। उसने खँजरी पर थाप दी और एक कान पर हाथ रखकर खनकती आवाज में शुरू हो गया—

बाबा रामचन्द्र के रजवा
परजा मजा उड़ावे ना।
हाँ भइया मजा उड़ावे ना।
हे रामा मजा उड़ावे ना।

पंगुल लहक-लहक कर गा रहा था और भीड़ धीरे-धीरे शान्त होती जा रही थी। जो लोग खड़े थे, एक-एक कर बैठ रहे थे। गमछे से पसीना पोंछते, सुँघनी मलते और दाँत खोदते लोग अचरज से मुँह बाए गानेवाले को देख रहे थे और उनके भीतर एक सुनहरा भविष्य हिलोरें ले रहा था।

गाना चल ही रहा था कि दूर पूरब से जय-जय सीताराऽऽम का स्वर हवा में तैरता हुआ बाग तक आया और क्रमशः तेज होने लगा। लोगों के कान उधर लग गए। वे मुड़-मुड़कर देखने लगे। खेतों के बीच से तेजी से आ रहे कई लोगों के सिर एक साथ दिखे तो लोग एक-एक कर फिर खड़े होने लगे। एक मेंड़ से होकर बाबा, उनके पीछे झिंगुरी सिंह और सहदेव सिंह और उनके पीछे एक विशाल जन-समूह उमड़ता चला आ रहा था। बाबा का साथ बनाए रखने के लिए लोग बीच-बीच में मेंड़ से नीचे खेत में उतरकर फसल की खूँटियों की परवाह किए बिना दौड़ने लगते थे। जन-समूह करीब आ गया तो बाबा के स्वागत में काशी, भगवानदीन, अयोध्या और प्रयाग आगे बढ़े। उनके पीछे-पीछे और लोग। देखते-देखते बाग की पूरी भीड़ उधर ही बढ़ने लगी और दोनों ओर का जन-समूह आपस में घुल-मिल गया।

भीड़ के बीच से रास्ता बनाकर बाबा को पेड़ तक लाया गया और कन्धों पर बिठाकर डाल से लटकती चारपाई पर चढ़ा दिया गया। बाबा कुछ देर आँखें मूँदे चुपचाप बैठे रहे। रास्ते की धूल से अँटे अँगरखे और धोती में लिपटी लम्बी सुतर काया लम्बी-लम्बी साँस लेने के कारण हिल रही थी। चेहरे का गेहुँआ रंग धूप में चलने से लाल हो गया था। उस पर खिंची रेखाओं से अन्दर उमड़ते विचारों को सँजोकर व्यवस्थित करने का प्रयास झलकता था।

हमेशा की तरह रामायण की कुछ चौपाइयाँ सुनाने के बाद बाबा ने धीरे-धीरे बोलना शुरू किया :

"…जब से रूरे आया हूँ, बराबर यही सोचता रहता हूँ कि किसान सभा का काम कैसे आगे बढ़े। सभा आपकी है। जो कुछ होगा, आप ही के किए होगा। मैं तो निमित्त मात्र हूँ। सच्चा संगठन बनाना है तो आपको यह चिन्ता छोड़ देनी चाहिए कि हमारे पीछे घर का काम कैसे चलेगा। या आगे चलकर हमें क्या मिलेगा। या लोग क्या कहेंगे। वे

हँसेंगे, निन्दा करेंगे या वाहवाही करेंगे। यदि यह चिन्ता लगी है तो संगठन कच्चा रहेगा।....पूर्व में, त्रेता युग में भारत की स्वतन्त्रता रावण ने हर ली थी। तब कैकेयी सरीखी माता ने अपने पुत्र को वनवास देकर देश को स्वतन्त्र कराने की रचना रची थी। सुमित्रा सरीखी माता ने अपने पुत्र को सबके आराम के लिए अपना आराम तजकर वन जाने की सीख दी थी। आज इस कलियुग में क्या ऐसी माताएँ नहीं हैं जो अपने पुत्रों को देश और जनता के काम के लिए सौंप दें ?

आपके सारे दुःखों की जड़ है अवध लगान कानून। जब तक यह कानून नहीं बदलता, आपके दुःखों का अन्त नहीं होगा। लखनऊ, दिल्ली और विलायत की पार्लियामेंट में अभी तक तो राजाओं-महाराजाओं, तालुकेदारों-जमींदारों, बनियों-महाजनों के लिए ही कानून बनता रहा है। किसान-मजदूरों के लिए कोई कानून नहीं बनता। अवध लगान कानून तालुकेदारों के लिए बना है। अगर वे लगान नहीं दे पाते तो सरकार उन्हें बेदखल नहीं करती, तालुके को कोर्ट ऑफ वार्ड में लेकर उसका इन्तजाम दुरुस्त करती है और फिर वापस कर देती है। और आप किसानों को लगान न देने का बहाना बनाकर बेदखल कर दिया जाता है। आपकी ही कमाई से तालुकेदारों-जमींदारों की मोटर-लारी, हाथी-घोड़ा, शादी-गौना, नाटक-लीला, रंडी का नाच, शराब, गोश्त, गाँजा, भाँग, अफीम, दूध, दही, घी, चीनी, तेल, घड़ी, छाता, पाँच-पाँच सौ की साड़ियाँ, जेवरात, अदालत, वकील-बारिस्टर सब चलते हैं। बनियों-महाजनों की ब्याज की कमाई भी आपकी जेब से जाती है। पर आपकी बात सुननेवाला, आपके लिए कानून बनाने वाला कोई नहीं। आप कुम्भकर्ण की निन्द्रा में सोए हो। जिस दिन आप दोनों भुजाएँ उठाकर, हिन्दू-मुसलमान, स्त्री-पुरुष एक होकर मैदान में उतर पड़ोगे, आपको कोई रोक नहीं पाएगा। गोलियों-वोलियों से नहीं डरना। एक गोली से तो एक ही जाएगा, आप तो करोड़ों में हो। और दिन-रात में कई नए जन्मते हो। अगर लाख की आहुति देकर भी करोड़ों को बचाना पड़े तो बचाना चाहिए।....कांग्रेस पार्टी असहयोग आन्दोलन की तैयारी कर रही है। हम उसके नेताओं से बात करेंगे। हम आपको साथ लेकर उनसे मिलने जाएँगे। तब तक आप एकजुट होकर तालुकेदारों की मनमानी का विरोध करते रहो। उनको या उनके कारिन्दों को रिश्वत या नाजायज रुपया देकर काम कराने के फेर में न पड़ो। सचाई के लिए जो भी तकलीफ उठानी पड़े, उठाने को तैयार रहो।....मैं तो सलाह ही दे सकता हूँ, बाकी करना-धरना सब आपको है। जैसी आपकी भावना होगी, वैसा ही फल मिलेगा।

सुधा वृष्टि भइ दोउ दल माँही।
जिए भालु कपि निश्चर नाहीं।"

भाषण खत्म होने के बाद भी कुछ देर लोग बाबा को एकटक देखते रहे। उनका चेहरा आवेग से तमतमा रहा था। बहुत धीरे-धीरे तिलिस्म टूटा तो फिर से भनभनाहट शुरू हो गई।

बीस

सभा खत्म होने के बाद लोगों के छोटे-छोटे झुंड बाग में इधर-उधर खड़े बतिया रहे थे। शाम ढल गई थी लेकिन हवा में लू की धाह बाकी थी। कुछ लोग बाग और बस्ती के बीच बने कुएँ पर पानी पीने के लिए जमा थे। जगत पर एक ही लोटा-गगरा था जब कि पानी पीनेवालों की लम्बी भीड़ थी। जो लोटा-डोरी साथ लाए थे, पानी निकालकर पीने के बाद दूसरों को पिलाने में लग गए। सुचित ने सालिकराम से लोटा-डोरी लेकर पानी निकाला और लोटा साफ किया। तब तक सालिकराम ने झोले से गुड़ निकाल लिया था। दोनों को पानी पिलाने के बाद सुचित चिरुए से खाली पानी पीने जा रहा था कि सालिकराम ने हाँ-हाँ करके रोका और बचा हुआ गुड़ उसके हाथ में थमा दिया।

पानी पीने के बाद कुएँ से भीड़ छँटने लगी। आगे-आगे सालिकराम और पीछे-पीछे रामदेव व सुचित, कुएँ की जगत से उतरकर बस्ती के बीच से जाती पगडंडी पर चल पड़े। पगडंडी के बगल ही भगवानदीन का घर था। बाबा किसान सभा के लोगों से घिरे हुए उन्हीं के ओसारे की ओर जा रहे थे। सुचित ने देखा तो ठिठक गया।

"साधू महराज, आप चलिए। हम थोड़ा रुककर आएँगे।"

सालिकराम ने मुड़कर देखा लेकिन उनके कुछ कहने के पहले ही रामदेव बोल पड़ा—

"आप तो चलिए। घर पहुँचते-पहुँचते अँधेरा हो जाएगा तो जंगल में अरुँझकर गिरेंगे। सुचित कोई बच्चा नहीं है, आ जाएगा।"

सुचित को छोड़कर दोनों आगे बढ़ गए। बस्ती से निकलकर ताल में पहुँचे तो चारों ओर जानेवाली पगडंडियों पर भीड़ सरकती जा रही थी। दिन-भर की लू से आकाश धुरिआया हुआ था और पश्चिम में उसके मटमैले परदे के पीछे सूरज झलमला रहा था।

इधर भगवानदीन के ओसारे के सामने, नीम के पेड़ के नीचे, बाबा की चारपाई बिछी थी। बाबा चारपाई पर बैठे तो लोग उन्हें घेरकर खड़े हो गए। सुचित भी उन्हीं के बीच खड़ा होकर देखने लगा।

पश्चिम में ताल के आगे जहाँ आकाश का औंधा कटोरा छोटे-छोटे दिखते पेड़ों के पीछे धरती को छूता था, सूरज का लाल गोला चुपचाप डूब रहा था। देखते-देखते गोधूलि का मटमैला पीलापन सुरमई अँधेरे में घुल गया। आकाश पहले हल्का भूरा, फिर तांबई, फिर सलेटी हो गया। चिड़ियाँ अपने बसेरों में लौट आईं। एकाएक उनकी चहचहाहट तेज हो गई। थोड़ी देर के लिए बस्ती की सारी आवाजें उनकी चह-चह, चुह-चुह में डूब गईं। पता नहीं वे अपने कुनबे को बुला रही थीं या टहनियों पर हक जमाने के लिए आपस में लड़ रही थीं। फिर जैसे किसी इशारे पर वे एकदम शान्त हो गईं। आसमान में स्याही पुत गई और यहाँ-वहाँ तारे टिमटिमाने लगे। खेत, खलिहान,

बाग, घरों और पेड़ों के आकार सब अँधेरे में घुलकर गुम हो गए।

ओसारे की दिवठी पर रखी ढिबरी की लौ रह-रहकर काँपती थी। उसकी हिलती रोशनी बाबा के चेहरे पर आड़े-तिरछे अक्स बना रही थी। उनकी खोई-खोई-सी गम्भीर मुद्रा से भीतर की हलचल का कुछ आभास नहीं होता था।...लोगों की इतनी आशा, इतना विश्वास! कैसे भागते चले आते हैं! कितने ध्यान से सुनते हैं!...फिजाँ में कैसा तूफान-सा लरज रहा है! ऐसा तो कभी सोचा नहीं था। यह सब कैसे सम्भव हुआ? क्या किया मैंने? क्या है मेरे पास? कैसे सँभालूँगा इन्हें? कहाँ जाकर रुकेगा यह तूफान? क्या कुछ हासिल हो सकेगा? कुछ बदलाव आएगा?...कैसी भँवर में पड़ गया हूँ!...कैसा नशा है यह!...चीजों के केन्द्र में रहना, बदलाव की दिशा तय करना, उमड़ते सागर को रास्ता दिखलाना।...बहुत दिनों से इसी सब की तैयारी नहीं कर रहे थे? जिन्दगी-भर जो कुछ सोचा, गुना, समझा उसे व्यक्त करने, उसे लागू करने का मौका। कितने लोगों की जिन्दगी में आता है यह!

सुचित ने थोड़ा एकान्त देखा तो आगे बढ़कर बाबा की चारपाई के पायताने जमीन पर बैठ गया और बाबा के पैर खींचकर दबाने लगा।

"महराज, एक विनती है।" सुचित ने पैर दबाते हुए डरते-डरते कहा तो बाबा चौंक पड़े।

"कहो।"

"हमार खेत बेदखल हो गया। बच्चे दाने-दाने को मोहताज हैं। हम दर-दर भटककर हार गए, पर कुछ नहीं हुआ।...अब आप की सरन में आए हैं। आप ही बेड़ा पार लगाइए।"

बाबा कुछ देर चुपचाप अँधेरे में देखते रहे।

"खेत किसने लिया है?"

"पदारथ तेवारी, हमारे गाँव के ही हैं।"

"मैं भगवानदीन से बात करूँगा कि पंचायत करके उनका नाऊ-धोबी बन्द करा दें।"

"इससे क्या होगा, बाबा? ...ऊ बहुतै नंगा मनई हैं। उनके डर से नाऊ-धोबी भी काँपते हैं।...आप ठाकुर से कह देते...वे शायद आपका कहना मान लेते।...किसी तरह कर्जा-कुआम लेकर कुछ नजराने का इन्तजाम भी कर दूँगा।"

"नजराना नहीं देना है, कितनी बार कहा।...गंगा दशहरा आ रहा है, हम प्रयाग चलेंगे। कांग्रेस के नेताओं से मिलेंगे। बात करेंगे। तुम भी चलना।...कोई-न-कोई रास्ता निकलेगा।" सुचित ने देखा कि बाबा की आवाज खीझ भरे आवेग से शुरू होकर धीरे-धीरे कमजोर पड़ती गई।

वह लौटकर भूखा-प्यासा बसौली पहुँचा तो चारों ओर सोता पड़ गया था और माँ व बहू टटरे से उठँगी उसका इन्तजार कर रही थीं।

इक्कीस

मेंहदिया में बाबा और उनके साथ के लोगों का खाना-पीना होते एक पहर रात बीत गई। बाबा चारपाई पर आकर लेटे तो किसी अदृश्य कोने से फूटती हल्की उजास से चारों ओर जमा अँधेरा पिघलने लगा और धीरे-धीरे चीजों के आकार उभरने लगे। बाग में पेड़ों के पीछे से चाँद निकल रहा था। बाबा के दिमाग में विचारों का क्रम चलता रहा। ....जीवन में एक चीज साफ-साफ देखने में आती है। लड़ाई में एक पक्ष जीतता है, दूसरा हार जाता है। जो जीतता है, उसकी चलती है, जो हारता है उसका सब कुछ छिन जाता है। वह जीता नहीं, मजबूरी में घिसटता है। लेकिन पासा पलटने की लड़ाई बराबर चलती रहती है। और इसी के सहारे आदमी का वजूद कायम रहता है। दिन-भर की थकान से उनकी पलकें भारी होने लगीं पर विचार थे कि पीछा नहीं छोड़ते थे।

पौ फटने के पहले ही उनकी आँख खुल गई। आसमान साफ था और एक ओर हल्का-टेढ़ा चाँद डह-डह चमक रहा था। पहली रात की गर्मी के बाद हवा में हल्की ठंड थी। भूसे की पैर फैलाकर किसान सभा के लोग सोए हुए थे। चारों ओर बिखरी चाँदनी बाग में घुसकर गुम हो गई थी। धीरे-धीरे चलती हवा से पेड़ों के साए चुपचाप हिल रहे थे। ताजे टपकते महुए और माँड़ी गई फसल की गन्ध हवा में बसी थी।

इस झंझावात के बीच क्या है जो रह-रहकर मन को सालता है? एकान्त प्रेम, शान्त-सुखी गृहस्थी, बाल-बच्चे, नाते-रिश्तेदार, साधारण जीवन की सुरक्षा।....लोग निश्चिंत सो रहे हैं और मैं अकेला जागता हूँ। लोग ऐसे ही सोते रहेंगे और उत्फुल्ल, चटक चाँदनी धीरे-धीरे सुबह की मटमैली धुन्ध में डूब जाएगी।....भीड़ के बावजूद कितना अकेला, कितना निःसंग हूँ!

दिशा-मैदान से लौटकर बाबा ने कुएँ पर हाथ-मुँह धोया, स्नान किया और जगत के एक किनारे असनी बिछाकर पूजा करने लगे। सन्ध्या-गायत्री के बाद एक अध्याय गीता पढ़ी, फिर रामायण के मास-पारायणवाला अंश बाँचने लगे। आज किसी भी चीज में मन नहीं लग रहा।....क्या मिलता है इन सबसे? मन की शान्ति? कहाँ है वह? हर मजहब में पूजा-पाठ के जुदा-जुदा तरीके। कौन सही, कौन गलत? महज एक परिपाटी—आदमी द्वारा आदमी के लिए बनाई गई। यह सोचकर निभाए जाना कि दूसरे लोग क्या कहेंगे। अनुभूत सच को कह पाने के साहस की कमी। सहज, उल्लसित जीवन की धार को खुरचकर भोंथरा बनाने का तंत्र।....विषण्ण मन से उन्होंने पूजा खत्म की।

पूजा से उठे तो मजे का उजाला हो गया था। वे कागज-कलम लेकर चारपाई पर लिखने बैठ गए। जब तक धिराजी पीतल के कटोरे में दूध लेकर आई, बड़े-बड़े सुडौल

अक्षरों से एक पन्ना भर गया था। बाबा ने कटोरा उठाया तो उनकी निगाह दरवाजे पर खड़ी धिराजी की बिटिया पर चली गई। वह एक हाथ से दीवाल का सहारा लिए तिरछी खड़ी थी और उत्सुक नजरों से उन्हें देख रही थी। बाबा ने इशारे से उसे पास बुलाया। धिराजी से एक और कटोरा मँगाया। आधा दूध उसमें ढालकर उसे देने लगे। शरमाकर उसने मुँह दूसरी ओर कर लिया।

"ले ले···ले ले, बाबा का प्रसाद है।" पितृहीन बेटी के लिए धिराजी की ममता उमड़ आई।

गरम कटोरा थामते हुए जग्गी के हाथ काँप रहे थे। उसने धीरे से उसे नीचे रख दिया। दुबारा पल्लू लगाकर उठाया और कुछ देर वैसे ही खड़ी रही।

"जा, अन्दर जाके पी ले। नहीं तो बाबा बुरा मानेंगे।" धिराजी ने चारों तरफ नजर दौड़ाई कि कोई देख तो नहीं रहा है।

उसका हाथ पकड़े धिराजी धीरे-धीरे दरवाजे तक गई। अन्दर घुसने के पहले एक बार मुड़कर उसने बाबा की ओर देखा। वे भी उधर ही देख रहे थे। उसकी सहमी आँखों में बाबा को विचित्र-सी आँच दिखी। उनके भीतर एक झुरझुरी-सी दौड़ गई। धिराजी अन्दर घुसकर अदृश्य हो गई पर बाबा का मन कुछ देर उधर ही खिंचा रहा।··· फिर धीरे-धीरे पीछे सरकने लगा।···फीजी के दिनों की ओर।

मजिस्ट्रेट की बड़ी लड़की की खासी उम्र हो गई थी पर उसकी शादी नहीं हो पाई थी। छोटी की हो गई थी—वहीं एक जागीर के गोरे मालिक के साथ। वह अपनी ससुराल चली गई थी। कुछ दिनों बाद मेम का देहान्त हो गया था। अब घर में मजिस्ट्रेट के अलावा सिर्फ बड़ी लड़की रह गई थी। दिन-प्रतिदिन उसकी हरकतें अजीब होती जा रही थीं। वह कभी कोठरी में बहू के पास बैठी होती और वे आ जाते तो मजाक में उन्हें भी चारपाई पर खींच लेती। हँसी-हँसी में बहू का कोई अंग उघाड़ देती और उनकी आँखों में उठती प्यास को एकटक देखती रहती। कभी दोनों को एक साथ अपने से सटा लेती, चारपाई पर निढाल हो जाती और ऐसे हिलती-डुलती कि उसका वक्ष उनकी देह से रगड़ जाता। वे उत्तेजना में काँपते पर अन्दर-ही-अन्दर डर भी लगता। उसके चली जाने के बाद बहू में काम का ऐसा उद्वेग उठता जैसे भूत सवार हो गया हो।

मजिस्ट्रेट रिटायर हो गया और बड़ी लड़की के साथ सूबा-शहर मीनापातू में जाकर बस गया। वे भी उसी के साथ चले गए। गिरमिट की पाँच साल की मियाद पूरी होने को आ रही थी। उसके बाद वे अपने पैसे से देश लौट सकते थे। कम्पनी के खर्चे से लौटने के लिए पाँच साल और इन्तजार करना पड़ता। इस दौरान वे गिरमिट से आजाद होकर जैसे चाहें रह सकते थे। जिस दिन पाँच साल की मियाद पूरी हुई, उस लड़की और उसके बाप ने बड़ी माया फैलाई। कहने लगे—तुम यहीं बने रहो, तनख्वाह बढ़ा दी जाएगी, जैसे चाहोगे वैसे होगा। असल में दोनों उनके काम-काज के आदी हो

गए थे। एक तनहा, नीरस जिन्दगी के नाते लड़की के आग्रह के पीछे शायद कोई और भी बात रही हो। उन्होंने बहुत आगा-पीछा सोचा। वहाँ रहने में कोई भविष्य नहीं दिखा। सर्टिफिकेट लेकर नौकरी छोड़ दी। पर देश वापस नहीं लौटे। रामायण और सत्यनारायण की कथा के सहारे मीनापातू में भी हिन्दुस्तानी लोगों के बीच उनका प्रेम भाव कायम हो गया था।

उन दिनों मीनापातू में आर्य समाज का प्रचार जोरों पर था। रामसरूप, राम सिंह, तोताराम, भगवती प्रसाद, मनोहरानन्द जैसे कई उत्साही कार्यकर्ता इस काम में लगे थे। उन्हीं लोगों ने मिलकर हिन्दुस्तान से डॉ. मणिलाल बैरिस्टर को फीजी के हिन्दुस्तानियों की कानूनी मदद के लिए बुलाया था। उन्होंने परिवार सहित वहाँ पहुँचकर अपना दफ्तर खोल लिया था। मजिस्ट्रेट के यहाँ नौकरी छोड़ने के बाद बाबा खाली थे। उन्हीं के दफ्तर में काम करने लगे। मणिलाल ने उन दिनों एक मेम रख ली थी जिससे उनकी ब्याहता बहुत दुखी रहती थी। मौका मिलने पर वह उन्हीं से अपना दुखड़ा रो लेती थी। उनकी बहू को इतने भर से ईर्ष्या होती थी। उसका क्रूर, तामसी स्वभाव धीरे-धीरे सामने आ रहा था। एक दिन उसने इतना हंगामा खड़ा किया कि उन्हें मणिलाल के यहाँ की नौकरी छोड़ देनी पड़ी। पर उनसे सम्बन्ध नहीं टूटा।

मणिलाल की नौकरी छोड़ने के बाद एक एजेन्ट की मार्फत कम्पनी के एक स्टोर में चार पौंड महीने की नौकरी मिली। एक पौंड एजेन्ट को कमीशन देना पड़ा। एक गोरे के साथ ड्यूटी लगी जो स्टोर में कपड़ा बेचता था। बहुत घाघ था वह। हेरा-फेरी करके काफी ऊपरी कमाई करता था। उसका एक हिस्सा उन्हें भी मिलने लगा। थोड़े ही दिनों में काफी रकम जुड़ गई। बाईस पौंड में एक मकान खरीदा। तेरह पौंड में एक जमीन अलग से खरीदी। फिर उनकी शिकायत हुई और नौकरी छूट गई। कुछ दिन बेकार पड़े रहे। फिर दूसरी दुकान में काम मिला। उन्हीं दिनों भारत विनय विनोदिनी सभा कायम हुई और उसमें शिरकत करने लगे। तभी वह केले के गाछ काटनेवाली घटना घटी जिससे उनकी धाक और जम गई।

गोरों ने फीजी दिवस का जलसा आयोजित किया तो उन्हें हिन्दुस्तानी कमेटी का मेम्बर बनाया गया। विद्यार्थियों की मदद से उन्होंने महाभारत के चीरहरणवाले प्रसंग पर एक लीला तैयार की। जलसे के लिए युधिष्ठिर और दुर्योधन के दो अलग-अलग मंच बनवाए। घोड़ागाड़ी में जुलूस लेकर मंच तक गए। कपड़े की दुकान से मदद लेकर बहुत भव्य झाँकी तैयार हुई। शहर के लोग देखने उमड़ पड़े। कई मेमों ने उसकी फोटो उतारी। यह सब देखकर साथी लोग जल-भुन गए। जलसे में पहुँचे तो देखा कि दुर्योधनवाले मंच को किसी ने गन्दा कर दिया था। जरूर जलन वश किया होगा। जल्दी-जल्दी में अपने हाथ से उसे साफ किया। दर्शकों को पता नहीं चलने दिया। जलसे की कामयाबी के बाद लोगों ने उनके खिलाफ गोरों के कान भरने शुरू कर दिए।

उन्हीं दिनों फीजी में कुली प्रथा की जाँच के लिए एक डेपुटेशन आया हुआ था। मैक्नेल और चिमनलाल—दो मेम्बर थे। दोनों गवर्नर के बँगले पर ठहरे थे। हिन्दुस्तानियों में सिर्फ वही लोग उनसे मिल पा रहे थे जो रुपये-पैसे से मजबूत थे या अँग्रेजी के जानकार थे या अँग्रेजों के दबाव में थे। बहुत सोचने-विचारने के बाद उन्होंने फीजी के कुलियों की दारुण दशा और उसमें सुधार लाने के बारे में बीस सफे का एक लेख हिन्दी में तैयार किया और मणिलाल की मार्फत डेपुटेशन के पास भिजवा दिया। दूसरे दिन वे मणिलाल के साथ डेपुटेशन से मिलने गवर्नर के बँगले पर गए। मुलाकातियों के कमरे में इन्तजार कर रहे थे कि उनकी निगाह अचानक रद्दी की टोकरी पर पड़ गई। देखा कि लेख का पुलिन्दा उसी में पड़ा है। मणिलाल को दिखाया। इशारे से बात हुई। उसे उठाकर जेब में रख लिया। मणिलाल की सलाह पर दूसरे दिन उसे भारत मित्र अखबार में छपने के लिए कलकत्ता भेज दिया। कुछ दिनों बाद वह लेख छपा तो तहलका मच गया। फीजी और हिन्दुस्तान में दूर-दूर जगहों से लम्बे-लम्बे खत आए। सबने सराहना की और धन्यवाद दिया। उधर अँग्रेजों के कान खड़े हो गए। तरह-तरह की अफवाहें उठने लगीं। खबर मिली कि सरकार में गुप्त बातचीत चल रही है, जिसने अखबार में निन्दा छपवाई है उसे बहुत सताया जाएगा। कथा-वार्ता के चलते वहाँ बहुत से चेला-चेली हो गए थे। कई चेलों ने कहा—आप हिन्दुस्तान चलकर हमारे घर पर रहो। तभी पुलिस का नोटिस मिला कि जल्द-से-जल्द फीजी छोड़ दो। संयोग से तभी दस वर्ष की मियादवाला फूलताला नम्बर चार जहाज भी आ पहुँचा।

चलने लगे तो मकान और जमीन बहू के नाम कर दी और कचेहरी में अर्जी देकर शादी भी खारिज करवा दी। जाने की बात सुनकर बहुत लोग व्याकुल थे। साथियों ने मिलकर भंडारा किया। मणिलाल, मनोहरानन्द आदि को बुलाया। और शहरों से भी कई लोग आए। बहुतों ने विदाई-सन्देश लिखकर भेजा। कइयों ने सुन्दर-सुन्दर उपहार दिए। बाबा ने सिर्फ तीस रुपये वहाँ से लिए, बाकी सारा सर-सामान, ओढ़ना-बिछौना, कपड़ा-लत्ता सब उसी स्त्री को सौंप दिया। जहाज चलने लगा तो कई लोग रो रहे थे, कइयों ने तो एक दिन पहले से खाना छोड़ दिया था।

जाते समय जहाज मद्रास से गया था, लौटते समय कलकत्ते आकर रुका। ठीक दस साल बाद। दुनिया कितनी बदल चुकी थी। वे खुद भी। इस बीच कितना कुछ गुजर गया था। कितने लोग, कितनी बातें, कैसी-कैसी जिन्दगी। विचार था कि देश को कुलियों का सन्देश सुनाकर इस प्रथा को बन्द कराएँगे तब लौटकर फीजी जाएँगे। पर समझ में नहीं आ रहा था कहाँ से शुरू करें। कलकत्ते में बँगला भाषा होने और कोई जान-पहचान न होने से वहाँ ठहरना ठीक नहीं समझा। फीजी से साथ में आजमगढ़ के एक कबीरपंथी साधू सरजूदास आए थे। उन्हीं के साथ चलने का तय किया। कलकत्ते के बैंक से फीजी से लाए रुपयों का बदलौना कराया। साथ में लकड़ी का एक बक्सा था। उसमें कुलियों के सन्देश सम्बन्धी कागज और पहनने का एक सूट था। पैरों में

जूता, सिर पर हैट, हाथ में छड़ी, जेब में जेबघड़ी, बैंक से मिला नकदी रुपया और वही बक्सा लेकर कलकत्ते से चल दिए थे।....तब से कहाँ-कहाँ भटक रहे हैं।

घर के सामने, कुएँ की जगत पर, और पेड़ों के बीच-बीच धूप के चटख कतरे फैल गए हैं और गर्मी बढ़ती जा रही है। किसान सभा के लोग कुएँ पर खँखारते-छींकते, कुल्ला-दातून कर रहे हैं और जोर-जोर से हर-हर गंगे बोलते हुए नहा रहे हैं।

लू चलनी शुरू होने से पहले सबको वापस रूरे पहुँचना है। एक दिन बाद दूसरे गाँव में फिर बाबा की सभा है।

बाईस

तय हुआ था कि लोग रूरे में इकट्ठे होकर शाम को एक साथ इलाहाबाद के लिए रवाना होंगे। बाबा ने ताकीद की थी कि लोग हर गाँव से चुपचाप जत्थे बनाकर निकलें जिससे तालुकेदारों के आदमी उन्हें परेशान न करें। लेकिन तालुकेदारों को पता चल ही गया और वे अपनी हरकत से बाज नहीं आए। उनके लठैत गाँव-गाँव के रास्तों पर खड़े थे। पहले तो उन्होंने किसानों पर फबतियाँ कसीं, फिर उन्हें उकसाया। पर किसान बिल्कुल शान्त बने रहे। तब वे डराने-धमकाने पर उतर आए—

"आना ससुरो लौटकर तो देखूँगा। खेत में पैर रखा तो हड्डी-पसली एक कर दूँगा। बाबा से कहना, वही खिलाएँगे।"

लेकिन किसान चुपचाप अपने रास्ते चलते रहे। शाम तक लगभग पाँच सौ किसान सत्तू-चबेना और आटा-दाल की पुटकियाँ बाँधे, कन्धे पर फटी-पुरानी पिछौरी डाले और सिर पर चिथड़े का गमछा लपेटे बाबा के आश्रम पर जमा हो गए। जेठ के उजाले पाख की पंचमी थी उस दिन। दिन-भर हहराती हुई लू चलती रही थी। शाम को आसमान धुरिया गया था। फिर एक कोने से स्याह गाले उमड़ने लगे और थोड़ी ही देर में सारा आसमान घटाटोप हो गया। खर-पतवार और छोटे-छोटे छान-छप्पर उड़ाती, आम के पेड़ों पर लदे टिकोरों को पीटती जोर की आँधी आई और नीचे से ऊपर तक धूल ही धूल छा गई। आँधी थमने के कुछ देर बाद धूल छँटी और आसमान थोड़ा साफ हुआ तो एक कोने में चाँद का हँसिया लटक आया। यहाँ-वहाँ कुछ तारे भी टिमटिमाने लगे। दिन की गर्मी से थोड़ी राहत मिली। लोगों ने कुएँ पर जाकर हाथ-मुँह धोया, चना-चबेना किया और छोटे-छोटे झुंडों में बैठकर चिलम का कश लेने लगे।

थोड़ी देर में चाँद अपनी मटमैली रोशनी समेटता डूब गया और चारों ओर घुप

अँधेरा छा गया। तब तक आसमान बिल्कुल साफ हो गया था और अनगिनत तारे अपने-अपने बिलों से निकलकर उल्लास से झूम रहे थे। बाबा ने जय-जय सीताराम का घोष किया और लोगों का काफिला पट्टी जानेवाली लीक पर चल पड़ा।

करीब मील-भर चलने के बाद बीरापुर रियासत का बाग मिला जिसके बीच से निकलकर रास्ता पृथ्वीगंज से पट्टी जानेवाली कच्ची सड़क से मिल जाता था। बाग के एक ओर दूर तक फैला ताल और दूसरी ओर टेढ़ा-मेढ़ा नाला था। बाग के बीच आकर आगेवाले लोग एक-एककर रुकने लगे। पीछेवालों का रास्ता बन्द होता गया। लोग अँधेरे में एक-दूसरे से पूछ रहे थे कि माजरा क्या है। बाबा बीच से निकलकर आगे बढ़े। काफिले के सामने एक घुड़सवार रास्ता रोके खड़ा था। उसके आस-पास दस-बारह लोग पगड़ी बाँधे, लाठियाँ लिये खड़े थे। एक आदमी जलती हुई मशाल ऊपर उठाए था।

लोगों ने बाबा को रोककर उनके कान में कहा—

"बीरापुर के जिलेदार हैं—कामता सिंह। बहुत जालिम आदमी हैं। आप आगे मत बढ़िए। हम लोगों के बीच खड़े होकर ही बातें कीजिए।"

धुआँ करती मशाल की धुँधली रोशनी में घोड़ा रह-रहकर पूँछ हिलाता, पैरों पर शरीर का भार बदलता, फुफकारता था। बाबा कुछ देर चुपचाप खड़े घुड़सवार और उसके साथियों को तौलते रहे। आज पीछे हटने का मलतब होगा—हमेशा के लिए इनकी ताकत का लोहा मान लेना और लोगों का सम्मान खो देना। यह तो बहुत बड़ा सौदा होगा। बाबा के भीतर निर्णय जल उठा।

"बच्चा, जरा घोड़वा बगल कर लो। लोग गंगा नहाने जा रहे हैं।"

"देखते नहीं, रियासत का बाग है। इसमें से होकर नहीं जा सकते।"

"बच्चा, यह तो आम रास्ता है, लोग हमेशा इधर से आते-जाते रहे हैं।"

"कभी मना नहीं किया तो इसका क्या मतलब, लोगों के बाप का हो गया?"

"भैया, लोग पुण्य कार्य के लिए जा रहे हैं, आज तो ऐसी बात न करो।"

"चरका न पढ़ाओ बाबा, हमें सब पता है लोग कहाँ जा रहे हैं।"

"जानें गंगा मैया, वो बुलाएँगी तो कौन रोक सकेगा? पहाड़ पर चढ़कर जाना होगा तब भी लोग जाएँगे। हाँ, इधर से जाने देते तो थोड़ी सहूलियत होती।...आपकी प्रजा हैं, इनके पुण्य में आपका पुण्य है।"

"हम कुछ नहीं जानते बाबा। राय साहब का हुकुम है, हम तो उनके ताबेदार हैं।" जिलेदार कुछ नरम पड़ा।

"राय साहब के कहने से नरक में कूदोगे भैया?...राय साहब की तो मति मारी गई है।...और साथ-साथ तुम्हारी भी।"

जिलेदार ने अपने साथियों की ओर देखा। उसे लगा, राय साहब की तौहीन हुई है और इसे बर्दाश्त नहीं किया जा सकता।

"बहुत हो गया बाबा, लोगों से कहो, सीधे लौट जाएँ। नहीं तो सारा नरक-सरग यहीं दिखा दूँगा।"

लठैतों की हिम्मत बढ़ी। उनमें से एक ने आगे बढ़कर लाठी का सिरा जमीन पर पटका।

"मार के भूत बात से नहीं मानते सरकार। ससुरे हमारी कबर खोदने जा रहे हैं और हम इन्हें छाती पर चढ़कर जाने दें।"

बाबा को लगा, बात बनते-बनते बिगड़ गई है। वे शान्त होकर सोचने लगे। तभी झिंगुरी सिंह भीड़ से निकलकर तैश में आगे बढ़े।

"अपने आदमियों की जबान पर लगाम लगाओ जिलेदार साहब। पुराने दिन नहीं रहे अब। हम अपनी पर उतर आए तो भागते सरन नहीं मिलेगी।"

बाबा ने झिंगुरी सिंह के कन्धे पर हाथ रखकर उन्हें शान्त रहने का इशारा किया।

"हम तो आपकी प्रजा हैं और विनती ही कर सकते हैं।" बाबा ने फिर से बात सँभालनी चाही।

"हम भी विनती का जवाब दे रहे हैं।...हमें मालूम है ये आपके बल पर कूद रहे हैं। इन्हें समझा दो वरना सारी हेकड़ी निकाल दूँगा।"

तभी पीछे से किसी ने सीताराम का घोष किया। कामता सिंह ने घोड़े को ऐंड़ लगाई। मगर वह आगे बढ़ने के बजाय पिछले पैरों पर खड़ा हो गया। उन्होंने चाबुक मारा। घोड़ा अगले पैरों को उठाकर हिनहिनाया पर आगे नहीं बढ़ा। कामता सिंह ने घबड़ाहट में लगातार कई चाबुक बरसाए। घोड़े ने देह हिलाकर सवार को गिराने की कोशिश की। बाबा मौके का फायदा उठाकर जै-जै सीताराम की गुहार लगाते हुए आगे बढ़े। उनके पीछे-पीछे पूरा जनसमूह टूटे बाँध से निकले पानी की तरह उमड़ पड़ा। लोगों का रेला पूरे वेग से घोड़े के दोनों ओर से निकलने लगा तो लठैत सकपकाकर एक ओर हो गए। समूह कुछ दूर निकल गया तो कामता सिंह पीछे से चिल्लाए—

"जाओ सालो, लौटकर आना तो देखेंगे। तुम लोगों को बेल न बिनवा दिया तो मेरा नाम कामता सिंह नहीं।"

पट्टी पहुँचने तक इसी प्रसंग पर बातें होती रहीं। कुछ लोग इसे बाबा का प्रताप मान रहे थे। वे निःशंक थे। बाकी अन्दर से डरे हुए थे और इस चिन्ता से उबर नहीं पा रहे थे कि उनके पीछे कामता सिंह क्या कहर ढाते हैं।

पट्टी से आगे कंक्रीट की सड़क थी। नंगे पैर उस पर चलना तकलीफदेह था लेकिन अँधेरे में मेंड़-डाँड़ की ठोकरें खाने के बजाए साफ, चौड़ी सड़क पर ज्यादा निश्चिन्त होकर चला जा सकता था। लोगों की रफ्तार तेज हो गई। काफिला छोटे-छोटे हिस्सों में बँट गया। लोग परस्पर हँसी-ठिठोली करने लगे। किसी ने सुँघनी की डिबिया निकाल ली थी और लोग आपस में बाँट कर सूँघ रहे थे। पीछेवाली घटना का आतंक घुल गया था।

सुचित मेंहदियावाली मंडली के साथ था। लोगों के मनुहार पर उसने एक भजन उठा दिया था—

सुन्दर श्याम हमारा, अरे कुबरी जादू डारा।
यहि पार जमुना वहि पार गंगा बिचवा में ठाकुरद्वारा।
अरे कुबरी जादू डारा।
कुबरी सवति कर दोख न देहहौं, कपटी श्याम हमारा।
अरे कुबरी जादू डारा।
चारि दिना सुख लई ल्या हो कुबरी, आखिर श्याम हमारा।
अरे कुबरी जादू डारा।

अँधेरी रात में भजन के स्वर खेतों और बस्तियों और बागों के ऊपर रिमकती हवा के साथ-साथ दूर-दूर तक तैर रहे थे। बीच-बीच में अँधेरे की चादर में लिपटी बस्तियों में एक-दो रोशनियाँ लुपलुपाती थीं और किसी के द्वारा किसी को जोर से बुलाने की आवाज सड़क तक आकर बुझ जाती थी। कभी सामने से आ रहे मुसाफिरों की आहट धीरे-धीरे तेज होती हुई करीब आती। फिर बगल से गुजरकर पीछे के अँधेरे में गुम हो जाती थी। कभी पूछ-पेख भी होती—किस गाँव का मेला है भइया?...इतनी रात गए कहाँ जा रहा है?

कुछ देर बाद किनारे की रोशनियाँ गुम हो गईं और बस्तियों से आनेवाली आवाजें और मुसाफिरों की आहटें बन्द हो गईं। चारों ओर सोता पड़ गया था। काफिले के लोग भी थककर खामोश हो गए थे। बस उनके पैरों की धप्-धप् जमे हुए अँधेरे को चीरती, सड़क के किनारे खड़े पेड़ों और दूर तक फैले खेतों में गुम हो जा रही थी।

काफिला जब बेल्हा देवी के मन्दिर के पास सई नदी पार कर रहा था, आधी रात अभी नहीं हुई थी। आगे बेल्हा कस्बा और प्रतापगढ़ का सदर मुकाम था। नदी में छिछला, गाँठ तक का पानी था। बीच-बीच में बालू के द्वीप बन गए थे। बाईं ओर थोड़ी दूर पर सड़क और रेलवे के पुल थे। रेलवे-पुल के दोनों ओर खड़े सिग्नलों की लाल बत्तियाँ दूर से चमक रही थीं। कई किसान पहली बार प्रतापगढ़ आए थे और अँधेरे में दूर से सिग्नल की बत्तियाँ उन्हें अजीब ख़ौफनाक लग रही थीं।

कुछ लोग बाबा के पीछे-पीछे सड़क के पुल से होकर नदी के पार पहुँचे, फिर दाहिने मुड़कर मन्दिर की ओर बढ़ गए। बाकी सीधे खेतों के बीच से नदी के पाट तक आए, धोती उठाकर पानी में घुसे और टोह लेकर पैर रखते हुए उस पार पहुँच गए।

तय हुआ था कि रात मन्दिर में बिताकर सबेरे बना-खाकर इलाहाबाद के लिए रवाना हुआ जाएगा। लेकिन कुछ रंगीन तबीयत के नौजवान अपनी पुटकियाँ मन्दिर के बरामदे में छोड़ इतनी रात गए कस्बे में घूमने निकल गए।

सबसे पहले पड़ाव-मैदान से लगा तवायफों का मुहल्ला भैरोपुर था। कई कोठों पर अब भी रोशनी थी और सारंगी और तबले की धीमी-धीमी आवाजें आ रही थीं।

कुछ मनचले सड़क पर टहल रहे थे। किसानों का जत्था देखकर कुछ लड़कियाँ कोठों से झाँकने लगीं। फिर वे नीचे उतर आईं और दरवाजे के पास खड़ी हो, बोलियाँ बोलने और हाव-भाव दिखाने लगीं। कई किसानों ने गाँव में शादी-विवाह के मौके पर या ठाकुर के यहाँ किसी जश्न में रंडियों का नाच देखा था पर वे उनके लिए सशरीर उपलब्ध हो सकती हैं, इसका उन्हें गुमान नहीं था। उन्हें तो वे धनी-मानी लोगों और तालुकेदारों-जमींदारों के विलास की वस्तु समझते थे। उन्हें इसका भी एहसास नहीं था कि जिन तालुकेदारों के कारण वे सारी परेशानी झेल रहे हैं उनमें से कुछ इसी वक्त इन कोठों पर बैठे रंगरेलियाँ मना रहे हैं। वे आपस में शरमाते, हँसी-हँसी में एक-दूसरे को रंडियों की ओर ठेलते आगे बढ़ गए।

तवायफों के कोठों के आगे बाईं ओर कुछ दूर पर कसाइयों का मुहल्ला था और सड़क के किनारे-किनारे दुकानें थीं जो बन्द हो चुकी थीं। आगे चौक का घंटाघर था और उससे लगी मिठाई की एक-दो दुकानें खुली थीं जिनमें छोटी कुप्पियाँ अब भी जल रही थीं। उनकी धुँधली रोशनी में सज़ी मिठाइयाँ देखकर किसानों के भीतर की दबी भूख कुलबुलाने लगी और आगे बढ़ने का उत्साह फीका षड़ गया। वापस लौटते समय आठ कोस लम्बी यात्रा की थकान और अगले दिन की और भी लम्बी यात्रा की चिन्ता उन पर हावी थी।

जो लोग शहर देखने नहीं गए थे, उन्होंने मन्दिर के बरामदे में जल्दी-जल्दी पिछौरियाँ बिछाकर जगह रोकाई और नीचे नदी में हाथ-मुँह धोने उतर गए। जिन्हें बरामदे में जगह नहीं मिली, वे किनारे की बालू पर ही आसन जमा लिए। जो किसान घर से जल्दी चल दिए थे, कुएँ पर जमा होकर सत्तू-चबेना करने लगे। बाकी ने गुड़ खाकर पानी पिया और लेट गए। थोड़ी देर हँसने-बतियाने की आवाजें आती रहीं जो धीरे-धीरे फुसफुसाहट में बदल गईं। बीच-बीच में मुँह पर हाथ रखकर हँसी दबाने की आवाज आती थी। फिर सब कुछ शान्त हो गया। चारों ओर जमे अँधेरे के बीच मन्दिर के भीतर का दीया टिमटिमाता रहा, दूर सिग्नल की बत्तियाँ चमकती रहीं और नदी का उथला पानी टेढ़ी-मेढ़ी धारा में रेंगता रहा।

सुचित बालू में सोया था। छोटी-सी पुटकी सिर के पास रखी थी। घर से चलते समय उसकी माँ ने थोड़ा-सा ज्वार का लावा और जौ-मटर का आटा बाँध दिया था। टेंट में सिर्फ दो चवन्नियाँ थीं। सुचित सोचता था, यात्रा में जाने कितने दिन लगेंगे। वह अभी से पेट काट रहा था। घर से निकलने के बाद उसने पुटकी नहीं खोली थी, बस पानी पी लिया था। आठ कोस चलने की थकान के बावजूद खाली पेट नींद नहीं आ रही थी। आस-पास लेटे लोग सो गए थे। रास्ते में उससे भजन सुननेवालों ने एक ढोंका गुड़ के लिए भी नहीं पूछा था। सब का लगभग वही हाल होगा—सुचित ने सोचा और सन्तोष कर लिया। लेकिन पेट में खलबली मची थी और रहा नहीं जा रहा था। अब पुटकी खोलने में भी शरम लग रही थी—कोई जगा हो

और देख ले तो क्या सोचेगा! आखिर मन नहीं माना तो धीरे से पुटकी सरकाई। अँधेरे में टटोलकर लावे की पोटली खोली और दो मुट्ठी लावा मुँह में डाल लिया। फिर उठकर कुएँ तक गया और चार-पाँच चिल्लू पानी पी आया। बड़ी देर बाद जैसे-तैसे नींद आई।

पौ फटते ही उसकी आँख फिर खुल गई। कुछ देर वैसे ही लेटा पड़ा रहा। पूरब की सरपताही के पीछे से ललाई फूट रही थी। अँधेरा छँटने के साथ आसमान में तारे ओझल होते जा रहे थे। दूर पश्चिम में, जहाँ से बाएँ मुड़कर नदी अदृश्य हो जाती थी, धारा के ठीक ऊपर शुकवा चमक रहा था। नदी के उस पार किसी गाँव से तुरही, ताशा और ढोल बजने की मिली-जुली आवाजें आ रही थीं—शायद कोई बारात टिकी होगी। धीरे-धीरे आसमान का रंग सलेटी, फिर तांबई, फिर मटमैला हो गया। सूरज का लाल गोला पूरब की बबुराही के ऊपर से झाँकने लगा। मन्दिर में घंटा बजना शुरू हुआ तो लोग एक-एक कर आँखें मलते उठ गए।

जब तक धूप के कतरे बालू पर फैले, लोग दिशा-मैदान से निपटकर नहा-धो लिए। जगह-जगह अहरा जल गया और लिट्टियाँ सिंकने लगीं। खा-पीकर निकलते-निकलते घंटा-भर दिन चढ़ आया।

मऊआयमा पहुँचने तक दोपहरी मनमनाने लगी। आसमान से जैसे आग बरस रही थी। तेज धूप और गरम लू के थपेड़ों से जूझते, प्यास से व्याकुल लोग किसी अदृश्य आशा की डोर से जुड़े आगे बढ़ते जा रहे थे। आम का एक बड़ा बाग और पास में कुआँ देखकर वे सुस्ताने के लिए रुके। बगल के गाँव से कुछ चारपाइयाँ माँगकर आईं। खास-खास लोग उन पर लेटे, बाकी पत्तियों के ढेर पर पसर गये। लोग इतने थके थे कि कई तो लेटते ही खर्राटे भरने लगे। पेड़ों से छनकर आती धूप के चकत्ते उनके बदन पर हिलते रहे। नींद खुली तो वे पसीने से तर थे।

दोपहरी ढलते ही लोग पानी पीकर फिर चल पड़े। फाफामऊ के पुल तक पहुँचते-पहुँचते शाम हो गई। गंगा के सूखे पेटे में दूर तक तरबूज की बेलें फैली थीं। घाट के पास तरबूजों के ढेर लगे थे जो ऊँटों पर लद रहे थे। पुल के दोनों ओर की सड़क पर तरबूज-लदे ऊँटों की लम्बी कतारें सरक रही थीं। किसी उटहरे ने फगुआ की तान छेड़ दी थी जो शाम के बढ़ते अँधेरे में दूर तक लहरा रही थी। जमाने की मार से पीड़ित, व्यवस्था से त्रस्त, थके-हारे किसान फगुआ के स्वरों के साथ उड़ते अपने खेत-खलिहानों में पहुँच गए और क्षण-भर के लिए उस प्रताड़ना को भूल गए जिसने जेठ की दुपहरी में उन्हें इतनी दूर पैदल चलने के लिए मजबूर किया था।

आगे इलाहाबाद शहर था। अनगिनत सड़कें और गलियाँ, बिजली के लट्टुओं से चमकती दुकानें, पक्की कोठियाँ और तेजी से दौड़ती मोटरें और बग्घियाँ। एक अपरिचित और अनोखी दुनिया। आनन्द भवन के सामने से गुजरते हुए उन्हें बताया गया कि इसी में मोती लाल बैरिस्टर और उनका विलायत-पलट बेटा जवाहर लाल रहते

हैं जो तालुकेदारों के भी बाप, अँग्रेजों से लोहा ले रहे हैं और जिनके सामने उन्हें फरियाद करना है। यहीं उनकी बात सुनने गांधी बाबा भी आनेवाले हैं जिन्होंने चंपारन में निलहे अँग्रेजों को छठी का दूध याद दिला दिया था। अभी वे कांग्रेस की बैठक में हिस्सा लेने बनारस गए हैं।

आगे-आगे बाबा रामचन्द्र, झिंगुरी सिंह, सहदेव सिंह, और उनके पीछे-पीछे किसानों का जत्था। शहर में भटकते वे गौरी शंकर वकील का बँगला ढूँढ़ रहे थे। वे जिधर से गुजरते, शहरातियों की निगाह उन पर अटक जाती। अजीबोगरीब, चीकट कपड़ों में धूल-पसीने से लथपथ शरीर शहर की चमक-दमक के बीच डोलते पेबन्द जैसे लग रहे थे।

गौरी शंकर मिश्रा की कोठी में उन्हें घुसने नहीं दिया गया। सिर्फ बाबा को अन्दर जाने दिया गया। भूख-प्यास से व्याकुल और थकान से पस्त किसान बाहर खड़े इन्तजार करते रहे। बड़ी देर बाद बाबा बाहर आए तो उनके साथ दो-तीन लोग और थे। पर उनमें वकील साहब नहीं थे। उन्होंने पहले से ही किसानों को जमुना के किनारे, बलुआ घाट पर टिकाने की व्यवस्था कर रखी थी। वे यू. पी. किसान सभा के उपाध्यक्ष थे जो किसानों के नाम पर बनी, कांग्रेस से जुड़े शहरी वकीलों की संस्था थी। उसमें बाबा की अवध किसान सभा के असली किसानों-भुच्च देहातियों के लिए कोई जगह नहीं थी। गौरी शंकर ने इतनी दूर से चल कर आए किसानों से दो मीठी बातें करने या मिल भर लेने की जरूरत नहीं समझी। बाबा से चिट्ठी-पत्री हुई थी तो उन्होंने बड़े सब्जबाग दिखाए थे। बाबा को हल्की निराशा हुई पर उन्होंने जाहिर नहीं होने दिया।

बलुआ घाट। पक्की सीढ़ियों और छतरियों के नीचे मंथर गति से बहता जमुना का गहरा नीला पानी। बाईं ओर एक-दूसरे के ऊपर-नीचे बने रेलवे और सड़क के पुल। उसके आगे किला, फिर संगम। दाहिने मीरापुर गाँव की बस्ती। सामने नैनी का कछार—ढलवाँ खेतों के ऊपर छोटे-छोटे पेड़ और झाड़ियाँ। पीछे ईसाई कॉलेज के नौकरों की खोलियाँ। यहीं रहना था किसानों को। दिशा-मैदान के लिए नदी का कछार, नहाने के लिए जमुना का पानी, खाना बनाने के लिए घाट के ऊपर खुली जगह और सोने के लिए सीढ़ियाँ और छतरियाँ। यू. पी. किसान सभा के लोग किसानों के लिए इतना ही करके अपने को धन्य समझ रहे थे।

सुबह होते ही किसान नहा-धोकर और बना-खाकर तैयार हो गए। उन्हें भरोसा दिया गया था कि आज यू. पी. किसान सभा और कांग्रेस के नेता उनसे मिलने आएँगे। इन्तजार करते-करते बहुत देर हो गई तो बाबा झिंगुरी सिंह, सहदेव सिंह और भगवान दीन को साथ ले फिर से गौरी शंकर के बँगले तक गये। वे कचेहरी जा रहे थे। उन्होंने वहाँ से लौटकर सीधे बलुआ घाट आने का वायदा किया और चारों को आनन्द भवन जाकर जवाहर लाल से मिलने की सलाह दी।

जवाहर लाल दो-तीन दिन पहले मसूरी से आए थे। इंग्लैंड से लौटने के बाद हर साल वे किसी-न-किसी पहाड़ी शहर में गरमियाँ बिताते थे। इस समय मसूरी में उनकी माँ और बीवी का इलाज चल रहा था। लेकिन वहाँ रुके अफगानी डेलीगेशन से न मिलने की सरकारी ताकीद ठुकरा देने के कारण उन्हें वहाँ से निकल जाने का आदेश दिया गया था। और यह इत्तफाक ही था कि इस समय वे इलाहाबाद में मौजूद थे। पर बीमार परिजनों को मसूरी में छोड़, वहाँ की ठंडक से इलाहाबाद की गर्मी में लौटने की मजबूरी में वे भन्नाए हुए थे और उनके पिता झल्लाहट में अपने मित्र और संयुक्त प्रान्त के गवर्नर हरकोर्ट बटलर को एक कर्रा खत लिख रहे थे। जैसे भी हो जवाहर लाल को जल्द-से-जल्द मसूरी लौटना था। ऐसे में अवध के किसानों की समस्या में घसीटा जाना उन्हें कतई पसन्द नहीं था। लेकिन जवानी का जोश उन्हें उधर बहा ले गया और, जैसा कि बाद में उन्होंने माना, वह उनकी सियासी जिन्दगी का एक अहम पड़ाव साबित हुआ। बाबा रामचन्द्र ने उन्हें किसानों की समस्याएँ सुनने और उनके सामने भाषण देने के लिए मना लिया। धूप ढलने के बाद, शाम को उन्होंने बलुआ घाट आने का वायदा किया। लेकिन यह भी कहा कि वे अकेले नहीं आएँगे, उन्हें जनता के बीच बोलने का अभ्यास नहीं है। उन्होंने बाबा को कांग्रेस के और नेताओं से संपर्क करने की सलाह दी।

वहाँ से चटकती धूप में बाबा और उनके साथी पुरुषोत्तमदास टंडन के घर गए। वहाँ से कृष्ण कांत मालवीय और फिर मन्जूर अली के यहाँ। दिन-भर वे शहर में रौरियाते, अपनी व्यथा-कथा सुनाते रहे। उधर बलुआ घाट की निचाट धूप और बालू उड़ाती लू में किसान उनकी राह देखते रहे।

शाम को बाबा घाट पर लौटे तो वहाँ बाँस गाड़कर बिजली के तार लगाए जा रहे थे। थोड़ी देर पहले गौरी शंकर मिश्रा यू. पी. किसान सभा के कुछ कार्यकर्ताओं के साथ आए थे और सभा की जगह रोशनी करने का इन्तजाम कर गए थे। थोड़ी ही देर में जगह-जगह तारों से लट्टू लटका दिए गए जो बटन दबाते ही जल उठे। दिन-भर की निराशा से बुझे किसानों के चेहरों पर भी चमक आ गई। जैसे-जैसे अँधेरा बढ़ता गया, रोशनी तेज होती गई। और उसी के साथ एक-एक कर नेता लोग भी वहाँ पहुँचने लगे।

बिजली की रहस्यमय रोशनी। नदी का अपरिचित किनारा। मोटरों और बग्घियों से उतरे साफ-सुथरे कपड़ों में पढ़े-लिखे शहरी लोग। किसानों का दुःख-दर्द सुनने को तैयार। किसान अभिभूत थे। उन्हें लग रहा था, उनकी सारी विपदाओं का अन्त निकट है। वे अब चूके तो कभी नहीं उबरेंगे। उन्होंने नेताओं के पैर पकड़ लिए। वे उनको साथ लेकर जाएँगे। उन्हें अपनी हालत दिखाएँगे। उनका दिल जरूर पिघलेगा। वे उनके लिए जरूर कुछ करेंगे। वे उनको बिना साथ लिए वापस गए तो तालुकेदार उन्हें जीने नहीं देंगे। उन्हें कामता सिंह की धमकी याद आ रही थी। वे गिड़गिड़ा रहे थे, मिन्नतें कर रहे थे, रो रहे थे। नेता लोग भौंचक। उन्होंने इस स्थिति की कल्पना भी नहीं

की थी। वे तो भाषण झाड़ने आए थे। उनकी निगाह नवम्बर में होनेवाले प्रान्तीय कौंसिल के चुनावों पर थी। अब वे मन-ही-मन बाबा रामचन्द्र को कोस रहे थे। उन्हें लग रहा था, बाबा ने किसानों को भड़का तो दिया लेकिन आगे कुछ करते न बना तो उन्हें यहाँ लाकर हमारे गले मढ़ रहे हैं। उनका सोचा उलटा होता लग रहा था। वे तो समझे थे कि बिना किसी मशक्कत के, लगे हाथ देहात में कांग्रेस की जमीन तैयार करने का मौका मिल जाएगा। पर यहाँ तो लेने के देने पड़ रहे थे। वे ज्यादातर वकील थे और तालुकेदार ही उनके खास मुवक्किल थे। देशी जमींदारों-तालुकेदारों को नाराज करने का फिलहाल कांग्रेस का कोई इरादा नहीं था।

बाबा ने मन-ही-मन नेताओं की दुविधा भाँप ली। उन्होंने किसानों को शान्त होने का इशारा किया और एक ठोस सुझाव रखा कि अवध के किसानों की दयनीय हालत की जाँच करने और उनकी तकलीफें दूर करने के लिए कांग्रेस एक आयोग बनाए। लेकिन कांग्रेसी नेता इस पचड़े में नहीं पड़ना चाहते थे। उन्होंने यह कहकर टाल दिया कि इसका निर्णय तो कांग्रेस कमेटी ही कर सकती है, उन्हें इसका अधिकार नहीं है।

फिर उनकी भाषणबाजी शुरू हुई। बाबा से मुलाकात के बाद वे अन्दर-अन्दर जो जुगाली करते रहे थे उसे उगलने लगे। गुलामी और संघर्ष और अहसयोग और अहिंसा और राष्ट्र और स्वराज और ऐसे ही तमाम भारी-भरकम शब्द। किसानों के लिए इनका कोई अर्थ नहीं था। इनसे तालुकेदारों की मनमानी और उनकी तकलीफों का कोई नक्शा नहीं उभरता था। जो भाषण देने के लिए वे तैयार होकर आए थे उसमें अभी-अभी किसानों के मुँह से सुनी बातें वे नहीं जोड़ पाए। उनका कोई समाधान उनके पास नहीं था।

किसान सिर्फ भाषण सुनकर लौटने के लिए राजी नहीं थे। उन्हें अच्छी तरह मालूम था कि यदि वे खाली हाथ वापस गए तो तालुकेदारों के आदमी उन्हें नहीं छोड़ेंगे। अब तक वहाँ की सारी रियासतों में यह बात फैल चुकी होगी और सभी तालुकेदार एकजुट होकर उन्हें सबक सिखाने की राह देख रहे होंगे। किसानों ने नेहरू को घेरा। वे उनसे साथ चलने के लिए मिन्नतें करने लगे। नेहरू अपनी मुश्किलें बयान करते रहे पर उन्होंने एक न सुनी। आखिर नेहरू को दो-तीन दिन बाद आने का वायदा करना पड़ा।

लौटते समय किसानों के भीतर डर तो समाया था लेकिन वे ऊपर से विजय का भाव ओढ़े हुए थे। उन्हें गाँधी जी से न मिल पाने का मलाल तो था लेकिन नेहरू के वायदे से एक अनिश्चित-सी आशा भी बँधी थी जिसके सहारे वे आगे की मुसीबतों का सामना करने की हिम्मत बना रहे थे।

तेईस

पट्टी में नाले के पुल के पास लोग नेहरू का इंतजार कर रहे थे। लोगों की आँखें सड़क पर लगी थीं। धूप तेज होती जा रही थी। कुछ किसान नाले के आस-पास घास छील रहे थे। बगल में मवेशियों का एक झुंड चर रहा था। चारों ओर पसरी शान्ति के भीतर अजीब-सी उद्विग्नता थी। प्रतापगढ़ की ओर से कोई भी सवारी आती तो लोग पुल की ओर लपक पड़ते।

कल शाम गौरी शंकर का सन्देश आया था कि जवाहर लाल सबेरे इलाहाबाद से पट्टी के लिये रवाना होंगे। दिन निकलते ही लोग पट्टी में जमा होने लगे थे। घड़ी दिन चढ़े बाबा रामचन्द्र के साथ रूरे का जत्था भी आ गया। अगल-बगल के गाँवों से एक-एक कर लोग आते गए और भीड़ बढ़ती गई। जैसे-जैसे दिन चढ़ रहा था, लोगों की बेसब्री बढ़ती जा रहा थी।

सूरज ऊपर चढ़ आया तो कुछ लोग दाना-पानी करने बाजार के कुएँ पर चले गए। बाकी पेड़ों की छाँव देखकर बैठ गए और गप-शप करने लगे। तभी एक काली मोटर तेजी से आई और पुल के पास पहुँचकर धीमी हुई। उस पर कांग्रेस का तिरंगा, चरखेवाला झंडा लहरा रहा था। लोगों में अफरा-तफरी मच गई। वे उठकर दौड़े और कार के रुकते-रुकते उसे चारों तरफ से घेर लिया। कार का दरवाजा खुला तो लोगों ने देखा—एक गोरा-चिट्टा, दुबला-पतला नौजवान शेरवानी पहने और टोपी लगाये बाहर निकला। लोग उसके गिर्द सिमट आए।

"इहै हैं···इहै हैं भइया···जवाहिर लाल।" सुचित एक किनारे खड़ा, अभिभूत-सा होता अनायास बोल पड़ा।

"इतना गोर···इतौ कौनो अँगरेज लागत हैं।"

"नाहीं भइया, इहै हैं। बलुआ घाट पे इहै त आवा रहेन।···पहाड़ी हैं न।"

"एतना सुकुवार···देखो मुँहना कइसे लाल होइ गवा है। ई कैसे गाँव माँ जइहैं?"

एक बबूल के पेड़ की सिमटी छाया में जवाहर लाल खड़े थे। उनकी बगल में पुरुषोत्तमदास टंडन, गौरी शंकर मिश्रा और कृष्णकान्त मालवीय। वे किसानों से औपचारिक बातें करने की कोशिश कर रहे थे। पीछेवालों को सुनाई नहीं पड़ रहा था। घास छीलने निकला एक किसान अपना झौवा (अरहर के डंठल से बना टोकरा) लिये सामने खड़ा था। किसी ने उससे झौवा लेकर उल्टा रख दिया। जवाहर लाल उसी पर खड़े हो गए। थोड़ी ऊँचाई पर होने से अब वे अधिकांश किसानों को देख सकते थे जो उनका एक-एक शब्द सुनने को आतुर थे। उनमें आत्मविश्वास जागा और वे सन्तुलित होकर बोलने लगे :

"हम आपकी बातें सुनने, आपकी तकलीफें देखने आए हैं।···मुल्क की अवाम,

मुल्क के किसान-मजदूर अब जाग गए हैं।…तालुकेदार-जमींदार अंग्रेजों के पिट्ठू हैं। उनकी ज्यादती अब ज्यादा दिन नहीं चलेगी।…कांग्रेस ने स्वराज की माँग की है। हम मुल्क में जम्हूरियत लाने के लिये लड़ रहे हैं। फिलहाल तो वह एक ख्वाब है। अभी तो आपको जागीरदाराना समाज की बुराइयों से लड़ना है।…अवध के तालुकेदारों के गरूर और उनकी बेइंसाफी के बारे में हमने सुना है। रिआया के साथ उनकी बदसलूकी की बाबत हमें बहुत-सी बातें बताई गई हैं। हम तफसील में दरियाफ्त करेंगे। हम और हमारे साथी आपके गाँवों में जाएँगे। आपके साथ रहकर देखेंगे। हम इसी मकसद से आए हैं।…"

किसानों के पल्ले ज्यादा कुछ नहीं पड़ा। लेकिन वे जैसे एक-एक शब्द पी रहे थे। उन्हें महज इतना अहसास था कि कुछ हो रहा है जो उनकी किस्मत बदल देगा। वे इतने से ही मुतमईन थे कि इतने बड़े-बड़े लोगों का ध्यान उनकी ओर गया है और वे कुछ कर रहे हैं। दुःख से निजात दिलाने के लिए कुछ किया जा रहा है, इतने भर से कितनी राहत मिल जाती है!

भाषण खत्म हुआ तो नेताओं को बताशा खिलाकर पानी पिलाया गया और काफिला रूरे की ओर चल पड़ा। आगे-आगे मोटर और उसके पीछे जनसमूह। थोड़ी दूर कच्ची सड़क से चलने के बाद बाईं ओर, खेतों के बीच से जानेवाले रास्ते पर मुड़ना था। लोगों ने मेंड़ों को काटकर और बरहों को पाटकर मोटर के लिए रास्ता बनाया था। लेकिन बीच-बीच में वह फँस जाती थी। लोग ठेलकर आगे बढ़ाते थे। कई बार जब ठेलने से काम नहीं चला, लोगों ने अगल-बगल से उसे पकड़कर उठा लिया।

चारों ओर दूर-दूर तक सीताराम की आवाज गूँज रही थी। चिलकती धूप में अनगिनत बच्चे, बूढ़े, जवान, औरत-मर्द फसल कटने से खाली पड़े खेतों से होकर दौड़े जा रहे थे। नेहरू ने देखा—चिथड़ों में लिपटे, नंगे-भूखे लोगों की आँखों में एक अनोखी चमक थी। और वे अन्दर-अन्दर सिहर उठे। यह कैसी दुनिया है! कैसा हिन्दुस्तान! हम शहरों में जो राजनीति करते हैं, इसके सामने कितनी ओछी है! कांग्रेस और उसके लीडर असलियत से कितनी दूर हैं!…हम क्या कर पाएँगे इनके लिये? आखिर में ये कितने निराश होंगे!

जवाहर लाल के कपड़े पसीने से तर थे। चेहरा धूल से भर गया था। ऊपर धूप चटक रही थी। भीड़ से घिरे होने के कारण हवा का एक कतरा तक नहीं आता था। यात्रा की थकान और मोटर के हिचकोलों से वे बेहाल थे। सहसा उन्हें मसूरी की याद आई। कहाँ थे और कैसे भँवर में आ पड़े! हम इनका एतबार, इनकी उम्मीदें, इनका भरोसा कैसे निभाएँगे! जैसी जिन्दगी जीने के हम आदी हैं, वह इनकी हालत देखते हुए कितनी शर्मनाक है! आखिर यह सोचकर उन्होंने सन्तोष किया कि यह तजुर्बा उनकी सियासी जिन्दगी में आगे चलकर काम आएगा।

इलाहाबाद से थर्मस में लाई गई चाय, बिस्कुट, डबलरोटी और फल सब दोपहर

तक साफ हो गए। अब वे खाने-पीने और लेटने-सोने के लिए किसानों द्वारा दी गई सुविधाओं पर ही निर्भर थे। तपती दोपहरी में रूरे आश्रम के मड़हे के भीतर चारपाई पर पड़े-पड़े जवाहर लाल इस अभियान की भयावहता और हालत की अनिश्चितता की सोच में डूबे थे। उनकी गतिविधियों पर नजर रखने के लिए लखनऊ से आया डिप्टी कलेक्टर पीपल के पेड़ के नीचे सूट-बूट डाटे कुर्सी पर बैठा, सी. आई. डी. के लोगों से घिरा, अपने भाग्य को कोस रहा था ।

शाम को कोस-भर दूर भोपालपुर में सभा थी। मेंड़-डाँड़ और ताल-तिराई के कारण मोटर ले जाने की कोई सूरत नहीं थी। कुछ दूर तो जवाहर लाल पैदल चले। लेकिन पतले-पतले मेंड़ों से उनके पैर फिसल रहे थे। खेतों में फसल की खूँटियाँ थीं और दिन-भर धूप में तपने से जलती मिट्टी जो उनके जूतों में घुसी जा रही थी। झिंगुरी सिंह कुछ देर से उनकी हालत देख रहे थे। उन्होंने एक आदमी को दौड़ाकर मोटी चादर मँगवाई। चार लोगों ने उसके चारों कोनों को पकड़ लिया। इसके पहले कि जवाहर लाल को कुछ समझ में आये, दो आदमियों ने उन्हें उठाया और उसी में लिटा दिया। लोग उन्हें लेकर तेजी से आगे बढ़े तो उनकी आँखें झँप गईं।

सभा खत्म होते-होते रात हो गई। भोपालपुर में ही नेताओं के रुकने की व्यवस्था की गई थी। एक किसान के ओसारे में खाना बन रहा था। नेहरू और टंडन चारपाइयों पर बैठे थे और किसानों से घिरे एक-एक की फरियाद सुन रहे थे। सबका वही दुःख—बेदखली और नजराना। तालुकेदार लगान बढ़ा नहीं सकते, इसलिए बेदखली को धन्धा बना लिए हैं। और उसके लिए सबसे आसान तरीका है लगान की रसीद न देना। किसान उज्र करे तो मारना-पीटना, मुर्गा बनाना, पिंजरे में बन्द कर धूप में डाल देना। गाय-बैल छोड़ ले जाना।...असहाय किसान करे तो क्या करे? जवाहर लाल रह-रह कर गुस्से में भड़क उठते थे। तुम लोग यह सब कैसे बरदाश्त करते हो? मिलकर मुखालफत क्यों नहीं करते? कोई कानून-कायदा नहीं रह गया है!

खाना बनते-बनाते पहर-भर रात बीत गई। नेताओं के बैठने के लिए टाट की पट्टी बिछाई गई और सामने पीतल की थालियों में खाना परसा गया। दाल-भात-रोटी और कटहल की तरकारी, सब एक ही थाली में। जवाहर लाल को लोटे से पानी पीने में दिक्कत हो रही थी तो जैसे-तैसे खोजकर पीतल का एक टूटा गिलास निकाला गया। किसी तरह उन्होंने उसी से काम चलाया। अपने अभाव और असमर्थता पर संकोच में गड़े किसानों ने आश्चर्य से देखा कि लोगों ने बिना मीन-मेख निकाले प्रेम से भोजन किया। वे आपस में फुसफुसाये—क्या शहराती लोगों के पेट नहीं होता! बेचारे दिन-भर के भूखे भी तो थे।

खाना-पीना होने के बाद एक कुएँ की जगत के पास नीम-जामुन के पेड़ों के नीचे सबकी चारपाइयाँ बिछाई गईं। उजाली रात थी और पेड़ों के झुरमुट से चाँदनी झर रही थी। दिन-भर की लू के बाद हवा में हल्की ठंड उतर आई थी। जवाहर लाल के बगल

बाबा की चारपाई थी। बाबा उन्हें किसानों के बारे में ज्यादा से ज्यादा बातें बता देने के लिए उत्सुक थे। दिन-भर की थकान से निंदियाये जवाहर लाल हाँ-हूँ करते जा रहे थे।

"किसानों को तीन चीजों की सहूलियत हो जाय, बाकी वो कुछ नहीं चाहते। पेट का खाना, तन ढकने को कपड़ा और वाजिब मालगुजारी अदा करने की सुविधा। इससे ज्यादा की उनकी कोई आकांक्षा नहीं है। जनम-मरण और शादी-विवाह में कर्ज लेकर जो फिजूलखर्ची वो करते थे उसमें मेरे प्रचार से अब काफी कमी आ गई है। लेकिन तालुकेदारों के सामने मेरी नहीं चली। लोगों में एका है, संगठन है, वे एक आवाज पर खड़े हो सकते हैं। लेकिन तालुकेदारों की मनमानी के खिलाफ कैसे लड़ें ! हुकूमत उनके साथ है। वकील-बैरिस्टर उनके, थाना-पुलिस उनकी।⋯कांग्रेस की मदद के बिना कुछ होनेवाला नहीं है।⋯आप सिफारिश कीजिए कि कांग्रेस एक जाँच कमेटी बिठाये जो अवध में किसानों की हालत की जाँच करे और उन्हें जमींदारों के चंगुल से छुड़ाने और उनकी हालत सुधारने के लिए सुझाव दे। उसकी रपट छपेगी तभी प्रान्तीय सरकार का ध्यान इधर जाएगा।⋯आप क्या सोचते हैं ?"

कोई जवाब नहीं आया तो बाबा ने सिर उठाकर देखा। नेहरू सो गए थे। पेड़ की छाया के बीच चाँदनी के कुछ चकत्ते चेहरे पर हिल रहे थे। बाबा के भीतर सहसा करुणा उमड़ आई। सुखों में पला शहर का यह सुकुमार नौजवान, और इस बीहड़ मौसम में गाँव की दौड़-धूप। पता नहीं इसे यहाँ घसीटकर मैंने ठीक किया या नहीं। बैरिस्टर का इकलौता, दुलारा बेटा, सम्पन्न माँ-बाप की आँखों का तारा। अगर इसे कुछ हो गया तो मुझे ही दोष दिया जाएगा। बाबा की आँखें जवाहर लाल के चेहरे पर टिकी थीं और विचार दूर-दूर तक दौड़ रहे थे। काफी देर बाद उन्हें नींद आई।

एक साथ कई लोगों के पैरों की धप-धप सुनकर बाबा की आँख खुली। कुएँ की जगत पर कुछ लोग जमा थे। चाँद की रोशनी में उन्होंने देखा—लोगों के चेहरे घबड़ाहट और उत्तेजना से तने हुए थे। वे उठकर बैठ गए। उन्हें उठा देख एक आदमी दौड़कर उनके पास आया। तब तक नेहरू भी आँख मलते उठ बैठे थे।

"सत्यानाश हो गया बाबा।⋯जिसका डर था वही हुआ।"

"कहाँ, क्या हुआ ?"

"बीरापुर में। हम वहीं से आ रहे हैं। सारी बस्ती जलकर खाक हो गई। हम इधर सभा में आए थे, उधर जिलेदार के आदमियों ने आग लगा दी। औरतें-बच्चे जल्दी-जल्दी में जो निकाल पाए, निकालकर भागे। बाकी सब स्वाहा हो गया।"

"क्यों⋯उन्होंने ऐसा क्यों किया ?" जवाहर लाल एकाएक उत्तेजित हो गए।

वह आदमी कुछ देर तक उनकी ओर अबूझ निगाहों से देखता रहा, फिर बाबा की ओर मुखातिब हुआ—"आप तो जानते हैं, उस दिन जिलेदार ने धमकी दी थी। तभी से वह कुछ उत्पात करने की फिराक में था। ताड़ रहा था कि हमारे इलाहाबाद जाने का क्या असर होता है। आज नेता लोग आए तो समझ लिया कि वे सिर्फ

भाषण देंगे। हम लोग इधर सभा में आए उधर उन्हें मौका मिल गया। लौटकर गए तब तक सब साफ हो गया था। औरतें-बच्चे भागकर गन्ने के खेतों में छिपे थे।""हम फरियाद लेकर कोट तक गए। रात ज्यादा हो गई थी। ठकुराइन बाहर नहीं आईं। राय साहब निकले। कामता सिंह भी साथ में थे। बोले—और चक्कर लगाओ इलाहाबाद का। बुलाओ अपने नेता-नूतियों को, जिनके बल पर कूद रहे थे।""इसके बाद शंका की कोई गुंजाइश रहती है? आप ही बताइए।"

तब तक अधिकांश लोग जग गए थे। सभी किंकर्तव्यविमूढ़। नेहरू जरूर उबल रहे थे। वे तुरन्त वहाँ जाना चाहते थे। आपस में सलाह-मशविरा हुआ। बाबा ने कहा—इस वक्त चलना खतरे से खाली नहीं होगा। अँधेरे में कहीं से भी हमला हो सकता है। साथ चलने के लिए भी कुछ लोग चाहिए। सुबह ही हो पायेगा।

बीरापुर से आए लोग बेहद डरे हुए थे। जिलेदार को पता लग गया कि वे यहाँ फरियाद लेकर आए थे तो उनकी खैर नहीं। वे रातों-रात वापस लौट गए।

इसके बाद किसी को नींद कहाँ आती है। करवट बदलते जैसे-तैसे रात कटी। मुँह-अँधेरे ही उठकर लोग तैयार होने लगे। बीरापुर वहाँ से दो कोस का रास्ता था। नेहरू कुछ दूर पैदल चले, कुछ दूर उन्हें लादकर ले जाया गया। अन्य नेताओं की भी हालत खराब थी। जूतों के काटने से उनके पैरों में छाले पड़ गए थे। कुछ दूर वे जूते निकाल कर चले। फिर उन्हें भी लादना पड़ा।

बीरापुर कोट के पूरब गाँव का बाजार था। उसी से लगी हुई अहीरों, कुर्मियों और चमारों की बस्ती। आगे बिछौर गाँव का बाग था जिसमें कबीरपंथी महन्त अपने लाव-लश्कर के साथ रहते थे। रानी ने कई साल पहले बाबा जानकी दास से दीक्षा ली थी और उसी समय बाग और उससे लगी दस बीघे की आराजी उनके नाम लिख दी थी। रानी तब जवान थीं। साधू के डेरे पर उनका बराबर आना-जाना रहता था। राय जगमोहन सिंह आधे पागल थे और अक्सर बीमार रहते थे। जगत पाल सिंह पैदा हुए तो बिरादरी-भर में अफवाह फैल गई कि वे राय साहब के असल नहीं हैं। थोड़े दिन रानी का आना-जाना बन्द रहा। लेकिन बिना बाबा से मिले उन्हें चैन नहीं पड़ता था। रियासत का सारा काम वही सँभालती थीं। कहने को रियासत का एक सरबराहकार था लेकिन भरोसा रानी को बाबा पर ही था। रियासत में बाबा के असर के चलते आस-पास की रिआया पर भी उनका बड़ा दबदबा था। वे जात-पाँत, ऊँच-नीच का भेद नहीं मानते थे। उनसे सम्पर्क के कारण रिआया का भी हौसला बढ़ गया था।

अब रानी की उम्र हो गई थी और बाबा तो एकदम वृद्ध ही हो चले थे। जब से जगतपाल सिंह ने तालुका सँभाला था, बाबा का असर कम हो गया था और उसी के साथ रिआया पर दबाव बढ़ रहा था। लेकिन एक बार मन बढ़ जाय तो उसका दबना मुश्किल होता है। किसानों में सुगबुगाहट तो पहले से ही थी, जब से किसान सभा का आन्दोलन चला था, उनकी हिम्मत और बढ़ गई थी। राय साहब बहुत दिनों से खार

खाए बैठे थे, उन्हें यह बात खटक रही थी कि कोट की नींव से लगे हुए कुर्मी-किसान ही उनकी तौहीन करने पर उतर आए हैं। पर रानी की वजह से वह कुछ कर नहीं पा रहे थे। जब उसी गाँव से एक बड़ा जत्था इलाहाबाद की यात्रा में शामिल होने गया, उनका धैर्य जवाब दे गया। उन्होंने कामता सिंह को बुलाया और डरा-धमकाकर किसानों को रोकने के लिए भेजा। उन्होंने लौटकर जो कुछ बताया उससे उनके बदन में आग लग गई। वे अब तक किसी तरह अपने को जज्ब किए हुए थे। पर कामता सिंह बराबर उकसा रहे थे। उन्हें भी अपने अपमान का बदला लेना था। दिन ढले जब लोग नेहरू की सभा में जाने के लिए निकले तभी से खिचड़ी पक रही थी। आखिर कामता सिंह को उन्हें सबक सिखाने की अनुमति मिल गई।

आठ बजे नेताओं का दल बीरापुर पहुँचा। पूरा गाँव वीरान था। जले हुए छप्परों के बीच अधजले बाँस और लकड़ियों के ठूँठ इधर-उधर बिखरे थे। कहीं-कहीं से जलते हुए अनाज की महक आ रही थी। बीच-बीच में जलने से करियाये और गरम होकर टेढ़े पड़े लोटे, थालियाँ और बटलोइयाँ राख के बीच से झाँक रही थीं। आग लगाने से पहले जानवरों को छोड़ दिया गया था। फिर भी कुछ उसकी चपेट में आ गए थे। किसी की पीठ जली थी तो किसी का पैर। पास में खड़े पेड़ों की निचली डालें झुलस गई थीं। उनके पार दूर से कोट की इमारत झलकती थी। कुछ दूर पर खाई से घिरे गन्ने के खेत थे जिनमें खड़ी फसल लहलहा रही थी।

लोग बस्ती से भागकर जानकीदास साधू के बाग में शरण लिये थे। नेता लोग वहाँ पहुँचे तो साधू के चेले उन्हें महुआ-मटर का खरमिटाव बाँट रहे थे। भूख से बिलबिलाते बच्चों को महुए की लपसी और पानी मिला दूध दिया जा रहा था। नेताओं को देखते ही औरतें धाड़ मारकर रोने लगीं। जवाहर लाल सबसे आगे थे, कुछ ने उनके पैर पकड़ लिये। वे घबराहट में इधर-उधर देखने लगे। बाबा रामचन्द्र ने आगे बढ़कर औरतों को समझाया-बुझाया। बड़ी मुश्किल से वे अलग हुईं। बाबा जानकीदास अपनी कुटिया से निकलकर आए।

"इनके लिए कुछ करो बेटा।...कोट से कोई नहीं आया।...मैं कब से राह देख रहा हूँ। रानी साहिबा को खबर भिजवाई थी। वही एक दयालु हैं। मगर अब पहले वाली बात नहीं रही। उनका वश चलता तो अपनी परजा पर ऐसा जुल्म न होने देतीं।...वक्त-वक्त की बात है।"

नेहरू ने उनसे मुल्जिमों के बारे में पूछा तो वे इधर-उधर की बातें करने लगे। फिर आसमान की ओर हाथ उठा दिया।

बड़ी मशक्कत से नेताओं ने पूछताछ कर नुकसान का अनुमान लगाया। बाग में ही बैठकर रपट तैयार की। नेहरू ने डिप्टी कमिश्नर को खत लिखा और गुजारिश की कि वे मामले की जाँचकर मुल्जिमों को दंड दिलाएँ और किसानों के नुकसान की भरपाई करें। पर बखूबी जानते हुए भी किसी मुल्जिम का नाम नहीं लिया गया। खत के साथ

रपट लगाकर दो आदमियों को प्रतापगढ़ के लिए रवाना कर दिया गया। शाम ढले नेता लोग बेघरबार किसानों को रोते-कलपते उनके करम पर छोड़ रूरे के लिए चल दिए। दूसरे दिन अमरगढ़ रियासत में नेहरू की सभा थी और बीचवाले गाँवों के किसान सुबह से ही मोटर के लिए रास्ता बनाने में लगे थे।

चौबीस

आज बाबा की तबीयत ढीली लग रही है। सुबह उठे तो सिर भारी था। नहाकर आए और पूजा पर बैठे तो देह टूटने लगी। जल्दी-जल्दी पूजा खत्म कर चारपाई पर आकर लेट गए। इधर दौड़-धूप बहुत रही। सत्ताईस जून को राधाकान्त मालवीय की चुनाव सभा में जौनपुर गए थे। छह-सात सौ किसानों के साथ। गोमती के किनारे गूलर घाट पर सभा थी। दिन-भर कहीं खाने-पीने का सुभीता नहीं बैठा। सभा में नेताओं ने खूब लच्छेदार भाषण दिए और किसानों की दशा पर घड़ियाली आँसू बहाए। लेकिन कोई ठोस बात सामने नहीं आई। लौटते समय बाबा बहुत निराश थे।····वहीं रास्ते में लू लग गई होगी। तभी से देह खजमजाई है।

नेहरू का दौरा शुरू होने के बाद से धिराजी जग्गी के साथ रूरे में ही रुकी हुई है। बाबा की देख-भाल के लिये। वह बाबा से खाने के लिए पूछने आई तो देखा कि वे आँखें मूँदे चारपाई पर पड़े हैं। माथा छुआ तो जल रहा था। जल्दी से उसने कच्चे आम भूनकर पना बनाया। उसे पिलाकर लेप करने के लिए चन्दन घिसने लगी।

पट्टी में कल किसानों का जमावड़ा है। वे तहसील के सामने इकट्ठे होकर तहसीलदार को अर्जी देंगे कि उनका लगान डाकखाने में जमा कराने की व्यवस्था की जाए क्योंकि तालुकेदार के मुलाजिम रसीद देने में आनाकानी करते हैं। तहसील और जिले के हाकिम परेशान हैं। वे तालुकेदारों को समझाने में लगे हैं और चाहते हैं कि किसानों और तालुकेदारों के बीच कोई समझौता हो जाए। पर तालुकेदार स्थानीय किसान सभा के लोगों से बात करने को तैयार नहीं। वे इसमें अपनी तौहीन समझते हैं। हाकिमों ने इलाहाबाद से यू. पी. किसान सभा के कार्यकर्ताओं को प्रतापगढ़ बुलाया है। खास-खास तालुकेदार भी जाएँगे। स्थानीय किसान सभा के लोगों ने अलग से पट्टी में किसानों को जमा करने का निश्चय किया है। बाबा को दुःख है कि कल वे पट्टी नहीं जा पाएँगे। सारा दारोमदार झिंगुरी सिंह पर रहेगा। किसानों में इतनी उत्तेजना है कि उन्हें सँभालना मुश्किल होगा। बाबा इसको लेकर चिंतित हैं।

तहसील के सामने, डाक बँगले के **अहाते** में, सुबह से ही किसानों के जत्थे आने लगे थे। दोपहर होते-होते बीस-पच्चीस हजार किसान जमा हो गए। **अहाते** में तिल रखने की जगह नहीं रही। कड़क धूप और हहराती लू के बावजूद लोग आते ही जा रहे थे। देखते-देखते **अहाते** के पीछे के खेत भी किसानों से भर गए। चारों ओर भनभन हो रही थी। झिंगुरी सिंह का दिल धड़क रहा था। सहदेव सिंह को साथ लिये वे इधर से उधर घूम रहे थे।

प्रतापगढ़ से डिप्टी कलेक्टर की गाड़ी आई तो किसान उधर दौड़ पड़े। जैसे ही गाड़ी तहसील के फाटक में घुसी, किसानों ने उसे चारों ओर से घेर लिया। डिप्टी कलेक्टर ज्वाला प्रसाद के होश गुम। इतनी बड़ी भीड़ से बात कैसे की जाए। पुलिस का बन्दोबस्त नाकाफी। उसकी निगाहें किसान नेताओं को ढूँढ़ रही थीं। वह बाबा को पहचानता था। पर वे भीड़ में कहीं दिख नहीं रहे थे। थानेदार ने उसके कान में कुछ कहा। इसके बाद झिंगुरी सिंह को बुलाया गया। ज्वाला प्रसाद ने बड़े तपाक से उनसे हाथ मिलाया।

"हम किसानों की हालत समझते हैं।...प्रतापगढ़ में सदर साहब ने आज तालुकेदारों की मीटिंग बुलाई है। उनसे साफ कह दिया जाएगा कि वे अगर अपना रवैया नहीं बदलते तो जिले की हुकूमत उनका साथ नहीं देगी।...आप भीड़ को समझाइए। सदर की मीटिंग हो जाने दीजिए। अगर तालुकेदार न माने तो सदर साहब खुद जाँच करेंगे और ऊपर रपट भेजेंगे।"

"किसानों में बड़ी खलबली है। वे हमारी बात नहीं सुनेंगे।"

"आप बात करके तो देखिए।"

"तालुकेदारों पर किसानों का भरोसा नहीं है। उनके जिलेदार लगान की रसीदें नहीं देते। वे और तालुकेदार मिलकर रुपया हड़प जाते हैं और किसानों को बेदखली का नोटिस थमा देते हैं। वे डाकखाने में लगान जमा करना चाहते हैं तो इसमें हुकूमत को क्या एतराज है?"

"आप जानते हैं, बिना जाँच-पड़ताल के सरकार कोई कदम नहीं उठा सकती।"

"तो आप खुद उनके सामने जाँच का वायदा कीजिए।"

"ठीक है। लेकिन पहले आप उन्हें सुनने के लिए तैयार तो कीजिए।"

झिंगुरी सिंह तहसील की चहारदीवारी पर खड़े हो गए। हाथ हिलाकर उन्होंने किसानों को शान्त किया।

"किसान भाइयो, आपकी बात सुनने के लिए सदर हाकिम ने डिप्टी साहब को भेजा है। हमने उनसे बात की। डाकखाने में लगान जमा करना आपका हक है। लेकिन इसके लिए हुकूमत को जाँच-पड़ताल करनी होगी, ऊपर लिखना होगा। आज बाबा यहाँ नहीं हैं। हमें कोई भी निर्णय लेने के पहले पूरी बात समझ लेनी चाहिए। आप डिप्टी साहब की बात सुन लीजिए। फिर आप जैसा कहेंगे, वैसा ही होगा।"

झिंगुरी सिंह ने बात खत्म की तो कुछ देर हो-हल्ला होता रहा। उन्होंने हाथ जोड़कर लोगों से शान्त होने की गुजारिश की।

डिप्टी कलेक्टर बोलने के लिए गाड़ी के बोनट पर खड़ा हुआ।

"आपको तालुकेदारों पर बहुत गुस्सा है। हम आपकी नाराजगी समझते हैं। हुकूमत पूरी कोशिश कर रही है कि कोई हल निकल आए। इसीलिए सदर साहब ने आज प्रतापगढ़ में तालुकेदारों की मीटिंग बुलाई है। सरकार आपकी तकलीफों की जाँच करने को तैयार है। आपकी सारी शिकायतों पर गौर किया जाएगा। आप धीरज रखें और कानून अपने हाथ में न लें।...इतनी धूप और गरमी में यहाँ खड़े होकर आप अपनी तबीयत खराब न करें। हुकूमत आपकी हालत सुधारने में कोई कसर नहीं उठा रखेगी। यह हमारा वायदा है।...आप बेफिक्र होकर अपने-अपने घर जाइए।"

झिंगुरी सिंह ने फिर से दीवार पर खड़े होकर किसानों की राय माँगी। कुछ देर अनिश्चितता में शोर-शराबा होता रहा। फिर मजमा टूटने लगा। किसानों की भीड़ आस-पास के कुओं पर सिमट आई और लोटा-डोरी निकालकर पानी पीने लगी। ज्वाला प्रसाद की मोटर प्रतापगढ़ के लिए रवाना हुई तो वह खुशी से फूला नहीं समा रहा था। आज उसकी होशियारी काम कर गई थी।

उधर प्रतापगढ़ में खस की भीगी टट्टियों से ढकी खिड़कियों-दरवाजों और रस्सी से चलते पंखोंवाले हादी हाल में डिप्टी कमिश्नर की मीटिंग चल रही थी। जिले के छोटे-बड़े कुल दो सौ अस्सी तालुकेदारों में से अधिकांश वहाँ मौजूद थे। यू. पी. किसान सभा के गौरी शंकर मिश्रा और रामरख सहगल इलाहाबाद से आए थे। रिआया पर क्रूर तानाशाही चलानेवाले तालुकेदार आज भीगी बिल्ली बने बैठे थे और डिप्टी कमिश्नर की हाँ में हाँ मिलाते जा रहे थे। बाबा की चौदह-सूत्री किसान-प्रतिज्ञा वाला जो परचा इलाहाबाद से छपा था वही गौरी शंकर के सामने था। तालुकेदार एक-एक बात पर आश्वासन दे रहे थे। लेकिन उपली, पाती, भूसा देने वाली बात पर वे अड़ गए। यह तो सनातन से चला आया है। रिआया ने कभी इसके लिए दाम नहीं माँगा। आखिर सदर के बीच-बचाव से समझौता हुआ। प्रथा के अनुसार जितनी मात्रा में उपली, पाती, भूसा किसान देते रहे हैं, उतनी मुफ्त देंगे। अगर ज्यादा माँग होगी तभी दाम लेंगे। वह भी बाजार भाव से कम। नेताओं के लचीले रुख से तालुकेदारों को बढ़ावा मिला। उन्हें लगा कि अभी तो महज आश्वासन देने से छुटकारा मिल सकता है, आगे देखा जाएगा। जिस तरह वी. एन. मेहता किसानों के मामले में दिलचस्पी ले रहे थे उससे उन्हें यह भी भान हो गया कि जिले से उनका तबादला कराए बिना तालुकेदारों का भला नहीं होगा।

झिंगुरी सिंह और सहदेव सिंह गाँव के अन्य किसानों के साथ पट्टी से वापस आए तो शाम हो रही थी। बाबा बुखार में पड़े उनकी राह देख रहे थे। मड़हे के बाहर से कई लोगों की बतकही की आवाज आई तो वे उठकर बैठ गए। देर तक झिंगुरी सिंह

से खोद-खोद कर आज का हाल पूछते रहे। थकावट लगने लगी तो लेट गए।

दूसरे दिन सुबह-सुबह झिंगुरी सिंह को पूछता एक आदमी आया। वे मैदान गए थे और लौटकर कुएँ पर हाथ मटिया रहे थे तभी वह दनदनाता हुआ वहाँ पहुँच गया।

"किस गाँव के हो भइया?"

"अमरगढ़ कोट से आ रहे हैं।"

"चलो, ओसारे में चारपाई पर बैठो। मैं अभी निपटकर आता हूँ।"

"नहीं, जरूरी सन्देशा है। हमें खड़े-खड़े जवाब लेकर जाना है।"

"तो कहो।"

"ठकुराइन ने कोट में बुलाया है। आज ही। कहा है, खाना वहाँ खाएँ तो हाथ यहाँ धोएँ।"

"ऐसी क्या बात आन पड़ी भइया?"

"यह तो नहीं मालूम। हमें जो बोला था सो कह दिया।"

झिंगुरी सिंह कुछ देर सोचते रहे।

"ठीक है, ठकुराइन का हुकुम है तो जरूर आएँगे।...तुम पानी-वानी पियो, मैं तैयार होता हूँ।"

"नहीं, मुझे तुरन्त खबर करनी है।...चलता हूँ।"

और वह जैसे आया था वैसे ही लाठी ठनकाता चल पड़ा।

झिंगुरी सिंह जल्दी से नहाये-धोये और बाबा के मड़हे में आकर उनसे सलाह की।

"जाना तो पड़ेगा। लेकिन सहदेव सिंह को साथ लेते जाओ। कोट के बाहर मिलना जहाँ चार-छह लोग और हों।...सावधानी रखना।" बाबा ने अन्दर की उद्विग्नता को दबाते हुए कहा। उनका बदन अब भी जल रहा था और देह की पीड़ा कम नहीं हुई थी।

ठीक दोपहरी में झिंगुरी सिंह और सहदेव सिंह अमरगढ़ कोट पहुँचे। आकाश में बादलों का नाम-निशान नहीं था। कोट की लिपी-पुती इमारत निचाट धूप में जल रही थी। सामने के पेड़-पौधे कुम्हला गए थे। घास सूख गई थी। चिड़ियाँ पेड़ों में दुबकी हुई थीं। मनमनाती दोपहरी में कोई जीव-जन्तु बाहर नहीं दिखता था। मृगशिरा तप रहा था और साँय-साँय करती लू के थपेड़े देह को झुलसा रहे थे।

ड्योढ़ी में पहुँचकर खबर की तो सरबराहकार नैनसुख लाल निकलकर आए और बड़े आदर से बैठके में ले गए। गद्देदार कुर्सी पर बिठाया। नाई बड़ा-सा झालरदार पंखा लेकर आया और दोनों हाथों से उठाकर झलने लगा। पीने के लिए खुशबूदार शरबत आया। सुस्थिर हुए तो नैनसुख लाल ने झिंगुरी सिंह से कहा—

"ठकुराइन साहिबा ने अन्दर बुलाया है। अकेले में बात करना चाहती हैं।"

"ऐसी क्या बात है दीवान जी?"

"यह तो वही जानें।"

"हम दोनों में कोई फरक नहीं है। और आपका भीतर-बाहर सब जाना हुआ है। यहीं बुला लीजिए।"

नैनसुख लाल कई बार अन्दर-बाहर गए। तब जाकर तय हुआ कि ठकुराइन आकर परदे के पीछे बैठेंगी। नैनसुख लाल और सहदेव सिंह बाहर खड़े रहेंगे।

झीने परदे के पीछे से सफेद तंजेब में ढकी ठकुराइन की अधेड़, गदराई देह और गोरा-चिकना चेहरा झलकता था। लेकिन मुद्रा की क्रूरता और फरेब छिप गए थे। उनके पति दीवान राजेन्द्र बहादुर सिंह को मरे उन्नीस साल होने को आए। तभी से वे तालुका सँभाल रही हैं। तालुकेदारी के दाँव-पेंच और रिआया को चूसने के हथकंडों ने उनके अन्दर की रही-सही कोमलता को मार दिया है। न पति का सुख न बच्चे का। तालुके के काम में ऐसा क्या है जो स्त्री को स्त्री रहने दे। खानदान के ही एक नाबालिग लड़के को गोद लिया है। लेकिन ममता का जो सोता सूख गया वह अब क्या हरा होगा।

झिंगुरी सिंह बैठे-बैठे सोच रहे थे, पट्टी के ज्यादातर बछगोती तालुकों में आजकल विधवाओं का राज क्यों है। सुनते हैं एक साधू ने शाप दिया था। उसकी बात सच हुई तो एक दिन बछगोतियों की सारी कोटें डीह हो जाएँगी और उनमें ढोर चरेंगे।

"झिंगुरी सिंह, अमरडिहा की जमीन का लगान कब से बकाया है?" ठकुराइन के स्वर की कर्कशता झिंगुरी सिंह के कानों को अखरी।

"हाँ बकाया तो है। मगर कब से, यह नहीं कह सकता।"

"आप हमारे खानदानी हो। आपके पुरखे कभी जमींदार थे। हम आपका लिहाज करते हैं। कहाँ इन छोटे लोगों के चक्कर में पड़ गए?....और वह बाबा—जाने कहाँ का भगोड़ा, न घर का पता न घाट का। उसको अपना अगुआ बनाए हो। अरे ठाकुर हो तो ठाकुर की तरह रहो।....इन नीचों को बटोरकर छिछोरपन क्यों करते हो।"

झिंगुरी सिंह से अचानक कुछ कहा नहीं गया।

"सुना है, बाप-दादों का बनाया घर गिर रहा है?"

"सो तो है।"

"सोच लो। पक्का घर बनवाकर देंगे। जहाँ चाहो, जिलेदारी ले लो। मगर यह सभा-वभा का चक्कर छोड़ो।"

झिंगुरी सिंह न एक चुप न हजार चुप। बस सिर नीचा किये बैठे रहे। कितनी बेशर्मी से सब कुछ कहे दे रही हैं। न शील न संकोच। तालुका चलाने से बुद्धि का मोटापन थोड़े जाता है।

"बात हो गई हो तो जाने की इजाजत दीजिए रानी साहिबा।"

"कोई जवाब नहीं दिया।"

"आप तालुके की मालकिन हैं, मैं रिआया। क्या जवाब दूँ। बात बढ़ाना ठीक नहीं।....आपके लिए जो छिछोरपन है, वह हमारे लिए जीना-मरना। जिस पर पड़ती है वही जानता है।"

“पछताओगे झिंगुरी सिंह।”

“सो तो वक्त बताएगा।”

झिंगुरी सिंह और सहदेव सिंह कोट से निकलकर बगल के गाँव में घुसे। एक घर के सामने पक्का कुआँ देखकर रुके। लोटा-गगरा माँगा। सत्तू निकाला। गमछे में सानकर खाया और बैठके में पड़ी चारपाइयों पर लेटकर आराम करने लगे। झिंगुरी सिंह के दिमाग में भय और दुश्चिन्ता का एक कीड़ा बराबर रेंगता रहा। पता नहीं यह ठीक हुआ या नहीं। लेकिन बाबा के साथ इतनी दूर तक आ जाने के बाद अब निर्णय लेने की आजादी कहाँ रही। अब जो होगा देखा जाएगा।

पच्चीस

मृगशिरा तप कर निकल गया। आर्द्रा में भी एक बूँद नहीं पड़ी। पुनर्वस लग गया है। अभी सवनई शुरू नहीं हुई। चारों ओर त्राहि-त्राहि मची है। जंगल में घास सूख गई है। खेतों में हल नहीं गए। सींचने के लिए बनाए गए पाँती-बरहे की डुँडुही वैसे ही पड़ी है। जानवरों के चारे का कोई इन्तजाम नहीं। कुछ दिन और बारिश न हुई तो आदमी के खाने का भी अकाल पड़ जाएगा। गाँव के लड़के जमीन पर पानी डालकर, उसके कीचड़ में लोट-पोटकर ‘काले मेघा पानी दे नहीं तो आपन नानी दे’ गाते हुए पूरे गाँव में घूम आए। सुनाई पड़ा है कि बगल के गाँव में औरतों ने आधी रात के अँधेरे में नंगी होकर हल भी चलाया। लेकिन सारे टोटकों के बावजूद अभी तक बारिश नहीं हुई।

कल सावन की सप्तमी है। बसौली के ताल-तिराई सूखे पड़े हैं। औरतें सूने आकाश की ओर देखती हैं और निराश होकर हाथ जोड़ती हैं—शीतला माई, इस साल आपका दह कहाँ बैठेगा, पूजा कहाँ होगी। शाम को बादल घिरने लगे और उमस बढ़ गई। बूढ़ा बहुओं से बुदबुदाई—परसाद के लिए पूड़ी-हलवा का इन्तजाम कर लो। अगर देवी का परताप होगा तो आज रात इतनी बारिश जरूर होगी कि ताल में दह बैठाने-भर का पानी हो जाएगा।····और सचमुच वही हुआ। खवाई-पिआई के बाद लोग लेटे ही थे कि बूँदें पड़ने लगीं और थोड़ी ही देर में झमाझम बारिश शुरू हो गई। जल्दी-जल्दी चारपाइयाँ अन्दर की गईं। लोग बिस्तरों पर पड़े-पड़े देर तक बारिश की आवाज सुनते रहे और छप्पर और खपड़ैल के नीचे पानी टपकने की जगह से रह-रहकर चारपाइयाँ सरकाते रहे। बिजली चमकती तो बाहर अँधेरे में झरते बूँदों के तार दिख जाते, गड़गड़ाहट होती और फिर घटाटोप छा जाता।

औरतें दो घड़ी रात रहे उठ गईं। पूड़ी तलकर कड़ाही में बचे घी से हलवा बनाया। ढाक के पत्ते पर दही, हल्दी और अक्षत और दोने में हलवा-पूड़ी बाँधा। मिट्टी के सकोरे में पानी भरकर ऊपर से दियली जलाई और उसे आँचल से ढककर प्रसाद और पूजन-सामग्री लेकर साथ-साथ गाती हुई तालाब की ओर चलीं। पौ फट रही थी लेकिन आसमान में छाए बादलों के कारण अभी तक घुप अँधेरा था। रिमझिम-रिमझिम बारिश हो रही थी। रास्ते में जहाँ-तहाँ बरहों और नालियों में और ऊपर से नीचे के खेतों में पानी खुलखुल करता बह रहा था।

बारिश न होने से अब तक मजदूरों में बैठक पड़ी थी। पानी बरसा देखकर हलवाहे सुबह होते ही मालिकों के घर की ओर दौड़े। लोग फावड़ा-कुदाल लेकर अपने-अपने खेतों की ओर लपके। सुबह उठने पर चारों ओर बारिश का भीगापन देख सुचित की देह अभ्यासवश कनमना उठी और मन खेत की ओर भागने लगा। मगर खेत कहाँ था ! कुछ देर ठिठककर वह सालिकराम के घर की ओर चल पड़ा। रास्ते में अपना खेत देखने का लोभ नहीं रोक पाया और बाग तक आकर दक्षिण की ओर मुड़ गया। मजबूत मेंड़बन्दी होने से दोनों गाटों में पानी भरा हुआ था। चाहे तो आज ही लेव लगाकर बुआई की जा सकती है। लेकिन करने कौन देगा ! मन मसोसकर वहाँ से मुड़ा तो अचानक पदारथ दिख गए। धड़धड़ाते हुए कुर्मियान की ओर जा रहे थे। बचकर निकलने का मौका नहीं था। उसने पैलगी की तो रुक गए।

"का रे सुचितवा, तू तो आजकल दिखता ही नहीं। बहुत सभा-सुसायटी करने लगा है ?"

"नहीं महराज, पेट की रोटी के लिए कुछ-न-कुछ तो करना ही पड़ता है।"

"बड़ा कानून सीख गया है। ···अच्छा बोल, अपना वाला खेत अधिया पर लेगा ?"

"सलाह करके बताएँगे महराज।" सुचित ने सोचा, अधिया पर ही लेना है तो साधू के यहाँ क्या बुरा है। ये तो पेट का पानी तक निकाल लेंगे।

"अच्छा जा, हल लेकर आ जा। आज एक गाटा जोत दे। पानी हुआ है, लेव लग जाएगा। अच्छी तरक है, मैं हल-बैल जुटाने ही कुर्मियान जा रहा था।"

सुचित को लगा, अब इनके चक्कर से निकलना मुश्किल होगा। पदारथ का दबदबा इतना था कि कुर्मियान के लोग मौके पर अपना काम छोड़कर पहले उनका काम पूरा करते थे और मजूरी के नाम पर जो मिल जाता उसी से सन्तोष कर लेते थे। कातिक-आषाढ़ में हल-बैल भी देना पड़ता था। कुछ महाजनी से और कुछ जिलेदार के साथ साँठ-गाँठ करके उन्होंने सारे कुर्मियान को नाँथ रखा था।

"महराज, साधू ने बुलाया है। जरा देख लूँ, फिर आ जाऊँगा।" सुचित के चेहरे पर झूठा बहाना बनाने की बेबसी लिख उठी।

पदारथ ने घूरकर देखा और हूँ करके चल दिए। वह आगे बढ़ा तो दूर तक

उनकी निगाह उसकी पीठ पर गड़ती रही और एक अनजान भय से उसका जी सँसा रहा।

उस दिन तो बात आई-गई हो गई। सुचित इसे भूल भी गया। लेकिन पदारथ नहीं भूले। वे मौका देखते रहे।

एक बार बारिश होकर फिर निकल गई। सवनई की फसल जम तो गई लेकिन लगातार धूप होने से धीरे-धीरे सूखने लगी। जिन लोगों ने बेरन डाल दी थी, मुलायम पौधों को धूप में सूखते देखकर उनका दिल मुँह को आता था। कितनी मुश्किल से तो एक बार बीज का इन्तजाम हुआ था, दुबारा कहाँ से लाएँगे। ताल-तिराई और गड्ढे-गड़ही में जो पानी इकट्ठा हुआ था, उसे कई-कई ठेवके लगाकर दुबले से बेहनौर के खेतों में चढ़ाने के लिए लोग हलकान हो रहे थे। उन्हें तपती धूप में पसीने और कीचड़-माटी में लथपथ, फावड़ा चलाकर नाली झारते देख बूढ़ों के मुँह से अनायास निकल जाता—जिव जाए जिवका न जाए। कभी-कभी काले बादल मँडराते हुए आते और आसमान में छाकर अँधेरा कर देते। लोगों के मन में सुखद आशा जाग पड़ती। लेकिन तभी तेज हवा आती, बादलों को जैसे बुहारकर साफ कर देती और कड़ी धूप निकल आती। अखंड सूखे का लक्षण—बुजुर्ग लोग बुदबुदाकर रह जाते।

गुड़िया आई तो सूखे की वजह से किसी में उत्साह नहीं था। लेकिन बहन-बेटियाँ रात का भिगोया चना-मटर, दूब और पियरी में लिपटी गुड़िया लेकर तालाब पर गईं। बाग में कूदने और कुश्ती लड़ने के लिए अखाड़ा गोड़ा गया। मुश्किल से गाँठ तक पानी में काजल और रंग लगे बेर के डंडे से लड़कों ने गुड़िया पीटी। गुड़िया फेंकने के बाद लड़कियाँ बाग के एक कोने में झुंड बनाकर बैठ गईं और भाइयों की संख्या के बराबर भीगी मटर निगलकर और बची हुई लड़कों में बाँटकर कजरी गाने लगीं तो लड़के अखाड़े के पास सिमट आए। तब तक दोपहर हो गई थी और खेतों में काम कर रहे लोग भी धीरे-धीरे काम छोड़कर अखाड़े के इर्द-गिर्द जमा होने लगे थे। कुर्मियान के लोग सूखे-मुरझाए चेहरे लिए एक पेड़ के नीचे झुंड बनाकर बैठे थे। पदारथ और उनके बेटे आए तो वे उठकर खड़े हो गए। पहले लड़कों में, फिर लोगों के उकसाने पर बड़ों में, कुश्तियाँ होने लगीं। गाँव में कुछ जोड़ियाँ ऐसी थीं जो हर साल गुड़िया के दिन कुश्ती लड़ती थीं। कुछ कुश्तियाँ हो गईं तो पदारथ ने कुर्मियों को ललकारा—

"क्यों भाई, तुम लोगों में कोई नहीं लड़ेगा? काहे कुर्मियान का नाम डुबो रहे हो? ...अरे सुचितवा, खड़े-खड़े क्या देख रहा है। आ जा।"

और लोग भी उनकी हाँ में हाँ मिलाने लगे।

"लड़ने के लिए माल-पानी चाहिए महराज। जिसे दो वक्त मकुनी की रोटी भी न मिले वह क्या खाकर लड़ेगा।"

"अघाने पर की बोलता है ससुर। रोज पट्टी-बेल्हा करता है, तुम्हें खाने की क्या

कमी है।"

"आप बड़वार हैं, जो चाहें सो कहें महराज।"

"बड़वार तो तू हो गया है साले। हल चलाने को बोलो तो बहाना बनाता है। जिसका पेट न भरे उसे ऐसे नखरे नहीं सूझते। देख लेना, ज्यादा दिन नहीं चलेगा यह सब। ....वह बबवा, जाने कहाँ का कुजाति। बड़ा रामायणी बनता है। चार महीने चक्की पीसेगा तो सारी बबई निकल जाएगी। उसी के बल पर कूदते हो न।" हँसी-मजाक जल्दी ही कटु अहंकार में बदल गया और उत्सव के रंग पर स्याही पुत गई। वहाँ जितने लोग थे सबको बुरा लगा। लेकिन आगे जो हुआ उसका अन्दाज किसी को नहीं था।

सुचित को शायद था। आगे वह कुछ भी बोलता, बात तो बढ़नी ही थी। वह चुपचाप मुड़कर वहाँ से चलने लगा। पदारथ ने जैसे पहले से ही तय कर रखा था। झपटकर उन्होंने ढाक का एक गोदा तोड़ा और उस पर पिल पड़े।

"बज्जात साले, कुश्ती लड़ने को कहा तो अदरौना कराते हो। कानून छाँटते हो। दस जनों की बात काटकर चल दिए। सारी हेकड़ी निकाल दूँगा।"

मारते-मारते उसे ढकेलकर गिरा दिया। लोग सन्न खड़े देखते रहे। कोई छुड़ाने नहीं आया। सुचित बिना किसी प्रतिरोध के गोदे की मार सहता रहा। पदारथ थककर हाँफने लगे तब जाकर मारना बन्द किया। सुचित चुपचाप उठा और कुछ दूर खड़े बाकी कुर्मियों के साथ धीरे-धीरे चलता दूर निकल गया। थोड़ी देर लोग सकते की हालत में रहे। लड़कियों ने गाना बन्द कर दिया और सहमी हुई बाग से जाने लगीं। गुड़िया का रंग भंग करने के बाद पदारथ शान से अपने घर की ओर चल दिए जैसे कुछ हुआ ही न हो।

शाम को साधू ने सुना तो खिन्न होकर पड़े रहे। त्योहार का दिन था और पूड़ी-कचौड़ी की खास रसोई बनी थी। पर वे भोग लगाने नहीं उठे। अन्याय के खिलाफ कुछ न कर पाने का दंश उन्हें सालता रहा। पदारथ की नंगई के सामने वे विवश थे। रात में देर तक नींद नहीं आई। एक बार जोर से नारायण-नारायण बोले और सब कुछ ईश्वर के ऊपर छोड़कर मन को स्थिर करने लगे। इसी तरह रात बीत गई।

सुचित कई दिनों तक गाँव के बाहर नहीं निकला। वह घर से भी कम निकलता था। मजूरी पर जाता तो चुपचाप काम में लगा रहता। लौटकर घर में घुसता तो घुसा ही रह जाता। आन्दोलन वगैरह की बातें उसे फिजूल लगतीं। कहाँ इलाहाबाद, कहाँ नेहरू और टंडन की सभा—बड़ी-बड़ी बातें, और कहाँ पदारथ का यह व्यवहार। क्या करेगी किसान सभा और क्या करेंगे बाबा। तालुकेदार की तो जाने दो, जिसकी चलने लगती है वही आग मूतने लगता है। आदमी पर आदमी का अत्याचार क्या ऐसे ही चलता रहेगा?

रामदेव गाँव से बाहर की खबर लाता था। सुचित बुझे मन से, बिना किसी प्रतिक्रिया के उसकी बातें सुन लेता और चुपचाप काम में लग जाता। सुचित में आया यह बदलाव रामदेव को बहुत अखर रहा था। लेकिन पदारथ की नंगई के सामने क्या किया जाय। फिर यह कोई नई बात तो थी नहीं। ऊँची जाति के लोग नीची जाति वालों के साथ तो ऐसा करते ही आए थे। हाँ, सुचित के साथ यह हुआ यही रंज की बात थी। वह भी अगर किसान सभा के साथ जुड़कर बाहर की दुनिया न देख आया होता तो क्या उसके मर्म को इतनी चोट लगती और वह इस तरह बुझ जाता?

रामदेव दूसरों का दुःख देखकर दुखी हो जाता था। निर्दोष का सताया जाना, बलवानों द्वारा कमजोरों पर किया गया अन्याय, अत्याचार उसके मन को अशान्त कर जाते थे। उसे हल्का-सा यह भी एहसास था कि दुनिया बदल रही है और छोटे-बड़ों के बीच का फर्क खत्म हो रहा है। लेकिन स्पष्ट नहीं था कि यह गलत हो रहा है या सही। संस्कृत की पढ़ाई उसने पूरे मनोयोग से की थी। उसके माध्यम से उसके भीतर जो संसार बना था उससे दुनिया के बदलाव और इन्सानी रिश्तों को समझने में उसे मदद नहीं मिलती थी। उसके भीतर वैष्णव भक्ति और वर्णाश्रम धर्म का अजीब-सा घालमेल था। बाबा रामचन्द्र और झिंगुरी सिंह की बातें भी उसे प्रभावित करती थीं लेकिन वह इन्हें अपने भीतर के संसार से एकरस नहीं कर पाता था।

श्लेषा और मघा में कुछ बारिश हुई जिससे सूखने से बची थोड़ी-बहुत बेरन खेतों में लग गई और ताल में पानी भर गया। लेकिन पौधे कलपने के बाद फिर आकाश निकल गया। पखवाड़े-भर दिन-रात दुबला चला। ताल का एक-एक बूँद पानी खींचकर धान के खेतों में डाल दिया गया। ताल सूख गया तो कुओं पर पुर और घर्रे चलने लगे। आखिर कुएँ भी सूखने लगे तो लोगों की हिम्मत हार गई और वे भगवान भरोसे छोड़कर बैठ गए। स्वाती में कुछ पानी बरसा जिससे लोगों की मेहनत बिल्कुल बेकार नहीं गई। जिन्होंने सूखे में फसल सँभाल ली थी उनका बिया-बिसार निकलने के बाद कुछ महीने खाने का जुगाड़ हो गया। बाकी लोग दाने-दाने को मोहताज थे। महुए की लपसी, जंगल में जमे चकवड़ की पत्तियों की रोटी और ढाक के पेड़ों और झाड़ियों के ऊपर फैले बरटुआ की पत्तियों का सकपहिता—यही उनका सहारा बने। कुर्मियान के बच्चे सूखे ताल के कीचड़ में धँसी मछलियाँ पकड़ने सुबह ही निकल जाते थे और दोपहर तक इधर-उधर भटकते रहते थे।

ऐसे में पदारथ ने तालाब खुदवाना शुरू किया। सवाई के बल पर साल-दर-साल बढ़ते बिसार से बखार में अनाज उमड़ रहा था। सूखे की वजह से चारों ओर बैठका पड़ा था और रस-चबेने और सत्तू पर खुदाई करनेवाले लोग इफरात थे। सालिकराम के तिराई के खेतों से लगे हुए परती के एक टुकड़े पर बहुत दिनों से पदारथ का कब्जा चला आ रहा था। धान की फसल सुखाने और कभी-कभी खलिहान लगाने के अलावा उसका और कोई इस्तेमाल नहीं था। तालाब खुदेगा तो नाम तो होगा ही, चारों ओर भीटे

पर बाग भी लग जाएगा। पेड़ों की छाहीं दूसरों के खेत पर जाएगी और फायदा अपने को होगा। शेख की जिलेदारी में कोट की ओर से कोई हुज्जत होनी नहीं है। तालाब खुदवाने की साइत पक्की हो गई। दिखाने के लिए सालिकराम से भी सलाह कर लिया।

बसौली और आस-पास के गाँवों से माँगकर फावड़ा-कुदाल, पलरी-झौवा इकट्ठा हुआ। बखार खुला और जौ-मटर निकालकर सत्तू के लिए भुनाया गया। फिर घर-घर बाँटकर उसे पिसवाया गया। पुराना पड़ा गुड़ निकाला गया। गाँव-गाँव में नाई दौड़ाकर खबर भिजवाई गई। गौरी-गणेश का पूजन हुआ और खुदाई शुरू हो गई। रोज सुबह हण्डों में रस घोलकर बाँस में लटकाकर खुदने की जगह ले जाया जाता। बड़ी-बड़ी दौरियों में सत्तू जाता। दिन-प्रतिदिन खुदाई के लिए इकट्ठा होनेवालों की तादाद बढ़ती गई। पहर दिन चढ़े गुड़-चबेना और दोपहर में सत्तू-रस बँटने लगता तो लम्बी कतार लग जाती और आस-पास के भिखमंगे और फकीर भी उसमें शामिल हो जाते। बार-बार फटकार खाकर भी वे न हटते। गाँव से कोई अगर नहीं गया तो वह था सुचित। साधू के यहाँ काम करने से फुरसत पाता तो वह ओइने पर सुतली का बाध कातता, बाजार के दिन पट्टी या दशरथपुर जाकर बेचता और मोट-महीन अनाज लाकर किसी तरह पेट भरता।

जाड़ा शुरू होते-होते खुदाई पूरी हो गई। अब बीच में कुंड खोदा जा रहा था जिसमें लकड़ी का खम्भा गड़ना था। खुदाई के लिए अब बाहर के लोग नहीं आते थे। सिर्फ घर के हलवाहे और थोड़े-से मजदूर काम कर रहे थे।

शाम के झुलफुले में रामदेव सुचित के साथ खेत से लौट रहा था। पदारथ के दो बेटे हलवाहों और मजदूरों के साथ खुदाई की जगह से वापस आ रहे थे। जंगल में मुलाकात हो गई।

"का भइया, अभी कितना बाकी है?" रामदेव ने रुककर पूछा।

"हो गया समझो। खम्भा और गड़ जाए बस।"

"चलो, सब को नहाने-धोने का सुभीता हो गया।"

"हाँ…मगर जो लोग खुदाई के समय नहीं दीख पड़े वो तालाब पर गए तो टाँग तोड़ देंगे।" पदारथ के छोटे बेटे ने सुचित की ओर घूरकर कहा तो वह वहाँ से खिसक लिया।

रामदेव कुछ देर हक्का-बक्का खड़ा देखता रहा। फिर अपने को सँभालकर बोला—

"कुआँ-तालाब तो सबका होता है भइया। जिसकी औकात होती है वह बनवाता है लेकिन इस्तेमाल सभी करते हैं।"

"अब वो बात नहीं रही। कुर्मी-धुर्मी तक अकड़ने लगे हैं। हमारा बस चले तो सालों को मार-मार के गाँव से बाहर निकाल दें। उनके लिए हम नहीं कर रहे इतना

खर्च-बर्च।"

"काहे जबान खराब क़रते हो भइया। ताली एक हाथ से नहीं बजती। कसूर दोनों ओर से होता है।"

"तुम्हीं लोगों ने उनका मन बढ़ा रखा है। चाटते रहो उनका तलवा।"

नीचे से ऊपर तक रामदेव के भीतर सनसनाहट दौड़ गई। सुचित कुछ दूर जाकर खड़ा हो गया था। हलवाहे और मजदूर आगे बढ़ गए थे। रामदेव ने स्थिति को तौला और बात टालने के अन्दाज में बोला—

"सच को सच कहने को तलवा चाटना बोलते हो। तुम लोगों से बात करना बेकार है। अपने आपे में नहीं हो।" इतना कहकर रामदेव आगे बढ़ने लगा।

"बड़ा पदी बनता है। दो आखर पढ़ क्या लिया अपने को बड़ा पंडित लगाने लगा है।" पदारथ का छोटा बेटा बड़े के कान में फुसफुसाया, "कहो तो सारी पंडिताई झाड़ दें आज।"

रामदेव ने सुना और खड़ा हो गया।

"बहुत हो गया। अब बर्दाश्त नहीं होता।" **उसका शरीर काँप रहा था।**

"चलिए महराज, इनके मुँह क्यों लगते हैं।" सुचित लौटकर रामदेव का हाथ खींचने लगा।

"नहीं सुचित, आज देख लूँ ये क्या करते हैं।"

पदारथ का छोटा बेटा आगे बढ़ा। मगर उसका हाथ उठे इसके पहले ही सुचित ने उसे धक्का देकर पीछे ठेल दिया। रामदेव के सामने वह चट्टान की तरह खड़ा हो गया। बड़ा बेटा कुछ देर आँखें फाड़े देखता रहा। यह वही सुचित था जो पदारथ की मार खाते-खाते बेदम हो गया था लेकिन चूँ तक नहीं की थी। आज उसकी मुद्रा से लगता था, वह मरने-मारने को तैयार खड़ा था।

बड़े बेटे ने स्थिति देखकर रंग बदला और छोटे को हल्की-सी झिड़की दी—"क्या लड़कपन करते रहते हो। जहाँ नहीं वहीं रार ठान देते हो। चलो चुपचाप घर चलो।"

रामदेव और सुचित घर की ओर बढ़े तो मुँह-अँधेरा हो रहा था। बसेरे की ओर लौटते बँगुलों की पाँतों से आकाश भरा था। खेतों के आगे दूर तक जंगल था जिसके ऊपर सुरमई अँधेरा खामोशी से पंख पसार रहा था। अभी जो कुछ हुआ था वह रामदेव के भीतर रह-रहकर दंश मार रहा था। बात आगे कहाँ तक बढ़ती है इसका खौफ अलग से था।

उसने धीरे से सुचित से कहा—"किसी से कहना नहीं, रामहित सुनेगा तो जाने क्या बवाल खड़ा करे।"

छब्बीस

अगस्त के महीने में जब चारों ओर सूखा पड़ा था और किसानों के बिसार का अनाज खेतों में जमने के बाद सूख रहा था, अमरगढ़ और रामगंज की रियासतों ने बकाए की वसूली का अभियान छेड़ दिया।

झिंगुरी सिंह दिशा-मैदान से लौटकर बाबा के पास बैठे थे। तीन-चार किसान वहाँ पहले से ही मौजूद थे। चिलम का कश लेते हुए इधर-उधर की बातें हो रही थीं। सामने ज्वार की चरी का एक खेत था जो पुर से बराबर सिंचाई होते रहने के कारण हरा-भरा बना था। लेकिन ऊपर का पानी न पड़ने से डर था कि पत्तियों में कहीं जहर न आ गया हो। उन्हें जानवर न खा लें इसलिए खेत को कँटीले बाँस और झाड़-झंखाड़ से अच्छी तरह रूँध दिया गया था। आस-पास के कुछ खेत परती पड़े थे। बाकी में सूखती-मुरझाती फसलें खड़ी थीं। रह-रहकर हवा डोलती तो धूप में चमकती ज्वार की पत्तियों पर लहर-सी दौड़ती थी। बात करते हुए झिंगुरी सिंह की निगाह बार-बार उस खेत की ओर चली जाती थी। सूखे की विभीषिका में डूबे सिवान के बीच ज्वार की लहलहाती फसल झूठा दिलासा-सा देती थी।

लोग बातों में लगे थे तभी एक लड़का दौड़ता-हाँफता झिंगुरी सिंह के पास आया।

"वो आए हैं··· वो···बैल छोड़ रहे हैं।"

झिंगुरी सिंह हड़बड़ाकर उठे और घर की ओर दौड़े। उनके पीछे-पीछे और लोग।

कुड़की। किसान के लिए सरकार की ओर से आनेवाली सबसे बड़ी विपत्ति। और सबसे बड़ी बेइज्जती। अमरगढ़ की ठकुराइन ने सारी कार्रवाई बहुत गुप-चुप और होशियारी से की थी। अमरडिहा की जमीन पर जब बाजरे की फसल खड़ी थी, बकाया लगान की नोटिस देकर उसे बेदखली में निकाल लिया था और खड़ी फसल कटवा ली थी। फिर चुपचाप तहसील से कुड़की की नोटिस निकलवाई थी और ऐसा इन्तजाम किया था कि बिना जानकारी के तामील दिखा दी जाए। फिर सीधे कुड़की का हुक्म। इलाके के जिलेदार और कुछ लट्ठबाज सिपाहियों को कुड़क अमीन के साथ कर दिया था ताकि कार्रवाई में कोई बाधा डाले तो वे वहीं निपट लें।

किसान के घर में टूटे-फूटे बर्तन, पुरानी-झिलगा चारपाइयों और खेती के लोहा-लोहखर के अलावा और होता क्या है। और इन सबकी कीमत ही क्या होती है! ले-देकर एकाध जोड़ी बैल और एक-दो गायें-भैंसें निकलती हैं। लेकिन बेइज्जत करने के लिए कुड़कीवाले बर्तन-भाँडा सब बाहर कर देते हैं। घर में सोने की नथ-झुमकी या चाँदी का हँसली-गोड़हरा हुआ तो किसान उसे लेकर महाजन के पास दौड़ता है। वहाँ से हारा तो किसी चलते-पुरजेवाले आदमी को सुपरुद्दार बनने के लिए हाथ-पैर जोड़ता

है। कोई वश न चला और गाय-गोरू कुड़क हो गए तो वह रोता-कलपता कुछ दूर उनके पीछे जाता है। कभी-कभी औरतें-बच्चे भी बिलखते हुए साथ हो लेते हैं। कुड़की का दिन किसान की जिन्दगी में सबसे अभागा दिन होता है।

झिंगुरी सिंह के यहाँ तो गायें-भैंसें भी नहीं थीं। उन्हें पंचायती काम से फुरसत नहीं थी और लड़का अभी छोटा था, गायों-भैंसों की देखभाल कौन करता। सिर्फ दो बैल थे। हलवाहा चारा काट देता था और औरत किसी तरह सानी-पानी कर देती थी। बैलों को भी किसी मौसम में मांस नहीं चढ़ता था, बारहों महीने हड्डाए रहते थे।

वे चुपचाप कुड़की की कार्रवाई देख रहे थे। धीरे-धीरे काफी भीड़ इकट्ठी हो गई थी। लोग कई बार कुछ करने के लिए हुमसे लेकिन झिंगुरी सिंह ने वरज दिया। बाबा ने तत्काल चन्दा करके पैसा जोड़ने का प्रस्ताव किया लेकिन कुड़क-अमीन रुकने को तैयार नहीं था। बैल कुड़क हो गए। कुछ बर्तन-भाँडा भी गया। रात को घर में खाना नहीं बना। दूसरे दिन सहदेव सिंह के यहाँ से कुछ बर्तन आए तो चूल्हा जला।

पहले खड़ी फसल का काटा जाना और अब यह बैलों की कुड़की। ठकुराइन ने सबक सिखाने के लिए अपनी ओर से कुछ बाकी नहीं लगा रखा। जिस दिन झिंगुरी सिंह उनका प्रस्ताव ठुकराकर लौटे थे, आशंका तो उसी दिन से घुमड़ रही थी। लेकिन यह सब इतने शातिर ढंग से होगा, इसका अन्दाज नहीं था। सब नैनसुख लाल की कारस्तानी होगी, उसके अलावा और किसके पास इतना दिमाग है! चलो ठकुराइन ने भी अपना असली रूप दिखा दिया। अब देखो आगे क्या करती हैं।

उन्तीस अगस्त। दोपहरी ढल गई थी। आकाश के एक कोने में बादलों के थक्के जमा थे लेकिन सूरज खुला हुआ था। पट्टी कस्बे में लोग जहाँ-तहाँ कानाफूसी कर रहे थे। आग बरसाती धूप में तहसील के सामने एक आदमी हाथ से लिखे परचे बाँट रहा था और चिल्लाता जा रहा था—किसान नेता बाबा रामचन्द्र और झिंगुरी सिंह गिरफ्तार। किसान सभा के तीस कार्यकर्ता साथ में। जमानत नामंजूर। प्रतापगढ़ जेल में बन्द। पहली सितम्बर को कचेहरी में पेशी। वहाँ से चिल्लाता हुआ वह रामजी मारवाड़ी के बाग में पहुँचा। बाजार का दिन था। बाग के एक कोने में चिकवे ने खसी काटकर लटका रखा था और मांस के टुकड़े करके बेच रहा था। कुछ खरीदार जमा थे। लोगों ने सुना तो उनमें खदबदाहट होने लगी। तब तक मुख्य बाजार में भी खबर पहुँच गई थी। लोग सौदा-सुलफ लेना भूलकर जगह-जगह खड़े प्रतापगढ़ चलने के बारे में सलाह कर रहे थे।

कल लखरावाँ बाग में किसानों की सभा थी। सूखे की हालत में लगान वसूली में हो रही ज्यादती के खिलाफ दूर-दूर से आए किसान वहाँ जमा थे। बाग रामगंज रियासत की जागीर में आता था। सुबह जैसे ही लोग इकट्ठे होने लगे, किसी ने कोट में खबर कर दी। वहाँ से एक हरकारा पट्टी थाने दौड़ाया गया। सब पहले से सधा-बधा था। जिला मजिस्ट्रेट वी. एन. मेहता छुट्टी पर थे। जिले का चार्ज बृजलाल के पास था।

बहुत दिनों से तालुकेदारों की शिकायत थी कि किसानों के साथ रियायत बरती जा रही है। फैजाबाद में बैठे कमिश्नर हेली और सूबे के लाट बटलर को भी ऐसा ही आभास था। तालुकेदारों ने कई बार प्रतापगढ़ में किसी अँग्रेज जिला मजिस्ट्रेट की तैनाती की माँग की थी। बृजलाल को अपनी वफादारी दिखाने का मौका मिल गया। थाने को पहले से ही आदेश था कि कोई-न-कोई दफा लगाकर किसान नेताओं को पकड़े।

...प्रतापगढ़ से गारद चली और ढाई घंटे में लखरावाँ पहुँच गई। बाग में एक सूखा पेड़ कटा था और चीरे हुए चैले इधर-उधर बिखरे थे। सभा शुरू हुई तो लोग वही लेकर बैठ गए थे। देखते ही थानेदार को एक उपाय सूझ गया। ताजिराते हिन्द की दफा तीन सौ उन्यासी। कसूर—लकड़ी के लट्ठे चुराने के लिए लोगों को उकसाना। कुल बत्तीस लोगों का चालान किया गया। पट्टी की हवालात में इतनी जगह नहीं थी। सीधे प्रतापगढ़ जेल भेज दिया गया। कचेहरी में आग की तरह खबर फैल गई। माताबदल वकील के घरवाले काश्तकार थे। वे किसान सभा के काम में रुचि लेते थे। उन्होंने तुरन्त इलाहाबाद गौरी शंकर मिश्रा को इत्तला भेजी और जमानत के लिए भाग-दौड़ करने लगे।

दो घड़ी दिन रहे नेहरू और गौरी शंकर मोटर से पट्टी पहुँचे और रामजी के बाग में उतरे। लोग इधर-उधर छोटे-छोटे समूहों में खड़े खुसुर-फुसुर कर रहे थे। मोटर देखकर वे उसके पास इकट्ठे हो गए। नेहरू ने पहले तो गिरफ्तारी के बारे में पूछा। फिर समझाने लगे—नेताओं की गिरफ्तारी से आप लोग बदहवास न हों। यह तो एक दिन होना ही था। अँग्रेज सरकार और तालुकेदारों की मिलीभगत है। इसीलिए गांधी जी अँग्रेजी राज हटाने की बात करते हैं। आप अपना आन्दोलन कायम रखें। मगर कानून अपने हाथ में न लें। हम गांधी जी को खबर भेजेंगे।

वहाँ से कुछ लोगों को साथ लेकर दोनों लखरावाँ बाग भी गए। आस-पास के गाँववालों से मिले। फिर वही पूछताछ की खानापूरी। लोग उकता रहे थे। जो चीज इतनी साफ है उसे क्यों घुमा-फिरा रहे हैं। इतनी-सी बात क्यों नहीं समझते कि बिना किसी कसूर के गिरफ्तारी हुई है। तालुकेदारों ने रिगिरवश कराया है। रात में दोनों वापस लौट गए।

दो दिन बाद गाँवों से झुंड-के-झुंड लोग घड़ी-भर रात रहे सत्तू-चबेना लेकर प्रतापगढ़ के लिए निकल पड़े।

कचेहरी के आस-पास भीड़ जमा थी। रह-रहकर बाबा रामचन्द्र की जय का नारा उठता था। पुलिसवाले चौंककर दौड़ते थे। पाँच-छह बार गूँजकर वह शान्त हो जाता था। आज अँग्रेज पुलिस कप्तान की नाक में दम था। हाफपैंटवाली वर्दी में घोड़े पर सवार वह इधर से उधर चक्कर लगा रहा था। कचेहरी गेट से लेकर जिला मजिस्ट्रेट की अदालत तक लोगों के कन्धे-से-कन्धे छिल रहे थे। इसी रास्ते बाबा को सुनवाई के लिए जेल से लाया जाना था। सी. आई. डी. वाले भीड़ के बीच-बीच में घुसे थे। किसानों की

बातचीत से यह साफ नहीं हो रहा था कि वे सिर्फ बाबा का दर्शन करना चाहते हैं या मौका लगा तो उन्हें और अन्य बन्दियों को छुड़ाने की कोशिश भी करेंगे। अगर कहीं ऐसा हुआ तो मुसीबत खड़ी हो जाएगी। इतनी बड़ी भीड़ को रोकने के लिए फोर्स कहाँ है ! गोली चलाकर भी उसे नहीं रोका जा सकेगा। पुलिस और प्रशासन के हाकिमों के हाथ-पैर ढीले हो रहे थे।

दिन चढ़ रहा था। धूप तेज हो रही थी। उमस भी बढ़ रही थी। उसी के साथ भीड़ भी उग्र होती जा रही थी। आखिर जेल के भीतर ही सुनवाई करने का निर्णय लिया गया। पहले सदर साहब की गाड़ी उधर गई। फिर पुलिस भी उधर खिसकने लगी। जब सहदेव सिंह की मार्फत वकील से पक्की खबर मालूम हुई, भीड़ जेल की ओर उमड़ पड़ी। लेकिन तब तक पुलिस ने रास्ते में जगह-जगह नाका बना लिया था। नाकों से बचकर जेल तक पहुँचने के लिए भीड़ के जत्थे पूरे शहर में बिखर गए। पुलिस का मकसद पूरा हो गया।

हाकिम तो जेल तक पहुँच गए पर वकील रास्ते में ही अटक गए। किसी को ध्यान नहीं आया कि सुनवाई के लिए वकीलों की भी जरूरत पड़ेगी। लिहाजा सुनवाई दस तारीख के लिए मुल्तवी कर दी गई। किसानों के वकील माताबदल पांडे और परमेश्वरी दयाल बचते-बचाते कुछ दूर पैदल तो कुछ दूर बग्घी में किसी तरह जेल के फाटक तक पहुँचे। तब तक हाकिम वहाँ से निकल रहे थे। सुनवाई की नई तारीख मालूम कर दोनों वापस लौट आए।

किसान अपने-अपने घरों को वापस जाने लगे। पर वे निराश नहीं थे। उन्होंने अपनी ताकत के सामने हाकिमों का घबड़ाना देख लिया था। अगली सुनवाई के दिन वे फिर आएँगे और बाबा को छुड़ाकर मानेंगे।

दस तारीख को क्या होगा—सोच-सोचकर हाकिमों की नींद हराम थी। जिला मजिस्ट्रेट के दफ्तर से फैजाबाद कमिश्नर के दफ्तर और वहाँ से लखनऊ लाट के दफ्तर तक तेजी से चिट्ठियाँ आ-जा रही थीं। तीन दिन बाद कमिश्नर हेली के आदेश पर बृजलाल ने तालुकेदारों की एक मीटिंग बुलाई और उन्हें अपना रवैया बदलने की सलाह दी। वे टालमटोल करते रहे और अशान्ति फैलानेवालों से सख्ती से निपटने का राग अलापते रहे। उनके अनुसार किसानों में कोई वास्तविक असन्तोष नहीं था, सारी खुराफात की जड़ बाबा रामचन्द्र थे जो एक बाहरी आदमी थे। बृजलाल को साफ हो गया कि तालुकेदारों की चमड़ी मोटी है और ऐसी मीटिंगों से कुछ होनेवाला नहीं है। बौखलाहट में उन्होंने तय किया कि खास-खास गाँवों का दौरा कर वे खुद किसानों को समझाने की कोशिश करेंगे।

नौ सितम्बर को जब किसान प्रतापगढ़ चलने के लिए सत्तू-पिसान बाँध रहे थे, जिला मजिस्ट्रेट का दौरा हुआ। वे जहाँ भी गए, उनका अमला और ताम-झाम देखने के कुतूहल में भीड़ इकट्ठी हो गई। उन्होंने समझा, लोग उनकी बातें सुनना चाहते हैं। सी.

आई. डी. की रपट थी कि आन्दोलन की मुख्य ताकत कुर्मी काश्तकार थे और अभी तक सवर्णों ने कोई खास उत्साह नहीं दिखाया था। इसलिए वे उन गाँवों पर ज्यादा जोर दे रहे थे जहाँ मुख्य आबादी कुर्मियों की थी। पट्टी से कसईपुर, रूरे, दाउदपुरु, मेंहदिया—दिन-भर उनकी गाड़ी एक गाँव से दूसरे गाँव दौड़ती रही। शाम को वे लौटे तो अपने काम से मुतमईन थे पर किसानों की भावना से बिल्कुल अनभिज्ञ।

वह उत्साह और उत्तेजना का मिला-जुला दिन था। इलाके के गाँवों में वर्षों से ऐसा दिन नहीं आया था। गदर के बाद से कभी ऐसी खलबली नहीं मची थी। पुर, दुबला, खेतों में हल-कुदाल सब बन्द थे। चरवाहे तक जानवर चराने नहीं आए। जिधर देखो उधर मेंड़ों और पगडंडियों से लोगों के झुंड-के-झुंड प्रतापगढ़ की ओर लपके चले जा रहे थे। खबर थी कि आज बाबा को छुड़ाने गांधी जी भी आ रहे हैं। लगे हाथ उनका भी दर्शन हो जाएगा। वे भी देखेंगे कि हम बाबा के लिए किस तरह जान देने को तैयार हैं।

चिलचिलाती धूप में जब सई नदी के पुल से लोगों का रेला जेल की ओर बढ़ा, इंडिपेंडेंट और लीडर के संवाददाता ऊँची रेलवे लाइन पर खड़े हो स्थिति का जायजा ले रहे थे। थोड़ी दूर पर जिला मजिस्ट्रेट बृजलाल खड़े थे। पुलिस कप्तान के साथ डी. आई. जी. ओ कॉनर उनकी बगल में था। तीनों दूरबीन की अदला-बदली करते हुए भीड़ से निपटने के बारे में सलाह कर रहे थे। धारा एक सौ चौवालीस लागू थी। चमचमाती वर्दी में कसा अँग्रेजी खून उबल रहा था। लेकिन बृजलाल की हिम्मत ढीली पड़ रही थी। वे निराश थे कि किसानों पर उनके समझाने-बुझाने का कोई असर नहीं हुआ। एक बार भड़काऊ कार्रवाई शुरू कर देने के बाद वे अब आगा-पीछा सोच रहे थे। तीनों में क्या बात हुई किसी को नहीं मालूम। लेकिन बाद में ओ कॉनर ने आई. जी. को लिखा कि उन्हें मजिस्ट्रेट से जरूरत पड़ने पर गोली चलाने की अनुमति मिल गई थी, जब कि कमिश्नर को लिखे पत्र में बृजलाल ने कहा कि उन्होंने पुलिस को इसके लिए सिर्फ तैयार रहने को कहा था।

गांधी जी नहीं आए। शायद उनका कोई प्रोग्राम ही नहीं था, सिर्फ अफवाह उड़ गई थी। इलाहाबाद से और कोई भी नहीं आया। चालीस हजार किसानों की भीड़ को सँभालनेवाला कोई नहीं था। वे अपने नेताओं के दर्शन की माँग कर रहे थे। इसकी इजाजत नहीं दी गई। हाकिमों को अन्देशा था कि एक बार नेताओं को देख लेने के बाद भीड़ बेकाबू हो जाएगी। बन्दूकें तानकर भीड़ को डराने की कोशिश की गई जो नाकाम रही। अब सिर्फ गोली चलाने का विकल्प रह गया था। पुलिस इसके लिए पूरी तरह तैयार भी थी। लेकिन बृजलाल का मन आशंका से भरा था। इतनी बड़ी भीड़ पर गोली चलाने से कितना खून-खूराबा होगा! और क्या भरोसा कि इसके बाद भी भीड़ नियन्त्रित हो सके। डी. आई. जी. ने संगीन की नोक इस्तेमाल करने का प्रस्ताव रखा। बृजलाल के साथ उसकी कुछ गुफ्तगू हुई जो लोगों को सुनाई नहीं पड़ी। बृजलाल

पुलिस की कतार छोड़कर आगे बढ़े। भीड़ के एक किनारे माताबदल पांडे व कुछ अन्य वकील खड़े थे। उन्हें पास बुलाया और भीड़ को शान्त करने में उनकी मदद माँगी। उन्होंने अपनी असमर्थता जाहिर की। सारे रास्ते बन्द हो चुके थे। मजबूर होकर बृजलाल ने वायदा किया कि अगले दिन रामचन्द्र को रिहा कर दिया जाएगा। किसानों के सामने माता बदल ने इसकी घोषणा की।

रिहाई का आश्वासन पाकर भीड़ ने बाबा रामचन्द्र की जय के नारों से आसमान गुंजा दिया। नारा लगना बन्द हुआ तो धीरे-धीरे, अनिश्चय की स्थिति में, लोग जेल के सामने काअहाता खाली करने लगे। भीड़ वहाँ से हटकर भैरोपुर के रामलीला मैदान में आ गई। शाम हो रही थी और पश्चिम में बादलों की लाल पट्टी खिंची थी। कुछ देर बाद शहर की बत्तियाँ एक-एककर जलने लगीं। भीड़ के कुछ मातबर लोग आपस में सलाह कर रहे थे। हाकिमों का क्या भरोसा! कल अपनी बात से मुकर जाएँ। बाबा को छुड़ाए बिना लौटना ठीक नहीं। लोगों ने सत्तू-पिसान लिया ही है। जिनके पास नहीं है वे बाँट-बूँटकर खा लेंगे। पास में ही नदी है जहाँ दिशा-मैदान की सुविधा है। किनारे दूर तक बालू का पाट है। लोग वहीं सो जाएँगे। बारिश का आसार तो है नहीं।

सई का किनारा रात के घुप अँधेरे में दूर तक गुलजार था। बेल्हा देवी के मन्दिर से लेकर सड़क के पुल तक जगह-जगह लोग आसन जमाए थे। मन्दिर के कुएँ पर सत्तू खानेवालों की भीड़ थी। बीच-बीच में बालू पर अहरा लगाकर लिट्टियाँ सेंकी जा रही थीं। खा-पीकर लोग गमछे बिछाकर बालू पर लेट गए। देर रात तक लोगों के झुंड में बतकही चलती रही। फिर सोता पड़ गया। पुल से इक्का-दुक्का सवारियाँ गुजरती थीं। पुलिस के दस्ते इधर से उधर गश्त लगा रहे थे। अँधेरे में पुल से देखने पर अन्दाज नहीं होता था कि इतना बड़ा जन-समूह नदी की रेत पर पसरा पड़ा है।

पौ फटते ही लोग उठने शुरू हो गए। जब तक पूरब में रेलवे के पुल के उस पार की बबुराही से सूरज का गोला ऊपर उठा, लोग नहा-धोकर तैयार हो गए। सीताराम के उद्घोष के साथ जन-समूह जेल की ओर चल पड़ा। रास्ते के दोनों ओर घरों और दुकानों से बाहर आकर लोग उमड़ते हुए काफिले को देख रहे थे। हाकिमों को रात-भर नींद नहीं आई थी। सुबह-सुबह तैयार होकर फिर उन्हें जेल की ओर भागना पड़ा। उन्होंने देखा कि आज भीड़ कम होने के बजाए और बढ़ गई है। आस-पास के गाँवों से आकर और बहुत से लोग शामिल हो गए हैं। स्थिति और विकट हो गई है। भीड़ के सामने बाबा को रिहा करने पर उसे सँभालना मुश्किल होगा। उन्माद में वह जाने क्या कर बैठे। और बिना रिहाई के वह हटनेवाली नहीं है।

हारकर बृजलाल ने बाबा से ही बातचीत करने का निश्चय किया। उन्हें लगा, सिर्फ उन्हीं के समझाने पर भीड़ हट सकती है। माता बदल और परमेश्वरी दयाल को साथ लेकर वे जेल के अन्दर गए और जेल सुपरिंटेंडेंट को लेकर बाबा से मिले। बाबा ने अपने साथ बन्द हुए सभी किसानों की रिहाई की माँग की। यह भी शर्त रखी कि

बाहर खड़े हर किसान को हरजा-खरजा दिया जाए क्योंकि प्रतापगढ़ आने में सबका खेती के काम का नुकसान हुआ है। काफी देर की बहस के बाद पहली शर्त मान ली गई और बाबा राजी हो गए। उन्हें जेल की छत पर चढ़ाया गया। बाबा को देखते ही भीड़ में नारे-पर-नारे गूँजने लगे। पर जैसे ही उन्होंने अपनी बुलन्द आवाज में बोलना शुरू किया, चारों ओर एकदम शान्ति छा गई। उन्होंने किसानों को धन्यवाद दिया। फिर बोले—यदि उनमें ऐसा ही उत्साह बना रहा तो किसान सभा का काम जल्दी ही सफल होगा। आज उनका काम पूरा हुआ। अब वे हाकिमों से सहयोग करें और वहाँ से चले जाएँ। जल्दी ही वे जेल से छूटकर उनसे आकर मिलेंगे।

भीड़ की गफलत का फायदा उठाकर हाकिमों ने जल्दी-जल्दी में जेल के भीतर ही सुनवाई की खानापूरी की और पाँच हजार रुपए की जाती जमानत पर बाबा को रिहा कर दिया। वहाँ से बन्द कार में उन्हें निकालकर सई के किनारे सुगाही बाग तक ले जाया गया और चुपके से बगल के गन्ने के एक खेत में छोड़ दिया गया। जब कार वापस आ गई तब जाकर हाकिमों ने उनकी रिहाई की घोषणा की।

शहर में यह खबर फैलते देर न लगी कि बाबा को सुगाही बाग में छोड़ा गया है। भीड़ उधर दौड़ पड़ी। देखते-देखते पूरा बाग भर गया। बाबा को एक ऊँची डाल पर चढ़ाया गया। उनको अपने बीच पाकर भीड़ का उत्साह उमड़ पड़ा। किसानों में विजय का उल्लास ठाठें मार रहा था। हमेशा किसी-न-किसी के तलवों के नीचे दबे किसानों ने कभी सोचा नहीं था कि एक दिन उनके सामने सरकारी ताकत को इस तरह झुकना पड़ेगा।

सत्ताईस

स्वाती में जो बारिश हुई थी सो हुई थी। उसके बाद तो बस झींसा-झाँसी होकर रह गई। रबी की बुआई का समय आया तो खेतों में नमी नहीं थी। बिना फटक कर बोए बीज नहीं अँकुरेगा। ताल-तिराई पहले से ही सूखे थे। अब तो सिर्फ पुर और घर्रे का सहारा था। रात-दिन पुर चलाकर किसी तरह खेतों की फटकाई हुई। फिर किसान बिसार के लिए महाजनों के पास दौड़े। पर इस साल वे बिसार देने को तैयार नहीं थे। सूखे का लक्षण देखकर वे अपनी गाड़ें बचाकर रखना चाहते थे। यह भी खबर थी कि तालुकेदारों ने किसानों को सबक सिखाने के लिए महाजनों को मना कर दिया है। हो सकता है, बेदखल खेतों का पट्टा देने का वायदा भी किया हो। सूखे के कारण लगान अदा न होने पर तमाम बेदखलियाँ होने की उम्मीद तो थी ही।

जेल से छूटकर आने के बाद बाबा किसान-संगठन का विस्तार करने में लगे थे। अवध में दूर-दूर तक उनका नाम मशहूर हो गया था। जगह-जगह से उनके लिए बुलावे आ रहे थे। उनसे प्रेरणा लेकर कई स्थानीय नेता अपने-अपने इलाकों में किसान-सभाएँ खड़ी कर रहे थे। माता बदल कोयरी के बुलाने पर बाबा रायबरेली जिले के कलकलियापुर गाँव गए और वहाँ बनी किसान-सभा का उद्घाटन किया। वहाँ से उन्होंने रायबरेली जिले के कई गाँवों का दौरा किया। फिर वे सुल्तानपुर पहुँचे और वहाँ किसानों की एक विशाल सभा को सम्बोधित किया। धीरे-धीरे पूरे अवध में किसान-सभा सक्रिय हो गई। इससे उत्साहित होकर बाबा ने बीस दिसम्बर को अयोध्या में किसानों का सम्मेलन बुलाने का निश्चय किया और जोर-शोर से उसका प्रचार करने लगे।

बाबा जहाँ जाते, सूखे से हुई किसानों की अवदशा देखकर दुःखी हो जाते। वे घूम-घूमकर महाजनों को समझाते। सबके खेत में बीज पड़ेगा और सबका पेट भरेगा तभी वे भी चैन से रह पाएँगे। वे समाज से अलग नहीं हैं, औरों को तकलीफ में डालकर वे सुखी नहीं रह सकते। पर महाजनों के सिर पर जूँ नहीं रेंगी।

तभी अचानक अनाज की लूट शुरू हो गई। बाबा के देखते-देखते किसान बेकाबू हो उठे।

जौनपुर जिले की सरहद से लगा एक गाँव था कुटिया। ठाकुरदीन सिंह कुटिया के भूमिधर किसान थे और राजाबाजार रियासत की पट्टीदारी में आते थे। रियासत में अहलकार भी थे। वहाँ के मैनेजर जनक सिंह से लगान के कुछ पैसों को लेकर अनबन हुई। उन्होंने नौकरी से इस्तीफा दे दिया। तालुकेदार ने बुलाकर समझाया, नहीं माने तो कुछ जद्द-बद्द कह दिया। ठाकुरदीन को ताव आ गया। झिड़ककर चले आए और बगावत शुरू कर दी। किसानों में गरमाहट पहले से ही थी। बिसार न पाने से वे और भी बौखलाए हुए थे। ठाकुरदीन ने सही वक्त पर चोट की। पहले तो किसानों को लगान न देने के लिए उकसाया। और जब बेदखली का फर्मान लेकर रियासत का सिपाही उनके गाँव पहुँचा तो उन्होंने फर्मान के टुकड़े-टुकड़े करके फेंक दिया। सिपाही जान लेकर भागा। किसानों की हिम्मत बढ़ गई। वे महाजनों की गाड़ों पर धावा बोलने लगे।

ठाकुरदीन इसे लूट नहीं मानते थे। वे इसे जरूरत पड़ने पर जबरदस्ती करके बिसार लेना कहते थे। किसानों का झुंड सुबह से ही निकल पड़ता था। किसी को पता नहीं होता था आज किस महाजन की बारी है। हुजूम जिधर निकलता, सनसनी छा जाती थी। ठाकुरदीन साथ रहते थे। गाड़ों से अनाज निकाला जाता और जरूरतमन्द किसानों में तौलकर बाँट दिया जाता। बहियाँ मँगाकर उनमें बाकायदा इन्द्राज भी कर दिया जाता—इतने मन अनाज उधार लिया है, फसल के समय सवाई के साथ वापस कर देंगे। देखा-देखी झुंड बढ़ने लगे। एक गाँव से दूसरे, दूसरे से तीसरे। इलाके में गाड़-बखार

वाले जितने महाजन थे सबकी साँसें फूलने लगीं। चारों ओर तहलका मच गया। पट्टी का दारोगा ठाकुरदीन को पकड़ने कुटिया पहुँचा तो सैकड़ों किसान उसको घेरकर खड़े हो गए। किसी तरह उन्हें पकड़ तो लिया लेकिन भीड़ ने वहाँ से खिसकने नहीं दिया। भीड़ का रुख देखते हुए उसने उन्हें छोड़कर चुपचाप थाने लौटने में ही भलाई समझी। बात जिले के सदर से होते हुए सूबे के लाट तक पहुँची। लेकिन जब तक किसी कार्रवाई का निर्णय हो, किसान पूरी तरह निरंकुश हो गए। तालुकेदारों की सीर में खड़ी फसलें काटने लगे। उनके अहलकारों, कारिन्दों की पिटाई करने लगे। कानून-व्यवस्था एकदम भंग हो गई। रियासत के अहलकारों की कौन कहे, पुलिस और सरकारी हाकिमों की भी गाँवों में घुसने की हिम्मत नहीं रही।

डिप्टी कमिश्नर मेहता भौंचक थे। पन्द्रह सितम्बर को छुट्टी से लौटने पर सबसे पहले उन्होंने कमिश्नर की इजाजत से किसानों के ऊपर दायर मुकदमे वापस ले लिए थे। फिर किसानों की शिकायतों की अधिकारिक जाँच के लिए गवर्नर को लिखकर आदेश माँगा था। वह जाँच के लिए राजी भी हो गया था पर इसके लिए वह एक कमेटी बिठाना चाहता था जिसका सदर कोई अंग्रेज हाकिम हो, तालुकेदारों की नुमाइन्दगी जिले के बाहर का कोई आदमी करे और किसानों का नुमाइन्दा प्रतापगढ़ से हो। उसने इस बाबत तालुकेदारों के संगठन अंजुमन-ए-हिन्द के सदर महमूदाबाद के राजा को सुझाव के लिए लिखा तो उन्होंने इस बात पर जोर दिया कि किसानों का नुमाइन्दा प्रतापगढ़ का बासिन्दा ही होना चाहिए। साफ था कि इसका मकसद बाबा रामचन्द्र को जाँच की कार्रवाई से अलग रखना था क्योंकि आखिरकार वे 'बाहरी' आदमी थे। यह खिचड़ी पक रही थी तभी ठाकुरदीन का मसला उठ खड़ा हुआ। आनन-फानन में बटलर को डिप्टी कमिश्नर द्वारा ही जाँच किए जाने का आदेश देना पड़ा।

अँधेरी रात में बारडीह के जंगल से होकर तीन लोग उत्तर-पश्चिम की ओर जा रहे थे। उबलते तारों से भरे आसमान के बीच एक छोर से दूसरे छोर तक आकाश गंगा की चमकीली चादर बिछी थी जिसमें छोटे-छोटे तारे कचबच कर रहे थे। ढाक और सिंघोर के पेड़ों और करौंदे-मकोय की झाड़ियों के बीच से गुजरती पगडंडी घटाटोप अँधेरे में डूबी थी और तीनों केवल अन्दाज से पैर आगे बढ़ा रहे थे। ओस पड़नी शुरू हो गई थी और घास की फुनगियों पर पैर पड़ने से हल्की नमी का एहसास होता था। सोता पड़ने के बाद वे अमरगढ़ से चले थे। अब तो आधी रात हो रही होगी। जंगल खत्म होने के बाद तीन कोस तक ऊसर है। उसके आगे शेखपुर गाँव। वहाँ के ठकुरान में ठाकुरदीन की रिश्तेदारी है। पौ फटने और जाग होने के पहले वहाँ पहुँचना है। उनके सिर पर पाँच हजार का इनाम है और वे एक गाँव से दूसरे गाँव, एक रिश्तेदारी से दूसरी रिश्तेदारी भागे-भागे फिर रहे हैं। उनके साथ चल रहे सूरजबली सिंह और महाबीर सिंह छाया की तरह साथ रहते हैं।

ऊसर के सुनसान अँधेरे में तीनों के पैरों की धपधप अजीब-सी दहशत पैदा कर रही थी। कभी-कभी भ्रम होता था जैसे आवाज पीछे से आ रही हो और घबराहट में सिर पीछे मुड़ जाता था। इतने दिनों से भागते-भागते मन में डर-सा समा गया था। ठाकुरदीन के भीतर पिछली बातों की कतर-ब्योंत चल रही थी। उस दिन दारोगा के चले जाने के बाद बाबा रामचन्द्र कुछ कार्यकर्ताओं के साथ कुटिया आए थे। बहुत देर तक समझाते-बुझाते रहे थे। जिले में मेहता जैसे सच्चे शासनकर्ता के रहते सरकार से तकरार बढ़ाने का कोई तुक नहीं है। वे किसानों का दुःख-दर्द समझते हैं। अभी भी कुछ नहीं बिगड़ा है। पहले जो गलती हो गई सो हो गई। अब भी अपने को कानून के हवाले कर न्याय की भीख माँग लेने में कोई नुकसान नहीं है। लेकिन उस समय तो जुनून सवार था। लोगों की भीड़ साथ देखकर मन हिलोरें लेने लगता था। अन्दर यह भाव भी था कि आखिर गलत क्या कर रहे हैं। किसानों को बिसार ही तो दिला रहे हैं, वह भी बहियों में लिखकर। लेकिन जैसे-जैसे लोगों का डर खत्म होता गया, वे अन्धेरगर्दी पर उतरते गये। झुंड-के-झुंड लूटपाट करते घूमने लगे। दिन-दहाड़े रियासत की फसल काट लेना, अहलकारों की पिटाई कर देना।''''आखिर सारा कुछ उन्हीं के मत्थे मढ़ा गया। बाबा का कहना मान लेते तो इस तरह दर-दर की ठोकरें न खानी पड़तीं।

पट्टी के डिप्टी कलेक्टर ज्वाला प्रसाद और राजाबाजार रियासत के मैनेजर जनक सिंह में गाढ़ी पटती थी। आए दिन कोट में बुलाकर ज्वाला प्रसाद की आवभगत होती थी। कलिया-शराब, नाच-मोजरा सब चलता था। ज्वाला प्रसाद के चलते ही ठाकुरदीन के ऊपर इनाम बोला गया था। पूरे जिले की पुलिस पीछे पड़ी हुई थी। पुलिस के साथ रिसायत के जिलेदार-सिपाही भी गाँव-गाँव की खाक छानते फिर रहे थे। मुखबिरों को खिलाया-पिलाया जा रहा था। खैरख्वाहों को तलवारें और बन्दूकें दी जा रही थीं। तालुकेदारों ने मिलकर 'अमन सभाएँ' कायम की थीं और लोगों को लालच देकर उनका पंच-सरपंच बनाया जा रहा था।''''यह भाग-दौड़ कब तक चलेगी। कहाँ-कहाँ सर छुपाते फिरेंगे।

अभी ऊसर का छोर नहीं दिख रहा था कि उजास फूटने लगी। धूमिल तारे एक-एक कर ओझल होने लगे। सामने से चिड़ियों की आवाज आई और धुन्ध में डूबे शेखपुर के बाग का आकार उभरने लगा तब जाकर लोगों की जान में जान आई। अभी भी आसमान में कुछ चटख तारे चमक रहे थे। तीनों के पैर तेजी से आगे बढ़ने लगे।

जोखू सिंह के घर के पिछवाड़े बाँसों का झुरमुट था। वहाँ पहुँचकर तीनों रुके। सलाह करके सूरजबली को आगे भेजा गया। हल्की ठंड पड़ रही थी। घर का दरवाजा खुला था और झुलफुले में औरतें बाहर निकल रही थीं। कुछ लोग दालान के ओसारे में चादरें ओढ़े पड़े थे। सूरजबली दरवाजे के सामने खड़े हो गए। एक औरत ने जाकर जोखू सिंह को जगाया। वे आँख मलते हुए बाहर आए।

"कौन है भइया?"

"ठाकुरदीन सिंह आए हैं। घर के पीछे खड़े हैं।"

"ठाकुरदीन ?····वहाँ क्यों खड़े हैं ?"

"आपको बुलाया है।"

"क्या बात है ?···· खैरियत तो है ?"

"चलकर बात कर लीजिए।"

दोनों घर के पिछवाड़े गए तो ठाकुरदीन झुरमुट से निकलकर बाहर आए। कुछ देर जोखू सिंह से उनकी खुसुर-फुसुर होती रही। फिर चारों वहाँ से चलकर दालान में घुसे। एक कोने में तीन चारपाइयाँ डाल दी गईं। उजाला होने लगा था। तीनों जल्दी-जल्दी दिशा-मैदान से निपटकर आए और चारपाइयों पर पड़कर धुत् सो गए। दालान बाहर से बन्द कर दिया गया। दोपहर में खाना-पीना वहीं पहुँचा दिया गया।

तीन दिन बिना किसी परेशानी के बीत गए। चौथे दिन पट्टी का बाजार था। गाँव से कुछ लोग बाजार गये थे। रात तक लौटकर आए तो खबर मिली कि डिप्टी कमिश्नर अमरगढ़ के दौरे पर आए थे। कई लोगों से पूछ-ताछ की। उनके जाने के बाद पुलिस चारों ओर कहर ढा रही है। ठाकुरदीन के घरवालों का नाका बन्द कर रखा है। घर में घुसकर पुलिस बहू-बेटियों की बेइज्जती कर रही है। तालुकेदारों के गुंडे अलग लट्ठ लिये घूम रहे हैं। कुटिया और आस-पास के गाँवों में उनकी लूटपाट का नंगा नाच चल रहा है। ठाकुरदीन ने सुना और रात-भर उधेड़बुन में पड़े रहे। सुबह उन्होंने जोखू सिंह को बुलाया।

"अब आपको और तकलीफ नहीं देंगे। ····आज शाम को निकल लेंगे।"

"क्यों····किसी ने कुछ कहा ?····यहाँ कोई तकलीफ हुई ?"

"वह बात नहीं है। हमारी वजह से आपको भी खतरा है। देर-सबेर उन्हें खबर लग ही जाएगी। मैं नहीं चाहता, पुलिस और तालुकेदारों के गुर्गे यहाँ भी आकर लूटपाट करें, घर की औरतों के साथ बदसलूकी हो।"

"यहाँ से कहाँ जाएँगे ?"

"अपने घर। गिरफ्तार होना है तो वहीं से क्यों न हों। किसी और की बेइज्जती क्यों कराएँ।"

ठाकुरदीन रात में छुपते-छुपाते कुटिया पहुँचे। उनके आने की खबर कानों-कान किसानों में फैल गई। आस-पास के किसान एक-एककर जमा होने लगे। दोपहर में पुलिस को भनक लगी। शाम को छापा पड़ा। गारद के साथ प्रतापगढ़ का पुलिस कप्तान खुद मौजूद था। पचास हथियारबन्द सिपाही और छह घुड़सवार। जौनपुर से पुलिस का एक दस्ता अलग से आया था। राजा बाजार रियासत के आदमी पुलिस की मदद कर रहे थे। पूरा गाँव घेर लिया गया। तीन घंटे लगातार लूटपाट होती रही। आखिर चौदह लोगों के साथ ठाकुरदीन को गिरफ्तार किया गया।

तीसरे दिन सुबह-सुबह 'लीडर' अखबार में यह खबर पढ़कर इलाहाबाद के

कांग्रेसी नेताओं ने चैन की साँस ली। यह नवम्बर की पच्चीसवीं तारीख थी।

सितम्बर के पहले हफ्ते में कलकत्ता में हुए विशेष अधिवेशन के बाद कांग्रेस असहयोग आन्दोलन की तैयारी कर रही थी। तीस नवम्बर को होनेवाले कौंसिल के चुनावों के बहिष्कार का प्रचार किया जा रहा था। खिलाफत का समर्थन कर मुसलमानों की सहानुभूति बटोरने की कोशिश हो रही थी। शासन के खिलाफ जनता के हर तबके को एकजुट करने का अभियान चल रहा था। ऐसे में तालुकेदार वर्ग को नाखुश करने का जोखिम वह नहीं उठा सकती थी।

असहयोग के काम के सिलसिले में गांधी जी इलाहाबाद आए थे। उन्तीस नवम्बर को उनका प्रतापगढ़ का दौरा हुआ। साथ में मोतीलाल नेहरू, अबुल कलाम आजाद और शौकत अली भी थे। कचेहरी से लगे खेल के मैदान में उनकी सभा हुई। गांधी जी ने भाषण दिया। लेकिन उसमें किसानों और तालुकेदारों के झगड़े का कोई जिक्र नहीं था। उन्होंने बाबा रामचन्द्र का नाम तक नहीं लिया। किसान नेताओं से मिलने, उनकी समस्याओं को समझने की उन्होंने कोई जहमत नहीं उठाई। हाँ, राजा प्रतापगढ़ के महल में तालुकेदारों के साथ उनकी गुफ्तगू जरूर हुई। बाद में इलाहाबाद से उन्होंने किसानों के नाम जो सन्देश जारी किया उससे जाहिर था कि तालुकेदारों की शिकायतों को उन्होंने कितनी तरजीह दी थी।

वी. एन. मेहता ने माताबदल पांडे की मार्फत गांधी जी से मिलने का समय माँगा। गांधी जी बोले—वे जिले के सदर हैं, हम खुद उनसे मिलने जाएँगे। माताबदल को साथ लेकर वे डिप्टी कमिश्नर के बँगले पर गए। दोनों में एकान्त में बातें हुईं। लौटते समय माताबदल के पूछने पर गांधी जी ने बस इतना बताया कि वे गुजराती समाज के बारे में बातें करते रहे, राजनीति पर कोई चर्चा नहीं हुई।

ठाकुरदीन का किसान सभा से कोई सम्बन्ध नहीं था। डिप्टी कमिश्नर की जाँच के समय बाबा ने बार-बार इस बात पर जोर दिया था। लेकिन जब मुलजिमों के खिलाफ मुकदमा शुरू हुआ तो माताबदल पांडे को लेकर बाबा ने उनकी ओर से पूरी पैरवी की। वे बराबर प्रतापगढ़ आते-जाते रहे। हर तारीख पर कचेहरी किसानों से भरी रहती थी। अन्ततः उन्हें चार-चार साल की सजाएँ हुईं। लेकिन यह अध्याय यहीं खत्म नहीं हुआ। पूरे जवाँर में बहुत दिनों तक ठाकुरदीन कांड की गूँज होती रही और किसानों में विद्रोह की चिनगारी सुलगती रही।

मेहता ने गाँव-गाँव घूमकर किसानों की शिकायत सुनी। कुल सत्रह सौ किसानों के बयान दर्ज किए। ढेरों दस्तावेज इकट्ठे किए। बाबा ने जाँच में पूरा सहयोग दिया। जितना वक्त मिला, उन्होंने इस काम में लगाया। मेहता ने भी पूरी मेहनत की। आखिर एक सौ ग्यारह पेज की रिपोर्ट बनकर तैयार हुई। लेकिन अँग्रेज हाकिमों को वह रास नहीं आई। कमिश्नर हेली ने उसे पक्षपातपूर्ण, एकतरफा और किसानों की शिकायतों को सनसनीखेज रंग देनेवाली बताया। गवर्नर बटलर ने तो उसे लम्बी और अधकचरी

कहकर टाल दिया। अपने दोस्त तालुकेदारों की छीछालेदर उसे कतई पसन्द नहीं थी। उनके खिलाफ कोई कार्रवाई करने के बजाए उसने मेहता का ही तबादला कर दिया। ग्यारह दिसम्बर को नए डिप्टी कमिश्नर जी. एल. विलियम ने जिले का चार्ज सँभाला। जिले में अंग्रेज डिप्टी कमिश्नर की तैनाती से तालुकेदारों में खुशी की लहर दौड़ गई। उनकी बहुत दिनों से चली आ रही माँग पूरी हुई और उनके जुल्मों के खिलाफ किसानों को शासन से किसी तरह की मदद मिलने की आशा धूमिल हो गई।

अट्ठाईस

लूटपाट की हवा बसौली तक पहुँची तो पदारथ कई दिन तक डर के मारे सँसे रहे। इतना तो उन्हें भरोसा था कि उनके ख़िलाफ गाँव के किसी किसान की सिर उठाने की हिम्मत नहीं होगी। लेकिन बाहर से भीड़ आ गई तब क्या करेंगे। इस मामले में सुचित की ओर से ही उन्हें ज्यादा डर था। वही ऐसा है जो बाहर के लोगों को उकसाकर यहाँ ला सकता है।

तालाबवाली घटना के बाद से सुचित का बुझापन धीरे-धीरे कम हो रहा था। रामदेव के साथ खड़े होकर ही सही, अपने भीतर पदारथ के बेटों को ललकार पाने की ताकत के एहसास से उसका मुरझाया मन फिर से हरा होने लगा था। उसका बाहर आना-जाना भी शुरू हो गया था। उसने सालिकराम से दो बीघे खेत अधिया पर लेकर पेट भरने का जुगाड़ कर लिया था। सूखे में भी पुर-घर्रे से किसी तरह धान की फसल सँभाल ली थी। अधियावाले खेत में रबी की बुआई के लिए उसे बिसार की चिन्ता नहीं थी, वह तो साधू के यहाँ से मिल ही जाएगा। लेकिन कुटिया में लूटपाट की खबर सुनकर वह पसोपेश में पड़ गया।

ठाकुरदीन के काम को बाबा का समर्थन नहीं था। उसके पीछे कोई निश्चित योजना, कोई व्यवस्थित विचार नहीं था। वह तो निजी रंजिश व क्षणिक भड़कावे में शुरू हो गया था। लेकिन शुरू के दौर में उसकी निर्बाध सफलता और सरकार की असमर्थता ने किसानों में एक नई शक्ति का एहसास भर दिया था। सामूहिक रूप से कानून तोड़कर सम्पन्न वर्ग को चुनौती दे पाने से अनजाने ही उनमें एक सामूहिक चेतना सुगबुगाने लगी थी। तालुकेदार, महाजन और सरकार की तिकड़ी ने हमेशा साधनहीन किसानों को चूसा था। लेकिन पहले उनके जुल्मों के पीछे तनहा-तनहा लोग दिखाई पड़ते थे। किसानों के हमले के सामने इस तिकड़ी में एक साथ जैसा हड़कम्प मचा था

उससे किसानों को एहसास होने लगा था कि इन तीनों के हित आपस में कहीं मिलते हैं, कि उनकी अपनी बिरादरी इन तीनों से बिल्कुल अलग है, कि उनमें और इनमें साझेदारी का कोई बिन्दु नहीं है, कि कानून का मकसद उन्हें असहाय बनाए रखकर इस तिकड़ी का हित-साधन करना है और इसी पर उसकी बुनियाद टिकी है। ठाकुरदीन किसानों की बिरादरी में कहीं ठीक नहीं बैठते थे, लिहाजा एक बार शुरुआत हो जाने के बाद आन्दोलन उन्हें छोड़कर आगे बढ़ गया था। सुचित के भीतर जो उथल-पुथल मची थी उसके पीछे अस्पष्ट-सी उभरती यही चेतना थी जिसमें बाबा और झिंगुरी सिंह और सालिकराम तक थोड़ा अलग-थलग दिखाई पड़ते थे।

उस दिन खिन्न चेहरा लिये पदारथ सालिकराम के दरवाजे पर आए तो सबको अचरज हुआ। सार में खाद खोदी जा रही थी और रामहित हलवाहों के साथ काम में लगा था। नीम के पेड़ के नीचे बच्चे खेल रहे थे। पीतल के गिलास में दबा-दबाकर मिट्टी भरते और सँभालकर उलट देते तो साफ-चिकना ढूहा बन जाता था। ऐसे ढूहों की कतार बनाने में वे मगन थे। आसमान साफ था और हवा में सर्दी के पहलेवाली हल्की खुनक थी। साधू नीम के पेड़ के नीचे चौकी पर बैठे पूजा कर रहे थे। पदारथ चारपाई पास खींचकर बैठ गए और पूजा खत्म होने का इन्तजार करने लगे। साधू ने इशारे से गुड़-पानी मँगवाया। पानी पीकर पदारथ चारपाई पर उठँग गए और जब तक साधू पूजा से उठे, उन्हें झपकी-सी आ गई थी। साधू ने खँखारा तो वे उझककर उठे।

"सो गए थे क्या?"

"हाँ···चिन्ता के मारे रात-भर नींद नहीं आई।"

"ऐसी क्या बात हो गई?"

"चारों ओर लूट-पाट मची है, आप कहते हैं क्या बात हो गई।"

"विधाता को जो मंजूर है वह तो होगा ही।"

"ऐसा तो कभी हुआ ही नहीं था साधू।"

"अन्याय-अत्याचार बहुत बढ़ गया है। ऊपरवाले का आसन डोलता है तो यही सब होता है।"

"यह साधुओंवाली बात छोड़िए।···जरा सुचितवा को सँभालिए। मुझे उसी से डर है।"

पदारथ के चेहरे की ओर एकटक देखते हुए सालिकराम एकदम गम्भीर हो गए। बहुत-सी बातें उनके मन में आईं और घुमड़कर रह गईं। वह सब कहने का समय नहीं है। कोई याचक बनकर सामने आए तो उसकी गलती नहीं बताई जाती।

"तो कहिए···क्या करें?"

"उसको बुलाकर समझा दीजिए। वह आपकी ही बात मानेगा। बाहर से लोग न आएँ तो गाँव में कुछ नहीं होगा।···पहले जो हुआ सो हुआ, अब हम सबकी इज्जत का सवाल है। आज मेरे साथ होगा तो कल आपके साथ। संकट के समय हम मिलकर

नहीं रहेंगे तो कल पइया हो जाएँगे।"

शाम को साधू ने सुचित को बुलवाया तो वह घर पर नहीं था। माँ ने बताया कि रिश्तेदारी में गया है। जब दूसरे दिन भी उसका अता-पता नहीं चला तो साधू को चिन्ता होने लगी। सुबह दिशा-मैदान से लौटते हुए पदारथ फिर मिल गये। उनके घर की ओर ही आ रहे थे।

"सुचित नहीं मिला न?"

"कहीं रिश्तेदारी में गया है।"

"रिश्तेदारी-उश्तेदारी में नहीं, वह वहीं गया है—कुटिया। लुटेरों को साथ लिवाकर आएगा।"

"ऐसा करना तो नहीं चाहिए सुचित को।"

"आपको ऐसे ही लगता है।····कुछ उपाय करिए नहीं तो सब कुछ हाथ से निकल जाएगा। अभी भी समय है।"

उस दिन साधू पूजा से उठकर सीधे सुचित के घर गए। सुचित की माँ बाहर बैठी सुतली कात रही थी। उन्हें देखकर उठ खड़ी हुई।

"गोड़ धरी महराज।"

"सुखी रहो।"

उसने जल्दी से एक झिंलगा चारपाई निकालकर बिछा दी।

"कैसी हो भक्तिन?"

"बस जियरा जी रहा है महराज।"

"सुचित अभी तक नहीं लौटा?"

"नहीं महराज, हमको तो बड़ी चिन्ता हो रही है।"

"आखिर गया कहाँ है?"

"ठीक-ठाक कुछ बताया नहीं। आप तो जानते हो महराज, जब से खेत बेदखल हुआ है उसके लच्छन ठीक नहीं हैं। इधर बहुत दिनों से नहीं निकला था तो हम समझे कि रास्ते पर आ गया है। लेकिन उस दिन पट्टी के बाजार से लौटा तो फिर से कुलबुलाने लगा। बोला—रिश्तेदारी जा रहे हैं। मैंने पूछा कौन रिश्तेदारी, तो बिगड़ गया!"

तब तक बहू घास की खाँची सिर पर लिये आती दिखी। साधू को बैठे देखा तो सिर के पल्ले को एक ओर से खींचकर मुँह ढक लिया। नेसुहे के पास घास फेंककर वह अन्दर गई और टटरे के दरवाजे के पीछे खड़ी हो उनकी बातें सुनने लगी।

"बाहर कई गाँवों में किसान मिलकर महाजनों के गाड़-बखार लूट रहे हैं। सुचित कहीं उनके चक्कर में तो नहीं पड़ गया?"

"हियाँ से तो रिश्तेदारियै कहके गया है महराज। बाकी भगवान् जानें।"

"ऊ रिश्तेदारी नहीं गए हैं।" बहू ने दरवाजे के पीछे से खड़े-खड़े कहा।

"तब कहाँ गए हैं?····तुझसे कुछ कहा था?" सुचित की माँ ने सिर घुमाकर हल्के

से डाँटा।

"बताने को मना किए हैं।"

"अरे सपखई, साधू से क्या छिपाना रे।...बोल तो सही।"

"रूरे गए हैं—बाबा के यहाँ।"

"वहाँ तक तो गनीमत है, और आगे न निकल गया हो।"

साधू वहाँ से उठकर सीधे पदारथ के यहाँ गए। उनसे सलाह कर दूसरे दिन रूरे चलने की बात तय हुई।

सुबह जल्दी उठकर उन्होंने पूजा-पाठ किया। जल्दी-जल्दी में भोजन किया। पौला और मिरजई पहनी, साफा बाँधा, झोला लटकाया। सोंटा लेकर निकल रहे थे तब तक पदारथ भी तैयार होकर आ गए। दोनों कंजा का पुल पार किए थे कि दाहिनी ओर से हल्ले-गुल्ले की आवाज आने लगी। सड़क के उस तरफ आम का एक बाग था, उसके पीछे वारी खुर्द गाँव जहाँ काफी बड़ा कुर्मियान था। दोनों ठिठककर सुनने लगे। बीच-बीच में आवाज उठती थी फिर धीमी हो जाती थी। वे बाग की ओर मुड़ गए और एक पेड़ के नीचे खड़े हो गए। बाग के एक ओर से बस्ती शुरू होती थी, तीन ओर जोत-हेंगा कर रबी की बुआई के लिए तैयार किए गए सपाट खेत थे जो चटख, सुहावनी धूप में नहा रहे थे। नाले के पास गन्ने का खेत था जिसकी पत्तियाँ धीरे-धीरे चलती हवा से हिल रही थीं। आवाज बाग की ओर बढ़ने लगी तो वे गन्ने के खेत में घुसकर आड़ में हो गए।

भीड़ बाग में घुसी तो हल्ला-गुल्ला बन्द हो गया था लेकिन लोगों में एक खास तरह का उत्साह और उत्तेजना थी।

वे तेजी से सड़क की ओर बढ़ रहे थे। कुछ लोगों ने कन्धों पर खाली बोरे और चादरें डाल रखी थीं, कुछ के हाथों में झौवा, दौरी और सिकहुले थे। कुछ लोगों ने लाठी-डंडे भी उठा रखे थे। गन्ने की नीचे की पत्तियाँ सूख गई थीं जिससे पौधों के बीच बैठकर लोगों की निगाह में आए बिना आर-पार देखा जा सकता था। सालिकराम और पदारथ भीड़ के एक-एक आदमी का चेहरा पहचानने की कोशिश कर रहे थे। आखिर उन्हें जिसकी तलाश थी वह दिख गया। सुचित भीड़ के पीछे-पीछे चल रहा था। उसका चेहरा ऊब और थकान से बोझिल था। उसे देखकर साफ जाहिर होता था कि इस काम में उसका मन नहीं लग रहा था। इसी में दोनों को आशा का बिन्दु दिखाई पड़ा।

भीड़ सड़क पर पहुँचकर बाईं ओर मुड़ गई। कंजा का पुल पार कर उसने सड़क छोड़ दी और खेतों के बीच से होकर दाहिनी ओर बढ़ने लगी। आगे ईशनपुर तालुके के गुजारेदार ठाकुर महेश सिंह का कोट था। उन्हें कंजा का एक गाँव गुजारे में मिला था। लगान तो नाम मात्र का मिलता था लेकिन गाँव की काफी जमीन उनकी सीर में थी जिसमें वे खुद काश्त करते थे। बहुत बड़ी गाड़ थी और दूर-दूर तक बिसार देते थे। तो अभी तो भीड़ का निशाना ठाकुर का कोट लगता है। लेकिन हो सकता है वहाँ से

निपटकर वह बसौली की ओर चल पड़े।

भीड़ आगे निकल गई तो दोनों गन्ने के खेत से बाहर आए और घर की ओर मुड़ गए। अब आगे जाने का कोई मतलब नहीं था। किसी तरह सुचित से सम्पर्क हो जाता तो पूरी बात मालूम पड़ती। लेकिन वह हो कैसे। कुछ नहीं सूझा तो भीड़ जिस तरफ गई थी उसी तरफ वे भी बढ़ने लगे। कोट के पहले ऊँचे भीटेवाला एक तालाब था। उसके बाद कई गाँवों के तालों को जोड़नेवाला एक टेढ़ा-मेढ़ा नाला। नाले के उस पार दूर तक फैला ढाक का जंगल था जिसके बीच कोट बना था। जब दोनों भीटे पर पहुँचे, भीड़ नाला पार कर जंगल में घुस रही थी। वे किंकर्तव्यविमूढ़-से एक पेड़ के नीचे बैठ गए। पदारथ का भीड़ में जाना खतरे से खाली नहीं था। सालिकराम की चिन्ता यह थी कि भीड़ के साथ देखकर लोग उन्हें भी लुटेरा समझ लेंगे। वे इसी सोच-विचार में पड़े थे कि एक राहगीर उधर से निकला। वह भी कोट की तरफ जा रहा था। सालिकराम ने उसे रोका। उनकी वेश-भूषा और माथे पर द्वादश तिलक देखकर उसने पैलगी की।

"चिरंजीव रहो।...किधर जा रहे हो भइया?"

"सरैया महराज।"

"ठाकुरदिनिहों के साथ हो क्या? ...आगे कई लोग जा रहे हैं।"

"नहीं महराज, हम तो बहिनिअउरे जा रहे हैं।"

"सरैया का रास्ता तो कोट के बगल से ही है।"

"हाँ महराज।"

"हमारा एक काम करोगे भइया?"

"हुकुम महराज।"

"आगे-आगे ठाकुरदिनिहों की भीड़ जा रही है। कोट पर ही गए होंगे। इधर तो ठाकुर के यहाँ ही गाड़-बखार है। उसमें हमारे गाँव का एक आदमी है—सुचित कुर्मी। दुबला-पतला, साँवला रंग। उमर होगी यही कोई तीस-बत्तीस। भइया, उसके कान में कहना कि उसके गाँव के सालिकराम तेवारी भीटे पर बैठे इन्तजार कर रहे हैं, जरा आके बात कर ले। किसी को शंका न हो।"

"महराज, है तो बहुत टेढ़ा काम। पर आप बाभन होके कह रहे हो तो देखता हूँ।"

"यही समझो कि बहुतै जरूरी है। नहीं तो हम तुम्हें तकलीफ न देते भइया।"

राहगीर के चले जाने के बाद भीटे पर सन्नाटा छा गया। बीच-बीच में पेड़ों पर चिड़ियों की चुह-चुह सुनाई देती थी फिर सब कुछ शान्त हो जाता था। काफी देर हो गई, कोई उधर नहीं निकला। दोनों बैठे-बैठे ऊँघने लगे। सुचित ने आकर पैर छुआ तो सालिकराम सजग हो उठे।

"धन्य हो सुचित, धन्य हो। तुम तो गूलर के फूल हो गए भइया। तुम्हें खोज-खोजकर हम अजीरन आ गए।"

सुचित चुपचाप खड़ा रहा।

"अरे सत्य-असत्य कुछ तो बोलो भइया ? आखिर इतने दिन कहाँ रहे ?"

"रूरे गया था। वहाँ से लौटते समय···"

"हाँ-हाँ लौटते समय ठाकुरदिनिहे मिल गए तो उनको पछिया लिया···कहते क्यों नहीं ?" पदारथ से धीरज नहीं रखा गया।

"पदारथ, तुम जरा शान्त रहो।" सालिकराम ने आत्मीयता से आँख तरेरी।

"अच्छा छोड़ो। अब यह बताओ, ये लोग कोट से लौट जाएँगे या आगे बढ़ेंगे ?"

"अनाज सब को चाहिए महराज। कोई खाली हाथ तो लौटेगा नहीं। ठाकुर की गाड़ में सबको अनाज मिल गया तो ठीक, नहीं तो आगे भी जा सकते हैं। भीड़ का क्या भरोसा।"

"आगे कहाँ ?···बसौली तो नहीं जाएँगे न ?"

"कौन जाने।"

"नहीं बच्चा, यह तो रोकना होगा। जैसे भी हो। आज तुम्हें खड़ा होना पड़ेगा। ···अपने गाँव का मामला है। ये तो लूटपाट कर निकल जाएँगे। हमें हमेशा साथ रहना है, साथ मरना-जीना है। ···तुम्हारे रहते गाँव की बेइज्जती हुई तो हम मुँह दिखाने लायक नहीं रहेंगे।"

"हम कैसे करें महराज, हमारे रोकने से कौन मानेगा ?"

"सब मानेंगे।···मुझे मालूम है, इतने दिनों से बाबा के साथ तुम झख नहीं मारते रहे हो।"

"क्यों बनते हो सुचित। इन्हें कौन बतानेवाला है कि बसौली में किसके यहाँ गाड़-बखार है। किसका घर देखा है इन्होंने।" बहुत सँभालने के बावजूद पदारथ का गुस्सा आँखों में उतर आया था।

"तुम चुप नहीं रह सकते पदारथ ? तुम्हारे इसी सऊर से यह दिन देखना पड़ रहा है। बहुत कुपद कर लिया तुमने, अब मुँह न खुलवाओ।" सालिकराम का बहुत दिनों का दबा गुबार फूट पड़ने को आतुर था।

"सुचित बेटा, तुम जाओ। किसी तरह उन्हें बझाए रखो। बस वे बसौली गाँव में न घुसने पाएँ। पहले जो भी हुआ उसे भूल जाओ। आज तुम्हें ही सँभालना है। कैसे करोगे, यह तुम जानो।"

"आप कहते हो तो जाते हैं महराज। ···जान पर बन आए तब भी करेंगे। लेकिन इतना कहे देता हूँ, साँप को कितना भी दूध पिलाओ, मौका मिलने पर वह डसने से बाज नहीं आएगा।"

सुचित तेजी से निकल गया। नाला पार करते हुए उसके दिमाग में कौंधा—जनता की लड़ाई में एक और बड़े दुश्मन हैं भले और सज्जन लोग। अपनी भलाई में वे ऐसा कुछ न होने देंगे जिससे मौजूदा ढाँचे को कोई धक्का लगे। ···और

शायद वह खुद उन्हीं में शामिल है।

उस दिन ठाकुर की गाड़ लूटने के बाद भीड़ ने कंजा के शेख वाहिद अली के यहाँ धावा बोला। पर वह बसौली गाँव में नहीं घुसी और पदारथ की गाड़ बच गई। और साधू की इज्जत भी।

उनतीस

रामहित को जब भी मौका मिलता, ससुराल निकल जाता। बहू दोनों बच्चों के साथ ज्यादातर वहीं रहती थी। वहाँ जाता तो चार-चार, पाँच-पाँच दिन के लिए रुक जाता। वह लड़की—सुमित्रा नाम था उसका—उसके दिमाग में छा गई थी। उसे देखने, उससे बतियाने, उसका सान्निध्य पाने के लिए मन में हुड़क-सी उठती थी। ससुराल पहुँचते ही उसके घर जाने का कोई-न-कोई बहाना ढूँढ़ने लगता। वह माँ-बाप की अकेली थी। बाप पक्का अहदी था। न खेती-बारी में उसका मन लगता था न घर की कोई जिम्मेदारी सँभालने में। माँ स्वभाव से खुदगर्ज, आरामतलब और झगड़ालू थी। बेटी सयानी हो गई थी पर किसी को उसके ब्याह की चिन्ता नहीं थी। साली के रिश्ते से रामहित को उससे हँसी-ठिठोली करने की पूरी छूट थी। सुमित्रा शादी-विवाह के मौके पर नाचने, गाने, ढोलक बजाने में सबसे आगे रहती थी। भीड़-भाड़ में रामहित दूर-दूर से उसे देखता और अन्दर-ही-अन्दर ऐंठकर रह जाता। यह भी उससे छिपा नहीं था कि सुमित्रा के भीतर भी वैसा ही तूफान घुमड़ रहा था। इससे उसकी आग और भड़कती थी। दोनों मिलने और ज्यादा-से-ज्यादा पास रहने का मौका देखते रहते थे।

रामहित की बहू सीधी-सादी थी। उसे नाज-नखरे नहीं आते थे। उसके हाथ-पैरों में हमेशा बिवाई के खर्रे-जैसे पड़े रहते थे। यह एक खानदानी रोग था जो किसी सन्तान को मिलता था किसी को नहीं। बहू की पीढ़ी में उसके अलावा उसके बड़े भाई को यह रोग मिला था जिसके कारण उसका विवाह नहीं हो पाया था। लड़कियों को देखने की प्रथा होती तो शायद उसके विवाह में भी दिक्कत आती। रामहित के दोनों बच्चों में बेटे को यह रोग आ गया था। इस सबके चलते रामहित को बहू के साथ छल करने में कोई ग्लानि नहीं होती थी। बहू भी हर तरह से हीन, किसी तरह का अंकुश लगाने की स्थिति में नहीं थी। लेकिन घरवालों की तो आँखें नहीं फूटी थीं। ससुराल में बैठकर रामहित का यह खेल खेलना उन्हें बहुत अखरता था। पर वे करते भी क्या।

कुछ चीजें किसी खास समय पर कैसे घट जाती हैं, बुद्धि से समझ में नहीं आता।

बहू को बसौली आए अभी हफ्ता-भर नहीं हुआ था कि वह जूड़ी-बुखार की चपेट में आ गई। वैसे तो घर-घर में यह रोग फैला था लेकिन ज्यादातर लोग हफ्ता-दस दिन उपवास करके उठ जाते थे और पंथ लेने लगते थे। बहू की जूड़ी खतम हुई तो धीमा-धीमा बुखार रहने लगा। वह उतरने का नाम नहीं ले रहा था। दवा-दरमद की किसे फिक्र होती। रोग जीतता गया और देह सूखती गई। वह चारपाई पर बुत्त पड़ी रहती थी। सिर्फ मक्खियाँ हटाने के लिए हाथ हिलते थे। दोनों बच्चों को खेलते-खेलते कभी भूख लग जाती तो उसके बिस्तर के पास आकर रोने लगते। कभी छोटे-छोटे हाथों से उसकी देह हिलाते। वह बस टुकुर-टुकुर ताकती रहती। कभी आँखों के कोर भीग जाते। रामदेव की बीवी पास होती तो वही आकर बच्चों को सँभालती और ले जाकर कुछ खाने को देती। बड़ी बहू को तो अपने साज-सिंगार से ही फुरसत नहीं थी। और बूढ़ा चाहते हुए भी कुछ नहीं कर पाती थीं, उन्हें कुछ सूझता ही नहीं था।

उस दिन शाम को सहुआइन बहू को देखने आई थी और चिरयता का अरक पिलाने की सलाह दे गई थी। देबीदीन खेत से लौटकर आया था और बूढ़ा उससे चिरौरी कर रही थीं कि कहीं चिरयता के पौधे दिखें तो उखाड़कर ले आए। तभी राम अभिलाख की लड़की ने आकर कहा—अइया, जरा चलकर देखिए, काकी बोल नहीं रही हैं। वे दौड़कर बहू के पास गईं। उसकी आँखें उलट-पलट रही थीं। सारा घर इकट्ठा हो गया। पर किसी के बस में कुछ नहीं था। एक घड़ी रात बीते घटका शुरू हो गया। सुबह होते-होते प्राण निकल गए। टिकठी बनाकर पश्चिम के बाग में जलाने ले जाया जाने लगा तो दोनों बच्चे—भाई-बहन—एक दूसरे की उँगली पकड़े लोगों के पीछे-पीछे चल रहे थे। आँवले के पेड़ के नीचे लाश का उतारा गया। दोनों चुपचाप देखते रहे। चिता को आग दी जाने लगी तो राम अभिलाख की लड़की दोनों को पकड़कर घर ले आई।

रामहित से वरषी तक भी इन्तजार नहीं किया गया। सुमित्रा के बाप को घेर-घार कर जेठ की लगन में उनकी शादी करा दी गई। लेकिन सुमित्रा की माँ ने शादी में उसे विदा नहीं होने दिया।

पदारथ की गाड़ लुटने से बच जाने के बाद उनके और सालिकराम के परिवारों के बीच की दूरी कम हो गई थी। पहले औरतों का आना-जाना शुरू हुआ। फिर मर्द भी उठने-बैठने लगे। रामहित की बहू की तेरही में दोनों परिवारों में खानदान भी हो गया।

पदारथ के सबसे छोटे बेटे से रामहित की खूब पटने लगी थी। बचपन में एक बार पेड़ से गिरने के बाद वह लँगड़ाकर चलता था। धीरे-धीरे उसका नाम ही लंगड़ पड़ गया था। चार बेटों में सबसे छोटा होने से उसके ऊपर कोई जिम्मेदारी नहीं थी। उसके जिम्मे सिर्फ एक काम था—जानवर चराना। उसने एक भैंस सिर्फ अपने लिए पाल रखी थी। अकेले उसका दूध पीता था। बाकी का घी बनवाकर बेच लेता था। जवान बेवा औरतों को पटाकर उनका माल-मत्ता झाड़ लेने की कला में वह माहिर था। उसके बारे में

मशहूर था कि जहाँ-जहाँ उसने आशनाई की, सारा गुप्त धन बटोर लाया। आजकल पड़ोस के गाँव की एक गड़ेरिन के पीछे पड़ा हुआ था। दिन जानवरों के साथ बीतते थे, रात उसके झोपड़े में। गड़ेरिन मायके से मजबूत थी। एक पति के मरने के बाद गहना-गुरिया लेकर दूसरे के यहाँ आ गई थी। वह भी ज्यादा दिन नहीं जिया। दो-दो घरों का संचित धन लंगड़ के सामने खुला पड़ा था। वह उसके शरीर से खेल रहा था और धीरे-धीरे एक-एक गहने और रुपये समेटता जा रहा था। लोगों को वह अक्सर सुबह गड़ेरान की ओर से अपने घर की ओर लँगड़ाता हुआ आता दिखाई पड़ता था। सालिकराम के घर की औरतें उसका रास्ता बचाती थीं। लेकिन रामहित उससे चिपका रहता था। लोग कहते थे, आजकल वही रामहित को पट्टी पढ़ा रहा था। साधू और रामदेव अन्दर-अन्दर कुढ़कर रह जाते थे। साधू अक्सर कहते—पदारथ के यहाँ आना-जाना न शुरू होता तभी अच्छा था; खल से न दुश्मनी भली न दोस्ती।

शादी के बाद रामहित दो-तीन बार बैरघाट हो आया पर कोई बात नहीं बनी। सुमित्रा की माँ टस-से-मस नहीं हुई। अन्त में एक बार वह लंगड़ के साथ गया। दोनों ने मिलकर सुमित्रा को वहाँ से उड़ा लाने की योजना बनाई। तिथि-वार भी तय कर लिया। रामहित छिपकर सुमित्रा से मिला और उसे सारी बात समझा दी।

चैत का दूसरा पाख था। बहुत तड़के बसौली से पाँच लोग बैरघाट के लिए रवाना हुए। दोनों भाइयों सहित रामहित, लंगड़ और पड़ोस के गाँव का उसका एक नौजवान दोस्त—नगेस्सर, जो आस-पास के गाँवों में पहलवानी करता घूमता था। रामदेव की जाने की बिल्कुल इच्छा नहीं थी लेकिन साधू ने जिद करके उसे साथ कर दिया था कि लोग कहीं कोई अनर्थ न करें। बैरघाट के रास्ते में एक गाँव था पूरे मनिकंठ, जहाँ के सुकुलों के यहाँ रामहित की बहन ब्याही थी। बैरघाट से कोई डेढ़ कोस पहले। वहीं रुककर सारी तैयारी करनी थी। दोपहर के पहले लोग पूरे मनिकंठ पहुँच गए। कलपा बहन ने सबके लिए भोजन बनाया। अरहर की गाढ़ी दाल, परवल की सब्जी, चुपड़ी रोटी और पुरिया लगा भात। लोग छककर खाए और थोड़ी देर लोट-पोट कर उठ गए। बगल के गाँव से एक इक्का तय किया गया जो शाम को ही आकर सुकुल के दरवाजे खड़ा हो गया। दिन ढलते ही एक आदमी ने सिल-बट्टा लेकर भंग पीसना शुरू कर दिया था। शाम को ठंडई के साथ भंग छनकर तैयार हुई। रात में पक्के खाने का इन्तजाम हुआ—पूड़ी, कद्दू की सब्जी और दही-बूरा। खाने के बाद लोग एक नींद सोकर उठे और बैरघाट की ओर चल पड़े।

लोग मेंड़-डाँड़ से होकर दनदनाते हुए चले जा रहे थे। पीछे-पीछे खोरि से होकर इक्का आ रहा था। गाँवों में सोता पड़ा था। सुनसान खेतों के ऊपर चाँदनी की धुन्ध टँगी थी। तीन घड़ी रात रहे लोग बैरघाट पहुँचे। तब जाकर चाँद डूबा और अँधेरा छा गया। नदी के इस तरफ इक्का खड़ा कर दिया गया। दबे पाँव लोग गाँव में घुसे। सुमित्रा के दरवाजे पर पहुँचकर वे ठिठके। दरवाजा भिड़ा था लेकिन अन्दर से कुंडी

नहीं लगी थी। सुमित्रा को जैसे समझाया गया था उसने वैसे ही किया था। नगेस्सर और रामहित धड़धड़ाते हुए अन्दर घुस गए। सुमित्रा और उसकी माँ आँगन में अगल-बगल लेटी थीं। रामहित ने जैसे ही सुमित्रा का हाथ पकड़ा, वह उठकर खड़ी हो गई, जग तो वह पहले से ही रही थी। आहट से उसकी माँ हड़बड़ाकर उठी और सुमित्रा को पकड़कर चिल्लाने लगी। नगेस्सर ने पहले तो उसका मुँह बन्द किया, फिर हाथ पकड़कर जोर से मरोड़ दिया। कराहते हुए वह जमीन पर बैठ गई। अँधेरे में उसने सुमित्रा का हाथ पकड़कर घर से बाहर निकलते रामहित का साया देखा और पलक झपकते सारा माजरा उसकी समझ में आ गया। वहीं से चिल्लाकर उसने सरापा—

"जा धिया, अहिबाती जा रही हो, राँड़ होके लौटोगी। पियरी पहन के आने की रोजी नहीं होगी। जैसे मेरा हाथ तुड़वाया है वैसे ही तेरा अहिबात टूटेगा।"

लोग वहाँ से निकले तो सुमित्रा का बाप मड़हे के सामने निधड़क सो रहा था। गली से निकलकर एक कुत्ते ने दो बार भौं-भौं किया पर किसी की आँख नहीं खुली। लंगड़ ने इस तरह लाठी घुमाकर डराया कि वह जोर से चिहुँका और पूँछ दबाकर भाग निकला। लोग घरों के पिछवाड़े-पिछवाड़े चलते हुए बाग में निकल आए तब जाकर चैन की साँस ली। दो लोग आगे, दो लोग पीछे और बीच में सुमित्रा चल रही थी। चारों ओर सन्नाटा था और पैरों तले दबी सूखी पत्तियों की खरखराहट और लंगड़ की लाठी की खट्-खट् के अलावा कोई आवाज नहीं आ रही थी। बाग से निकलकर वे सिवान में आए तो मेंड़ों पर चलते हुए उन्हें एक कतार में हो जाना पड़ा। कुछ खेतों में पकी फसल खड़ी थी। जिनमें कटाई हो गई थी, जौ, गेहूँ और सरसों की ताजा खूँटियों के कारण चलना मुश्किल था।

नदी में कहीं-कहीं छिछला पानी था। उसे पार करते समय रामहित ने सुमित्रा का हाथ फिर से पकड़ लिया। सामने इक्का खड़ा था और लोगों की आहट सुनकर इक्केवान घोड़ी के मुँह के नीचे से चना-भूसे की बाल्टी हटाकर पीछे बाँधने लगा था। पूरब की ओर से उजास फूटने लगी थी। नदी पार करते हुए सुमित्रा का दिल धड़क रहा था। यही जगह थी जहाँ पहली बार रामहित को देखा था। तब कहाँ सोचा था कि एक दिन इस तरह उसके साथ निकलना होगा!...भगवान् जानें आगे कैसा घर और कैसे प्राणी मिलेंगे? कैसे होगी आगे की जिन्दगी? सहसा उसे माँ के शाप की याद आई और जी काँप उठा। इक्के पर चढ़ते समय उसने अपने भीतर अजीब-सी दुर्बलता महसूस की। इक्का चला तो अन्दर से धुआँ-सा उमड़ा और एकदम से रुलाई फूट पड़ी।

झुलफुला होते-होते इक्का सुकुल के दरवाजे पहुँच गया। उसकी आवाज सुनकर कलपा बाहर निकल आई और सुमित्रा को उतारकर अंकवार में भरे अन्दर ले गई। अपनी कोठरी में चारपाई पर दरी बिछाकर उसे बिठा दिया और सबके लिए चूल्हे-चौके का इन्तजाम करने लगी। थोड़ी देर बाद कोठरी में लौटकर आई तो देखा सुमित्रा गुड़ी-मुड़ी होकर सो गई है। कुछ देर उसकी ओर निहारती खड़ी रही। रात-भर की जगी

होगी बेचारी। तभी उसका ध्यान सुमित्रा की घिसी-पुरानी धोती पर गया। भला कोई नई बहू इस तरह घर में आती है! बसौली पहुँचेगी तो लोग क्या कहेंगे! रामहित ने कैसा खेल रचाया है। शुरू से ही मुरहा था वह। दरवाजे पर जाकर उसने बाहर झाँका। इक्के के पीछे-पीछे आकर तीनों भाई मड़हे में बैठे थे। उजाला हो गया था और पेड़ों पर चिड़ियाँ चहकने लगी थीं। मटमैले परोंवाली चरखियों और सलेटी-काली किलहटियों का एक दल दरवाजे के सामने उतर आया था और जल्दी-जल्दी धूल में चोंच मार रहा था। उसने इशारे से रामदेव को बुलाया।

"तुम लोगों की बुद्धि कहीं चरने गई है? बहू इस तरह कैसे ससुराल जाएगी?"

"ऐसे में और क्या किया जाए बहन?"

"बाजार जाकर एक कोरी धोती और एक कूँड़ा बताशा लाओ। मैं उसको ऐसे नहीं जाने दूँगी।"

आखिर रामदेव सुकुल को साथ ले पास के बाजार गया। दो घड़ी दिन चढ़ने तक धोती और बताशा लेकर दोनों वापस आ गए। कलपा ने तुरन्त धोती को हल्दी में रँगा और सूखने को डाल दिया। कूँड़े पर हल्दी और चावल के आटे से चित्रकारी की और कसोरे से उसका मुँह ढक कर, किनारे-किनारे आटा लगाकर बन्द कर दिया। दोपहर में लोग खा-पीकर तैयार हुए तब तक धोती सूख गई थी। सुमित्रा पियरी पहनकर इक्के में बैठने लगी तो कलपा ने उसे रोका, अपनी शादी की चादर निकालकर उसे ठीक से ओढ़ाया और नई बहुओंवाला लम्बा घूँघट कर दिया। उसने जिद करके इक्के के चारों ओर रंगीन ओहार भी बँधवाया। इक्केवान चित्रकारी किया हुआ कूँड़ा इक्के के पीछे बाँधते हुए अन्दर-अन्दर मुस्करा रहा था।

सुमित्रा बसौली पहुँचते-पहुँचते अन्दर-बाहर से बहू बन गई थी। इक्के से उतार कर गीत गाते हुए जब औरतें उसकी परछन कर रही थीं, उसे लगा वह एकाएक महत्त्वपूर्ण हो उठी है। परछन के बाद कोहबर में ले जाकर खीर से उसका मुँह जूठा कराया गया और रामहित के दोनों बच्चों को लाकर उसकी गोद में डाल दिया गया। लड़का कुछ देर कसमसाता रहा फिर अचानक उसने चादर खींचकर सुमित्रा का मुँह खोल दिया। उसका तीखा नक्श, बड़ी-बड़ी आँखें और दपदपाता गोरा रंग कमरे में कौंध की तरह भर गया। औरतों की निगाहें आपस में टकराईं तो उनमें प्रशंसा और ईर्ष्या का मिला-जुला भाव था। सीधी-सादी बूढ़ा के मुँह से निकल ही गया—क्या परी जैसा रूप पाई है बहू, तभी तो हित्तुआ लट्टू हो गया। बड़ी बहू मुँह बिचकाकर रह गई।

रामहित सब कुछ भूलकर सुमित्रा में ही खो गया। फौज की कमाई से जो कुछ बचाकर लाया था उसके गहने-कपड़े में लगा दिया। पहली बहू के सारे जेवर तो उसे मिले ही। कभी-कभी तो सुमित्रा को अपने भाग्य पर विश्वास नहीं होता था।

मन में आशंका-सी उठती थी क्या सब कुछ ऐसे चलता रहेगा?

तीस

तबादले के बाद जब मेहता जिले से जाने की तैयारी कर रहे थे, झिंगुरी सिंह को साथ लेकर बाबा उनसे मिले। अच्छी-खासी सर्दी पड़ने लगी थी और बरामदे में घुस आई धूप में बेंत की कुर्सी पर बैठे मेहता कुछ उदास-उदास से लग रहे थे। दोपहरी ढल गई थी। बँगले के सामने लान के चारों ओर बनी क्यारियों में फूल खिलने शुरू हो गए थे। बातें करते हुए मेहता बहुत आलोड़ित थे।

वे एक भद्र और संवेदनशील गुजराती थे और सरकार में रहकर जितनी मानवीयता और देशप्रेम के साथ काम हो सकता था, बिना किसी डर के करते रहे थे। कोई राजनीतिक महत्त्वाकांक्षा न होने से उनमें कांग्रेसी नेताओं की अपेक्षा अधिक साफगोई थी। इस पिछड़े हुए मुफस्सिल जिले के धुरियाए-से कस्बे में रहते हुए उन्हें शायद ही भान हुआ हो कि यहाँ से जाने के बाद असहाय और गरीब किसान वर्षों तक उन्हें याद करेंगे और अपने बाल-बच्चों को उनके तमाम किस्से सुना जाएँगे। तालुकेदारों से 'डाली' लेने और उनकी खातिरदारी का लुत्फ उठाने के बजाय उन्होंने रिआया के शोषण और उत्पीड़न के खिलाफ कुछ करने का रास्ता चुना था, भले ही इसके लिए उन्हें अँग्रेज आकाओं की नाराजगी झेलनी पड़ी। अपने स्वभाव के अनुकूल वे कस्बे में एक छोटी-सी संस्कृत पाठशाला छोड़ गए थे जिससे जुड़ा उनका नाम बहुत दिनों तक एक कोने में टिमटिमाता रहा। हालाँकि जिले से जाने के बाद उनका ठीक-ठीक क्या हुआ, यह इतिहास के अँधेरे में खो गया।

बाबा के प्रति मेहता में सम्मान का भाव था और वे चाहते थे कि उनके जाने के बाद भी जिले में किसानों का काम चलता रहे। बाबा को भी उन पर पूरा विश्वास था और वे उनकी हर बात मानते थे।

"बाबा, हम तो ठहरे सरकारी मुलाजिम। सरकार का नमक खाते हैं। वह जहाँ रखेगी, रहना पड़ेगा। जो काम देगी, करना पड़ेगा।····आप जनता के आदमी हैं। रिआया के बीच टिककर काम कर सकते हैं।····पर एक बात याद रखिएगा। ये तालुकेदार आपको भर-कोशिश यहाँ रहने नहीं देंगे। बार-बार कहते हैं—वह बाहरी आदमी है, भगोड़ा है। मेरा कहना मानिए तो यहाँ कुछ जर-जमीन बना लीजिए और···" मेहता मुस्कराकर चुप हो गए।

"और क्या साहेब, कह डालिए।"

"यहीं कहीं शादी-वादी भी कर लीजिए। गृहस्थ बन जाइए।" मेहता खुलकर हँस पड़े। अन्दर का तनाव ढीला पड़ गया।

बाबा और झिंगुरी सिंह भी हँसे बिना नहीं रह सके।

"देख रहे हो झिंगुरी सिंह, साहेब मसखरी कर रहे हैं।"

"ठीक ही तो कह रहे हैं।"

"तो तुम भी शामिल हो गए इस बूढ़े की हँसी उड़ाने में।"

"पचपन-छप्पन में कोई बूढ़ा होता है बाबा?"

"देखो झिंगुरी सिंह, हम दोनों तो ठहरे बाहरी आदमी। एक गुजराती तो दूसरा मराठी। तुम्हीं यहाँ के बाशिन्दा हो। बाबा के लिए कुछ करो। वे यहाँ रह गए तो सबका उद्धार होगा।" पता नहीं चला, मेहता धीरे-धीरे कब गम्भीर हो गए।

प्रतापगढ़ से लौटते हुए बाबा और झिंगुरी सिंह के बीच इस बारे में कोई चर्चा नहीं हुई, लेकिन दोनों के भीतर रह-रहकर यही बात घूम रही थी।

रूरे पहुँचते-पहुँचते रात हो गई। धिराजी रसोई बनाकर मड़हे के सामने जल रहे अलाव के पास बैठी इन्तजार कर रही थी। दो-तीन किसान अलाव के गिर्द बैठे थे। अलाव की लकड़ी जलकर बिखर गई थी और लोग निंदिआये-से झूल रहे थे। जग्गी मड़हे के भीतर पुआल के गोनरे पर पड़ी सो रही थी। बाबा के आने की आहट पाकर धिराजी हड़बड़ाकर उठी।

जब से बाबा जेल से लौटे हैं, धिराजी जग्गी को लेकर यहीं रहने लगी है। मड़हे के पीछे एक छोटी-सी झोंपड़ी डाल दी गई है। काम-धाम से छुट्टी पाने के बाद उसी में जाकर सो जाती है। भगवानदीन बीच-बीच में आते रहते हैं। लोग समझते हैं, एक-न-एक दिन भगवानदीन से उसकी बैठकी हो जाएगी। लेकिन अभी तक किसी ने धिराजी का मन नहीं लिया। क्या है उसके मन में, बाबा कभी-कभी सोचते हैं।

धिराजी के आश्रम में रहने से बाबा को सुविधा तो है ही। खुद को हाथ नहीं जलाना पड़ता। मड़हे की साफ-सफाई भी हो जाती है। लेकिन सबसे बड़ी बात है, उसके यहाँ होने से एक नरमाहट-सी रहती है। कुछ भरा-भरा-सा महसूस होता है। एक घरेलू ऊष्मा, एक तरलता। बाहर से लौटते हुए इस बात से मन को ठंडक मिलती है कि कोई उनका इन्तजार कर रहा होगा। आश्रम की ओर बढ़ते पैरों में उत्साह आ जाता है। लेकिन ऐसा कब तक चलेगा? यह तो दुनिया है, कल को लोग उँगली उठाएँगे। तरह-तरह की बातें करेंगे। उन्हें कौन रोकेगा?....मेहता कहते हैं शादी करके घर बसा लो।....शादी! इतने दिनों बाद। इस उमर में।....और किसके साथ?

धिराजी ने हाथ-पैर धोने के लिए गगरे में ताजा पानी लाकर रख दिया। बाबा को भोजन के लिए उठने को कहकर वह रसोई में घुस गई और रोटियाँ सेंकने लगी। दाल-भात और सब्जी पहले से तैयार थी। आज उसने परवल की सब्जी बनाई थी जो बाबा की खास पसन्द थी। दिन में पास के गाँव का एक बरई दे गया था।

"झिंगुरी सिंह, तुम भी उठो।" झिंगुरी सिंह बाबा के साथ आकर अलाव के पास ही बैठ गए थे।

"नहीं बाबा, आप उठिए। मैं अब घर चलता हूँ। इन्तजार हो रहा होगा।"

"एक दिन यहीं भोजन कर लोगे तो क्या हो जाएगा। घर पर कहला दो।"

दोनों भोजन करने उठे तो अलाव के पास बैठे और लोग उठ खड़े हुए और सीताराम बोलकर चल दिए।

धिराजी ने रोटी सेंककर आग बुझा दी थी। खाना परसकर वह चूल्हे के पास सिर झुकाए सिकुड़ी-सी बैठी थी। ढिबरी की रोशनी में सिर्फ उसका आधा माथा, नाक और आँखों को ढके हुए पलकें दिख रही थीं। धिराजी में एक खास किस्म की सौम्यता और गम्भीरता है जो जिन्दगी में बहुत कुछ ऊँचा-नीचा देखने से आ जाती है। चेहरे पर सलोनेपन की एक ऐसी आँच भी जो आँखों को खींचती है पर खिंचनेवाला अपने को छोटा-सा महसूस करता है। लगता है जैसे उसमें कुछ है जो अभेद्य है।

झिंगुरी सिंह की आँख बचाकर बाबा बीच-बीच में धिराजी को देख लेते थे। क्या होगा इसके मन में? दिन-रात क्या घुमड़ता होगा इसके अन्दर? कभी भीतर झाँककर देखें। मगर कैसे? आज मन में ऐसी अस्थिरता क्यों है? मेहता की बात ने शायद कहीं गहरे खुरच दिया है। वे अपने को दबाकर चुपचाप भोजन करने लगे।

बाबा और झिंगुरी सिंह के उठने के बाद धिराजी ने जग्गी को जगाया और बहुत मनुहार करके किसी तरह कुछ खिलाया। फिर खुद खाने बैठी। तब तक दोनों हाथ-मुँह धोकर अलाव के पास जा बैठे थे। झिंगुरी सिंह ने नई लकड़ी डालकर उसे फिर से दग्धा दिया था। चारों ओर पसरे अँधेरे को काटती लकड़ियाँ चट-चट करती जल रही थीं। धिराजी खाना खाकर रसोई समेटने लगी। कुछ देर बर्तन खनकने की आवाज आती रही, फिर सन्नाटा छा गया। वह अपनी झोंपड़ी में चली गई होगी।

बाबा बिस्तर पर लेटे तो जेहन में बहुत-सी बातें घूम रही थीं। अयोध्या का सम्मेलन सिर पर है। इस बार तालुकेदारों से आर-पार की टक्कर होनी है। वे भी अपनी ओर से कोई कसर नहीं उठा रखेंगे। कोई-न-कोई बवाल जरूर खड़ा करेंगे। मेहता भी जा रहे हैं। तालुकेदारों की ओर से बाहरी होने का इल्जाम फिर लगेगा। इतनी जल्दी में जर-जमीन का जुगाड़ कहाँ से हो? शादी वाली बात याद आई तो ध्यान धिराजी पर चला गया। भगवानदीन के साथ बैठकी के लिए वह तैयार हो जाएगी? भगवानदीन के बारे में वह क्या सोचती है? निभ जाएगी उसकी भगवानदीन के साथ? जग्गी के साथ उनका कैसा बर्ताव रहेगा? धिराजी की जान तो उसी में बसती है। जैसे उसकी हर साँस उसी के लिए चलती है।···आन्दोलन में औरतों की हिस्सेदारी बढ़ाने के लिए धिराजी का साथ रहना जरूरी है। यह तो सब से कहा जा सकता है। एक दिन उससे खुलकर बात करनी चाहिए।···इसी उधेड़बुन में पड़े-पड़े बाबा देर रात तक जगते रहे।

वे सुबह उठे तो बाहर उजाला हो गया था और धिराजी मड़हे को लीप रही थी। नित्यकर्म से निबटकर चौकी पर पूजा करने बैठे तब तक धिराजी ने चूल्हा जलाकर चाय का पानी चढ़ा दिया था। इधर कुछ दिनों से बाबा नियमित रूप से चाय पीने लगे थे। जब भी प्रतापगढ़ जाना होता, चाय का बंडल जरूर ले आते। सहदेव सिंह के यहाँ गाय लगती थी। एक लुटकी दूध रोज वहाँ से आ जाता था। एक हँडिया में बूरा रखा था।

एक-दो बार बाबा ने चाय बनाकर दिखा दिया। फिर तो धिराजी बनाने लगी। सुबह तो चाय बनती ही थी, रात में भी बाबा को जगकर लिखना होता और दूध बचा होता तो धिराजी चाय बनाकर रख जाती।

पीतल के गिलास में धिराजी चाय लेकर आई तो बाबा ने गमछा लगाकर गिलास पकड़ा और फूँक मार-मारकर उसे सुड़कने लगे।

"जग्गी को कलेवा दे दिया?"

"हाँ महराज।"

"उसे बासी क्यों खिलाती हो? सुबह कुछ बना दिया करो। न हो तो खिचड़ी ही डाल दिया करो।"

"रात में कुछ-न-कुछ बच ही जाता है।...उसकी आदत क्यों बिगाड़ें महराज।" धिराजी जाते-जाते रुक गई। उसकी पीठ बाबा की ओर थी।

"आदत?...हाँ ...बहुत काम है क्या?"

"हाँ...वही रोज का काम है।"

"आज तो मुझे कहीं जाना नहीं है।...थोड़ी देर बैठोगी?"

धिराजी थोड़ा रुकी। फिर मुड़कर पल्लू सँभालते हुए धीरे से बैठ गई।

बाबा कुछ देर तक चुपचाप मड़हे की छाजन देखते रहे। फिर खँखारकर बोले—

"अगले महीने अयोध्या में किसानों की बड़ी सभा है। तुम चलोगी?"

"आपकी अग्याँ होगी तो काहे नहीं चलेंगे बाबा।"

"तकलीफ नहीं होगी?"

"होगी तो होगी महराज। आपकी देख-भाल करनेवाला भी तो कोई चाहिए।"

बाबा फिर चुप हो गए। बाहर धूप फैल रही थी और गाँव के मवेशी चरने के लिए झुंड में निकल रहे थे। बछड़ों के रँभाने, कुलाचें भरने और चरवाहों द्वारा मवेशियों को हाँकने की आवाजें गड्डमड्ड होकर भीतर आ रही थीं।

"धिराजी, आगे के बारे में कुछ सोचा है?"

"बाबा, आपकी सरन में आ गई हूँ तो मुझे क्या सोचना है।"

"फिर भी। पूरी उमर सामने पड़ी है। जिन्दगी कैसे पार होगी?"

"मुझे अपनी चिन्ता नहीं है बाबा। ऐसे ही सेवा-टहल में जिन्दगी कट जाएगी। चिन्ता है तो जग्गी की। शादी की उमर होने को आई। मैं बेवा-ठेवा कहाँ, किसको खोजूँगी।"

"भगवानदीन कुछ नहीं करेंगे?"

"भगवानदीन...बिना स्वारथ के कोई कुछ करता है बाबा?...दीदी ने ठिकाना दे दिया यही क्या कम है।"

"भगवानदीन का कोई स्वार्थ नहीं है?" बाबा ने भरसक अनजान बनते हुए पूछा।

"मैं क्या जानूँ बाबा, उन्हीं से पूछिए।...हाय राम, कितनी देर हो गई। अभी कोई

काम नहीं हुआ। मैं चलती हूँ।"

"जरा ठहरो...मैं तुम्हारा मन जानना चाहता हूँ।"

"मैं ऐसे ही ठीक हूँ बाबा। आपके चरनों में पड़ी रहूँगी। मुझे कुछ नहीं चाहिए।"

"यह भाव हमेशा नहीं टिकेगा। जिन्दगी बहुत लम्बी है और मन बहुत चंचल।"

"मेरी फिक्र न करिए बाबा।...मुझे ऐसे ही रहने की आदत पड़ गई है। जब तक देह साथ देगी आपकी सेवा में पड़ी रहूँगी।"

"लोग उँगली उठाएँगे।"

"आप लोगों से डरते हैं बाबा?"

"वह बात नहीं है धिराजी। आखिर मन तो मन है। उसका क्या भरोसा!"

"अब चलती हूँ बाबा। बहुत काम पड़ा है।"

धिराजी उठी तो उसकी देह में एक अजीब-सी लोच थी। मन मुदित हो तो शरीर में अनजाने ही उसकी झलक आ जाती है। बाबा ने इसे भाँपा और अपने भीतर एक अबूझ-सी कामना की सुगबुगाहट महसूस की।

दो दिन बाद भगवानदीन आए तो मौका देखकर झिंगुरी सिंह उन्हें अपने ओसारे में लिवा ले गए। वहाँ एकान्त था। इधर-उधर की बातें करने के बाद वे मेहता से हुई मुलाकात पर आ गए।

"ऐसा हाकिम नहीं मिलेगा। किसानों की कितनी चिन्ता है! बाबा से बोले, यहाँ घर-गृहस्थी बना लीजिए नहीं तो तालुकेदार रहने नहीं देंगे। सोचता हूँ रूरे की भूमिधरी की कुछ जमीन बाबा के नाम कर दूँ।"

"आप क्यों करेंगे। आपके पास कहाँ बहुत जमीन पड़ी है। बेटा है, परिवार है, सब कहाँ जाएँगे।...सबका काम है। सबको मिलकर करना चाहिए। कहीं बेदखली हो तो जैसे भी बन पड़े, बाबा के नाम कुछ पट्टा ले लिया जाए।"

"बाबा इसके लिए तैयार होंगे?"

"होंगे कैसे नहीं। जब यही एक रास्ता है तो क्या करेंगे।"

"ठीक है। तो निगाह में रखना। मैं भी ध्यान रखूँगा।...एक बात और है। मेहता ने तो बाबा को शादी बनाने की सलाह भी दी है।"

"शादी?"

"हाँ, तभी तो घर-गृहस्थी पूरी होगी।"

"बाबा ने क्या कहा?"

"हँसी मानकर टाल गए। पर सवाल है कि वे राजी हो भी जाएँ तो किससे करेंगे।"

"हाँ, उनकी बिरादरी का यहाँ कौन है।"

"बिरादरी की तो कोई बात नहीं। वे कौन जाति-पाँति मानते हैं।"

"फिर भी बाभन तो चाहिए।"

"वह भी क्यों? सबके साथ उठ-बैठ रहे हैं, खा-पी रहे हैं, तो शादी में क्या हर्ज

है? और कौन बाभन है जो उनको अपनी कन्या देगा। बिरादरी से निकाल नहीं दिया जाएगा।"

"यह भी ठीक है।...तो क्या सोचा है।"

"एक उपाय है।...तुम मानो तो।"

"मेरे मानने से क्या होगा?"

"तुम्हारे मानने से ही होगा।"

"ऐसा कौन-सा उपाय है?"

"है।...लेकिन संकोच होता है। तुम बुरा न मान जाओ।"

भगवानदीन थोड़ा शंकित हुए—ऐसा क्या है झिंगुरी सिंह के मन में। थोड़ी देर चुप रहकर बोले—

"आप निःसंकोच कह डालिए ठाकुर। कुछ भी कहेंगे, उसमें बुरा मानने का क्या होगा।"

"मैं जग्गी के बारे में सोच रहा था।...बिन बाप की बेटी है। किसान के घर पैदा हुई है। किसानों के काम के लिए उसे बाबा को संकल्प दें तो कैसा रहेगा? पाँच पंच मिलकर आग्रह करेंगे तो बाबा मना नहीं कर पाएँगे।"

"बौराये तो नहीं हो ठाकुर? कितनी छोटी है वह! कितना फरक है दोनों में!"

"कोई फरक नहीं है। लड़कियों को जवान होने में कितना समय लगता है? साल-दो साल में भरी-पूरी औरत हो जाएगी।"

"धिराजी मानेगी?"

"पंच लोग कहेंगे तो क्यों नहीं मानेगी।...लेकिन पहले तुम विचार कर लो।"

भगवानदीन वहाँ से उठकर आश्रम पर आए तो देखा धिराजी बड़ी तन्मयता से मड़हे के सामनेवाली खुली जगह बुहार रही है और जग्गी पलरी में भरकर कूड़ा उठा रही है। बाबा धूप में चौकी पर बैठे कुछ लिख रहे हैं। पीपल की पत्तियाँ बिना हवा के ठुनक रही हैं। चारों ओर ऐसी शान्ति बिछी है कि लगता है कदम रखते ही टूट जाएगी। वे चुपचाप खड़े सोचते रहे।

इकतीस

अयोध्या की सभा को आठ दिन रह गए हैं। बाबा वहाँ का इन्तजाम देखने आज ही निकल रहे हैं। तीन किसान कार्यकर्ता उनके साथ जा रहे हैं। पट्टी तहसील के किसानों

का जत्था लेकर झिंगुरी सिंह तीन दिन बाद चलेंगे। धिराजी भी उन्हीं के साथ जाएगी।

सुबह से बादल घिरे हैं। जोरों की ठंड पड़ रही है। बाबा कुएँ पर नहाने गए तो बदन पर पानी डालने के पहले कँपकँपी-सी लगी। आकाश की ओर देखकर वे चिन्तित हो उठे। हे दीनबन्धु दीनानाथ, सभा के पहले बदली छँट जाए, नहीं तो किसानों की बड़ी दुर्गति होगी।

धिराजी ने बाबा के तीन जोड़ी धोती-कुर्ते, शाल और पट्ट एक झोले में रख दिया है। बहुत भोर में उठकर उनके रास्ते के लिए पंजीरी भूँजी थी, उसे भी पुटकी बाँधकर झोले में डाल दिया है। अब वह जल्दी-जल्दी खाना पकाने में लगी है। आज तो बाबा ठीक से भोजन करके निकलें, आगे जाने कब, कैसा जुगाड़ हो।

बाबा नहाकर आए और पूजा करने बैठे तब तक कई किसान वहाँ जमा हो गए थे और झिंगुरी सिंह के गिर्द खड़े होकर बतिया रहे थे। बाबा का वहाँ पहले से जाना जरूरी है। सारा बन्दोबस्त उन्हें ही सँभालना है। वैसे इलाहाबाद से यू.पी. किसान सभा और कांग्रेस के भी कई नेता आएँगे। लेकिन उनका क्या, वे तो पाँव पसारकर बैठ जाएँगे। किसानों के आराम-तकलीफ की उन्हें क्या चिन्ता।...कैसे जाएँगे बाबा? पट्टी तक पैदल। वहाँ से मोटर मिली तो मोटर, नहीं तो इक्के से चिलबिला स्टेशन। वहाँ से साँझ वाली गाड़ी पकड़ेंगे। रात में अयोध्या पहुँच जाएँगे। आज ही? हाँ भइया, कौन पैदल जाना है। गोरों ने रेल की पटरी डालकर कितना आराम कर दिया है! बस गाँठ में कौड़ी होनी चाहिए।

बाबा खा-पीकर निकले तो तीनों किसान सीधा-पिसान की गठरी उठाए उनके साथ हो लिए। जाते-जाते बाबा ने झिंगुरी सिंह को सहेजा कि धिराजी और जग्गी को हिफाजत से ले आना। पैदल नहीं घसीटना, गाड़ी में बैठाकर आराम से लाना। सिवान में कुछ दूर निकल जाने पर उन्होंने पीछे मुड़कर देखा। धिराजी मड़हे के सामने बैठी बर्तन मल रही थी। जग्गी उसी के पास खड़ी कटोरे में कुछ लिये खा रही थी। उसी समय धिराजी ने भी सिर उठाकर उनकी ओर देखा। फिर झुककर काम में लग गई। आगे बढ़ते हुए बाबा के जेहन में यह दृश्य टँगा रहा।

पट्टी पहुँचते-पहुँचते मोटर छूट गई। इक्का लेना पड़ा। रास्ते में दीवानगंज के पास कुछ बूँदाबाँदी हुई लेकिन फिर एक ओर से आकाश खुल गया। धीरे-धीरे हवा चलने लगी जिसमें बदन को सिहरा देनेवाली गलन थी। सड़क दूर-दूर तक सुनसान थी। किनारे के खेतों में हरियाली उमड़ने लगी थी लेकिन ऐसे खराब मौसम में वे भी वीरान पड़े थे। बाबा ने शाल निकालकर अच्छी तरह लपेट ली थी। इक्केवान और साथ के तीनों किसान गाँती ओढ़े सिकुड़ रहे थे। उन्हें देखकर बाबा को अनकुस लग रहा था। बार-बार उनके ध्यान में धिराजी और जग्गी आ जाती थीं। अगर ऐसा ही मौसम रहा तो आते समय उन्हें कितनी तकलीफ होगी। कौन कपड़े धरे हैं उनके पास!...अन्दर कुछ कोंचता-सा है। क्या रिश्ता है उनके साथ!

अयोध्या स्टेशन पर उतरे तो वहाँ की घड़ी में रात के दस बज रहे थे। प्लेटफार्म पर इधर-उधर कुछ लोग ठंड में ठिठुरते पड़े थे। दो स्थानीय नेता—केदारनाथ सुनार और लल्लन जी वकील—बाबा को लेने आए थे। वहाँ से ताँगे पर बैठकर वे एक धर्मशाले में पहुँचे। केदारनाथ ने भोजन के बारे में पूछा तो सबने दबे मन से मना कर दिया, कहा—बहुत देर हो गई है। फिर भी पास की हलवाई की दुकान पर जाकर केदारनाथ पूड़ी-सब्जी और दूध ले आए। साथी किसानों के लिए पूड़ियाँ कहीं कम न पड़ जाएँ इस विचार से बाबा सिर्फ दूध पीकर रह गए। खाने-पीने के बाद बातें होने लगीं। बाबा कह रहे थे—अगर मौसम ठीक हुआ तो एक-एक जिले से कई-कई हजार किसान आएँगे। सबके रहने-खाने का इन्तजाम करना है। इसीलिए वे इतने पहले आ गए हैं। लल्लन जी को संख्या पर भरोसा नहीं हुआ। वे केदारनाथ की ओर देखकर धीरे से मुस्कराए। बाबा अपनी रौ में बोलते रहे—किसान सीधा-पानी साथ लाएँगे। कुछ लकड़ी-डिंगरी भी बाँध लाएँगे। बस जो कमी-बेसी होगी, वही पूरी करनी पड़ेगी। लेकिन मुख्य बात है वे कहाँ रुकेंगे।

केदारनाथ पक्के आर्यसमाजी थे। जाति-पाँति, छुआ-छूत, मूर्ति-पूजा में विश्वास नहीं रखते थे। उन्होंने कहा—अगर पुजारी मन्दिरों को खोल दें तो किसानों के रहने की समस्या हल हो जाएगी। नहीं तो सरयू की रेती तो है ही! बीच-बीच में अलाव जला दिए जाएँगे। बस पानी नहीं बरसना चाहिए नहीं तो दुर्दशा हो जाएगी। बाबा ने कहा—इतना ध्यान रखना, किसानों में हिन्दू-मुसलमान दोनों होंगे। और मुसलमान किसानों की तादाद कम नहीं होगी। केदारनाथ ने फिर लल्लन जी की ओर देखकर मुँह बिचकाया, इस तरह कि बाबा न देख सकें। और सुबह आने को कहकर दोनों चले गए।

बाबा बहुत तड़के उठकर नहा-धोकर तैयार हो गए। साथ के किसानों ने धर्मशाले से बर्तन लेकर टिक्कर लगा लिया था। आलू-बैंगन का चोखा भी बनाया था। बाबा भोजन करके निकल रहे थे तब तक केदारनाथ जी आ गए। उनके साथ किसानों के लिए जगह की तलाश में निकल पड़े। हनुमानगढ़ी की ऊँचाई पर खड़े होकर उन्होंने चारों ओर नजर दौड़ाई। दूर-दूर तक फैले मन्दिरों और अखाड़ों, उनके बीच से गुजरती गलियों, छोटी-छोटी दुकानों और घाट की सीढ़ियों के पार सरयू का चौड़ा पाट था। धारा काफी बड़ा मैदान छोड़कर उत्तर की ओर सरक गई थी। दूर तक बालू का कुदरती बिछौना बिछा हुआ था। सरयू मैया ने कृपा करके किसानों के लिए खुद ही जगह बना दी है। एक लाख लोग आएँ तब भी उनकी रेती में समा जाएँगे। उन्हें फिक्र करने की क्या जरूरत है। और फिक्र करके भी क्या करेंगे। उनके पास साधन ही क्या है—सीताराम के सिवा। वे कुछ मन्दिरों के पुजारियों, महंतों और साहूकारों से मिलकर लौट आए। शाम को केदारनाथ के मकान पर खास-खास लोगों की बैठक हुई। काफी देर तक रामायण पर चर्चा चलती रही। बीच-बीच में चौपाइयाँ गाकर बाबा ने सबका मन लुभा लिया। लोगों ने सुना था कि बाबा सितार पर रामायण गाते हैं। कोई सितार

लेकर आ गया। बाबा देर तक भाव-विभोर होकर गाते रहे और लोग रस-माधुरी में डुबकी लगाते रहे। बैठक खत्म हुई तो सभी लोग भक्ति और संगीत की दुनिया में खोए हुए थे। जाते समय सबने एक स्वर से कहा—बाबा आप निश्चिन्त होकर बैठिए, सारा इन्तजाम हो जाएगा।

अगले दिन केदारनाथ के आग्रह पर बाबा धर्मशाला छोड़कर उनके मकान की एक कोठरी में आ गए। दिन-भर लोगों का आना-जाना लगा रहा। किसानों के रहने और खाने-पीने की व्यवस्था पर बातें होती रहीं। कुछ उत्साही लोगों को चुनकर किसान-सेवकों का एक दल बनाया गया। कल से किसानों का आना शुरू हो जाएगा और उसी के साथ किसान-सेवक अपने काम पर लग जाएँगे। किसानों को लाकर मन्दिरों में ठहराना, बर्तन-भाँडे, लकड़ी-डिंगरी और ओढ़ने-बिछौने का इन्तजाम करना। सभा के लिए जगह चुनकर मंच बनाना और भिन्न-भिन्न जगहों पर ठहरे किसानों को समय से वहाँ पहुँचाना। सारा इन्तजाम किसान-सेवकों के जिम्मे ही होगा।

बाबा सुबह उठे तो चटक धूप खिली हुई थी, आकाश में बादलों का नाम-निशान नहीं था। मन आह्लाद से भर उठा। सहन में आकर बैठे। तभी लड़कों की एक टोली उन्हें खोजते हुए उधर आ गई। सब बहुत घबड़ाए हुए थे। उन्होंने बताया कि भरत-कुंड के पास दो-तीन हजार किसान आकर जमा हैं। तालुकेदारों के कारिन्दे पुलिस के साथ मिलकर उनसे हुज्जत कर रहे हैं। उनका रास्ता रोके खड़े हैं। बाबा तुरन्त चलने को तैयार हो गए। कुछ मातबर लोगों को साथ ले वे इक्के पर सवार हुए। अभी वे भरत-कुंड के पास पहुँचे भी नहीं थे कि किसानों का विशाल समूह नारे लगाता हुआ उनकी ओर आता दिखाई पड़ा। सीताराम की जय, गांधी बाबा की जय, बाबा रामचन्द्र की जय से आसमान गूँज रहा था। नारा बन्द होता तो लोग रामायण की चौपाइयाँ उठा देते। बीच-बीच में कोई बिरहा भी छेड़ देता। बाबा को देखकर लोगों का उत्साह उमड़ पड़ा। भीड़ उनकी ओर लपकी।

"क्या हुआ ? तालुकेदारों के आदमी कहाँ हैं ?" बाबा ने आगेवाले किसान की ओर मुखातिब होकर पूछा।

"उनकी हिम्मत पस्त हो गई बाबा। जब तक हम डरते रहे, वो डराते रहे। आखिर हम सीतारांम की जयकार करते हुए आगे बढ़े तो वे भरभराकर पीछे हट गए।...वे सोचे थे हम उनकी बंदरभभकी से डर जाएँगे।...पहले हम थोड़े थे तो वो रोब जमा रहे थे। धीरे-धीरे लोग आते गए और जमावड़ा बढ़ता गया। देख-देखकर उनकी हवा खिसकने लगी। फिर तो वे वहाँ से निकलने का मौका देखने लगे थे।" बाबा को अपने सामने पाकर किसान का मन उछल रहा था।

सड़क के किनारे एक टूटा चबूतरा था। बाबा उसी पर बैठ गए। इशारा पाकर भीड़ आगे बढ़ने लगी। एक जत्थे के बाद दूसरा, दूसरे के बाद तीसरा। पीछे लोग बैलगाड़ियों पर आ रहे थे। उन पर राशन-पानी, उपली-लकड़ी, गोनरे-बिछौने लदे हुए

थे। कुछ में ओहार पड़े थे जिनके भीतर औरतें बैठी थीं। वे स्वर मिलाकर गा रही थीं। बैलों के सींग रँगे हुए थे। उनके गले में घंटियाँ और माथे पर फुलरे लगे थे। बैलगाड़ियों के ऊपर तख्तियाँ लगी थीं जिन पर तरह-तरह की इबारतें लिखी थीं—बेदखली बन्द हो, हरी-बेगारी बन्द हो, नजराना बन्द हो। बाबा ने पूछा, यह कहाँ का मेला है। जवाब मिला—रायबरेली का। तो यह माता बदल मुराई और अमोल शर्मा जैसे कार्यकर्ताओं के दिमाग की उपज है।...ऐसे ही लोगों के बल पर तो यह यज्ञ ठाना है।

बाबा अपनी कोठरी में लौटकर आए तो थकान के बावजूद मन प्रफुल्लित था। खबर लगी कि गौरीशंकर मिश्रा के साथ इलाहाबाद और प्रतापगढ़ के वकीलों की टोली भी आ गई है। माताबदल, देवनारायण, उनके साथ हथियानारा के साधू और कांग्रेसी कार्यकर्ता सीता देवी—सभी एक मन्दिर में ठहरे हैं। बाबा उनसे मिलने गए। किसी को सभा की सफलता पर विश्वास नहीं था। सभी को आशंका थी कि जाड़े की इस ठंड में, रबी की सिंचाई छोड़कर ज्यादा किसान नहीं आ पाएँगे। कुछ तो खुद ही आकर पछता रहे थे।

बाबा ने जिले-जिले का दौरा किया था, किसानों का उत्साह और किसान-सभा के काम में उनका भरोसा अपनी आँखों से देखा था। पर अभी इस मसले पर चुप रहना ही बेहतर समझा। शाम को उन्होंने किसान-सेवकों से गिनती कराई तो मालूम हुआ लगभग छह हजार किसान आ चुके हैं। दूसरे दिन आनेवालों की संख्या दस हजार तक पहुँच गई। तीसरे दिन तो करीब तीस हजार किसान आए। अभी तीन दिन बाकी थे। अयोध्या के सारे मन्दिर और धर्मशालाएँ भर गई थीं। किसान-सेवक दिन-रात इन्तजाम में लगे थे। अब तो किसी को गिनती करने की भी सुधि नहीं रही।

बाबा सुबह से ही पट्टी के जत्थे का इन्तजार कर रहे हैं। अगर लोग पैदल भी चले होते तो आज तक उन्हें आ जाना चाहिए था। अब जो किसान आ रहे हैं उन्हें सरयू की रेती की ओर भेजा जा रहा है। मन्दिरों में कहीं जगह नहीं रह गई है।...धिराजी कहाँ रहेगी? उसे केदारनाथ के घर पर ही रोक लेंगे। झिंगुरी सिंह को समझाना होगा कि उसके वहाँ रहने से खाने-पीने की सुविधा रहेगी।...लेकिन वे लोग आखिर रह कहाँ गए? जो भी मिलता है बाबा उससे पट्टी के मेले के बारे में पूछते हैं।

शाम को नहीं रहा गया तो वे बाहर निकले और मन्दिरों का चक्कर लगाते हुए प्रतापगढ़वाली सड़क पर दक्षिण की ओर बढ़ गए। चलते-चलते पता नहीं चला कि कब कस्बे के बाहर आ गए। इमारतें जहाँ खत्म होती थीं, सड़क के किनारे आम का एक बाग था। वे सड़क के पास एक पेड़ के नीचे बैठ गए। अँधेरा होने लगा था। चिड़ियाँ अपने बसेरों में लौट रही थीं और पूरे बाग में उनकी चहचहाहट गूँज रही थी। सड़क पर रह-रहकर किसानों का रेला बढ़ता चला आ रहा था। उन्हें यह सोचकर झुरझुरी-सी हुई कि उन्हीं के नाम से जनता में इतना उफान आया है और वे इस सारी हलचल के केन्द्र में

हैं। वे सड़क की ओर देखते-देखते अतीत में खो गए।

उन्हें उस दिन की याद आई जब वे फीजी से लौटकर कलकत्ता होते हुए आजमगढ़ पहुँचे थे। मन में मन्थन चल रहा था—आगे भाग्य कहाँ ले जाएगा। किस घाट लगेंगे। साधू सरजूदास साथ में थे। वे उन्हें एक कबीरपन्थी अखाड़े में ले गए। उनका भेष बदलवाया गया और एक तुमड़ी थमाकर चुटकी माँगने के लिए भेज दिया गया। किसी तरह पाँच-छह दिन बीते। मन छटपटाने लगा। यह भी कोई जिंदगी है! फीजी के कुलियों का सन्देश लेकर आए थे, सोचते थे उनकी दशा सुधारने के लिए कुछ काम करेंगे। यहाँ कंठी पहनकर भीख माँग रहे हैं।

इसी सोच-विचार में पड़े थे कि मिर्जापुर के एक सज्जन मिल गए। मालवीय जी के घराने के थे और राजनीति में बड़ी दिलचस्पी रखते थे। अपने साथ मिर्जापुर ले गए। वहाँ दो-तीन दिन रहना हुआ। फीजी के कुलियों के बारे में व्याख्यान भी हुआ। पर रोजी का कोई जुगाड़ नहीं। सोचा, ऐसे कब तक चलेगा। वहाँ से घूमते हुए बनारस आ गए। कुछ दिन नौकरी की तलाश में इधर-उधर भटकते रहे। नगवा के हनुमान मन्दिर में रामायण की कथा होती थी। वहीं रामायण सुनाने लगे। ठहरने की व्यवस्था हो गई। पेट-पूजा का इन्तजाम भी हो गया। एक बंगाली सज्जन बिना नागा कथा सुनने आते थे। उनसे परिचय हुआ। स्कूलों के इंस्पेक्टर थे। नाम था ज्ञानेन्द्रिय चक्रवर्ती। एक दिन उन्होंने अपने दफ्तर बुलाया और अर्दली की नौकरी पर बहाल कर दिया। कितना सुकून मिला था एक कदीमी नौकरी पाकर! सात रुपए माहवार पगार थी। ऊपर से दौरे पर फी मास्टर एक रुपए नजर मिलती थी। मजे से काम चलने लगा। हाँ, दौरे में भाग-दौड़ बहुत करनी पड़ती थी।

बनारस में नौकरी लग गई थी लेकिन मन स्थिर नहीं था। बार-बार विचार आता था क्या इसी काम के लिए फीजी से लौटे हैं। उस रात सोने से पहले मन में यही ऊहापोह चल रहा था। सपने में किसी ने आकर लात मारी। उन्होंने सिर उठाकर देखा तो सिरहाने कोई वृद्ध सज्जन खड़े थे। उन्होंने डपटकर कहा—कल नौकरी छोड़ दो, वेष बदलो और अयोध्या की ओर निकल जाओ। नहीं तो बहुत दुःख पाओगे। इतना कहकर वे चलते बने।....तभी नींद खुल गई। कौन थे वे वृद्ध सज्जन?....सुबह उठकर नगवा के पुराने मित्रों से सलाह किया। सबने वही राय दी। तत्काल नौकरी से इस्तीफा दिया और तनख्वाह व सर्टीफिकेट लेकर अयोध्या के लिए चल पड़े।

जौनपुर में रात पड़ी। जामा मस्जिद के पास एक घी बेचनेवाले महाजन के यहाँ रुकने की जगह मिली। मन मिला तो कुछ दिन वहीं रह गए। रात में रामायण होती थी। मस्जिद में मुसलमानों के सामने तकरीरें भी हुईं। वहाँ से पैदल ही घूमते-घामते अयोध्या की ओर चल पड़े। राजा बाजार में एक तालुकेदार महन्त मिले। गन्ने के खेत में रहते थे। उनसे प्रेम बढ़ा। लेकिन जाना आगे था। अगली रात कोयरीपुर के शिवाले पर बिताई। वहीं लली ठठेर से मुलाकात हुई। आग्रह करके वे अपने घर ले गए। सत्संग

हुआ। वहीं अन्य लोगों के साथ कसईपुर के महादेव बंदवार मिले। उन्होंने अपने यहाँ रहने के लिए बुलाया। अयोध्या से लौटकर उनके घर आने का वायदा किया और आगे बढ़ गए।

यही अयोध्या थी। यही सरयू का किनारा। इन्हीं मन्दिरों में निरुद्देश्य भटक रहे थे।...और सोच रहे थे। पहले कितनी बार और किन-किन लोगों के बीच रामायण-कथा कही थी, चौपाइयाँ गाई थीं। कल्पना और शब्दों के सहारे कथा-भूमि को रूपायित किया था। उस दिन सब कुछ साक्षात् देख रहे थे।...क्या सचमुच वे लीलाएँ यहीं हुई थीं? क्या सचमुच राम यहीं पैदा हुए थे, यहीं खेल-खाकर बड़े हुए थे, यहीं से वन जाने को निकले थे? क्या सचमुच वे ईश्वर थे?...क्या होता है ईश्वर? क्या मन्दिरों की ये मूर्तियाँ ईश्वर हैं? या कोई निराकार और सर्वव्यापी तत्त्व है जो ईश्वर है? तो सिर्फ राम ही उसके अवतार कैसे हुए, हम सब क्यों नहीं? अन्याय करनेवाले और अन्याय सहने वाले, तालुकेदार और किसान दोनों ईश्वर कैसे हुए?...सब भ्रमजाल है।...अन्तरात्मा को जो सही लगे वही करो और जेहन और जिस्म की सारी ताकत उसी में लगा दो।...लेकिन बीच-बीच में संशय और सन्देह क्यों घेर लेते हैं?

बाबा वहाँ से उठे तो मुँह-अँधेरा हो गया था और दूर अयोध्या के मन्दिरों में आरती के घंटे बज रहे थे।

बत्तीस

बाबा केदारनाथ के मकान के पास पहुँचे तो कुछ लोगों के बोलने की आवाज आ रही थी। उन्होंने ध्यान देकर सुना। यह तो झिंगुरी सिंह लगते हैं। तो रूरे का मेला आ गया। उनके पैर जल्दी-जल्दी आगे बढ़ने लगे।

सब लोग बरामदे के सामने बैठे थे। बत्ती जल रही थी। लम्बी यात्रा की थकान के कारण सबके चेहरे कुम्हलाए हुए थे। बाबा को आया देख लोग उठकर खड़े हो गए। बाबा ने एक-एककर उन पर निगाह डाली। झिंगुरी सिंह, सहदेव सिंह, बोड़ई सिंह, भरथू सिंह, काशीदीन, अयोध्या, प्रयाग, सुचित, भगवानदीन, जैकरन, गयादीन, अँगनू, माधो इतने तो परिचित चेहरे दिख रहे थे। बाकी कई नए लोग थे। पर औरतें तो कोई दिख नहीं रहीं। तो धिराजी और जग्गी कहाँ गईं? क्या वे नहीं आईं?

मौका मिलते ही बाबा ने झिंगुरी सिंह के कान में पूछा। नहीं, वे नहीं आ पाईं। भगवानदीन ने मना कर दिया। इसी से तो निकलने में एक दिन का विलम्ब हो गया।

बाबा के भीतर धीरे से कुछ टूट गया। वे एकदम से चुप हो गए। पर दूसरे दिन से वे सभा की तैयारी में इस कदर मशगूल हो गए कि यह बात दुबारा उठी ही नहीं।

आखिर बीस दिसम्बर का वह दिन आ गया। बाबा की नींद खुली तो अभी घुप अँधेरा था। वे कोठरी से बाहर निकले। आसमान साफ था और तारे टिमटिमा रहे थे। रात-भर ओस पड़ी थी और आँगन के एक कोने में लगे गेंदे और तुलसी के पौधे भीगकर लथपथ थे। चारों ओर निस्तब्धता थी। बाबा कुछ देर अँधेरे में खड़े-खड़े सोचते रहे, फिर अन्दर आ गए। इस समय बाहर से आए करीब एक लाख किसान अयोध्या के मन्दिरों, धर्मशालाओं, आस-पास की मस्जिदों और सरयू की रेती में पड़े हैं। हिन्दू-मुसलमान, जाति-पाँति, ऊँच-नीच का भेद भुलाकर साथ-साथ दुःख-तकलीफें झेल रहे हैं। कैसा उफान है यह? कौन-सी आशा, कौन-सा दर्द लेकर आए हैं वे? उनसे क्या चाहते हैं? उन्हें कौन-सी बात बताई जाए कि उनका मनोबल बढ़े, वे संघर्ष में डटे रहें और यह आन्दोलन आगे बढ़े।

सवेरा हुआ। लोगों की बोल-चाल की आवाज आने लगी। बाबा नित्यकर्म में लग गए। मन में विचार घुमड़ते रहे। पूजा खत्म कर खड़े हुए तब तक केदारनाथ कहीं से एक पुरानी मोटर लेकर आ गए। बाहर निकले तो देखा—मान के इच्छुक कई लोग अच्छे-अच्छे कपड़े पहने, फूलों के हार गले में डाले, कूद-कूदकर मोटर में सवार हो रहे हैं। उन्होंने केदारनाथ को पास बुलाया। उनसे बीस हाथ की सन की एक रस्सी मँगवाने को कहा। वह आ गई तो वे अपना शृंगार करने बैठे। पहले रस्सी से अपने पैरों में बेड़ी बनाई। फिर कमर में करधनी पहनी। बाँहों में बाजूबन्द पहने। गले में उसका हार बनाया। अन्त में कलाई में हथकड़ी डलवा ली। पाँचों जेवर पहनकर तैयार हुए तो बोले—चलिए अब हमारा शृंगार हो गया। लोग उन्हें देखकर भौंचक।...जैसे-तैसे मोटर के एक कोने में उन्हें जगह मिली और वह सरयू की ओर चल पड़ी।

किसानों का आना अब भी जारी था। वे इक्कों और बैलगाड़ियों में भरे हुए और पैदल सिर पर गठरियाँ लादे चारों ओर से चले आ रहे थे। सीताराम की धुन गूँज रही थी। हिन्दू-मुसलमान मजहब का भेद भुलाकर एक साथ सीताराम की गुहार लगा रहे थे। जिंदगी की बुनियाद मजहब पर नहीं, रोटी और आम इन्सानी जरूरतों पर कायम है—बाबा ने सोचा और मन-ही-मन आश्वस्त हुए।

सामने किसानों का एक दल पैदल चला जा रहा था। कई वृद्ध और स्त्रियाँ थककर बेहाल थीं। बाबा ने मोटर रोकवाई। पर करें तो क्या करें। मोटर में बैठनेवालों को तो उतार नहीं सकते। सिर्फ उनके उतरने से कितनी जगह होगी! और पाँच थान गहनों में बँधे वे पैदल भी कैसे चल सकते हैं? लेकिन उस हालत में उन्हें छोड़कर आगे जाने का मन नहीं हो रहा था। कुछ देर इन्तजार करने के बाद एक खाली इक्का दिखा। उसे रोककर उन लोगों को बिठाया। किराया अपनी टेंट से दिया। तब जाकर आगे बढ़े।

सरयू की रेती तक आकर मोटर रुकी। वहाँ से लेकर सरयू की धारा तक भीड़ का

सैलाब उमड़ रहा था। लोगों के बीच से जगह बनाते बाबा आगे बढ़े। उन्हें देखने के लिए दोनों ओर से लोग खड़े होते जा रहे थे। उनके उस वेश ने लोगों का कौतूहल और बढ़ा दिया था। मंच तक पहुँचने में काफी वक्त लग गया। मंच के नाम पर एक तख्त रखा था। उसके ऊपर चाँदनी तनी थी। सामने दूर-दूर तक बिछे बालू के कुदरती बिछौने पर किसान व्यग्र होकर उनका इन्तजार कर रहे थे। किसान-सेवक घूम-घूमकर उन्हें धैर्य दिला रहे थे। बाबा मंच पर चढ़े तो लोग खड़े होकर जय-जयकार करने लगे। आनन-फानन में गौरीशंकर मिश्रा को सभापति बनाया गया और सभा की कार्यवाही शुरू हो गई।

बोलनेवाले नेताओं की जैसे बाढ़ आ गई थी। अनर्गल, बेमानी और बड़बोले भाषणों का सिलसिला देर तक चलता रहा। बाबा चुप साधे बैठे रहे। भीड़ में किसानों के अलावा सी.आई.डी. के तमाम लोग, सरकारी कर्मचारी और साधू-महात्मा भरे हुए थे। सबकी निगाहें रस्सी से बँधे बाबा पर लगी थीं। बाबा सोच रहे थे—आज अगर कोई सरकारी जलसा होता या किसी बड़े नेता का आगमन होता तो इतनी बड़ी भीड़ के इन्तजाम के लिए हजारों रुपयों का बजट बनता, टिकटों द्वारा चन्दा इकट्ठा किया जाता, महीनों तैयारी चलती, बड़े-बड़े झंडे और पताकाएँ सजाई जातीं, तम्बू और छोलदारियाँ लगाई जातीं और रोशनी का इन्तजाम होता। यहाँ कहीं कुछ नहीं। बस उनका संकल्प है और जनता की चाह।...क्या यह उत्साह बना रहेगा?

सबसे अन्त में बाबा बोलने खड़े हुए। एक बार फिर सीताराम की जय, बाबा रामचन्द्र की जय के नारों से सरयू का किनारा गूँज उठा। उन्होंने कहना शुरू किया—अवध की जनता मेरी ही तरह चारों ओर से बँधी और जकड़ी है। आज मैं अपने बन्धन तभी खोलूँगा जब आप अपने बन्धन काटने का वचन लेंगे। चारों ओर से आवाज आने लगी—रस्सी खोलो, हम वचन लेते हैं। बाबा ने कहा—ऐसे नहीं, किसान प्रतिज्ञा के चौदह मन्त्र हैं; मैं एक-एक मन्त्र बोलूँगा और आप दोहराएँगे। बोलिए, आप तैयार हैं? सबने एक स्वर से हामी भरी।

किसानों के कहने पर गौरीशंकर मिश्रा रस्सी खोलने खड़े हुए। जैसे-जैसे बाबा प्रतिज्ञाएँ करवाते गए, वे रस्सी के एक-एक बन्धन खोलते गए। इधर सारी प्रतिज्ञाएँ पूरी हुईं, उधर रस्सी की सारी गाँठें खुल गईं। अन्त में बाबा ने सबसे गंगा और कुरान की कसम खाकर इन प्रतिज्ञाओं पर हाथ उठाने को कहा। लोगों ने अचरज से देखा—सरयू के किनारे खड़े अखाड़े के एक हाथी ने सबसे पहले सूँड़ उठाई। फिर तो हिन्दू-मुसलमान दोनों धड़ाधड़ हाथ उठाने लगे। पहले एक हाथ, फिर दोनों। बाबा ने दो लाख हाथों को एक साथ ऊपर उठे देखा और उनकी आँखों में आँसू छलछला आए। उन्होंने भाव-विभोर होकर कहा—अवधपुरी के किसान भाइयो और बहनो, आपका सहयोग देखकर लगता है आज मेरा जीवन सफल हो गया। आप मेरा कहा याद रखना। मुझे चाहे फाँसी हो, चाहे कालापानी, चाहे जेल, मैं आपके हक की लड़ाई लड़ता

रहूँगा। आपके दुःखों को दूर किए बिना मैं चैन नहीं लूँगा।

जिस समय अयोध्या में यह सभा हो रही थी, नागपुर में कांग्रेस अधिवेशन की अन्तिम तैयारियाँ चल रही थीं। सितम्बर के कलकत्ता अधिवेशन में तय हुए असहयोग आन्दोलन के कुछ मुद्दों पर चितरंजन दास ने विरोध किया था। उन पर बहस होनी थी और आन्दोलन की रूपरेखा तैयार होनी थी। बाबा अवध के तालुकेदारों के साथ किसानों के असहयोग को भी इस आन्दोलन में शामिल करवाना चाहते थे। उनका भाषण खत्म हुआ तो किसान सभा के दो सदस्यों को नागपुर अधिवेशन में भाग लेने के लिए नामजद किया गया। किसानों की अगली सभा पन्द्रह जनवरी को रायबरेली जिले के ऊँचाहार कस्बे में करने का ऐलान हुआ। किसान-सभा के चन्दे के लिए तुरत-फुरत एक हजार रुपए इकट्ठे हो गए।

सभा-विसर्जन के बाद लोगों का प्रवाह सरयू की धारा की तरह कस्बे की ओर उमड़ पड़ा। बाबा ने मोटर छोड़ दी और पुराने कार्यकर्ताओं के साथ मन्दिर के उस धर्मशाले में पहुँचे जहाँ पहले आकर रुके थे।

धर्मशाले की ऊपरी मंजिल की खिड़की से वे भीड़ की लहर को देख रहे थे। गोद में बच्चे लिये हुए स्त्रियाँ, बूढ़े, लंगड़, अपाहिज घिसटते चले जा रहे थे।....लोग कितनी-कितनी दूर से आए होंगे। तीन-तीन, चार-चार दिन यहाँ रुककर, आधा पेट खाकर, सर्दी में ठिठुरते हुए तपस्या की होगी। अब फिर लम्बी, पैदल यात्रा। उनके लिए क्या करें? मन उमड़ आया। काश उनके लौटने के लिए किराए का इन्तजाम हो पाता।....किसानों के दिए एक हजार रुपए तो हैं ही। तुरन्त कार्यकर्ताओं से ऐलान करवाया—जो लोग लूले, लंगड़े, अपाहिज और अशक्त हैं और पास में रेल का किराया नहीं है वे किराया लेकर जायें। फिर क्या था। लूट मच गई। यहाँ तक कि सी.आई.डी. के लोग और अयोध्या के साधू तक अपने को किसान बताकर हाथ बढ़ाने लगे। एक हजार तो यूँ ही निकल गए। साथियों की ओर निगाह दौड़ाई। वे नजर चुराकर इधर-उधर हो गए थे। सिर्फ माताबदल मुराई जमे हुए थे। बिना कहे, एक हजार की थैली निकालकर रख दी। वे भी बँट गए, लेकिन लेनेवालों की संख्या कम नहीं हुई।

आखिर मजबूर होकर बाबा ने ऐलान किया—आप अपने हक माँगने और अपने दुःखों को दूर करने वाले कानून बनाने का संदेशा लेकर ऊपर के लोगों के कान तक पहुँचाने आए थे। किसी निजी, व्यक्तिगत काम से तो आए नहीं थे। फिर भी ईमानदारी से, जिसके पास टिकट का पैसा हो, टिकट लेकर जाना। जिसके पास न हो और पैदल चलने लायक हो वह पैदल ही जाए। हाँ, लूले, लंगड़े, अपाहिज, कमजोर, बूढ़े सीताराम बोलकर रेल पर चढ़ जाएँ।

यह बात सी.आई.डी. वालों के कान में पड़ गई। इसी को लेकर उन्होंने बवाल खड़ा कर दिया। स्टेशन पर पहले से ही पकड़-धकड़ शुरू हो गई। बाबा तो स्टेशन गए नहीं थे। बाद में उन्होंने जो सुना वही जाना। दोष उनके ऊपर जरूर मढ़ा गया।

फैजाबाद जंक्शन स्टेशन। एक हजार किसान औरत-मर्द रेल की पटरी पर लेटे हुए थे। गौरीशंकर मिश्रा उन्हें वहीं डटे रहने के लिए ललकार रहे थे—जब तक रेल कर्मचारी बिना पैसे लिये तुम्हें घर न पहुँचाएँ, तब तक यहीं जमे रहो। ऊपर से रेल चली जाए, पुलिस गोली चलाए, तुम डरना नहीं। तुम अपना हक लेने आए हो। यह तुम्हारी रेल है, तुम्हारी मर्जी के बिना नहीं चल सकती। किसानों को तो कोई ऐसे शब्द बोलने वाला चाहिए था। फिर तो वे पहाड़ की तरह डट गए। उन्होंने अपनी लाठियाँ बगल में और गठरियाँ सिर के नीचे रखीं और सुँघनी सूँघते हुए पटरी पर पसर गए। औरतों ने अपने बच्चों को सँभाला, छातियाँ उनके मुँह में डालीं और आँचल से उन्हें ढककर आराम से पटरी पर लेट गईं।

सी.आई.डी. तो पहले से ही सतर्क थी। तुरन्त रेल के कर्मचारी, पुलिस, मजिस्ट्रेट सब आ पहुँचे। पहले इंजनों से गरम पानी का फुहारा फेंका गया। फिर पुलिस ने डंडे का सहारा लिया। लेकिन किसान-किसानिन डटे रहे। बहुत दूर-दूरवाली गाड़ियाँ जाम हो गईं। ऊपर से आदेश मँगाया गया। आखिर किसानों की जीत हुई। उन्हें अलग-अलग गाड़ियों में बिठाकर उनके जिलों और गाँवों के पासवाले स्टेशनों पर उतारा गया। छोटे स्टेशनों पर कुछ लोगों ने नारे लगाए—बाबा रामचन्द्र की जय; टिकट जिन लेव, गाड़ी में चढ़ लेव। उनके चलते किसान सभा की बदनामी हुई। बाबा की भी। गांधी जी तक बात पहुँची। लेकिन जाननेवाले जानते थे, इसमें बाबा का दोष नहीं था। उन्होंने ऐसा कुछ नहीं कहा था। हो सकता है, तालुकेदारों ने बाबा को बदनाम करने के लिए भीड़ में अपने गुर्गे घुसा दिए हों।

शाम तक भीड़ बिखर गई। कार्यकर्ता भी एक-एक कर विदा हो गए। कस्बा खाली-खाली लगने लगा। बाबा के मन में अजीब-सा अवसाद घिर आया। मन कहीं जाने को नहीं कर रहा था। थोड़े-से साथी रह गए थे। धर्मशाले में उन्हीं के साथ रात बिताई। सुबह फैजाबाद शहर चलने का कार्यक्रम बना। रास्ते में मन्दिरों, मसजिदों, दुकानों, चौराहों पर सब जगह वही बातें चल रही थीं। ठंड के इन दिनों में गाँवों से लाखों किसानों का अयोध्या आना, सरयू के किनारे खुले में टिकना, चौदह बातों की प्रतिज्ञा करना, जानवर होते हुए भी हाथी का सूँड़ उठाना। अयोध्या के बनियों, हलवाइयों, धर्मशालाओं, इक्केवालों, मोटर लारी वालों की सैकड़ों की आमदनी हुई थी। सभी खुश और उत्साहित थे। एक होटल में कोट-पतलून, जूता-हैट पहने कुछ लोग बैठे चाय पी रहे थे और बातें करते जा रहे थे—प्रतापगढ़ जिले की पट्टी तहसील के किसान बड़े हट्टे-कट्टे, बहादुर और साहसी थे। पहुँचते ही सारा इन्तजाम सँभाल लिया।...रायबरेली के किसान बैलगाड़ियों में कैसी-कैसी तख्तियाँ लगाकर आए थे। कोई कह सकता है यह अपढ़ देहातियों का मजमा था। कौन होंगे ये लोग—बाबा ने सोचा। सी.आई.डी. वाले, अखबारवाले या सरकारी हाकिम? क्या ये बातें सरकार में ऊँचे ओहदेदारों—लाट, कमिश्नर, जज, कौंसिल के मेम्बरों—तक पहुँचेंगी?

शाम तक बाबा अयोध्या लौट आए। रात को एक बनिया आया। सामानों की एक फेहरिस्त दिखाकर कहने लगा—उनके नाम पर लोग दस रुपये का सामान ले गए थे। रुपया मिल जाय तो उसका हिसाब बराबर हो। उनके पास रुपये कहाँ रखे थे। किसी तरह समझा-बुझाकर उसे वापस किया। सुबह-सुबह जब वे चलने की तैयारी कर रहे थे, वह फिर आ धमका। जैसे उसे रात-भर नींद न आई हो। जोर-जोर से बोलने लगा—बड़ा बाबा बना फिरता है, बिना कर्ज वसूले वह उन्हें जाने नहीं देगा। फिर उनका पट्ट पकड़कर खींचने लगा। जब खरीदा था, उसकी कीमत तीस रुपये थी। उसकी सिफत यह थी कि जल्दी मैला नहीं होता था और पुराना होने पर भी नया दिखता था। बनिए की जिद के सामने बाबा ने पट्ट छोड़ दिया। दस रुपये के गलत-सही कर्ज के लिए तीस रुपये का पट्ट अयोध्या के नाम पर समर्पित कर दिया। लेकिन मन बहुत खट्टा हो आया। कहाँ तो लोग सब कुछ होम करने को तैयार हैं। एक से एक दरिद्र किसान खेती-बारी का नुकसान सहकर, किराया-भाड़ा खर्च कर अयोध्या दौड़े आए। और कहाँ यह बनिया दस रुपये के लिए इज्जत लेने को तैयार हो गया। उधर इतनी जयजयकार हुई, इतना मान-सम्मान मिला और इधर उनका पट्ट तक खींच लिया गया। आदमी-आदमी की फितरत...व्यापारी कभी भावना में नहीं बहता। फायदे पर निगाह रखे बिना एक कौड़ी भी खर्च नहीं करता। किसानों का आन्दोलन किसानों के दम पर, किसानों के पैसे से चलेगा—बाबा ने अन्दर-ही-अन्दर निश्चय किया और अयोध्या से चलने की तैयारी करने लगे।

रूरे के लोग वापस पहुँच गए होंगे। क्या धिराजी उनका इन्तजार कर रही होगी? क्या वह निराश हुई होगी? क्या वह यहाँ आने के लिए छटपटाई होगी? भगवानदीन ने उससे क्या कहा होगा? बाबा बहुत उद्विग्न थे। लेकिन रूरे वापस जाने का मन नहीं हो रहा था।

बाराबंकी के कार्यकर्ता पंडित काशीप्रसाद बाबा को वहाँ ले जाने का आग्रह करने लगे तो वे तुरन्त तैयार हो गए। जब यह रास्ता अख्तियार किया है तो जहाँ तक हो सके, मोह से बचना चाहिए।

तैंतीस

धिराजी उस दिन सुबह से मड़हे को लीप-पोतकर, सारा सामान करीने से लगाकर, बाबा के लौटने का इन्तजार कर रही थी। कुएँ की जगत पर धूप फैल गई तो उसने गेहूँ धोया

और सूखने को डाल दिया। फिर उसे चिड़ियों से बचाने के लिए वहीं आकर बैठ गई। गाँव में एक खास तरह का सन्नाटा था। लड़के जानवरों को खोलकर चराने के लिए बाग की ओर हाँक ले गए थे। अधिकांश मर्द अयोध्या गए थे, औरतें फुर्सत में थीं। कई घरों के सामने चारपाई पर बिछे पुराने कपड़ों पर बड़ियाँ सूख रही थीं। कहीं-कहीं भुजिया चावल बनाने के लिए कड़ाहों में उबाला गया धान सूखने के लिए फैलाया हुआ था। जरा-सा एकान्त पाते ही गौरैयाँ, चरखियाँ और किलहटियाँ उन पर टूट पड़तीं। जब तक कोई उन्हें उड़ाता, वे धान फोड़कर चावल गुटक लेतीं और भूसी छोड़कर उड़ जातीं। औरतों के झुंड दरवाजों के सामने बैठे गपिया रहे थे और चिड़ियों से सुखवन भी बचा रहे थे।

"ई धिरजिया को क्या हो गया बहिनी? भगवानदीन के यहाँ बैठ क्यों नहीं जाती? पहाड़ जैसी जिन्दगी कैसे काटेगी?"

"सभा-सुसायटी करेगी। घर की लुगाई बनके क्या मिलेगा।"

"अरे छोड़ो गुइयाँ, मरद के बिना काम नहीं चलता। ⋯कौनो बाभन-ठाकुर के घर की थोड़े है कि तीरथ-वरत करके रँड़ापा काट देगी।"

"मेहरारू तो मेहरारू बहिनी। चाहे बाभन-ठाकुर की हो चाहे आन जाति की। देहियाँ तो सबकी एक ही होती है।"

"सूरा करम थोड़े कोई रँड़ापा काटता है। जो पड़ जाता है सो निभाना ही पड़ता है।"

"भगवानदीन तो लहालोट हो रहे हैं। यही सती-सावित्री बनी फिरती है।"

"बाबा का सहारा है, दो जून पेट भरने को मिल जाता है। नहीं तो सारा गुमान धरा रह जाता।"

"उस दिन कैसे गठरी-मोटरी लिए अजुध्या के लिए तैयार हो गई थी। वह तो भगवानदीन अड़ गए नहीं तो अब तक मरदों के बीच गुलछर्रे उड़ा रही होती।"

कुछ देर शान्ति रही।

"आज तो लोगों को आ जाना चाहिए कऽ बहिनी।"

"मन बहुत तड़फड़ा रहा है का लक्खी की माई। ⋯चार दिन का आँतर सहा नहीं जाता?"

"होता है, बहिनी होता है। अभी नई-नई देह है न। आग-सी बरने लगती है।"

"रात-विरात आ ही जाएँगे। एक बार लपेट पाना तो फिर छोड़ना नहीं। रात भर दबा-दबाकर खूब ऊख चूसना।" औरतें खुलकर हँसी-मसखरी पर उतर आईं।

धिराजी जगत पर बैठी रास्ता निहार रही थी और पीछे का सोचती जा रही थी। उस दिन वह गठरी-मोटरी लिए चलने को तैयार थी कि भगवानदीन मेंहदिया से आ गए।

"जब गाँव की कोई औरत नहीं जा रही तो तुम काहे को पयान बाँधी हो?"

"बाबा ने कहा था।"

"बाबा कहेंगे तो तुम कुएँ में कूद पड़ोगी ?"

"वहाँ बाबा की देखभाल करनेवाला तो कोई चाहिए।"

"बहुत लोग हैं। जब तुम नही थी तब उनकी देखभाल नहीं होती थी ?"

धिराजी आगे कुछ नहीं बोली। चुपचाप उठी और अपनी झोंपड़ी में घुस गई। गठरी खोलकर सामान निकाल दिया और कथरी पर लेट गई। उसकी आँखों में आँसू देखकर जग्गी उसके पास आई और बैठकर टुकुर-टुकुर ताकने लगी। माँ-बेटी देर तक वहीं पड़ी रहीं। गाँव में लोग चलने के लिए तैयार होते रहे।

कुछ देर बाद भगवानदीन झोंपड़ी के पास आए और टटरे के बाहर खड़े हो गए।

"गठरी-मोटरी तैयार है, चलो मेंहदिया छोड़ आएँ। यहाँ अकेली क्या करोगी ?"

"अभी मेंहदिया नहीं जाना है। बाबा आएँगे तब देखूँगी। उनसे बात करने के बाद ही जहाँ जाना होगा, जाऊँगी।"

धिराजी के स्वर की दृढ़ता भगवानदीन को डंडे की मार-सी लगी। बाबा पर उसकी इस कदर निर्भरता मन को कहीं से खुरच गई।

"मैं तो चार-छह दिन के लिए कह रहा था, जब तक बाबा अयोध्या में हैं।"

"नहीं, वे लौटकर आएँ तो हमेशा के लिए तय हो जाएगा।"

भगवानदीन आहत होकर लौटे। वे अब धिराजी को मना करने के लिए पछता रहे थे। इसका तो उलटा ही असर हुआ।

सब लोग तैयार होकर निकलने लगे तो झिंगुरी सिंह आश्रम पर आए। वे समझते थे, धिराजी तैयार बैठी होगी। मड़हे में और आस-पास कहीं नहीं दिखी तो भगवानदीन से कहा—अपनी झोंपड़ी में होगी, जाकर बुला लीजिए।

"वह अयोध्या नहीं जा रही।"

"काहे हो…सुबह तक तो तैयार थी।"

"हर चीज की वजह होती है क्या ?"

"लेकिन बाबा ने कहा था…" कहते-कहते झिंगु सिंह रुक गए। उन्हें लगा यह धिराजी का नहीं, भगवानदीन का फैसला है और इसमें उन्हें दखल नहीं देना चाहिए।

"मैंने कौन मना किया है। जाकर आप ही बात कर लीजिए, वह चलने को तैयार हो तो ले चलिए।" भगवानदीन ने पल्ला झाड़कर अलग हो जाना ही ठीक समझा।

बहुत आगा-पीछा करने के बाद झिंगुरी सिंह धिराजी से बात करने गए। देर तक चख-चख होती रही। पर धिराजी टस से मस नहीं हुई। इसी सब में चलने का वक्त निकल गया। अब तो रातवाली गाड़ी भी नहीं मिलेगी। मजबूरन प्रस्थान का समय अगले दिन के लिए टालना पड़ा। लोगों ने झोरा-झन्तरा उतारकर रख दिया। पास के गाँववाले जो चलने के लिए इकट्ठे हुए थे, रूरे में ही रुक गए और भौरी लगाने के लिए कंडे और नेवहड़ का इन्तजाम करने लगे।

दूसरे दिन बहुत भोर में ही लोग चल दिए। गाँव सूना हो गया। धिराजी देर तक कलपती-कसमसाती पड़ी रही। जग्गी भी सफर को लेकर बहुत उत्साहित थी—मोटर-गाड़ी, तरह-तरह के लोग···और जाने क्या-क्या देखने को मिलेगा। जब लोग दोनों को छोड़कर निकल गए तो उसे लगा जैसे उसके सामने परसी थाली हटा ली गई है। दिन-भर वह झोंपड़ी के कोने में पड़ी सिसकती रही और कल्पना करती रही कि लोग कहाँ पहुँचे होंगे, क्या कर रहे होंगे। रात को बहुत मन मसोसकर सोने गई। पर सुबह उठी तो सब कुछ भूल-भालकर खेल में लग गई। लेकिन धिराजी के भीतर लगातार काँटा-सा चुभता रहा। सवाल सिर्फ अयोध्या जाने, न जाने का नहीं था; वह जिन्दगी के ऐसे दोराहे पर खड़ी थी जहाँ से अगला कदम बड़ा मायने रखता था। भगवानदीन के साथ बैठकी कराके लुगाई बनकर रहे या ऐसे ही बाबा के साथ सेवा-टहल में जिन्दगी गुजार दे।

धिराजी और भगवानदीन की उम्र में ज्यादा फर्क नहीं था। उनकी बीवी भी खोंखिअहिया बीमारी में मरी थी। उससे दो बच्चे हुए थे। एक तो सौरी में ही चल बसा था, दूसरा दो साल का होकर हैजे में मरा था। धिराजी मेंहदिया आई तो दो-तीन महीने तक अपने ही दुःख में ऐसी डूबी, ऐसी सिकुड़ी-सहमी रही कि किसी तरफ ध्यान ही नहीं गया। आज पीछे का सोचती है तो लगता है शुरू से भगवानदीन की निगाह उस पर लगी थी। बहन के मन में भी दोनों को लेकर कोई बात रही होगी। हो सकता है, भगवानदीन से जिक्र भी हुआ हो। लेकिन एक तो सयानी होती बेटी, दूसरे धिराजी का अटूट ठंडापन। किसी को उसे कुरेदने की हिम्मत नहीं होती थी। खेत-खलिहान में काम करते हुए दोनों अकेले पड़ जाते तो मन में हल्की-सी गुदगुदी जरूर होती थी। लेकिन पीछे का दुःख याद कर मन दब जाता था।···एक बार चैती की कटाई चल रही थी। खेत और खलिहान के बीच बोझ ढोते-ढोते शाम हो गई। वह भगवानदीन के साथ मिलकर, रस्सी खींच-खींचकर बोझ बँधवाती थी, फिर भगवानदीन उसके सिर पर उठवाते थे। बोझ बाँधते समय दोनों के हाथ बार-बार छू जाते थे। बोझ उठकर उसके सिर पर पहुँचता तो दोनों की देह करीब आ जाती और एक-दूसरे के पसीने और सूखी फसल की मिली-जुली गंध नाकों में भर जाती। अँधेरा धीरे-धीरे बढ़ रहा था। एक बार बोझ उठाने के बाद भगवानदीन का हाथ बोझ पर से सरकता हुआ उसके कन्धे पर आया और वहाँ से वक्ष की ओर बढ़ने लगा। वह एकदम से सिहर उठी और झटके-से दूर हट गई। सन्तुलन बिगड़ जाने से बोझ जमीन पर आ गिरा। भगवानदीन सकपका गए। वह बिना बोझ लिए ही घर वापस आ गई। उसके बाद कई दिन तक भगवानदीन उससे नजर बचाते रहे थे।···समय बीतने के साथ फिर से वही मेहनत-मशक्कत की निरर्थक-सी, बेस्वाद जिन्दगी शुरू हो गई थी।

झिंगुरी सिंह ने किसान सभा का काम शुरू किया तो भगवानदीन रूरे जाने-आने लगे थे। लौटकर वहाँ की तमाम बातें सुनाते। उसकी तरह की कई बेवा औरतें, जो

मुर्दाफरोशी में जमीनें निकल जाने से बेसहारा हो गई थीं, सभा में भाग लेने लगी थीं। अभिलाखी, पतरा, सुखराजी, रामपत्ती—रूरे और मेंहदिया के कुर्मियान की ऐसी तमाम औरतें थीं। सुन-सुनकर उसका भी मन हुमसता था। एक बार झिंगुरी सिंह मेंहदिया में सभा करने आए तो दोपहरी में भगवानदीन के यहाँ रुके। धिराजी से बात की, उसका हाल सुना, हौसला बढ़ाया और सभा में शामिल होने की सलाह दी। तब से बेटी के साथ उसका भी रूरे आना-जाना शुरू हो गया। चार साल कहाँ उड़ गए, पता ही नहीं चला।

दोपहरी ढल गई थी। जगत के उस हिस्से पर, जहाँ गेहूँ डला था, पीपल की छाया आ गई थी। धिराजी ने उठकर उसे धूप में सरकाया और हाथ से चलाकर उलट-पलट दिया। आज सुबह से मुँह में कुछ डालने का मन नहीं हुआ था। जग्गी कल रात का रखा बासी खाना खाकर गाँव की ओर खेलने निकल गई थी। धिराजी ने सोचा था, बाबा आएँगे तो पूरी रसोई बनाएगी, सिर्फ अपने लिए कौन चूल्हा सुलगाए। रास्ता देखते-देखते शाम हो गई। जल्दी-जल्दी जग्गी के लिए कुछ बनाया और दो कौर अपने मुँह में भी डालकर बिस्तर में आ गई। आज अलाव जलाने का भी मन नहीं हुआ। जाड़े की लम्बी, सर्द रात। गहरा, सुनसान अँधेरा। रात गाढ़ी होने के साथ सन्नाटा बढ़ता गया। नींद कोसों दूर थी। जरा-सी आहट होती तो उठकर बैठ जाती। विचारों की कड़ियाँ एक के बाद एक दिमाग में लुपलुपाती रहीं। सामने दूर तक पसरा उजाड़ बंजर। इस जिन्दगी का क्या करे? जग्गी का क्या करे? उसके लिए कहाँ वर खोजने जाए? यहाँ कब तक बाबा के सहारे पड़ी रहेगी? इस आन्दोलन का क्या होगा? कब तक चलेगा यह? बार-बार कान में बजता रहा—भगवानदीन के साथ बैठकी करा लो। इस अखंड ऊसर में हाँफ-हाँफकर जान मत दो। लेकिन बाबा? उनका साथ छोड़ने की बात आते ही दिल में मरोड़-सा उठता है।

सुबह आँख खुलते ही गाँव की ओर दौड़ी। देर रात को सारा मेला आ गया था, बस बाबा नहीं आए। ···क्यों नहीं आए बाबा?

दिन-भर धिराजी के भीतर कुछ सुलगता रहा। दूसरे दिन वह भगवानदीन के साथ मेंहदिया चली गई। एक दिन एकान्त मिला तो भगवानदीन ने मेहतावाली बात छेड़ी। झिंगुरी सिंह ने जग्गी के बारे में जो सुझाव रखा था उसे भी बताया। सुनकर धिराजी जैसे काठ हो गई। देर तक फटी-फटी आँखों से वह भगवानदीन को देखती रही।

चौंतीस

सुबह की ठंड में बसौली की ओर लौटते हुए सुचित के मन में अजीब-सी उत्सुकता थी। अयोध्या की सभा ने जैसे उसमें एक सयानेपन का भाव भर दिया था जो गाँव में दाखिल होते हुए और भी साफ महसूस हो रहा था। गाँव से वही अकेला अयोध्या गया था और इस बात से उसका मन थिरक रहा था कि वहाँ जो कुछ हुआ उसे गाँव में पहुँचाने का श्रेय उसी को है। वह जल्दी से जल्दी अयोध्या में उमड़े तूफान की लहर गाँव तक पहुँचाना चाहता था।

रात में वह रूरेवालों के साथ चिलबिला स्टेशन पर उतरा तो कड़ाके की ठंड पड़ रही थी। आकाश बादलों से घिरा था और घटाटोप अँधेरा छाया था। हवा के थपेड़े हड्डियों में सीधे घुसे जा रहे थे। पहले तो लोगों ने प्लेटफार्म पर ही रात बिताने की सोची और वहीं गुड़ी-मुड़ी होकर पड़ गए। लेकिन झिंगुरी सिंह ने देखा कि सभी ठंड से कुड़कुड़ा रहे हैं और किसी को नींद नहीं आ रही तो अँधेरे में ही चलने का निश्चय किया—इससे ठंड भी दूर होगी और रास्ता भी कटेगा। पट्टी तक आते-आते आधी रात हो गई। किसी-किसी के सिर पर हल्की-सी बूँदें भी पड़ीं। सभी ने भगवान् का शुक्र मनाया कि सूखे-सूखे में यह यज्ञ निपटा दिया, अब तो जमकर लहरा पड़े तब भी कोई चिन्ता नहीं।

पट्टी से लोगों का झुंड रूरे की ओर बढ़ा तो सुचित तहसील के सामनेवाले सरकारी कुएँ के पास रुक गया। कुएँ के ऊपर टीन की छाजन थी और जगत पर कुछ लोग ओढ़े-बीढ़े पड़े थे। कुएँ के पीछे बरगद का बड़ा-सा पेड़ था जिसके नीचे कुछ कुन्दे भेड़कर अलाव जलाया गया था। अलाव में लकड़ी जलकर बिखर गई थी, सिर्फ अंगारे रह गए थे। अलाव के पासवाले जगत के कोने में अपनी फटी-पुरानी कमरी लपेटकर, पोटली सिर के नीचे रखे वह भी लेट गया। कुछ देर बाद थोड़ी गरमाहट आई तो आँख लग गई। चिड़ियों की चहचहाहट से नींद खुली तो पूरब की ओर उजास फूट रही थी। वह सामान समेटकर उठ खड़ा हुआ। सीधे खेतों के बीच से निकलकर उसने बसौलीवाली लीक पकड़ ली। जैसे-जैसे धूप फैल रही थी, खेत के मेंड़ों पर खाँची-खुरपा लिये घास छीलती घसियारिनें दिखने लगी थीं। कहीं-कहीं बस्तियों से निकलकर मवेशियों के झुंड रह-रहकर रँभाते, मिट्टी उड़ाते सिवान की ओर बढ़ रहे थे।

सूरज निकलने के साथ बदली छँट गई थी लेकिन धुनी हुई रूई के फाहों-जैसे उसके छोटे-छोटे टुकड़े पूरे आकाश में बिखरे हुए थे। चैती की सिंचाई चल रही थी और जगह-जगह लीक को काटते बरहों से भाप छोड़ता पानी रेंगता हुआ खेतों की ओर बह रहा था। बसौली की खोरि पर मुड़ते हुए सुचित ने सोचा—साधू के यहाँ से होते हुए चलें। जंगल पार कर उनके घर के पास पहुँचा तो सबसे पहले सहुआइन दिखी।

पानी भरा घड़ा कमर से लगाए वह कुएँ की जगत से उतर रही थी। सुचित को देखकर ठिठकी, फिर मुस्कराकर बोली—

"करि आए तीरथ भैया?"

"तीरथ कैसा काकी?····बाबा का राज आ जाए तो सारे तीरथ एक साथ हो जाएँगे।"

"तो अभी बाबा का राज आने को बाकी है?····कैसे तो गाते हो तुम लोग—बाबा रामचन्द्र के रजवा····"

"हाँ काकी, अब तुम्हीं बताओ, कहीं सुनाई पड़ती है बेदखली? ····तालुकेदारों की तो छोड़ो, अब तो गोरी सरकार भी डरने लगी है उनसे। रेलगाड़ी का पहिया जाम कर दिया हम लोगों ने। सरकार ने झख मारके हमें अपने-अपने मुकाम पर पहुँचाया।"

"अच्छा! तो रन जीत के आ रहे हो। ····तभी तो इतने फूले हुए हो।"

"हम क्या फूलेंगे काकी···· साधू घर पर हैं?"

"जाओ देखो, देखुआरों के पास बैठे होंगे।"

"देखुआर····ये किसके लिए आए हैं काकी?"

"रामदेव के लड़के के लिए। और किसके लिए आएँगे।"

"अच्छा तो साधू अब नाति विअहेंगे?"

"और क्या अपने को विअहने की उमर है?" सहुआइन अजीब-सी फीकी हँसी हँसकर आगे बढ़ गई। सुचित को लगा सहुआइन के मन में साधू के लिए कुछ है जरूर। लेकिन क्या है वह? मन का रहस्य कौन जाने।

सुचित घूमकर साधू के दरवाजे पर आया तो देखा नीम के पेड़ के पास दो घोड़े खड़े हैं। इतना दिन चढ़ आने के बावजूद लोग अभी तक अलाव के पास जमे हैं। दो लोग मचिया पर, बाकी पुआल के बीड़े पर बैठे बुझी-सी आग के ढेर को ताप रहे हैं। जोर-जोर से बतकही और हँसी-ठहाका चल रहा है। मचिया पर बैठे दोनों लोग मरसराइज की महीन धोती पहने हैं। उनके चेहरे पर अमिरऊ चिकनाई है। गोरुआरी के पास एक कोने में एक छोटा-सा अलाव और जल रहा है जिसके पास देबीदीन और दो अपरिचित आदमी बैठे हैं। साधू कहीं नहीं दिख रहे, दिशा-मैदान के लिए गए होंगे। सुचित कुछ देर ठिठका खड़ा रहा, फिर अपनी पोटली मड़हे के एक कोने में रखकर देबीदीन के पास जाकर बैठ गया।

"कब आए भगत?" देबीदीन ने पीछे खिसककर उसे जगह देते हुए पूछा।

"बस सीधे यहीं आ रहा हूँ। ····कहाँ के हैं ये महराज हो? बड़े रईस लगते हैं।"

"सई पार सराय से आए हैं। गिरवी और महाजनी का काम है। रियासतों तक को रुपया देते हैं।"

"तभी तो।"

"इधर अलाव तापने की बड़ी सुविधा है। मार जंगल ही जंगल, जितना चाहें

जलाएँ।" देबीदीन के पास बैठे आदमी ने कहा।

"बस जंगल ही है...वह भी बड़ी मुश्किल से बचा है। हमारे साधू सुभाव से भी साधू हैं।" देबीदीन जैसे अपने आप से बोला।

"ई दोनों कौन हैं?" सुचित ने दोनों आदमियों की ओर इशारा करके देबीदीन से पूछा।

"सरायवाले महराज के साथ आए हैं। एक जन साईस हैं, घोड़ों की देखभाल करते हैं। दूसरे...क्या बोलते हैं भइया, खिदमत..."

"खिदमतगार।"

"हाँ, खिदमतगार।...बड़े लोगन की बड़ी बात है भइया। हमरे महराज तो सीधी-सादी किसानी करते हैं। हमें क्या मालूम।"

तब तक दोनों मेहमान अँगड़ाई लेकर उठ खड़े हुए थे। देबीदीन भी उठ गया और लग्गा लेकर नीम के पेड़ से दातुन तोड़ने लगा।

मेहमानों को उठा देखकर खिदमतगार दौड़कर उनके पास गया और दो लोटों में भरकर पानी लाया। वे जंगल की ओर चले गए तो उसने घड़े से पानी निकालकर कुएँ की जगत पर रख दिया और वहीं खड़े-खड़े उनका इन्तजार करने लगा।

"आप हमेशा महराज के साथ रहते हो?" सुचित ने साईस की ओर मुखातिब होकर पूछा।

"हूँ।" धुएँ के कारण उसने मुँह दूसरी ओर फेर लिया था।

"ठाट हैं इनके भइया। जहाँ-जहाँ महराज जाते हैं, ये भी जाते हैं। जैसे महराज की खातिर होती है, वैसे इनकी भी।" देबीदीन दातुन तोड़कर फिर अलाव के पास लौट आया था।

तब तक साधू सिर्फ गमछा पहने, हाथ में बड़ा-सा लोटा लिए, उघारे बदन जंगल की ओर से आते दिखे। कैसी भी सर्दी पड़ रही हो, वे दिशा-जंगल जाते समय ऐसा कुछ नहीं पहनते थे जिसे तुरन्त धोया न जा सके। कुएँ पर जाकर उन्होंने ग्यारह बार सिर्फ बायाँ और फिर ग्यारह बार दोनों हाथ मटिआया। दो बार खूब मिट्टी लगाकर लोटा माँजा। जब वे नहाने के लिए पानी भरने चले तो सुचित उठा और कुएँ पर जाकर उनके लिए पानी खींचने लगा।

"क्या हुआ हो अयोध्या में?"

"बड़ा बमचख रहा महराज। बहुत बड़ा मेला था। डर के मारे आस-पास के तालुकेदारों की पुलपुली काँप रही थी..." और सुचित बड़े उत्साह से देर तक अयोध्या की बातें सुनाता रहा।

"भला हो पदारथ का, उसके चलते तुम तो पूरे सुराजी हो गए सुचित।" साधू मुस्कराकर बोले फिर कुछ रुककर धीरे से बुदबुदाए—"देखो आगे क्या होता है...लगता है तालुकेदारों की पाप की गठरी भर गई है।"

साधू नहाकर आए और पूजा पर बैठ गए। सुचित ने हाथ-मुँह धोया, खरमिटाव किया और अपने घर चला गया। देखुआर दिन-भर रुके रहे। साधू ने बहुत ना-नुकुर किया। कहने लगे—हम तो किसान-काश्तकार हैं। अन्दर-बाहर का सारा काम अपने हाथ से करते हैं। हमारे घर में नौकर-चाकर तो हैं नहीं। आप ठहरे महाजन आदमी। घर में नाऊन-कहारिन लगी होंगी। आपकी बेटी को यहाँ बहुत तकलीफ होगी।

असल में इस शादी से साधू को डर-सा लग रहा था। शादी-विवाह बराबरवालों के बीच होता है। ठीक है कि उनके पास जमीन-जायदाद है। पवस्त में इज्जत भी है। लेकिन महाजनी के काम से उन्हें सख्त नफरत है। जरूरत में किसी ने कुछ माँग लिया तो वे ना नहीं कर पाते। कई बार तो खुद उधार लेकर उन्होंने दूसरों की मदद की और ब्याज की कौन कहे मूल तक गँवा बैठे। औवल तो वापस माँगने का उनका मन नहीं हुआ, कभी बहुत घंघेच लगने पर माँग भी लिया तो कर्जदार के रोना रोने पर द्रवित होकर चुप हो गए और धीरे-धीरे सन्तोष कर लिया। बिसार और महाजनी में पदारथ का निर्दयी रूप वे शुरू से देखते आए हैं। उनके नाना शंकर दूबे महाजनी के चलते ही इतने क्रूर और हृदयहीन हो गए थे। उनके जुल्मों के किस्से अब तक गाँव में चलते हैं। उनकी जितनी भी याद साधू के जेहन में है उसमें उनका खूँखार, स्वार्थी स्वभाव ही उभर कर आता है। दुर्बली नाना के फौज में मारे जाने के बाद उन्होंने नानी और माँ की क्या-क्या दुर्गत नहीं की। जयकरन अहीर को तो दो बीघे खेत के लिए उन्होंने इतना सँसाया कि उसने जान ही दे दी। तभी से बसौली और हटवा के अहीर उनसे हाड़ मानने लगे। दूबे खानदान खत्म हो गया पर अहीरों का हाड़ मानना कायम रहा और उसी के साथ जयकरन का किस्सा भी चलता रहा। पवस्त में पद-पंचायत के समय कभी यह बात उठ जाती तो साधू को अन्दर तक कोंच देती।

लेकिन सरायवाले भी पीछे पड़ गए। उन्हें लड़का भा गया था। मथुरा का गोरा रंग, भरा-भरा शरीर, गोल-मटोल चेहरा, फूले-फूले गाल। ग्यारहवाँ पार कर रहा था। बगल के गाँव में कुछ दिनों पहले वर्नाक्यूलर स्कूल खुला था, उसी में पढ़ने जाता था। साधू का कुल-खानदान ऊँचा था ही। घर के आगे-पीछे जंगल, चारों ओर सायर-मायर। गाँठ में पैसा न होते हुए भी ऊपरी शान तो थी ही।

परसराम दूबे बात-व्यवहार में कुशल, दरबारी आदमी थे। बातों से सबको मोह लिया। राम अभिलाख और रामहित तो इस शादी के लिए कूद ही रहे थे। सिर्फ रामदेव चुप था। पर यह सम्बन्ध साधू के गले नहीं उतर रहा था। बहाना बनाया कि बड़े बेटे राम अभिलाख के एक लड़की है, पहले उसकी शादी करनी है, तब इसकी सोचेंगे।

"हमें भी कोई जल्दी नहीं है साधू महराज। बरेच्छा अभी ले लीजिए। तिलक-विवाह की तिथि बाद में तय हो जाएगी।...देन-लेन में आप जो कहिएगा हम हाजिर कर देंगे।" परसराम हिम्मत नहीं हारे।

साधू छूटते ही बोले—"हे भइया वही निहादि है। हमारे गाँव के बगल कुछ

लोनिया हैं। हर साल कुआर-कातिक में कबर के लिए जमीन खोदते हैं। कोई पूछता है तो कहते हैं वैशाख-जेठ में हैजा पड़ेगा और तमाम लोग मरेंगे तो कड़ी जमीन खोदनी पड़ेगी। अभी नरम है, खोद लेते हैं। ···आप बरेच्छा देकर चले जाओ, आगे किसी को कुछ हो जाए, कोई भरोसा है?"

परसराम दोनों भाई हतप्रभ। वे बहुत घूमे-फिरे थे पर ऐसा मुँहफट आदमी नहीं देखे थे। एकदम बौड़म। रुपये-पैसे का कोई मोह ही नहीं। इससे कैसे पार लगे। आखिर उन्होंने पैंतरा बदला। बोले—

"ठीक है साधू, बरेच्छा मत लीजिए। लेकिन हम भगवान् के पास अमानत रख दें तो क्या एतराज है। आगे हमारी बेटी का भाग्य। तय हो गया तो ठीक, नहीं तो समझेंगे भगवान् के खजाने में गया।"

उन्होंने कमर से एक थैली निकाली और तख्ते पर भगवान् के संपुट के पास ले जाकर रख दी। साधू निरुत्तर हो गए।

देखुआर चले गए। राम अभिलाख की लड़की की शादी भी तय हो गई। परसराम एक बार फिर आए और तिथि-वार तय कर गए। पहले मथुरा की शादी की तिथि पड़ी फिर राम अभिलाख की लड़की की। घर में धीरे-धीरे उत्सव का माहौल भिनने लगा।

पैंतीस

बाबा बाराबंकी के लिए चले तो अन्दाज नहीं था वहाँ कैसे लोग मिलेंगे और कैसा बरताव करेंगे। वे इस इलाके के लिए नए थे। स्टेशन पर उतरे तो देखकर आश्चर्य हुआ कि एक बड़ी भीड़ अगवानी के लिए खड़ी है। आस-पास के गाँवों से आए किसानों के अलावा शहर के कई नामी-गिरामी वकील, बड़े-बड़े रईस और विद्यार्थियों का हुजूम। ज्यादातर मुसलमान नवयुवक। जैसे ही गाड़ी खड़ी हुई, पूरा प्लेटफार्म जयजयकार से गूँज उठा। बाबा को फूल के गजरों से लाद दिया गया। स्टेशन के बाहर मोटरों और इक्कों की लम्बी कतार थी। उन्हें एक मोटर में बिठाया गया तो विद्यार्थियों की ओर देखकर उन्होंने पूछा—शहर कितनी दूर है। मालूम हुआ एक मील से ऊपर। क्या विद्यार्थी पैदल जाएँगे? जवाब मिला—हाँ। बाबा मोटर से उतरकर विद्यार्थियों के दल में शामिल हो गए। स्टेशन से शहर तक भीड़ ही भीड़ थी। नर-नारियों का अपार समूह। सभी बाबा के दर्शन के लिए उतावले। जगह-जगह उन्हें रुकना पड़ा। ···इतनी

आवभगत की आशा उन्हें नहीं थी।

पंडित काशी प्रसाद के यहाँ रहने का इन्तजाम था। पूरा परिवार पढ़ा-लिखा, सुसंस्कृत। दोनों बेटियाँ संस्कृत की जानकार। भोजन के समय दोनों संस्कृत बोल रही थीं। बाबा बहुत प्रभावित हुए। सोचने लगे लड़कियों को इसी तरह की शिक्षा दी जाए तो स्त्रियों के प्रति चल रहा भेदभाव दूर हो।

आने-जानेवालों का ताँता लगा था। आनेवालों में मुसलमान भाई ज्यादा थे। एक बुजुर्ग वकील अपने दो बेटों के साथ आए और बहुत देर तक राजनीति पर चर्चा करते रहे। बड़े पाक मुसलमान थे और बाबा के बड़े कद्रदान। बहुत प्रेम से उन्हें अपने घर बुलाया। बाबा उनका आग्रह नहीं टाल सके। काशी प्रसाद जी के साथ उनके घर गए। कुछ देर तक इधर-उधर की बातें होती रहीं। फिर जलपान की बात उठी। काशी प्रसाद ने बाबा की ओर देखकर आँख मारी। बाबा ने ऐसा अभिनय किया जैसे कुछ समझे ही न हों। वकील साहब की आन्तरिक अभिलाषा देखकर उन्होंने चाय पीने की इच्छा जाहिर की। वकील साहब काशी प्रसाद जी की दुविधा समझते थे। वे हँसकर बोले—हम जैसे कमदिलों से भला आपकी चाह कैसे पूरी होगी। बाबा ने उनकी बात का मर्म समझा और शर्म से गड़ गए। आखिर फीजी में तो बराबर चाय-बिस्कुट चलता था। किसी के भी हाथ का। तो यहाँ यह भेद-भाव क्यों? सामाजिक अप्रतिष्ठा के डर से? यह तो कोई बात नहीं हुई। उन्होंने भीतरी द्वन्द्व पर काबू पाकर चाय के लिए पूरा उत्साह दिखाया। वह आई तो जहाँ बैठे थे वहीं बैठे-बैठे पीने लगे। काशी प्रसाद जी कटकर रह गए। थोड़ी देर असमंजस में बैठे रहे, फिर चुपचाप उठे और चल दिए। बाबा ने समझ लिया अब उनके यहाँ रहना नहीं हो पाएगा।

बाबा की परेशानी भाँपकर वकील साहब उन्हें अपने ही घर टिकाने की व्यवस्था करने लगे। उनके तीन लड़के थे—महमूद, मिरजा और अनवर। तीनों तुरन्त इन्तजाम में लग गए। तीसरा तो बाबा के प्रेम में विह्वल था। बाबा ने अपनी ओर से उसका नाम रख दिया प्रेम सिंह। वे जब तक वहाँ रुके, वह दिन-रात उनकी सेवा में लगा रहा।

पूरे बाराबंकी जिले में किसान-सभाओं की धूम मच गई। चौदह प्रतिज्ञाओं को छपवाकर जगह-जगह बाँटा गया। तालुकेदारों और सरकारी हाकिमों में खलबली मच गई। बाबा की सफलता से आतंकित कई तालुकेदारों ने तो खुद उन्हें अपनी जागीरों का दौरा करने के लिए बुलाया। कइयों ने अपने-आप लगान के अलावा और कोई कर न वसूल करने का ऐलान किया। कई रियासतों में बेदखली, नजराना और बेगार बन्द हो गई।

बाबा का हौसला बुलन्द था। उन्होंने अपने भाषणों में तालुकेदारों के साथ-साथ सरकार की भी खूब खबर ली। बोले—अंग्रेज कारकुन बनकर आए थे और अपने को मालिक समझने लगे। देश की असली मालिक तो जनता है और उसे हक है कि अपने

घर का इन्तजाम जिससे चाहे उससे कराए। किसी मजदूर का कतई यह हक नहीं बैठता कि वह सिर्फ अपने को मजदूरी के लायक बताए और मालिक को मजबूर करे। मालिक को पूरा अख्तियार है कि वह अपनी मर्जी के खिलाफ काम करनेवाले को निकाल बाहर करे और ज्यादा गुणी और कम दामवाला मजदूर रखे। फिर बोले—डुग्गी पीटनेवाला कहता है—खलक खुदा का, मुल्क हिन्दुस्तान का, हुकुम अँग्रेज बादशाह का। खलक खुदा का और मुल्क हिन्दुस्तान का तो ठीक, लेकिन हुकुम अँग्रेज बादशाह का क्यों? बदजात काफिर को बादशाह नहीं मानना चाहिए। हिन्दुस्तान में कोई बादशाहत नहीं, शतरंज के खेल में यहाँ सब प्यादे ही प्यादे हैं। तैंतीस करोड़ प्यादे। और हमेशा प्यादा ही आगे बढ़ता है। उनके बीच का एक प्यादा बेताज, बेफ़ौज आगे बढ़ चला है। ऐसे ही त्रेता में राम आगे बढ़े थे। देखिए जीत किसकी होती है।

सी. आई. डी. की रपट और 'इंडिपेंडेंट' में बाबा के भाषणों की खबर पढ़कर हाकिमों के होश गुम थे। सीधे राज-द्रोह का मुकदमा बनता है। लेकिन उन्हें पकड़ने की हिम्मत किसी को नहीं। प्रतापगढ़ में उनकी गिरफ्तारी का अनुभव सबको याद है। पर कुछ तो करना होगा। फिलहाल उन्हें ऊँचाहार की सभा में न जाने देने की योजना बनने लगी।.....और कांग्रेसी नेता भी इसमें शामिल हो गए।

रायबरेली और ऊँचाहार से जो खबरें आ रही हैं उनके अनुसार वहाँ की हालत बाराबंकी जैसी अनुकूल नहीं है। जैसे-जैसे सभा के दिन करीब आ रहे हैं, किसान बेकाबू होते जा रहे हैं। स्थानीय किसान नेता जगह-जगह आग उगल रहे हैं। लूटपाट और हिंसा की आशंका बढ़ती जा रही है। उधर तालुकेदारों में भी जबरदस्त उत्तेजना है। अयोध्या की सभा की सफलता से वे आतंकित हैं। एकजुट होकर जैसे भी हो वे आन्दोलन को तोड़ने पर आमादा हैं। उनमें भी बड़े जोर-शोर से तैयारियाँ चल रही हैं। डिप्टी कमिश्नर शेरिफ पूरी तरह उनके साथ है। आन्दोलन शान्तिपूर्ण बना रहे इसके लिए बाबा को जल्द से जल्द वहाँ पहुँचना चाहिए। .....लेकिन सरकार और कांग्रेस की ओर से कुछ और ही कुचक्र चल रहा है।

काशी प्रसाद जिस दिन से बाबा को चाय पर छोड़कर गए थे, उनके दर्शन नहीं हुए थे। उस दिन वे अचानक प्रकट हो गए। कहने लगे—खिलाफत वाले मौलाना अब्दुल बारी ने बाबा को लखनऊ बुलाया है, तुरन्त चलना है। उन्हें देखते ही महमूद कुछ भाँप गया। उसने बाबा को आँखों से इशारा किया। उन्हें भी शंका हुई। कहाँ तो जल्दी-से-जल्दी रायबरेली-ऊँचाहार पहुँचने की बात थी, कहाँ लखनऊ जाने को कह रहे हैं। बाबा बड़े असमंजस में। लेकिन काशी प्रसाद का आग्रह कैसे टालें। उनका लिहाजी स्वभाव। सबका मान रखने की आदत। यही उनकी ताकत और यही कमजोरी। जो होगा देखा जाएगा।

लखनऊ स्टेशन पर उतरे तो दोपहरी ढल रही थी। रह-रहकर बाबा का दिल धड़कता था। काशी प्रसाद ने एक इक्का किया। वह मुख्य सड़क के बजाय

गलियों-गलियों से होकर चलने लगा। बाबा को उकताहट हो रही थी। आखिर जिस घर से सामने आकर वह रुका वह मौलाना बारी का नहीं था। उसमें तो एक सी. आई. डी. वाला रहता था। क्या चक्कर है? क्या कोई साँठ-गाँठ है?

बाबा घर में घुसे तो भूख से लस्त थे। घर की स्त्री ने उस समय घर में जो कुछ था वही लाकर रख दिया। बाबा रोटी-तरकारी खाने लगे तो काशी प्रसाद बोले—हम मौलाना साहब को देखकर और उनकी इजाजत लेकर आते हैं। लेकिन वह वहाँ गए तो वहीं के रह गए। बाबा बैठे-बैठे परेशान। काफी देर बाद आए भी तो उन्हें कोई जल्दी नहीं थी। बाबा को लेकर निकले और गली-गली पैदल ही चलने लगे। चलते-चलते आखिर मौलाना का मकान मिला। बाबा यह देखकर चकित कि वहाँ चारों ओर पहरा लगा हुआ है। काशी प्रसाद जी उन्हें अन्दर की एक कोठरी में ले गए। वहाँ बिठाकर फिर गायब। वहाँ भी मौलाना की झलक नहीं। कोठरी में उर्दू का एक अखबार पड़ा था। बाबा उठाकर पढ़ने लगे। रायबरेली में जगह-जगह बलवा होने की खबर थी। ....ऐसे में अब्दुल बारी ने उन्हें यहाँ क्यों बुलाया? और मिलने में इतना समय क्यों लगा रहे हैं? यहाँ पहरा क्यों बैठा है? काशी प्रसाद जी पहले सी. आई. डी. वाले के यहाँ क्यों ले गए थे? ....बैठे-बैठे शाम हो गई। बाबा अखबार की एक-एक लाइन चाट गए। तब भी समय नहीं कट रहा था। रात में एक हिन्दू कार्यकर्ता खाना लेकर आया। उसी कोठरी में सोने की व्यवस्था की। दो दिन वहीं पड़े रहे। न किसी से मिलना, न कहीं निकलना। न काशी प्रसाद का कोई पता, न मौलाना का।

दो दिन बाद कुछ कार्यकर्ता आए और बाबा को खिलाफत दफ्तर ले गए। बोले कि अब उनके ठहरने का इन्तजाम वहीं है। दफ्तर के आस-पास बेहद गन्दगी। सामने ही पाखाना था और बराबर वहाँ से दुर्गंध आती रहती थी। बाहर जगह-जगह हड्डियों के ढेर पड़े थे। देखकर उबकाई आती थी। वहाँ भी मौलाना या काशी प्रसाद की कोई झलक नहीं। पहरा वहाँ भी लगा था। बाबा से अब और नहीं रहा गया। उन्होंने अपना सामान समेटा और बाहर निकल पड़े। निकलते ही एक पहरेदार सामने आकर खड़ा हो गया। उसने बाबा को आगे जाने से रोका। बाबा ने डपटकर पूछा तो वह बोला—मौलवी साहब का ऐसा ही हुकुम है। बाबा तिलमिलाकर रह गए। अब तो कोई सन्देह नहीं रहा कि उन्हें रायबरेली जाने से रोकने के लिए ही सारी साजिश रची गई है और लखनऊ लाकर इस तरह फँसाया गया है। वाह रे काशी प्रसाद, अच्छी मित्रता निभाई। विद्वान् और इज्जतदार लोग हैं ये! ....काश, महमूद का इशारा मान लिए होते!

उसी दिन रायबरेली में सिख तालुकेदार सरदार बीरपाल सिंह द्वारा किसानों पर गोली चलाए जाने और नेहरू के वहाँ पहुँचने की खबर आई। पता लगा, किसानों को रायबरेली जानेवाली गाड़ी पर नहीं बैठने दिया जा रहा है। जो छिपकर बैठ भी जाते हैं उन्हें वीरान स्टेशनों पर जबरन उतार दिया जाता है। बाबा छटपटाकर रह गए। मजबूरी

में उनकी आँखों में आँसू आ गए। उन्होंने बहुत चीख-पुकार मचाई तो आखिर शाम को मौलाना बारी आए। उनके हाथ में एक तार था। उसे दिखाकर बोले—शौकत अली और महात्मा गांधी ने सन्देश भिजवाया है कि बाबा रामचन्द्र को वहाँ से कहीं न जाने दिया जाए। सुनकर बाबा सन्न रह गए।

गली में शाम होने से पहले ही अँधेरा घिरने लगा था। पुराने बर्तनों की मरम्मत करनेवाला एक कारीगर जो दिन-भर खट्-खुट् करता रहा था, अब अपने औजार समेट रहा था। बीच-बीच में घर लौटने के लिए उतावले एक-दो फेरीवालों की पुकार सुनाई पड़ जाती थी। धूप सिमटने से साथ ठंड बढ़ती जा रही थी। बाबा खिड़की के पास खड़े खोए-खोए से बाहर की ओर देख रहे थे। ....मेरे साथ ऐसा क्यों हुआ? रायबरेली में किसानों पर गोली चल रही है और मैं यहाँ चारपाई पर पड़ा-पड़ा सड़ रहा हूँ। कांग्रेस के शहरी नेता किसानों के हितैषी बने फिर रहे हैं।....नाहक काशी प्रसाद जी का लिहाज किया। क्या शौकत अली और गांधी जी ने सचमुच तार दिया था? क्या सोचकर यह रचना रची होगी उन्होंने? क्या बाबा रामचन्द्र उनके लिए इतना खतरनाक हो गया। हो सकता है, इस सबके पीछे मौलाना बारी का ही हाथ हो। जैसा उन्होंने पढ़ाया हो वैसा ही लोगों ने पढ़ा हो। ....खैर बुराई में भी अच्छाई छिपी होती है। क्या पता हमारे वहाँ जाने से किसानों को लाभ के बजाए हानि ही होती।....जैसा नियति को मंजूर हो।

इलाहाबाद में बैठे कांग्रेसी नेता, जैसे भी हो, किसानों को असहयोग के रास्ते पर खींचना चाहते थे। पर असहयोग आन्दोलन में तालुकेदारों के खिलाफ विद्रोह के लिए कोई जगह नहीं थी। तालुकेदार और रिआया के सम्बन्ध को तो कांग्रेसी देश का अन्दरूनी मामला मानते थे। तालुकेदारों को समझा-बुझाकर उसे सुलझा लेने की बात करते थे। लेकिन बाबा रामचन्द्र और उनके साथियों की मुख्य लड़ाई तो तालुकेदारों से ही थी। इसलिए वे कांग्रेसियों की आँख में गड़ने लगे थे। सारी उठापटक उन्हें निष्क्रिय और बेअसर करने की थी।

शाम के झुलफुले में अब्दुल बारी, काशी प्रसाद और सादे लिबास में दो हथियारबन्द पहरेदार बाबा के पास आए। बारी के हाथ में एक काला बुरका था। बाबा को एक ओर ले जाकर उन्होंने कुछ खुसुर-फुसुर की। थोड़ी देर बाद लोगों ने देखा—खिलाफत के दफ्तर से काला बुरका ओढ़े एक औरत बाहर निकली। उसके आगे-पीछे दो हथियारबन्द पहरेदार। आगे एक इक्का किया गया। इक्का चारबाग स्टेशन के सामने आकर रुका। प्लेटफार्म पर इलाहाबाद की गाड़ी खड़ी थी। तीनों तीसरे दर्जे के एक डिब्बे में चढ़ गए। मुसाफिरों ने एक बार उत्सुकता से उनकी ओर देखा, फिर अपने में व्यस्त हो गए। गाड़ी चली तो अँधेरा घिरने लगा था। रात-भर बाबा बुरके में कसमसाते रहे।

छत्तीस

गाड़ी अलस्सुबह प्रयाग स्टेशन पहुँची। अँधेरा पिघल रहा था लेकिन दिन की उजास फूटने में अभी देर थी। हल्का-हल्का कोहरा पड़ रहा था। स्टेशन के बाहर मिठाई-पूड़ी और जलेबी की दुकानों पर सुलगती भट्ठियों से धुआँ उठने लगा था। मुसाफिरखाने में कुछ लोग गुड़ी-मुड़ी पड़े थे। एक ओर कतार से ताँगे खड़े थे जिनके सामने गाँती लगाए ठंड से सिकुड़ते ताँगेवाले खड़े थे। पहरेदारों ने आनन्द भवन के लिए एक ताँगा तय किया। तीनों सवारियाँ ताँगे में बैठीं तो बाबा ने बुरके को कसकर लपेट लिया। ताँगा स्टेशनवाली सड़क से निकलकर धुन्ध में लिपटी यूनिवर्सिटी की इमारत के सामने से गुजरा। शहर अभी तक सोया पड़ा था और उसकी नीरवता बाबा के दिल में अनजान-सी दहशत पैदा कर रही थी। बताया गया था कि उनके पीछे खुफिया पुलिस लगी है और उससे बचने के लिए उनका इलाहाबाद जाना जरूरी है, जहाँ वे आनन्द भवन में हिफाजत के साथ रह सकते हैं।

आनन्द भवन। फाटक के ऊपर धुन्ध और कोहरे के बीच रोशनी का एक कमजोर-सा वृत्त बनाती बत्ती जल रही थी। सामने बाईं ओर भरद्वाज आश्रम के टीले पर पेड़ों के साए अँधेरे में ओस और कोहरे से भीगते चुपचाप खड़े थे। दूर कटरा बाजार में बन्द दुकानों के सामने बिजली के लट्टू बेजान-से जल रहे थे। ठंड में खड़े-खड़े काफी देर के इन्तजार के बाद फाटक खुला। अन्दर पहुँचे तो थोड़ी खटर-पटर हुई और बाबा को पीछे के एक कमरे में ले जाया गया। उन्होंने बुरका उतारकर एक ओर रख दिया तो थोड़ी राहत मिली। सभी लोग अभी सोए पड़े थे। वे भी चुपचाप लेट गए। रात-भर के जगे थे, लेटते ही नींद आ गई। आँख खुली तो चारों ओर धूप फैल गई थी।

दिन में मोतीलाल नेहरू और गौरीशंकर मिश्रा से मुलाकात हुई। मोतीलाल ने उनका हालचाल पूछा और नौकरों को उनकी पूरी खातिर-तवज्जो का आदेश दिया। वे बैरिस्टरी छोड़कर घर में बैठे थे और दिन-भर राजनीति के कामों में लगे रहते थे। उन्होंने बहुत जोर देकर कहा कि किसानों को असहयोग आन्दोलन में कांग्रेस का साथ देना चाहिए। इस बाबत उन्होंने मदन मोहन मालवीय और उनके साथी उदारवादियों की खूब जमकर आलोचना की। बोले—वे कौंसिल की मार्फत कुछ कानून बदलवाकर ऊपर-ऊपर से किसानों की समस्या सुलझाने की बात करते हैं लेकिन पूर्ण स्वराज के बिना कोई बुनियादी सुधार नहीं होगा और इसके लिए असहयोग ही एक रास्ता है।

तब तक यू. पी. किसान सभा के अध्यक्ष पुरुषोत्तमदास टंडन असहयोगियों के साथ मिल गए थे लेकिन कुल मिलाकर सभा में अभी उदारवादियों का ही बोलबाला था। उसके सचिव इन्द्र नारायण द्विवेदी मालवीय के करीबी थे और असहयोगी उन्हें गांधी-विरोधी कहकर प्रचार कर रहे थे। वैसे यू. पी. किसान सभा भी शहरी लोगों की

ही संस्था थी और अभी तक उसने किसानों के हित में कोई ठोस कदम नहीं उठाया था। न ही उसे किसानों का कोई प्रकट समर्थन प्राप्त था। लेकिन मोतीलाल की निगाह उस पर लगी थी और वे इस जोड़-तोड़ में थे कि कैसे उस पर असहयोगियों का कब्जा हो जाए। बाबा वाली अवध किसान सभा और उसके द्वारा तालुकेदारों के खिलाफ चलाई जा रही मुहिम के बारे में वे बिल्कुल चुप थे। जिसका सारा ऐश्वर्य तालुकेदार मुवक्किलों से हुई कमाई पर खड़ा हो, वह उनके खिलाफ सख्त कदम उठाने का समर्थन कैसे करेगा—बाबा ने मन-ही-मन सोचा और चुपचाप मोतीलाल की बातें सुनते रहे।

आनन्द भवन में तमाम मुलाकाती आते थे। दोनों नेहरुओं का अधिकांश समय उनसे मिलने और बातें करने में बीतता था। बाबा की आवभगत तो खूब हो रही थी लेकिन यह जाहिर होने में देर नहीं लगी कि उनका लोगों से मिलना-जुलना मेजबानों को पसन्द नहीं। बाबा बाहर जाने की बात करते तो उन्हें गिरफ्तारी का डर दिखाकर चुप कर दिया जाता। वे पड़े-पड़े देख रहे थे कि कांग्रेस के दोनों गुटों—असहयोगियों और उदार राष्ट्रवादियों—के बीच किसानों पर प्रभाव जमाने के लिए कैसी खींचतान हो रही है और एक के बाद एक किस तरह की चालें चली जा रही हैं। लेकिन किसानों की तकलीफों से किसी को कोई वास्ता नहीं। सारी उठा-पटक सिर्फ उनका इस्तेमाल करने के लिए है।

इसी दौरान एक दिन गौरी शंकर ने मीटिंग बुलाकर नई किसान सभा के गठन की घोषणा कर दी और तुरत-फुरत मोतीलाल नेहरू को उसका प्रान्तीय अध्यक्ष बनाने का निर्णय ले लिया गया। साथ ही यह भी तय किया गया कि जब तक खुली सभा में बाकायदा अध्यक्ष का चुनाव न हो जाए, इस बात को गुप्त ही रखा जाए। बाबा को लगा, किसानों के नाम पर चल रहे इन शहरी लोगों के चोंचलों को उन्हें इसी तरह मूक होकर देखना पड़ेगा। उन्हें आनन्द भवन जेल-जैसा लगने लगा और उनका सारा आनन्द गायब हो गया।

प्रयाग में माघ-मेला शुरू हो गया था। गठरी-मोटरी लिये देहाती यात्रियों की भीड़ रोज आनन्द भवन के सामने से गुजरती थी। बाबा को रह-रहकर रूरे और वहाँ के साथियों की याद आती थी। अयोध्या से चलने के बाद से उनकी कोई खबर नहीं मिली थी। धिराजी इस समय कहाँ होगी? अयोध्या आने का उसका कितना मन था! रोके जाने पर उसे कैसा लगा होगा? क्या-उसने उनके अयोध्या से लौटने का इन्तजार किया होगा? बाबा जब भी अकेले होते, मन में अजीब-अजीब विचार घुमड़ने लगते। जिन्दगी क्या इस बँगले में यूँ ही नजरबन्द पड़े-पड़े गुजर जाएगी? क्या धिराजी से अब कभी मुलाकात नहीं होगी? क्या रूरे के साथियों के बीच फिर से पहुँचना नहीं हो पाएगा? ...रायबरेली में क्या हुआ? कोई पक्की बात बतानेवाला नहीं है। बहुत सोचने-विचारने के बाद उन्होंने झिंगुरी सिंह के नाम एक चिट्ठी लिखी और एक नौकर से चिरौरी करके किसी तरह डाक में डलवा दी।

उस दिन शाम के झुलफुले में गेट पर चौकीदार के साथ कुछ लोगों की कहा-सुनी

होने की आवाज आ रही थी। दोनों नेहरू आनन्द भवन से बाहर थे। बाबा ने अपने कमरे से झाँककर देखा। झिंगुरी सिंह, सहदेव सिंह और काशी गेट के बाहर खड़े थे। उनके पीछे कुछ और लोग थे जिनका चेहरा आड़ में होने से नहीं दिख रहा था। चौकीदार फाटक पर खड़ा लाल-पीला हो रहा था। बाबा कमरे से निकले और लपककर फाटक पर आ गए। उन्हें देखते ही झिंगुरी सिंह आगे बढ़कर उनसे लिपट गए।

"बाबा आप यहाँ पड़े हैं और हम उधर सोच-सोचकर हैरान थे। ...हम तो समझे थे आप गिरफ्तार हो गए।"

बाबा फाटक से थोड़ा हटकर खड़े हो गए और लोगों को इशारे से अपने पास बुलाया।

"गिरफ्तार ही समझो मुझे।" वे धीरे से बुदबुदाए और उनकी आँखों से झरझर आँसू गिरने लगे।

"क्या हो गया बाबा? ...आप इस तरह हिम्मत हारोगे तो हम क्या करेंगे?"

"मेरी छोड़ो, यह बताओ रायबरेली में क्या हुआ?" बाबा ने किसी तरह अपने को संयत किया।

"क्या नहीं हुआ बाबा। ...आन्दोलन का सारा नक्शा ही बदल गया। हमने क्या सोचा था और क्या हो गया। कितने किसान मारे गए। रातों-रात कितनी लाशें गंगा में बहा दी गईं। ...जो वहाँ हुआ वही अब फैजाबाद में होनेवाला है। आपका नाम लेकर लोग लूटपाट कर रहे हैं। कितने ही नकली बाबा रामचन्द्र निकल आए हैं। ...और हम भकुआ बने देख रहे हैं।"

बाबा ने होंठों पर उँगली रखकर उन्हें जोर से बोलने से मना किया। फिर वे झिंगुरी सिंह के पास खिसक आए और उनके कान में फुसफुसाकर बोले—

"तमाम लोग देख रहे हैं, अभी हम निकलेंगे तो हल्ला मच जाएगा। देर रात गए जब सब लोग सो जाएँगे हम बाहर आने की कोशिश करेंगे। आप लोग यूनिवर्सिटी के सामने खड़े रहना। भगवान ने चाहा तो वहीं मिलेंगे। ...अब आप जाओ।"

झिंगुरी सिंह और उनके साथी चले गए तो बाबा पूरे बँगले का चक्कर लगाते हुए अपने कमरे में आए। बाहर अँधेरा घिर आया था। दूर सड़क पर कतार से बत्तियाँ जल रही थीं। बाबा के भीतर बार-बार दस्तक हो रही थी—जैसे भी हो इस जेल से निकलना है। उनके सामने धिराजी का चेहरा नाच उठा। एक बार किसी तरह रूरे पहुँच जाएँ—किसानों के बीच, अपने लोगों के बीच। एक बार धिराजी से मुलाकात हो जाए। फिर गिरफ्तार भी हो जाएँ तो कोई बात नहीं।

सबके सो जाने के बाद बिना किसी से बताए बाबा चुपचाप आनन्द भवन से निकल लिए। गेट पर छोटा फाटक खुला था और चौकीदार अपनी कोठरी में निंदिआया पड़ा था। यूनिवर्सिटी तक पहुँचने के पहले वे रह-रहकर पीछे मुड़कर देख लेते थे। सेनेट हाल के आगे पान वाले की एक गुमटी थी, उसी के सामने छह लोग ओढ़े-बीढ़े

सड़क पर निगाह लगाए बैठे थे। लट्टुओं की फीकी रोशनी में बाबा का साया दिखा तो झिंगुरी सिंह ने हल्के से खँखारा। बाबा ठिठक गए। सब लोग उठकर उनके पास आए। बाबा ने धीरे से कहा—ऐसे ही चलते चलिए, फाफामऊ का पुल पार करने के पहले कहीं रुकना नहीं है।

ओस से भीगती रात के अँधेरे में सात लोग फाफामऊ जानेवाली सड़क पर तेजी से बढ़े जा रहे थे। वीरान सड़क पर उनके कदमों की आवाज दूर तक फैल रही थी। रह-रहकर बदन को काटती हवा के झोंकों से हाथ-पाँव ठिठुरे जा रहे थे। उजाला होने के पहले शहर से दूर निकल जाना है।

देल्हूपुर के पास सबेरा हुआ। लोग सड़क छोड़कर सीधे खेतों के बीच से जाने वाली पगडंडी पर चल पड़े। धीरे-धीरे धूप तेज हो रही थी। आगे एक कुआँ देखकर वे रुके। लोटा-डोरी निकाली गई। लोग दिशा-मैदान से निवृत्त हुए तो झिंगुरी सिंह ने अपनी पोटली से गुड़ और महुए का लाटा निकाला। सबने खाकर पानी पिया और फिर चल पड़े।

बाबा चलते-चलते सोच रहे थे। वक्त कैसे झटका खाता है! उस दिन बाराबंकी स्टेशन पर क्या तामझाम थी। कितने लोग अगवानी के लिए आए थे। जिले-भर में सभाओं की कैसी धूम थी। एक के बाद एक रियासतों से बुलावा मिल रहा था। तालुकेदार खुद किसानों के हक में ऐलान कर रहे थे। लगता था किसानों के दुःख अब दूर हुए। लेकिन कितनी जल्दी पासा पलट गया। कल रात उन्हें सबसे छुपकर निकलना पड़ा। आज फसलों और बस्तियों के बीच थके-माँदे पैदल चले जा रहे हैं। आगे का कुछ पता नहीं""लगता है जैसे सब कुछ हाथ से निकलता जा रहा है।

दोपहर में गाजी के बाग से लगे एक गाँव में रुके। रास्ते के बगल पक्का कुआँ था। जगत पर रस्सी और घड़ा रखा हुआ था। सबने कुएँ से पानी खींचकर स्नान किया। बाबा ने संक्षेप में पूजा की। झिंगुरी सिंह ने गठरी खोलकर सत्तू निकाला। गाँव से थाली-लोटा और नमक-मिर्च आ गया। सबके लिए सत्तू साना गया। गमछे में थोड़ा-थोड़ा सत्तू लेकर वे खाने लगे। तब तक कुछ लोगों ने बाबा को पहचान लिया था। गाँव-भर में खबर फैल गई। धीरे-धीरे लोग जमा होने लगे। आस-पास के गाँवों से भी कुछ लोग आ गए। बाबा जैसे ही खाकर उठे लोगों ने उन्हें घेर लिया। किसी ने थोड़ा झिझकते हुए बाबा रामचन्द्र की जय का नारा लगाया। फिर तो जोर-जोर से नारे लगने लगे। बाबा ने जगत पर खड़े होकर लोगों को शान्त होने का इशारा किया। जो जहाँ खड़े थे, वहीं चुपचाप बैठ गए।

बाबा ने धीरे-धीरे बोलना शुरू किया—आज मैं इलाहाबाद, आनन्द भवन से आ रहा हूँ। वहाँ कैसे पहुँचा यह अलग कहानी है, फिर कभी सुनाऊँगा। ""आनन्द भवन में रहते हुए मैं जिन्दगी से निराश हो चुका था। झिंगुरी सिंह और अन्य साथियों से मिलने की उम्मीद खो चुका था। इन्हीं लोगों ने किसी तरह मुझे वहाँ से निकाला। ""वहाँ मैं

देख रहा था कैसे किसानों के नाम पर एक स्वार्थी पार्टी बन रही है। शहर के धनी और इज्जतदार लोग कैसे उसमें आपस में लड़ रहे हैं। ···उनके द्वारा किसानों की कुछ भलाई होनेवाली नहीं है। अपने सम्मान की रक्षा की लड़ाई हमें खुद लड़नी होगी। जमीन और घर का मोह त्यागना होगा। हो सकता है हमें पेड़ों की छाँह तक नसीब न हो। ···हमें अपनी माँगों की पूर्ति के लिए पन्द्रह-बीस साल तक और इन्तजार करना पड़ सकता है। ···ये पढ़े-लिखे लोग भीख माँगकर स्वराज भले हासिल कर लें, इनका पेशा चोरी और डकैती के अलावा कुछ नहीं है। अपने स्वार्थों की पूर्ति के लिए इन्होंने किसानों का इस्तेमाल करने के अलावा और कुछ नहीं किया है। ···ये किसानों को खुश करने के लिए जमींदारों और सरकारी हाकिमों को डाँट पिलाएँगे और उनसे सुविधाएँ ऐंठकर ऐश की जिन्दगी जिएँगे। ···मैं आपके बीच रहूँ या न रहूँ, आपकी लड़ाई जारी रहेगी।

दोपहर ढले लोग वहाँ से चले थे। शाम होते-होते वे सई के जामताली घाट तक पहुँच गए। नाव किनारे लगने और नदी पार करने तक सूरज डूब गया। नदी के रेहड़ों से बाहर आए तो गोधूलि का मटियालापन धीरे-धीरे सुरमई अँधेरे में घुल रहा था। जाड़े की अँधेरी, सुनसान रात में वे अन्दाज से आगे बढ़ते रहे। रूरे के पास पहुँचते-पहुँचते आधी रात हो गई। बाबा ने अब तक धिराजी के बारे में बात करने से अपने को रोक रखा था। जैसे-जैसे आश्रम करीब आ रहा था, उनकी उत्कंठा बढ़ती जा रही थी। वहाँ पहुँचे तो उसे वीरान पाकर उनका दिल बैठ गया।

सैंतीस

रायबरेली की घटनाएँ टुकड़ों-टुकड़ों में बाबा के पास पहुँची थीं। उस दिन कलकलियापुर से माताबदल मुराई रूरे आए तो सिलसिलेवार सारी बातें मालूम हुईं।

अयोध्या के बाद बाबा की अगली सभा ऊँचाहार में होगी इस खबर ने रायबरेली के तालुकेदारों की नींद हराम कर दी थी। उस दिन सलोन में उनकी बैठक हुई। रायबरेली जिले के सारे खास-खास तालुकेदार वहाँ इकट्ठे हुए। यह खुली बैठक नहीं थी। षड्यन्त्रकारियों की तरह वे चुपगुप मिले। किसानों के खिलाफ खुलकर खड़ा होने का उनमें नैतिक साहस नहीं था। उनके चेहरे जुल्म और अन्याय के बोझ से दबे थे। किसानों के संगठन और गैरकानूनी सुविधाएँ छिनने के खौफ ने उन्हें एकजुट होने के लिए मजबूर किया था। बाकी सब तो नाटक था, मुख्य बात इस मुद्दे पर हुई कि कैसे किसानों को इस तरह उत्तेजित किया जाए कि वे सरकार से भिड़ जाएँ और सरकारी

अमला तालुकेदारों की सुरक्षा में आ खड़ा हो।

इस बैठक ने आग में घी का काम किया। सलोन दरगाह के गद्दीनसीन शाह मुहम्मद नईम अटा को अपने मुरीदों से बैठक की खबर मिली तो उन्होंने कई गाँवों में आदमी भेजकर किसानों में यह बात फैला दी। किसान बेसब्र हो उठे। बाबा अभी बाराबंकी में थे और किसानों का उबाल सँभालनेवाला कोई नेता वहाँ मौजूद नहीं था। वे सैकड़ों की संख्या में घरों से निकल पड़े और घूम-घूमकर तालुकेदारों की फसलें नष्ट करने लगे। बनिए और महाजन भी, जो किसानों के शोषण में हमेशा तालुकेदारों के साझीदार रहे थे, उनकी चपेट में आ गए।

किसानों के समूह स्थानीय बाजारों में घूम-घूमकर तालुकेदारों की मनमानी और अनाज और कपड़े की बढ़ती कीमतों के खिलाफ नारे लगा रहे थे। संख्या का बल उनकी हिम्मत बढ़ा रहा था। तिलोई तालुके के डीह बाजार में राम गुलाम पासी किसानों की अगुअई कर रहा था। किसानों के जत्थे के साथ जब वह बाजार में घुसा तो कपड़े के व्यापारियों से लड़ाई के समय के चार आने गज के सरकारी भाव से कपड़ा बेचने का आग्रह करने लगा। सामने बदरिया बनिया की दुकान थी। वह एकदम से उखड़ गया और लगा वाही-तवाही बकने—बाबा ने छोटी जातिवालों का दिमाग खराब कर दिया है, पासी-पसेट्टा भी अब नेतागीरी करने लगे हैं। राम गुलाम इस स्थिति के लिए तैयार नहीं था। लेकिन एक बार आगे बढ़ गया कदम पीछे हटाना भी सम्भव नहीं था। उसके साथियों ने हल्ला बोला और बदरिया की दुकान लूटनी शुरू कर दी। थान-के-थान कपड़े इधर-उधर बिखर गए। जो जिसके हाथ लगा, लेकर चम्पत हो गया।

चन्दनियाँ रियासत का तालुकेदार त्रिभुवन सिंह बेहद खूंखार और बदचलन था। जागीर के काम में उसकी रखैल वेश्या अच्छीजान बहुत दखल देती थी। किसान अच्छीजान की ज्यादतियों से तंग आ चुके थे। त्रिभुवन सिंह किसानों का अगला निशाना बना। वह पहले से ही होशियार था। उसने डिप्टी कमिश्नर के पास एक आदमी दौड़ाकर किसानों के सम्भावित जमावड़े की सूचना भेज दी थी। डिप्टी कमिश्नर ने रातों-रात सशस्त्र पुलिस की एक गारद चन्दनियाँ रवाना कर दी थी। जब किसानों का जत्था कोट पहुँचा तो त्रिभुवन सिंह अपने लग्गुओं-भग्गुओं के साथ कचेहरी में बैठा हुक्का गुड़गुड़ा रहा था। किसानों ने पूरे कोट को घेर लिया। वे अच्छीजान को निकाल बाहर करने, असली रानी को गद्दीनसीन करने और नजराना व बेदखली बन्द करने की माँग कर रहे थे। त्रिभुवन सिंह तू-तड़ाक पर उतर आया तो एक किसान ने आगे बढ़कर उसे एक चाँटा जड़ दिया। वह बौखलाकर असलहे निकालने दौड़ा। तब तक रायबरेली से गारद पहुँच गई। किसानों की अगुअई कर रहे बाबा जानकीदास, अमोल शर्मा और बद्री नारायण को तुरन्त गिरफ्तार कर लिया गया। लेकिन जब पुलिस उन्हें लेकर चलने लगी तो किसानों ने जमीन पर लेटकर रास्ता रोक दिया। जानकीदास ने जैसे-तैसे भीड़

को समझा-बुझाकर शान्त किया। उनकी वजह से उस दिन पुलिस और भीड़ में मुठभेड़ टल गई। लेकिन इसका प्रसाद जानकीदास को यह मिला कि रायबरेली पहुँचकर उन पर तालुकेदार के जेवरात लूटने का झूठा आरोप गढ़ा गया और जेल में डाल दिया गया।

अगले दिन जब किसान फुरसतगंज बाजार में इकट्ठे हुए तो उनके साथ ऐसा कोई नेता नहीं था। पुलिस की गारद के साथ परगना हाकिम नसरुल्ला खाँ वहाँ पहले से ही मौजूद था। उसने भीड़ को देखते ही बाजार बन्द करने का आदेश दे दिया। किसान नारे लगाने लगे तो उसने पुलिस को उन्हें बाहर निकालने का हुक्म दिया। लेकिन बाहर निकलने के बजाय भीड़ और बढ़ती गई। किसान चार आना गज कपड़ा और रुपये का आठ सेर आटा बेचे जाने की माँग करते हुए वहीं जम गए। पुलिस का मखौल उड़ने लगा। नसरुल्ला खाँ ने पहले हवाई फायर कराया। अफरा-तफरी में कुछ दुकानों से एकाध सामान उठ गया। बस उसने गोली चलाने का आदेश दे दिया। बीस मिनट तक रह-रहकर गोलियाँ चलती रहीं। छह लोग मारे गए। बीस को घायलावस्था में गिरफ्तार किया गया।

तालुकेदार मुतमईन थे कि इस फायरिंग से किसान-आन्दोलन की कमर टूट जाएगी। लेकिन यह तो श्रीगणेश था। अगले दिन मुंशीगंज के नरसंहार की पूर्व-भूमिका।

मुंशीगंज रायबरेली से सटा हुआ छोटा-सा बाजार था। बीच में सई नदी बहती थी जिस पर बने पुल से होकर इलाहाबाद को सड़क जाती थी। सड़क के दोनों ओर, नदी के बीहड़ों के बीच-बीच बाजरे के खेत और महुआ, जामुन और आम के इक्का-दुक्का पेड़ थे। चन्दनियाँ में हुई किसान नेताओं की गिरफ्तारी की खबर आग की तरह चारों ओर फैल गई थी। लेकिन कानों-कान होते हुए खबर ने अफवाह का रूप ले लिया था। किसानों को ठीक-ठीक पता नहीं था कि किन-किन नेताओं को पकड़ा गया है। उन्हें लगा, हो न हो बाबा रामचन्द्र भी गिरफ्तार हुए हों। ऊँचाहार की सभा के लिए आ रहे होंगे, सरकार ने रास्ते में धर लिया होगा। किसानों को प्रतापगढ़ का वाकया याद था। उन्हें विश्वास था कि इस बार भी वे बाबा को जेल से छुड़ा लाएँगे। गाँव-गाँव से निकलकर बहुत भोर में उनके जत्थे रायबरेली जेल की ओर चल पड़े। किसानों को आह्वान किया गया था कि हर परिवार से कम-से-कम एक आदमी जरूर चले। जो हिन्दू नहीं जाएगा वह नौ गायों की हत्या के पाप का भागी होगा। जो मुसलमान नहीं जाएगा वह नौ सुअर खाने का कसूरवार होगा।

पहले जत्थे में ही छह सौ के ऊपर लोग थे। बिना किसी हो-हुज्जत के वे जेल तक पहुँच गए और अपने नेताओं से मिलने की माँग करने लगे। लेकिन तब तक उन्हें लखनऊ जेल भेज दिया गया था। लोग जब वहाँ से हटने को राजी नहीं हुए तो पूरे जत्थे को गिरफ्तार कर जेल में डाल दिया गया। इतने लोगों के एक साथ जेल में जाने

से हाकिमों में हड़कम्प मच गया। जब तक दूसरे जत्थे ने पुल पार किया, घुड़सवार पुलिस और फौज की टुकड़ी लेकर डिप्टी कमिश्नर और पुलिस कप्तान वहाँ पहुँच गए थे। शेरिफ का खास दोस्त स्थानीय तालुकेदार बीरपाल सिंह भी अपनी खैरख्वाही दिखाने वहाँ आ धमका था। वह असलहे से लैस अपनी सफेद मोटर में आया था। शेरिफ को मोटर में बिठाकर वह भीड़ के पास ले गया। पहुँचते ही शेरिफ ने भीड़ को फटकारना शुरू कर दिया। वह इतने लोगों को जेल में डालकर खिलाने के पक्ष में नहीं था। उसने चिल्लाकर कहा—बाबा एक फरार मुजरिम है और वह रायबरेली में नहीं है। जत्थे की शक्ल में आकर माँगें रखना और नामुमकिन चीजों की माँग करना किसानों की ज्यादती है जिसे बर्दाश्त नहीं किया जाएगा।····पर किसान जमे रहे। आखिर घुड़सवार दस्ते को उन्हें पीछे हटाने का हुक्म हुआ। वह बेरहमी से आगे बढ़ा और जत्थे को धकेलते हुए पुल के उस पार कर दिया।

किसानों ने हिम्मत नहीं हारी। उनके नए-नए जत्थे आते जा रहे थे। भीड़ बढ़ती जा रही थी। तीन घंटा दिन चढ़ आया था। जनवरी की ठंड तेज धूप में पिघल रही थी। किसानों की भीड़ और लेबर कोर के सिपाही आमने-सामने थे। शेरिफ का सब्र जवाब दे रहा था।

बसन्ता और पंचम पासी नन्दनपुर गाँव से आए थे। नन्दनपुर नदी से दूर तराई वाले निचले इलाके में बसा पासियों का एक छोटा-सा गाँव था। गाँव से लगा हुआ बड़ा-सा कुदरती ताल था जिसके चारों ओर बबुराही थी। दूर-दूर से चिड़ियाँ बबुराही पर बसेरे के लिए आती थीं। चिड़ियों के शिकार के लिए यह अच्छी जगह थी। गदर तक यह गाँव राना बेनी माधो की रियासत में था। तब शिकार पर मनाही थी। गदर के समय नन्दनपुर और आस-पास के गाँवों की तमाम रिआया बेनी माधो के साथ अँग्रेजों से लड़ी थी। गदर खत्म हुआ तो इस इलाके को जब्त कर बाहर से आए एक सिख तालुकेदार को दे दिया गया। इशारा था कि रिआया को इतना दबाया जाए कि वह फिर कभी सिर न उठा सके। बीरपाल सिंह उसी सिख तालुकेदार का पोता था। उसकी तीन पीढ़ियाँ सरकार की खैरख्वाह और रिआया की दुश्मन रही थीं। बीरपाल सिंह के बाप को चिड़ियों के शिकार का बहुत शौक था। वह अक्सर नन्दनपुर के ताल में शिकार के लिए आया करता था। वह आता तो पासियों को बेगार में लगाया जाता और उसकी सेवा-टहल में उन्हें आगे-पीछे दौड़ना पड़ता था। बचपन में पंचम ने बीरपाल सिंह के बाप को कई बार ताल के किनारे शिकार खेलते देखा था। गाँव के लोगों के साथ उसका कैसा व्यवहार था यह भी उसे याद था।

पंचम के पास पट्टे पर लिये डेढ़-दो बीघे खेत और पचास-साठ सुअर थे जिनका बाल और तेल बेचकर वह समय पर लगान भर दिया करता था। फिर भी उसे आबादी से बाहर करने, सुअरों को ताल की ओर न निकलने देने और खेत से बेदखल करने का डर दिखाकर बेगार के लिए मजबूर किया जाता था। वह खर स्वभाव का स्वाभिमानी

आदमी था। तालुकेदार की ज्यादती उसे औरों से ज्यादा खलती थी। अनजाने ही धीरे-धीरे उसके भीतर नफरत की पर्तें जमा होती गई थीं।

शाम को वह सुअर चराकर तिराई से लौट रहा था तो बसन्ता से मुलाकात हो गई। उसी ने चन्दनियाँ में नेताओं की गिरफ्तारी और अगले दिन रायबरेली में होने वाले किसानों के जमावड़े की खबर दी। बाबा जब पिछली बार कलकलियापुर आए थे तो दोनों उनकी सभा में गए थे। पंचम को उनकी बातों में अपने दिल का उद्गार सुनाई पड़ा था। तभी से उस पर किसान सभा का जुनून सवार हुआ था। दोनों ने भोर में उठकर रायबरेली चलने का निश्चय किया। लेकिन रात में बहू ने सुना तो आसमान सिर पर उठा लिया। वह पंचम का गरम स्वभाव जानती थी और हाकिम-हुक्काम के सामने वह क्या कर बैठे इसका उसे भरोसा नहीं था। बहू का मन रखने के लिए रात में तो वह मान गया लेकिन पौ फटते ही जब बसन्ता हाथ में लाठी और कन्धे पर छोटी-सी पोटली लिये उसकी झोंपड़ी के सामने आकर खड़ा हुआ तो वह पहले से जग रहा था। चुपके से उठा और तैयार होने लगा। बाहर ओस पड़ रही थी। नीचे से ऊपर तक घनी धुन्ध थी और आकाश के एक कोने से फीका-सा चाँद झाँक रहा था। दाँत किटकिटानेवाली ठंड थी। बहू बच्चों के साथ पुआल के गोनरे पर कथरी ओढ़े पड़ी थी। जब वह घर से निकलने लगा तो खटके से उसकी आँख खुल गई। वह आँख मलती हुई उठी। जब तक उसकी कुछ समझ में आए, दोनों तेजी से चलते हुए बस्ती से बाहर हो गए। वह दौड़ती हुई सिवान तक गई पर पीछे से बुलाने पर असगुन होगा यह सोचकर मन मसोसकर लौट आई।

सिवान में अभी धुँधला अँधेरा था। दोनों तेजी से बढ़े जा रहे थे। रास्ते में शकरकन्दी का खेत पड़ा तो उसके मेंड़ से घूमकर जाने के बजाए दोनों ने सीधे खेत के बीच से दाब दिया। शकरकंदी की घनी बेलों से नीचे की नालियाँ और मेंड़ियाँ ढक गई थीं। एक जगह पंचम का पैर बेल में फँसा और ऊपर-नीचे पड़ गया। वह लरबराकर गिरने को हुआ। लाठी के सहारे सँभल तो गया पर पैर में हल्की-सी मोच आ गई। चलते समय दर्द होने लगा। एक बार मन में आया कि अभी तो थोड़ी ही दूर आए हैं, घर लौट चलें। लेकिन फिर मन मजबूत कर दर्द सहता और लंगड़ाता हुआ आगे बढ़ चला।

रास्ते में दिन निकला और चारों ओर धूप फैलने लगी। खरमिटाव की वेला हो गई। वे गन्ने के खेतों के बीच से गुजर रहे थे। भूख लग आई थी। बस्ती से दूर होने से सिवान अभी तक वीरान था। उन्होंने इधर-उधर देखकर दो-दो गन्ने तोड़े और फसल की आड़ में बैठकर चूसा। फिर गमछे से हाथ-मुँह पोंछकर आगे चल पड़े।

दोनों सड़क पर पहुँचे तो किसानों के कई गोल रायबरेली की ओर बढ़े जा रहे थे। उनके कन्धों पर लाठियाँ और बगल में छोटी-छोटी पुटकियाँ थीं। खुला हुआ साफ दिन था। चमकती धूप में खुशनुमा ठंड थी। किसान चलते हुए घर-दुआर की बातें करते जा रहे थे। बीच-बीच में कोई सीताराम के नारे लगाता तो उत्साह की लहर दौड़ जाती।

सड़क मिलने के बाद मालूम ही नहीं पड़ा कब मुंशीगंज आ गया। पुल के इस तरफ पहले से ही बहुत बड़ी भीड़ इकट्ठी थी। सड़क के दोनों ओर दूर तक किसान फैले हुए थे। कुछ पेड़ों के नीचे बैठे सुस्ता रहे थे। कुछ अहरा लगाकर भौरी बना रहे थे। पंचम और बसन्ता भीड़ को काटते हुए सबसे आगे निकल गए। सामने कुछ दूर पर घुड़सवार पुलिस और फौज के सिपाही खड़े थे। उनके आगे हैट लगाए दो गोरे हाकिम थे। एक नेकर के ऊपर पुलिस की वर्दी पहने था। वे भोंपू लगाकर कुछ कह रहे थे। भीड़ पर कोई असर नहीं हो रहा था। अचानक घुड़सवार आगे बढ़े और भीड़ को कुचलते हुए उसके बीच घुसने लगे। कुछ लोगों को हल्की चोट आईं। थोड़ी भगदड़ हुई। लेकिन जरा पीछे हटकर भीड़ ने फिर से मोरचा ले लिया। अब हाकिम के इशारे पर पुलिसवाले खाना बना रहे किसानों से हुज्जत करने लगे। वे अपनी जगह छोड़ने को तैयार नहीं थे। उन्हें लाठियाँ जमा करने का हुक्म हुआ। पर वे चुपचाप अपने काम में लगे रहे। पुलिस ने लगभग बीस लाठियाँ बटोरीं और पुल के ऊपर ले जाकर नदी में फेंक दीं।

इसी कशमकश में दोपहरी ढल गई। हाकिम के चेहरे पर थकान और खीझ उभर आई। भोंपू लगाकर वह फिर कुछ बोलने लगा। घुड़सवार पुलिस फिर आगे बढ़ी। लेकिन इस बार भीड़ में पहले से ज्यादा हिम्मत आ गई थी। पुलिसवालों की तमाम कोशिशों के बावजूद किसान मुश्किल से दो-तीन सौ गज पीछे हटे और फिर से अपनी जगह जम गए।

इसके बाद की घटनाएँ बसन्ता के दिमाग में धुएँ की तरह भरी हैं। उनके सूत्र आपस में गड्डमड्ड हो गए हैं। जोर देने पर एक-एक कतरे पकड़ में आते हैं।

पुल की ओर से एक मोटरकार आती हुई दिखाई पड़ी थी। उजले रंग की थी। भीड़ के ठीक सामने सिर्फ पन्द्रह-सोलह कदम की दूरी पर वह आकर रुकी। जो शख्स उससे उतरा वह कोई हाकिम नहीं था। वह दाढ़ी-पगड़ीवाला एक सरदार था। पंचम ने उसे देखते ही पहचान लिया और बसन्ता को कुहनी मारकर धीरे से बोला—देखो आ गया जल्लाद, गोरों का पिट्ठू…वही बीरपाल… । उसकी बात पूरी भी नहीं हुई थी कि बीरपाल सिंह गरजा—अगर तुम लोगों ने किस्सा यहीं खत्म नहीं किया तो एक-एक को भून दूँगा। फिर वह भद्दी-भद्दी गालियाँ देने लगा। पंचम ने उसे ललकारकर किसानों से कहा—मैं इसके बाप को जानता हूँ, चिड़ियाँ मारने की आदत थी उसकी। यह हमको भी चिड़ियों जैसा समझता है। लोगों ने हँस दिया। सरदार आग-बबूला हो गया। उसने जेब से बित्ते भर की कोई काली-सी चीज निकाली और पंचम की छाती पर दाग दी। वह पीछे की ओर लुढ़क गया। बसन्ता डरकर पीछे मुड़ा। सरदार ने दुबारा गोली चलाई। वह सनसनाती हुई आई और बसन्ता के पैर को खरोंचती हुई निकल गई। वह लंगड़ाता हुआ भीड़ में घुसकर भागा। पीछे से तड़ातड़ गोलियाँ चलने की आवाज आती रही।

इसके बाद जो कुछ हुआ वह सरकारी रपटों और अखबारी सुर्खियों की भूल-भुलैया में खो गया। सरकार ने अपने बयान में सिर्फ चार लोगों के मारे जाने और चौदह के घायल होने की बात स्वीकार की। 'इण्डिपेंडेंट' ने छापा कि शाम को जब शहर के गण्यमान लोगों ने उस इलाके का दौरा किया तो छह लाशें एक ताँगे में लादकर ले जाई जा रही थीं। मुंशीगंज के बाशिन्दों ने बताया कि कम-से-कम सौ लोग मारे गए और रात में लाशों को लारी से ढोकर डलमऊ के पास गंगा में फेंक दिया गया।

जो भी हो, उस दिन पंचम अपने घर नहीं लौटा। रात गए लंगड़ाते-घिसटते बसन्ता किसी तरह नन्दनपुर पहुँचा तो पंचम के घर जाने की उसकी हिम्मत नहीं हुई। उसके आने की खबर सुनते ही पंचम की बहू दौड़ती हुई आई और उसे झकझोरकर पंचम के बारे में पूछने लगी। पर उसके पास बताने को कुछ नहीं था। बहू रायबरेली भी गई और वहां से लौटकर महीनों पागलों जैसी डोलती रही। जो भी मिलता उसी से पूछती—'उनकी' मिट्टी का क्या हुआ। पर जवाब किसी के पास नहीं था। किसी को पता नहीं था पंचम को किस हवा, किस आसमान, किस धरती ने लील लिया। बसन्ता ने तो सिर्फ उसे गोली खाकर गिरते देखा था।

रायबरेली का वाकया इस मामले में बिल्कुल अजीब था कि सरकार ने कानून-व्यवस्था के काम में खुलकर किसी तालुकेदार की मदद ली थी। यहाँ तक कि डिप्टी कमिश्नर की मौजूदगी में उसने खुलेआम किसानों पर गोली चलाई थी। यह सरासर कत्ल का मामला था लेकिन सबूतों पर लीपापोती करके बीरपाल सिंह को फायरिंग के आरोप से बरी कर दिया गया। उसके खिलाफ कोई कार्रवाई करने की कौन कहे, डिप्टी कमिश्नर से लेकर सूबे के लाट हरकोर्ट बटलर तक ने शान्ति-व्यवस्था में मदद के लिए उसकी भूरि-भूरि प्रशंसा की। अंग्रेजों के 'कानून का शासन' का यह भी एक पहलू था।

मुंशीगंज की फायरिंग के दिन किसान सभा के उप-सभापति मार्तण्ड वैद्य के बुलावे पर जवाहरलाल नेहरू भी रायबरेली पहुँचे थे। पर उन्हें भी घटना का यह असाधारण पहलू नहीं दिखा था। बहुत बाद में अल्मोड़ा जेल में बैठकर उन्होंने जो आत्मकथा• लिखी उसमें उन्होंने सिर्फ यह टीस जाहिर की कि यदि डिप्टी कमिश्नर ने उन्हें भीड़ से बात करने का मौका दिया होता तो वे उसे शान्तिपूर्वक तितर-बितर हो जाने को तैयार कर लेते। बीरपाल सिंह के कारनामों का उसमें कोई जिक्र नहीं है। यह असहयोग आन्दोलन का दौर था और अपने तमाम समाजवादी तेवर के बावजूद नेहरू के लिए गांधी की तालुकेदारों को नाराज न करने की नीति के खिलाफ जाना सम्भव नहीं रहा होगा।

अड़तीस

रूरे की फिजा में कसमसाती हुई शान्ति है। माताबदल दो दिन बाबा के पास रहकर अपने गाँव लौट गए हैं। रायबरेली से छिट-पुट हिंसा की खबरें अब भी आ रही हैं। सरकार किसानों का असन्तोष पूरी ताकत से कुचलने पर आमादा है। बछरावाँ में भीड़ और पुलिस के संघर्ष में एक पुलिसवाला मारा गया और दो घायल हो गए। तब से सरकार ने जुल्म और आतंक का नंगा नाच शुरू कर रखा है। उसका परिणाम यह हुआ है कि हिंसा और लूटपाट की आग दूर-दूर तक फैल गई है। फैजाबाद और सुल्तानपुर के गाँवों में किसानों के झुंड महाजनों और तालुकेदारों की गाड़ें लूटते घूम रहे हैं। दोनों जिलों के किसान ठाकुरदीनवाला रास्ता अख्तियार कर लिए हैं। रोज कहीं-न-कहीं से बलवे की खबर आती है। बाबा आश्रम में पड़े-पड़े बिसूरते रहते हैं। कहीं जाने, कुछ करने का मन नहीं होता। अजीब-सी निष्क्रियता ने आ घेरा है। इलाहाबाद से आने के बाद बराबर लगता रहा है कि चीजें हाथ से निकलती जा रही हैं। कभी-कभी शंका होती है कि कहीं कांग्रेस के लोग खुफिया पुलिस के साथ मिलकर उन्हें बदनाम करने और हाशिए पर ढकेल देने के लिए तो यह सब नहीं करा रहे हैं।

कल पट्टी का थानेदार एक कागज लेकर आया था। बाबा को डिप्टी कमिश्नर के इजलास में नई जमानत भरने जाना है। वे पसोपेश में हैं कि जाएँ या न जाएँ। देर-सबेर गिरफ्तार तो होना ही है। हो सकता है, इजलास में पहुँचते ही गिरफ्तार कर लिए जाएँ। कुछ दिन रूरे में और रुकने का मन करता है। किस चीज का इन्तजार है उन्हें? ····आखिर वे मुकर्रर तारीख को प्रतापगढ़ नहीं गए।

आज मेंहदिया से भगवानदीन आनेवाले हैं। साथ में धिराजी भी होगी। कितने दिन हो गए उसे देखे। अयोध्या में कितनी बेकली से उसका इन्तजार किया था। न आने पर कैसा झटका-सा लगा था। अयोध्या से रूरे न आकर सीधे बाराबंकी चले जाने के पीछे क्या धिराजी को सबक सिखाने की ही मंशा थी?····मगर उस बेचारी का क्या दोष। उसके वश में था ही क्या!····मन इतना अशान्त क्यों है? बाहर-भीतर एक बवंडर-सा घुमड़ता है। चारों ओर सब कुछ इतनी तेजी से घट रहा है कि उसके साथ चलना मुश्किल। और अन्दर ऐसी ऊहापोह कि दम घुटता है।

बाबा की निगाह मेंहदिया के रास्ते पर लगी है। आश्रम के मड़हे से देखने पर दूर-दूर तक जौ-गेहूँ के बीच सिर उठाए फूली सरसों दिखती है। मटर और जौ-गेहूँ के खेतों के किनारे-किनारे बोई गई अलसी के नीले-पीले फूलों की कतार हार-जैसी लगती है। सरसों के पौधे ऊँचे होने से दूर से पूरा सिवान ही सरसों की फसल से भरा लगता है। सिवान पर बिछी पीली चादर के ऊपर चमकती धूप बरस रही है। पछुआ हवा के साथ उसमें लहरें उठती हैं और उनका पीछा करते-करते मन कहीं खो जाता

है। ····धिराजी ने अब तक भगवानदीन के साथ बैठकी के बारे में निर्णय कर लिया होगा। नजर से दूर तो मन से दूर। लेकिन क्या सचमुच उन्हें मन से निकाल दिया होगा उसने? ····सामने आने पर कैसी लगेगी, कैसा बर्ताव करेगी? और भगवानदीन? अयोध्या में कैसे बदल गई थी उनकी निगाह! सामना होने की सोचकर ही मन घबड़ाता है।

बाबा दोपहर में खाने-पीने के बाद मड़हे में आकर लेटे। जो होना हो सो हो। जो कर सकते थे, हमने किया। किसी चीज से आसक्ति हो जाए तो दुःख तो होगा ही। लेकिन बिना आसक्ति के कुछ होता भी तो नहीं। और चुपचाप पड़े रहना भी मन को सालने लगता है। कैसा बनाया है कुदरत ने आदमी को!

हल्की-सी झपकी लगी थी कि कुछ लोगों के आने की आहट हुई। बाबा को लगा शायद भगवानदीन आ गए। उत्सुकता और अटपटेपन के मिले-जुले भाव से उन्होंने उझककर देखा। यह तो झिंगुरी सिंह और सहदेव सिंह हैं। उनके साथ कुछ अपरिचित चेहरे भी। झिंगुरी सिंह ने बताया—सुल्तानपुर जिले की खपराडीह रियासत से आए हैं। बाबा के संकेत पर सब लोग मड़हे में बिछे गोनरे पर इत्मिनान से बैठ गए तो बातें शुरू हुईं।

खपराडीह के किसान नेता सूरज प्रसाद का नाम बाबा ने पहले ही सुन रखा था। वह वहाँ काफी दिनों से काम कर रहा है। इधर रायबरेली की घटनाओं के बाद वह बहुत तेजी से चमका है। वहाँ के लोग उसे छोटा रामचन्द्र कहने लगे हैं। बाबा ने सूरज प्रसाद का हाल-चाल पूछा। लोगों से धीरे-धीरे जो बातें खुलकर आईं वे बहुत झकझोरनेवाली थीं। सूरज प्रसाद ने उस इलाके में अपने राज का ऐलान कर दिया है। उसकी हदें तय कर उन पर जगह-जगह झंडे गाड़ दिए हैं। हद के भीतर पुलिस के घुसने पर पाबन्दी लगा दी है। गश्त के दौरान पुलिस का एक सिपाही वहाँ पहुँच गया तो उसे 'गिरफ्तार' कर लिया गया। एक फर्मान जारी कर उसने वहाँ के तालुकेदारों का लगान वसूलने का अख्तियार खत्म कर दिया है। उनके द्वारा बेदखल किसानों की जमीनें वापस दिला दी हैं। सरकारी मुलाजिमों और पेंशनयाफ्ता लोगों पर जुर्माना बाँध दिया है। सरकार सूरज प्रसाद और उसके साथियों की गिरफ्तारी के लिए फौज भेजने पर विचार कर रही है।

"कांग्रेस के शहरी नेता बहुत होशियार हैं। वे सूरज प्रसाद के कामों का फायदा उठाएँगे। किसानों को बहुत सोच-समझकर आगे बढ़ना चाहिए। हिंसा भड़की तो किसान-आन्दोलन बदनाम होगा और इससे सरकार और तालुकेदारों का ही हित सधेगा।····बहुत नाजुक वक्त है यह भइया।" बाबा की निगाह अनजाने ही फिर से सिवान की ओर चली गई।

"सूरज प्रसाद आप से मिलना चाहते हैं बाबा। सी. आई. डी. की नजर बचाकर।" एक किसान ने आवाज दबाकर कहा।

"मुझसे मिलकर क्या होगा? ....मेरा सोचा तो कुछ हो नहीं रहा है।"

"बाबा, हम लोग इतनी तकलीफें झेलकर, छिपते-छिपाते, कहीं गाड़ी से तो कहीं पैदल चलकर, किसी तरह ऊँचाहार पहुँचे थे। कांग्रेसी नेताओं ने कहा—सभा नहीं होगी, आप लोग अपने-अपने घर लौट जाओ। हम फिर भी जमे रहे। हम आपका दर्शन करना चाहते थे। आप से मिलकर सही-सही बात मालूम करना चाहते थे। लेकिन उन्होंने कहा—बाबा यहाँ नहीं हैं, न आ सकते हैं। फिर सभा होनी होगी तो इत्तला दी जाएगी। हम बहुत निराश हुए। हमारा सीधा-पिसान खत्म हो रहा था। हमें मजबूरन लौटना पड़ा। ....लौटने के बाद सूरज प्रसाद को अगुआ बनाकर हमसे जो बन पड़ा हमने किया।....अब सरकार हमारे पीछे लगी है। आप हमें राह नहीं दिखाएँगे तो हम कहाँ जाएँगे?"

बाबा कुछ देर चुपचाप उनकी ओर देखते रहे। चेहरे पर असहायता और अनिश्चय की बदली थी। फिर उन्होंने झिंगुरी सिंह की ओर नजर उठाई। जैसे पूछते हों कि क्या किया जाए। झिंगुरी सिंह भी सोच में डूब गए।

बाहर शाम ढल रही थी। और उसी के साथ ठंड बढ़ती जा रही थी। कहीं गुड़ पक रहा था और उसकी सोंधी महक हवा में फैली थी। ताल की ओर से जानवरों के झुंड धूल उड़ाते गाँव में दाखिल हो रहे थे। घरों के छप्परों और खपड़ैलों के ऊपर चूल्हों का धुआँ उठने लगा था। सहदेव सिंह आगंतुकों के लिए खाना बनवाने के इन्तजाम में लगे थे। पीपल के पेड़ के नीचे चूल्हा खोदकर हंडा-बटुआ चढ़ा दिया गया था। मड़हे के सामने कुन्दे भेड़कर अलाव जलाने का बन्दोबस्त हो रहा था। बाबा ने महसूस किया, किसान सभा के संगठन ने धीरे-धीरे लोगों में सामूहिक जिम्मेदारी की भावना भर दी है जो मौका पड़ने पर अपने-आप सक्रिय हो उठती है। वे मुतमईन हुए कि संगठन की एक अलग चेतना विकसित हो रही है जो अपने वजूद के लिए किसी व्यक्ति पर निर्भर नहीं है। कई दिनों से जमा अवसाद थोड़ा पिघला।

अँधेरा घिरने के साथ लोग अलाव के पास सिमट आए थे। बाबा दिशा-मैदान के लिए उठे तो सिवान की ओर से तीन साए उधर ही आते दिखे। वे ठिठककर खड़े हो गए। आगे-आगे लाठी खटकाता एक मर्द। उसके पीछे सिर पर छोटी-छोटी गठरियाँ लिये दो औरतें। जैसे ही अलाव तापते लोगों की निगाह उन पर पड़ी और झिंगुरी सिंह ने लहककर भगवानदीन को सम्बोधित किया, बाबा धीरे से पीछे मुड़े और अँधेरे में गुम हो गए।

वे दिशा-मैदान से अकारण ज्यादा समय लगाकर लौटे। हवा बन्द थी। ओस पड़नी शुरू हो गई थी और घास पर नामालूम-सी नमी उतर आई थी। किसी अदृश्य स्रोत से निकलती झींगुरों और अनाम कीड़ों की एकतार आवाज सिवान के ऊपर टँगी थी। अँधेरे में घुलकर एकसार हुए फसलों के आकार जैसे किसी डर से सहमे स्तब्ध खड़े थे। मेंड़ों पर उमड़ी फसल के छू जाते ही माहौल में भिनी हरियाली की मिली-जुली

गंध एकाएक तेज होकर नाक में भर जाती थी।

दूर जलते अलाव की छोटी-छोटी लपटें अँधेरे के बीच रोशनी का एक रहस्यमय वृत्त बनाती थिरक रही थीं। वहाँ से उठती बोलचाल की अस्पष्ट आवाज रात की निस्तब्धता को तोड़ती, फसलों के ऊपर से तैरती बीच-बीच में कानों से टकरा जाती थी। रात, अँधेरा, सुनसान, फसलों की गंध, अलाव की रोशनी, दूर से आती बोलचाल की आहट—सब कुछ बाबा के मन में एक गहरा, अटूट सन्नाटा भर रहे थे। एक तड़प, एक अवसाद, एक अकुलाहट। सब से भागकर कहीं खो जाने, गुम हो जाने की पलायनी वृत्ति।...क्या था इसकी जड़ में? धिराजी? अकल्पित मोड़ पर पहुँचे आन्दोलन की अनिश्चितता? या और कुछ?

रात में बाबा ने न भगवानदीन का सामना किया न धिराजी का। खा-पीकर जल्दी से लेट गए। रात भर रह-रहकर नींद उचटती रही।

गाँव में जाड़े की सुबह गोबर की गंध, अलाव के धुएँ, ताल की ओर से आती दुबले की धप-धप और कुएँ पर पुर खींचते बैलों को हाँकने की आवाज के साथ शुरू होती है। धूप फैलने के साथ लोगों की आवा-जाही बढ़ती जाती है। बाबा कुएँ पर नहा रहे थे जब धिराजी मड़ही से निकलकर झिंगुरी सिंह के घर की ओर जाती दिखी। उनके सामने से गुजरी तो उसने सिर तिरछा कर उनकी ओर नजर घुमाई। नई पियरी का पल्लू माथे पर से सरक गया। बड़ी-सी गोल बिन्दी के ऊपर माँग में खिंची सिन्दूरी रेखा चमक उठी। बाबा को झटका-सा लगा। धिराजी ने चुपचाप पल्लू ठीक किया और सिर झुकाकर आगे बढ़ गई।

खपराडीह के लोग जा चुके थे। बाबा पूजा खत्म कर भोजन के लिए उठे थे। आज धिराजी ने खाना बनाया था। दोनों में अभी तक कोई बात नहीं हुई थी। थाली परसकर बाबा के सामने सरका देने के बाद वह दुलहनों की तरह मुँह फेरकर सिर नीचा किए बैठ गई थी। चाहकर भी बाबा के बोल नहीं फूट रहे थे। वे अभी तक इस मलाल को मन से नहीं निकाल पाए थे कि उन्हें बैठकी के बारे में किसी ने क्यों नहीं बताया। तमाम संकल्प-विकल्प के बावजूद आशा की एक हल्की-सी किरण थी कि शायद ऐसा न हुआ हो। उसके टूटने के साथ उनका मन भी टूट गया था।

दोनों के बीच खिंचा मौन असह्य होने लगा। गला खँखारकर बाबा कुछ कहने ही जा रहे थे कि झिंगुरी सिंह और सहदेव सिंह के साथ भगवानदीन आते दिखे। बाबा को लगा जैसे उन लोगों ने उन्हें उबार लिया है। लेकिन वे पास नहीं आए, मड़हे के सामने खड़े-खड़े उनके खाकर उठने का इन्तजार करने लगे।

बाबा ने उठकर हाथ-मुँह धोया और नीम की सींक से दाँत खोदते हुए बैठके में दाखिल हुए तो तीनों उनकी चारपाई के पास आकर बैठ गए।

"लगता है कुछ खास बात है।...क्यों झिंगुरी सिंह?"

"बाबा कहने में संकोच होता है।...मेहतावाली बात पर हम बहुत दिन से विचार

कर रहे थे। धिराजी के मन में पहले थोड़ा संशय था। लेकिन अब बैठकी के बाद वही सबसे ज्यादा अधीर है।···सभी पंचों की इच्छा है···हम सब मिलकर जग्गी को किसानों के काम के लिए आपको सौंपना चाहते हैं।"

"तो इसमें कौन-सी अड़चन है? वह तो किसानों का काम कर ही रही है।"

"ऐसे नहीं बाबा। कल को उसकी शादी होगी तो कहीं और जाना पड़ेगा। हम चाहते हैं वह आपके साथ यहीं रह जाए।"

कुछ-कुछ बाबा की समझ में आने लगा। और उसी के साथ मन विद्रोह कर उठा। नहीं ऐसा कैसे हो सकता है। यह तो कभी सोचा ही नहीं था। अभी तो निरी बच्ची है वह। दुनिया क्या कहेगी!···क्या धिराजी सचमुच यह चाहती है?

"मेरी तो कुछ समझ में नहीं आ रहा झिंगुरी सिंह। शादी के बाद भी वह यहाँ रहकर किसान सभा का काम कर सकती है।" बाबा मन का उबाल दबाकर ऊपर से अनजान बने रहे।

"बाबा, हम किसान सभा के काम के लिए उसे आपको दान करना चाहते हैं। ···आप उससे शादी कर गृहस्थी बसा लीजिए।···सबकी यही राय है।"

"पगला तो नहीं गए हो झिंगुरी सिंह?···इस उमर में मैं···"

"और कोई रास्ता नहीं है बाबा। सोचकर देखिए।"

"अब मुझे इस जंजाल में न फँसाओ। पीछे बहुत कुछ छोड़कर आया हूँ। दुबारा···" कहते-कहते बाबा को लगा ऐसी ही प्यास तो उनके भीतर धिराजी को लेकर दबी थी। लेकिन जग्गी?···धिराजी ऐसा क्यों चाहती है?···और एकाएक उनके अन्दर कुछ कौंध गया। इसी के सहारे वह उनके पास बनी रह सकती है। वे एकाएक चुप हो गए।

शाम के झुलफुले में भीतर घुमड़ती अशान्ति से घबड़ाकर बाबा सिवान का चक्कर लगाने मड़हे से बाहर निकले। जग्गी कमर पर घड़ा रखे कुएँ की जगत से उतर रही थी। वे ठिठककर खड़े हो गए। साँवले चेहरे पर धिराजी के मुखड़े की हल्की-सी झलक थी। पतली किनारी की सादी धोती में लिपटी उसकी दुबली काया पहले से कुछ लम्बी लग रही थी। कच्ची उमर के नामालूम-से उभार आँखों में लज्जा के हल्के डोरे खींच रहे थे। उसके शरीर पर से फिसलती बाबा की निगाह संकोच में डूबकर वापस लौट आई। घिरते हुए अँधेरे में सिवान के मेंड़ों पर चलते हुए उनका मन देर तक बीती जिन्दगी के टेढ़े-मेढ़े रास्तों में खोया रहा। गंगा मराठिन, फीजी—मजिस्ट्रेट की लड़कियाँ, चमारिन से शादी—शुरू का उफान और बाद की उकताहट।···फिर धिराजी···और अब यह दुबली-पतली, साँवली-सी लड़की जिसने अभी किशोरावस्था की दहलीज पर ठीक से पाँव तक नहीं रखा है।

आकाश में कुछ तारे टिमटिमाने लगे थे। सिर पर ओस की मुलायम-सी फुहार महसूस हो रही थी। ठंड तेजी से बढ़ती जा रही थी। दूर पीपल के पेड़ के नीचे अलाव

की सुनहरी लपट उठने लगी थी। जाड़े की घिरती रात में वह अपनी ओर खींचती थी। बाबा आश्रम की ओर लौट पड़े।

उनतालीस

दूसरे दिन दोपहर में जैसे ही बाबा भोजन करके उठे, पट्टी से एक इक्का आकर आश्रम के पास रुका। जो आदमी उससे उतरा उसके हाथ में बाबा के नाम एक चिट्ठी थी। इलाहाबाद से गौरीशंकर मिश्रा ने भेजी थी। बाबा ने लेकर खोली। दस फरवरी को बनारस में होनेवाले काशी विद्यापीठ के उद्घाटन में उन्हें बुलाया गया था। उस मौके पर कांग्रेस ने एक जलसे का आयोजन किया था। गांधी जी सहित कांग्रेस के तमाम बड़े-बड़े नेता उसमें शामिल हो रहे थे। असहयोग आन्दोलन जोरों पर था और उसी की एक कड़ी के रूप में विद्यापीठ खोला गया था। गौरीशंकर ने बाबा से जलसे में भाग लेने के लिए बहुत आग्रह किया था।

हरकारा अगले दिन वापस चला गया। बाबा ने कोई जवाब नहीं भिजवाया। उन्हें समझ में नहीं आ रहा था बनारस जाएँ या न जाएँ। कांग्रेसी नेताओं से पिण्ड छुड़ाकर ही तो वे आनन्द भवन से भागे थे। अब फिर वही लोग पीछे पड़े हैं। बनारस जाने का मतलब—कांग्रेसियों से साथ फिर से सिलसिला शुरू होना।

उद्घाटन का दिन करीब आ रहा है। जल्दी निर्णय लेना होगा। बाबा ने झिंगुरी सिंह से सलाह की। उन्होंने गिरफ्तारी के खतरे की बात उठाई। लेकिन उससे डरकर कब तक यहाँ पड़े रहेंगे। ऐसे तो जीना ही मुश्किल हो जाएगा।....और पुलिस यहाँ भी तो आ सकती है। रूरे में बैठे बाबा को इस बात का गुमान नहीं था कि अब तक गिरफ्तारी न होने के पीछे सरकार की असमर्थता नहीं बल्कि उससे होनेवाले लाभ-हानि को लेकर हाकिमों के बीच चल रहा विवाद था। फैजाबाद के कमिश्नर की राय थी कि बाबा की गिरफ्तारी से आन्दोलन और भड़क सकता है। वह इसके बजाए किसानों का गुस्सा शान्त करने के उपायों पर जोर दे रहा था। दूसरी ओर सूबे का लाट बटलर आन्दोलन से सख्ती से निबटने का कायल था। उसने कैबिनेट से सलाह-मशविरा कर हाकिमों को बाबा की गिरफ्तारी के लिए हरी झंडी दिखा दी थी।

आखिर बाबा से रहा नहीं गया। वे ऊपर से ना-नुकुर करते हुए भी जाने के लिए चुपचाप तैयारी करते रहे। इधर मन में जो मंथन चल रहा था, जो संकल्प-विकल्प उठ रहे थे, जो निरर्थकता और अवसाद घेरे हुए थे, उनसे निकलने का यही एक रास्ता था।

इस शून्यता, इस अनिश्चितता की छटपटाहट से तो कुछ भी बेहतर होगा। हो जाए गिरफ्तारी। एक किनारे तो लगें। आन्दोलन का हाथ से निकलना, धिराजी की बैठकी और अब जग्गी को लेकर उनका घेरा जाना—सबने मिलकर बाबा के मन में एक अरुचि-सी भर दी थी।

उस दिन सुबह से बदली छाई थी। बीच-बीच में बूँदाबाँदी हो जाती थी जिससे रास्तों की धूल पर मोटी-मोटी बूँदों की छाप पड़ी थी। चना, मटर और अरहर की अनसींची फसलों पर हल्की-सी चमक आ गई थी। धूप बादलों के साथ आँख-मिचौनी कर रही थी और ठंड के कारण लोगों का काम पर जाने का मन नहीं हो रहा था।

बाबा निकलने लगे तो झिंगुरी सिंह और सहदेव सिंह उनके साथ हो लिए। धिराजी ने एक बार उनकी ओर आँख उठाकर देखा जैसे कुछ कहना चाहती हो। फिर चुपचाप नजर झुका ली। उसकी आँखें बाबा के जेहन में देर तक गड़ी रहीं।

पट्टी तक वे पैदल गए। वहाँ से प्रतापगढ़ के लिए इक्का किया। प्रतापगढ़ स्टेशन पर जब वे गाड़ी में बैठ रहे थे, एक बार मन में अजीब-सी दुर्बलता आई। संशय के बादलों ने आ घेरा। पता नहीं आगे क्या हो। बनारस से लौटना हो पाए या नहीं। धिराजी से एक बार—कम-से-कम एक बार—ठीक से बात कर लेते। जग्गी की बाबत उसने क्या सोचकर लोगों की बात मानी होगी? क्या सचमुच वह साथ बनी रहने का एक सहारा चाहती है?

बनारस में उन्हें गंगा के किनारे एक धर्मशाला में ठहराया गया था। धर्मशाले के आँगन से घाट तक जाने के लिए पतली-सी गली थी। ऊपरी मंजिल से दूर तक गंगा की धारा और उसके किनारे-किनारे बने घाटों की सीढ़ियाँ, पंडों की छतरियाँ और छोटी-बड़ी नावें दिखती थीं। उस पार के कछार से उठते छोटे-छोटे पेड़ों और फसलों के गड्डमड्ड आकार क्षितिज में घुलकर गुम हो गए थे। एक ओर हरियाली के बीच से रामनगर का किला और उसके आस-पास की इमारतें झलक रही थीं। शायद नई जगह का असर था कि मन एक बार आगे-पीछे का सब कुछ भूलकर उमंग और आह्लाद से भर गया। लेकिन ऐसे भाव देर तक कहाँ रुकते हैं!

गंगा में नहाकर और बाबा विश्वनाथ का दर्शन कर जब वे धर्मशाला में वापस आए तो उन्हें लगा उनका पीछा किया जा रहा है। सादे लिबास में दो आदमी थोड़े फासले पर बराबर उनके पीछे चल रहे थे। शायद घाट से साथ लगे हों। या स्टेशन से ही पीछे पड़ गए हों। झिंगुरी सिंह ने कहा—धर्मशाले से बाहर न निकलें और रात में भेस बदलकर चुपके से स्टेशन लौट चलें। बाबा कुछ देर उनकी ओर देखते रहे, फिर धीरे से उठे और जलसे में जाने के लिए तैयार होने लगे।

धर्मशाले से छावनी स्टेशन के लिए चार आने का ताँगा किया। विद्यापीठ की इमारत के सामने आकर ताँगा रुका। बाबा उतरकर इधर-उधर देखने लगे। सामने बड़ा-सा पंडाल लगा था। चारों ओर बड़ी गहमा-गहमी थी। खद्दर का रिवाज शुरू हो

चुका था और सफेद खद्दर के कुर्ते-धोती और गांधी टोपी में कांग्रेसी कार्यकर्ता इधर से उधर आ-जा रहे थे। झिंगुरी सिंह और सहदेव सिंह धूसर रंग की मिरजई-धोती और देहाती पनही में माहौल से बिल्कुल अलग दिख रहे थे। बाबा ने धोती-कुर्ते के ऊपर एक दुशाला डाल रखा था जो रह-रहकर कन्धे से सरक जाता था। बदली छँट गई थी और हवा चलने के साथ गलानेवाली ठंड पड़ रही थी। बड़ी देर बाद गौरीशंकर मिश्रा की एक झलक दिखी तो तीनों उनकी ओर लपके लेकिन वे फिर अदृश्य हो गए। काफी खोजने के बाद पंडाल के भीतर उनसे सामना हुआ। औपचारिक कुशल-मंगल पूछने के बाद वे बाबा को मंच पर ले गए। उन्हें देखकर श्रोताओं में सुगबुगाहट हुई। लोग आपस में कानाफूसी करने लगे। झिंगुरी सिंह और सहदेव सिंह नीचे श्रोताओं के साथ बैठने लगे तो बाबा ने इशारे से उन्हें ऊपर बुलाया। पर और नेताओं की नजर देखकर उन्होंने नीचे बैठना ही श्रेयस्कर समझा।

मंच पर खासी भीड़ थी। अधिकांश नेता आ चुके थे। सिर्फ गांधी जी और दोनों नेहरुओं के आने का इन्तजार हो रहा था। सहसा बाबा की निगाह उन दोनों आदमियों पर पड़ी जो घाट से उनका पीछा कर रहे थे। वे पंडाल के एक कोने में खड़े एक-दूसरे के कान में कुछ कह रहे थे। उन्हें देखकर बाबा के बदन में सिरहन-सी दौड़ गई। थोड़ी देर बाद उनमें से एक कहीं गायब हो गया। क्या माजरा है—बाबा ने सोचा और चिन्तित हो उठे। आँखों-आँखों में झिंगुरी सिंह से बात हुई। पता नहीं चला वे ठीक से समझ पाए या नहीं। तभी एक ओर हलचल हुई और एक छोटी-सी भीड़ के आगे-आगे चलते हुए गांधी जी और दोनों नेहरू मंच की ओर आते दिखाई पड़े। लोग उठ-उठकर खड़े होने लगे। थोड़ी देर अशान्ति रही। गांधी जी सबका अभिवादन लेते मंच पर आकर बैठ गए तो उनकी निगाह बाबा की ओर गई। बाबा ने हाथ जोड़कर नमस्कार किया। जवाहर लाल ने गांधी जी के कान में कुछ कहा जिससे उनकी मुद्रा भिंच गई।

सभा की कार्यवाही शुरू हुई तो बाबा का मन उद्विग्न था। क्या उन्हें पहले आकर गांधी जी से मिल लेना चाहिए था? लेकिन अगर नेहरू वहाँ होते तो उन्हें आनन्द भवन से निकल जाने की सफाई देनी पड़ती। आखिर वे क्या कहते। पर देर-सबेर यह बात तो उठेगी ही। कांग्रेसियों के जलसे में आए हैं तो इससे कहाँ बच सकते हैं। क्यों आए वे यहाँ? सभा खत्म होने के पहले ही उठ चलें तो?

एक के बाद एक वक्ता बोल रहे थे। असहयोग, स्वराज। विदेशी वस्त्रों का बहिष्कार, सरकारी नौकरियों का बहिष्कार, सरकारी शिक्षा का बहिष्कार। किसानों का तो कहीं नाम नहीं था। उनकी बारी आएगी तो वे जरूर किसानों की बात उठाएँगे। बाबा इसी उधेड़बुन में पड़े थे कि पुलिस का एक हाकिम चार-पाँच सिपाहियों के साथ पंडाल के भीतर आता दिखा। वह धीरे-धीरे लोगों के बीच से रास्ता बनाता मंच की ओर बढ़ रहा था। भाषण बीच में रुक गया था और लोगों की निगाह उसी पर अटक गई थी। वह बाबा के पास आकर खड़ा हो गया। उसने जेब से एक कागज निकाला और उनकी

ओर बढ़ा दिया। काँपते हाथों से बाबा ने उसे खोला। गिरफ्तारी का वारंट। ताजिराते हिन्द की दफा 124 और 133–क्या मतलब हुआ इसका? राजद्रोह और जनता के तबकों के बीच दुश्मनी भड़काना। बाराबंकी में दिए गए भाषणों का हवाला। तो वही हुआ जिसकी आशंका थी।

बाबा उठने लगे तो भीड़ में खलबली मच गई। आधे लोग उठ खड़े हुए। भनभन-भनभन होने लगी। कुछ लोग उत्तेजित हो उठे। गांधी जी ने तुरन्त माइक सँभाल लिया। आप लोग शान्त रहिए। बाबा रामचन्द्र की गिरफ्तारी हुई है जो एक पवित्र घटना है। आप उन्हें छुड़ाने की माँग न करें, न इस मसले को लेकर जेल जाएँ। इससे उन्हें दुःख होगा। हमारा रास्ता शान्ति और अहिंसा का है। उन्हें छुड़ाने का बेहतर तरीका यही है कि हम शान्तिपूर्वक असहयोग करें।

बाबा को कुछ देर के लिए गांधी जी के कमरे में ले जाया गया। उनके पीछे-पीछे झिंगुरी सिंह और सहदेव सिंह भी वहाँ आ पहुँचे। बाबा ने उन्हें जल्द-से-जल्द निकल जाने का इशारा किया। बाहर एक लारी खड़ी थी। उसमें चालीस-पचास पुलिसवाले बैठे थे। बाबा को उसी पर बिठाया गया। तब तक काफी भीड़ बाहर निकल आई थी। उन्होंने खिड़की से बाहर झाँका। गौरीशंकर मिश्रा एक ओर खड़े थे और जाती हुई लारी को देख रहे थे। क्षण-भर के लिए दोनों की निगाहें मिलीं। फिर उन्होंने आँखें फेर लीं। क्या था उस निगाह में? बाबा देर तक उसी के बारे में सोचते रहे। क्या उन्हें सब पहले से पता था?

सड़क पर भीड़ का सैलाब था। लोग निश्चिंत भाव से इधर-से-उधर आ-जा रहे थे। बाबा खोए हुए-से उनकी ओर देख रहे थे। इनकी नियति हमसे कितनी भिन्न है। हमारी दुनिया कितनी अलग है। खेत-खलिहान, नजराना-बेदखली—शहरियों को इन सब से क्या वास्ता! शहरी लोगों का व्यवहार, कांग्रेस की राजनीति कभी हमारी समझ में नहीं आएगी।

सेंट्रल जेल का जेलर गैंडा सिंह अपने नाम के अनुरूप ही पूरा जल्लाद निकला। उसने बाबा को बागियों के लिए बनाए गए खास सेल में डाल दिया। किसी को उनसे मिलने की इजाजत नहीं दी गई। भूल से भी आदमी का चेहरा नहीं दिखता था। रात-दिन की तनहाई। बाहर क्या हो रहा है, कोई खबर नहीं। तीन दिन बाद उन्हें जेल से निकालकर सख्त पहरे में स्टेशन ले जाया गया। प्लेटफार्म बिल्कुल सुनसान था। रेलवे का भी कोई कर्मचारी नहीं दिखता था। उन्हें लेकर स्पेशल ट्रेन लखनऊ के लिए रवाना हो गई तब तक किसी को पता नहीं था कि उन्हें कहाँ ले जाया जा रहा है।

गिरफ्तारी की खबर बाराबंकी पहुँची तो शहर में हड़ताल हो गई। हजारों की संख्या में लोग बाराबंकी जेल के सामने जमा हो गए। उनका अन्दाज था कि बाबा को वहीं लाकर रखा गया है। यू. पी. किसान सभा ने लोगों को शान्त करने के लिए पर्चे बाँटे जिनमें लोगों को गिरफ्तारी से अशान्त न होने और धैर्य के साथ असहयोग जारी रखने की अपील की गई थी। लोगों को समझाया गया कि यदि वे बाबा को देखने के

लिए जेल में घुसने की कोशिश करेंगे तो शान्ति भंग होगी जिससे स्वराज मिलने में देरी होगी और बाबा को छुड़ाने में भी दिक्कत आएगी। गिरफ्तारी से लेकर उसके बाद के प्रचार तक कांग्रेस की एक खास तरह की सोच सामने आई जो इस सन्देह को पुख्ता करती थी कि इस गिरफ्तारी में कांग्रेस की मिलीभगत थी।

बाराबंकी का डिप्टी कमिश्नर बाबा के मुकदमे की सुनवाई अपने जिले में कराने को तैयार नहीं हुआ। उसने लिखा कि यदि सुनवाई वहाँ हुई तो बाराबंकी के साथ-साथ रायबरेली और फैजाबाद में भी खतरनाक दंगे भड़क उठेंगे जिन्हें दबाने के लिए फौजी दस्ते बुलाने पड़ेंगे। उसका डर था कि मुकदमे के दौरान बाबा के समर्थकों की फौज बाराबंकी आकर अभियोग पक्ष के गवाहों का कचूमर निकाल देगी। लिहाजा लखनऊ कचेहरी में सुनवाई होनी तय हुई।

सुनवाई के दिन बाबा बहुत उदास थे। सब कुछ जानते हुए भी बार-बार उन्हें यह बात साल रही थी कि गांधी और नेहरू ने उन्हें छुड़ाने में कोई दिलचस्पी नहीं ली। शौकत अली ने मुकदमे में उनकी सहायता की पेशकश की तो उन्होंने साफ मना कर दिया। अपने मुकदमे की पैरवी उन्होंने खुद करने का निश्चय किया।

बाबा ने इलजास में बोलना शुरू किया तो अँग्रेज जज ने कनमनाकर देखा और अवहेलना से मुस्कराया। वे कह रहे थे—

"कोई पानी में डूबता हो तो उसे बचाने की कार्रवाई कौन-सा जुर्म है? अगर मौजूदा कानून में ऐसी धाराएँ हैं जिनसे जनता को तकलीफ पहुँचती है तो उन्हें बदलने की माँग करना गैर-कानूनी कैसे है? वैद्य किसी रोगी का मर्ज देखकर उसे दूर करने के लिए ओषधि बताए और उसके रोग का खुलासा कर ओषधि-सेवन में विश्वास उत्पन्न करे तो उसका क्या कसूर है?"

तमाम रोकथाम के बावजूद फैसले के दिन इलजास खचाखच भरा था। चारों ओर पुलिस मँडरा रही थी। जब बाबा को दो साल बामशक्कत जेल की सजा और दो सौ रुपये जुर्माना सुनाया गया तो लोग सकते में आ गए। जज ने आगे जोड़ा कि जुर्माना न भरने पर छह महीने की सजा और बढ़ जाएगी। बाबा ने निर्विकार भाव से सुना और आँखें बन्द कर लीं।

बाबा को सजा होने की खबर रूरे पहुँची तो धिराजी और जग्गी वहाँ नहीं थीं। जिस दिन झिंगुरी सिंह और सहदेव सिंह बनारस से वापस आए और बाबा उनके साथ नहीं थे, धिराजी के सिर में अचानक ऐसा दर्द उठा कि उससे खाना नहीं खाया गया। दूसरे दिन वह और जग्गी भगवानदीन के साथ मेंहदिया चली गईं। सजा की खबर मेंहदिया पहुँचने में अर्सा लग गया। भगवानदीन को मालूम होने के कई दिन बाद उन्होंने घर में इसका जिक्र किया। धिराजी ने सुना तो उसके मुँह से एक शब्द नहीं निकला। रात में वह जग्गी को चिपकाकर देर तक रोती रही। बिलखती माँ के गले से लगी-लगी जग्गी एकाएक बड़ी हो गई।

चालीस

वैशाख के महीने में मथुरा की शादी पड़ी। लोगों में बड़ा हौसला था। सबने अपनी अहक पूरी की। सालिकराम के पैतृक गाँव तिवारीपुर से दर्जन-भर मर्द-औरतें तिलक के पहले से ही आकर जमा हो गए। दूर-दूर के रिश्तों से बहन-बेटियाँ आन कर आईं। पूरा घर भर उठा। ढेर सारे लोगों के लिए एक साथ खाना पकता। बड़े-बड़े हण्डे-बटुए चढ़ते। आँगन की रस्सी पर एक छोर से दूसरे छोर तक पियरी और जनाना धोतियाँ सूखतीं। हँसी-ठट्ठा, औरतों का गाना-बजाना, चुहलबाजी चलती रहती। जगह-जगह बच्चे खेलते, किलकारी मारते और बीच-बीच में रोने लगते। कोई बच्चा टट्टी-पेशाब कर देता तो उसकी माँ की खोज होती। जल्दी से साफ-सूफकर वह फिर से उत्सव के रंग में डूब जाती।

सालिकराम घर में छलकती खुशी को दूर-दूर से देखते और उनके भीतर अनजान-से डर की सिहरन दौड़ जाती। सामूहिक रसोई के भदेस से बचने के लिए वे अपने लिए अलग से खाना बनवाते थे। मझली बहू ने ओसारे के एक कोने में उनके लिए एक छोटी-सी चुल्हिया डाल दी थी। उसी पर एक छोटी बटलोई में वह दाल पकाती और मोटी-मोटी भौरियाँ लगाकर कंडे की आग में सेंक देती। साधू को खिलाकर वह फिर से भंडार घर में घुस जाती और बिस्तर छोड़ने से लेकर देर रात तक धरने-उठाने में लगी रहती। दिन-रात खटती मझली बहू के लिए घर में छाए आलम का जैसे कोई मतलब ही नहीं था।

पवस्त के सात गाँवों से चुन-चुनकर बाराती गए। दो हाथी, पाँच घोड़े, दो पीनस, सपेड़े का नाच, रियासत से माँगकर आया महफिल का सामान, बनारस से मँगाई गई सोने-चाँदी के काम वाली विअहुता साड़ी—औकात से ऊपर सारा इन्तजाम हुआ।

सालिकराम द्वारा पदारथ की गाड़ लुटने से बचाने के बाद दोनों घरों में आना-जाना और खानदान शुरू हो गया था लेकिन जंगल के पट्टेवाली घटना किसी को भूली नहीं थी। अन्दर-अन्दर खार बनी रहती थी। पदारथ और उनके बेटे शादी के हर काम में शामिल तो हुए पर मन में मैल लिये हुए। गाहे-बगाहे उनकी कुटिलता सामने आ जाती थी।

घर में सबसे बड़ा होने के कारण साधू ही मायन पूज रहे थे। बूढ़ा की दमे और बीमारी से जर्जर देह। बुढ़ऊ के साथ गाँठ बाँधे वे पीछे-पीछे घिसट रही थीं। सहुआइन उत्साह के साथ हर काम में आगे-आगे थी। उसे देखकर पदारथ ने चुटकी ली—

"अरे सहुआइन, भउजी को काहे परेशान करती है? तू ही क्यों नहीं गाँठ बाँध लेती साधू के साथ?"

साधू ने सुना और अन्दर-अन्दर कटकर रह गए।

बारात के लिए दबे मन से कहे जाने के बावजूद पदारथ झट से तैयार हो गए। मीन-मेख निकालनेवाला भी तो कोई चाहिए।

सरायवालों ने बारात के स्वागत-सत्कार में कोई कसर नहीं उठा रखी। जनवासे में बड़े-बड़े हौदों में बूरे का शरबत भरा था। नेवहड़ बनानेवालों के लिए लकड़ी, राशन, घी सब इफरात। हाथी और घोड़ेवालों को मुँहमाँगा रातिम। सारे बारातियों को सोने के लिए चारपाइयाँ दी गईं। किसी के मुँह से कुछ निकला नहीं कि सामने हाजिर। दो-तीन गाँवों के नाई-कहार और मनई-मजदूर सेवा में लगे थे।

रात में शादी के लिए घरवालों के माँड़व में जाते समय बिना किसी के कहे ही पदारथ भी साथ हो लिए। फेरे के समय उनका ध्यान बराबर लड़की पर लगा रहा। किसी और को तो नहीं पर उन्हें लड़की के पैरों में दोष नजर आ गया। जो भी मिलता उसी के कान में फुसफुसा देते। चलते समय भचकती है। तभी तो दूबे ने इतना दिया-लिया। सारा स्वागत-सत्कार मुँह बन्द करने के लिए था। और क्या उन्हें कोई दूसरा वर ही न मिलता। साधू के कान में बात पड़ी तो वे 'बसि कुसंग चाहत कुशल···' बुदबुदाकर रह गए।

बारात से लौटते हुए सुचित रूरे की ओर मुड़ गया। आश्रम पर पहुँचा तो दोपहरी ढल रही थी। फसल कटने से दूर-दूर तक वीरान पड़े खेतों के ऊपर से हहराती हुई लू चल रही थी। बाबा का मड़हा उजाड़ पड़ा था। उसके भीतर धूल, पत्तियों और खर-पतवार का अम्बार लगा था। लगता था जैसे वर्षों से वहाँ कोई रहता न हो। खलिहान में दँवरी चल रही थी और झिंगुरी सिंह वहीं एक पेड़ की छाया में चारपाई डाले ऊँघ रहे थे। चारों ओर हार, निराशा और दिल को छीलनेवाली निस्तब्धता थी। सुचित का मन रोने को हो आया।

आहट पाकर झिंगुरी सिंह उठे और सुचित को पहचानकर एक आदमी को गुड़-पानी लाने भेजा।

"का भगत, किधर से आना हो रहा है?"

"साधू की बारात से लौट रहा था बाबू साहेब।···बाबा के आसरम में तो जैसे भंभ रर रहा है।"

"बाबा के साथ सारी महिमा ही चली गई भगत।"

"किसान सभा तो जैसे बुत्त हो गई है। आपौ लोग···"

"अब क्या करें भगत। चारों ओर धर-पकड़ मची है। फैजाबाद और सुल्तानपुर में अँग्रेजी फौज ने मार्च किया। तालुकेदार फिर अपने बिलों से निकल आए हैं। किसानों पर मुकदमे गढ़ रहे हैं। डरा-धमकाकर पैसे वसूल रहे हैं। जो नहीं देता उस पर कोई-न-कोई इल्जाम लगाकर मुकदमे में फँसा देते हैं। क्या किया जाय कुछ समझ में नहीं आता।"

"गांधी बाबा कुछ नहीं कर रहे?"

"यही तो रोना है सुचित। वे कहते हैं उनकी लड़ाई अँग्रेजों से है जो जमींदारों के जमींदार हैं। किसानों को शान्ति और अहिंसा का पाठ पढ़ा रहे हैं। वे तालुकेदारों के साथ सुलह-सफाई की बात करते हैं। और तालुकेदार साँड़ बने घूम रहे हैं।"

"तो बाबा के जाने के बाद गरीबों का पुछत्तर कोई नहीं रहा।···सब टाँय-टाँय फिस्स हो गया।"

झिंगुरी सिंह चुपचाप सुचित का मुँह देखते रहे।

"मुझे तो लगता है गरीबों का भाग्य बदलने वाला कोई नहीं। कमजोर आदमी जब भी किसी बलवान से लड़ता है, उसका यही हाल होता है।···दुनिया ऐसे ही चलती आई है।"

"इतना निराश न हो भगत। वक्त फिर बदलेगा। हमारा किया-धरा बेकार नहीं जाएगा।"

"हमारी जिन्दगानी में तो यह होता नजर नहीं आता बाबू साहेब। आगे की कौन जाने।···सब ऊपरवाले की माया है।" सुचित ने आसमान की ओर देखकर आह भरी और उठ खड़ा हुआ।

"ऊपरवाले को बीच में क्यों लाते हो भगत? आज दुनिया जैसी है, उसे आदमी ने ही बनाया है और आदमी ही उसे बदलेगा।"

सुचित रूरे से चला तो उसका मन विषाद से भरा था। ऐसा क्यों होता है? एक लहर उठती है और लगता है कि सब कुछ बदल जाएगा, हमारी जिन्दगी सुधर जाएगी। लेकिन होते-होते सब बिखर जाता है। फिर ढाक के वही तीन पात। लेकिन हम आस लगाए बैठे रहते हैं। फिर से लहर उठेगी। फिर से तूफान आएगा। ऐसे ही एक के बाद एक जिन्दगियाँ बीतती चली जाती हैं।

सुचित बसौली पहुँचा तो शाम हो रही थी। सालिकराम के घर बारात से लौटे मेहमानों की भीड़भाड़ थी। लोग जगह-जगह बैठे सरायवालों का गुणगान कर रहे थे। आँगन में हंडा चढ़ा था और औरतें रात का खाना बनाने में लगी थीं। नाइन एक बड़े-से परात में आटा लेकर गूँथ रही थी। सालिकराम सबसे अलग-थलग बैठके के कोने में चौकी पर बैठे माला जप रहे थे। रामदेव ने सुचित को देखा तो जैसे कुछ याद आ गया।

"अरे तुम कहाँ रह गए थे भगत? कुछ भोजन-पानी किया?"

"कर लेंगे महराज। अभी तो आ ही रहे हैं।···जरा रूरे तक निकल गए थे।"

"अरे हाँ, क्या हाल हैं वहाँ के? बाबा तो जेल में पड़े हैं। झिंगुरी सिंह क्या कर रहे हैं?"

"फसल की मड़ाई करा रहे हैं।" सुचित ने सपाट स्वर में कहा और कुएँ पर जाकर हाथ-मुँह धोने लगा।

रात में खा-पीकर वह घर पहुँचा तो बच्चे सो गए थे। माँ और बहू झोंपड़ी के दरवाजे पर एक झिलगा चारपाई पर पड़ी-पड़ी उसी की बाट जोह रही थीं।

इकतालीस

धीरे-धीरे एक साल का समय गुजर गया। वैशाख आते ही फिर शादियाँ भदरा गईं। अब राम अभिलाख के लड़के की बारी थी। फागुन से ही देखुआर चक्कर काटने लगे थे। आखिर वैशाख के दूसरे पाख की लगन में उसकी भी शादी पड़ गई।

उस दिन सुबह रामहित की आँख खुली तो एक साथ कई कामों की चिन्ता ने आ घेरा। आज राम अभिलाख के लड़के का मायन है। कल जनेऊ होगा। परसों बारात जाएगी। नात-बाँत अभी से आने शुरू हो गए हैं। कल दोपहर तक करीब-करीब सभी आ जाएँगे। सैकड़ों काम हैं। उधर सुमित्रा रिसियाई पड़ी है। वह जिद पकड़े बैठी है कि कंगन पहने बिना जनेऊ में भीख डालने नहीं जाएगी। जैसे भी हो, ले आओ। और जनेऊ के पहले-पहले। पिछली दो शादियों में उसकी कितनी बेइज्जती हुई थी। तब उसका आगा नहीं खुला था, इसलिए कुछ बोल नहीं पाई थी। अब धीरे-धीरे हिम्मत आ रही है और घर में अपनी अहमियत का एहसास होने लगा है। रामहित की कुछ समझ में नहीं आ रहा है क्या करे क्या न करे। सब काम छोड़कर कंगन का इन्तजाम करने कहाँ जाए। और रुपया भी कहाँ धरा है।

वह आँख मलता हुआ बाहर आया तो देबीदीन और खेदू हाथ में कुल्हाड़ियाँ लिये द्वार के एक किनारे उकड़ूँ बैठे थे। माँड़व के लिए बाँस काटना है, उसी के लिए उन्हें बुलाया गया था। दोपहर बाद मायन पूजने की साइत है। उसके पहले मटिमगरा होगा—औरतें माँड़व में इकट्ठी होंगी, उनमें गुड़ और तेल बाँटा जाएगा। फिर वे तालाब पूजने जाएँगी। जितनी जल्दी हो सके, माँड़व छानेवाला काम निपट जाना चाहिए। रामहित सुमित्रा की चिन्ता भुलाकर घर में कुल्हाड़ी खोजने लगा। वह देबीदीन और खेदू को साथ ले बंसवारी की ओर चला तो सुचित के सिर पर सरपत का बोझ उठवाए और खुद अंकवारि में एक गट्ठर लिये रामदेव ताल की ओर से आता दिखा। चलो एक काम तो हो गया। दोनों बहुत भोर में निकल गए होंगे। अब बाँस कट जाए तो फटाफट माँड़व छाना शुरू हो जाए।

बाँस काटकर, झुरमुट से खींचकर द्वार तक ढोते, फिर उसे छिनगाकर फट्टे चीरते और सरपत फैलाकर माँड़व छाते दोपहर हो गई। रामहित अभी तक बिना दातुन-कुल्ला किए बासी मुँह क़ाम में लगा था। माँड़व गड़ गया तो वह धोती लेकर नहाने निकला। कुआँ खाली नहीं था, वहाँ कई लोग नहा रहे थे। चलो आज तालाब पर नहा आते हैं। मगर पदारथ के तालाब पर जाने का मन नहीं होता। पश्चिम में बाग और सिवान पार करें तो बहेलियों का पुराना तालाब है। भीटे पर बड़े-बड़े पेड़ हैं और खूब छाया रहती है। घर से थोड़ा दूर जरूर है लेकिन छाया के कारण पानी खूब ठंडा रहता है। उसे तालाब की ओर जाते देखा तो सालिकराम को अपनी कमरी की याद आ गई। तिलक

के ब्रह्मभोज के दिन खाँची में उसे बिछाकर उसी में पूड़ियाँ रखी गई थीं, तब से वह जूठी पड़ी है। बोले—जरा उसे भी लेते जाओ, तालाब में धोते लाना, कुएँ पर कौन छपछप करेगा। रामहित लौटा और अन्दर से कमरी लेकर बाहर निकला तब तक मथुरा स्कूल से लौट रहा था। वह रामहित से बहुत हिला हुआ था। उसे तालाब की ओर जाते देख वह भी साथ चलने के लिए मचलने लगा। मझली बहू ने जल्दी-जल्दी में लाई-गुड़ निकालकर उसकी जेब में भर दिया और वह धोती कन्धे पर डाले जेब से लाई निकाल-निकालकर चबाता रामहित के पीछे-पीछे चल पड़ा।

दोपहरी में तालाब सूना पड़ा था। दूर भीटे के किनारे दो औरतें घास छील रही थीं। पेड़ों के साये सिमट आए थे। एक किनारे की पतली पट्टी को छोड़कर बाकी तालाब के पानी पर चटकती धूप की चादर फैली थी जिसके बीच में सूरज की परछाईं हिल रही थी। रामहित ने पानी में घुसकर कमरी को फैलाकर धोया और निचोड़कर एक पेड़ की खुली जड़ पर रख दिया। फिर उसने एक नीम के पेड़ की डाल झुकाकर दातुन तोड़ी और किनारे पर बैठकर दातुन करने लगा। मथुरा कुरता निकालकर पानी में घुसा और रामहित के ऊपर पानी उलीचने लगा। जल्दी से दातुन खत्म कर वह भी पानी में घुस गया।

दोनों किनारे पर ही नहा रहे थे। रामहित को थोड़ा-बहुत तैरना आता था, मथुरा को वह भी नहीं। इसलिए रामहित भी ज्यादा दूर नहीं गया। तीन-चार डुबकी लगाकर मथुरा को निकलने के लिए कहकर वह बाहर आ गया और भीटे की ओर मुँह करके धोती बदलने लगा। गीली धोती को नीचे गिराकर सूखी धोती की मुर्री दे रहा था तभी मथुरा के चिल्लाने की घुटी-घुटी-सी आवाज आई। उसने सिर घुमाकर देखा। जिस तरह वह हाथ मार रहा था और चेहरे पर जैसी घबराहट थी, उससे यह जाहिर होते देर नहीं लगी कि वह डूब रहा है। वह किनारे से ज्यादा दूर तो नहीं है, वहाँ इतना पानी कैसे हो गया। जरूर किसी कोंहरगड्ढे में फँस गया होगा। जेठ-असाढ़ में किनारे का पानी सूखने पर कुम्हार बीच-बीच में मिट्टी निकालने के लिए गड्ढे खोदते हैं। ऐसे ही किसी गड्ढे में पैर फिसल गया होगा। अब धोती बाँधने का समय नहीं है। रामहित धोती वैसे ही लपेटे हुए पानी में कूद पड़ा और घबराहट में बिना कुछ समझे-बूझे आगे बढ़ने लगा। अभी वह मथुरा को पकड़ भी नहीं पाया था कि पैर धप्प से नीचे चला गया और जमीन छूट गई। देह छू जाते ही मथुरा उससे चिपट गया। नीचे जमीन न मिलने से रामहित भी एकदम से घबड़ा गया। तैरने की कोशिश में धोती उसके पैरों में फँस गई। हाथ-पैर हिलाने से वह और भी लिपटती गई। वह जितनी ही कोशिश करता गया उतना ही पस्त होता गया। आखिर में असहाय होकर उसने चिल्लाना चाहा तो एक साथ ढेर सारा पानी मुँह में चला गया। आवाज नहीं निकली। वैसे भी चारों ओर सुनसान था। घास छीलनेवाली औरतें भीटे के दूसरी ओर चली गई थीं। साँस टूटते-टूटते इतना ही ध्यान आया कि घर पर मायन की तैयारी हो रही होगी। लोग इन्तजार करेंगे पर वह लौटकर

नहीं जा पाएगा।…सुमित्रा कंगन के लिए रिसियाई रहेगी।…और मथुरा? एक बार उसके बेदम होते चेहरे पर धुँधली-सी निगाह पड़ी। पकड़ ढीली हो रही थी। डूबती चेतना में एक बार कौंधा कि उसे बाहर ठेल दे। पर हाथ-पैर जवाब दे चुके थे।…अब कुछ नहीं हो सकता।…सब खत्म हो रहा है।…साँस के लिए तड़फड़ाते, ऊभ-चूभ करते सब कुछ अँधेरे में डूबता चला गया।

थोड़ी देर बाद चारों ओर सन्नाटा छा गया। धूप में चमकता तालाब का पानी बिल्कुल शान्त था। सिर्फ एक जगह रह-रहकर बुलबुले उठते थे। भीटे के दूसरी ओर दोनों औरतें घास छीलने में व्यस्त बीच-बीच में आपस में बतियाती जा रही थीं।

उनकी खचोलियाँ भर गईं तो वे घास समेटकर वापस जाने की तैयारी करने लगीं। घास सिर पर उठाते-उठाते उनमें से एक को ध्यान आया कि तालाब पर दो लोग नहाने आए थे पर वे वापस जाते नहीं दिखे। उसने दूसरी से कहा। वह भी चौंकी। लेकिन हो सकता है वे नहाकर लौट गए हों, वे घास छीलने में मुड़ियायी रही होंगी, निगाह नहीं पड़ी होगी।…लेकिन रास्ता तो इधर से ही है। गए तो किधर से गए। तो क्या दोनों… ? दिल काँप गया। खचोलियाँ उठाए-उठाए दोनों तालाब के घाट तक आईं। किनारे एक पेड़ की जड़ पर ऐंठकर निचोड़ी भीगी कमरी रखी थी। बगल में चुन्नट डली सूखी धोती और उतारा हुआ कुरता रखा था। थोड़े फासले पर जमीन पर अस्त-व्यस्त गिरी गीली धोती पड़ी थी। सन्देह की कोई गुंजाइश नहीं रही। हे भगवान्! दोनों किसके घर के थे! आए तो बभनौटी की ओर से थे। दोनों नई उमर के थे। एक तो अभी लड़का ही था।…दोनों जल्दी-जल्दी घर की ओर भागीं।

पाँचू बहेलिया खा-पीकर मड़ही में लेटने जा रहा था। उसकी पतोहू और बेटी आज काफी दिन चढ़े घास छीलने निकली थीं। घर का काम निबटाते-निबटाते देर हो गई थी। आजकल गरमी के कारण जानवरों के लिए हरे चारे का अकाल है। जब से बेटी ससुराल से आई है, पतोहू के साथ वह भी घास छीलने निकल जाती है।…मनमनाती दोपहरी में दोनों सिर पर घास उठाए ताल की ओर से जल्दी-जल्दी पैर बढ़ाती आती दिखीं तो वह उठकर बैठ गया। वे इतना तेज क्यों चल रही हैं? इतनी जल्दी क्या पड़ी है? दोनों उसी की ओर आ रही हैं। आगे-आगे बेटी, उसके पीछे पतोहू। नँजदीक आने पर पतोहू ने घूँघट खींच लिया। खँचोली सिर पर लिए दोनों पास आकर खड़ी हो गईं।

"बाबू…" जल्दी-जल्दी चलने के कारण बेटी हाँफ रही थी।

"क्या बात है?"

"बभनौटी से दो जन तालाब पर नहाने आए थे। बाहर नहीं निकले। पता नहीं किसके घर के थे।"

"क्या बोल रही है।…ठीक से देखा भी तुमने?…निकलकर चले गए होंगे।"

"नहीं बाबू, घाट पर उनके कपड़े पड़े हैं।"

"भला दो के दोनों कहाँ चले जाएँगे।"

"जरा बभनौटी तक जाकर पूछ आओ।...उधर से ही आए थे।"

"हाँ जाना तो पड़ेगा।...लेकिन जाकर कहेंगे क्या।" पाँचू कुछ सोचता हुए अपने आप से बुदबुदाया।

आखिर वह उठकर खड़ा हुआ और सिर पर गमछा लपेटते हुए तेजी से कदम बढ़ाता बभनौटी की ओर चल पड़ा। मन में शंका हुई कि हो न हो दोनों साधू के घर के हों। पदारथ के घर के होते तो अपने तालाब पर क्यों न जाते। लेकिन सीधे साधू के घर जाने की हिम्मत नहीं हुई। वह पहले पदारथ के घर की ओर ही बढ़ा। वहाँ पहुँचकर निश्चित कर लिया कि वहाँ से कोई नहीं गया था तब धड़कते दिल से साधू के घर की ओर मुड़ा। साधू पूजा पर बैठे थे। वह सामने आकर खड़ा हो गया। उसके चेहरे पर घबड़ाहट देखकर साधू ने इशारे से पूछा, क्या बात है?

"महराज, आपके घर से दो लोग हमारे तालाब पर नहाने गए थे?"

साधू पूजा पर बोल तो सकते नहीं थे। उन्होंने सिर हिलाकर हामी भरी। साथ ही एक भयावह आशंका अन्दर को चीरती चली गई।

"वे लौटकर आए कि नहीं?...क्या है कि उनके कपड़े घाट पर पड़े हैं।"

साधू ने ताली बजाकर रामदेव को बुलाया। वह आ गया तो साधू ने अपना मौन तोड़ा।

"देखो तो रामहित नहाकर लौटा कि नहीं? साथ में मथुरा भी गया था। गए हुए तो काफी देर हो गई।"

"आता तो इधर से ही आता।"

"फिर भी जरा घर में पूछ लो।" कहते-कहते साधू का दिल डूबने लगा।

रामदेव घर के अन्दर गया और वहाँ से लौटकर बिना कुछ कहे तालाब की ओर दौड़ा। साधू भी पूजा से उठकर उसके पीछे-पीछे भागे। घर की औरतें भी मेंड़-डाँड़ लाँघती, गिरती-पड़ती और रोती-चीखती उधर की ओर दौड़ीं। सुमित्रा निकलकर खेत तक गई। आगे दूर तक फसल कटे खेतों के ऊपर धूप चिलचिला रही थी। खेतों के पार, ताल के भीटे के ऊपर खूब घने उगे पेड़ दूर से छोटे-छोटे दिख रहे थे। उतनी दूर कैसे पहुँचेगी।...यही दिन देखने के लिए उसे उठाकर लाए थे। सहसा उसे माँ के मुँह से निकली बात याद आई—जा धिया अहिबाती जा रही हो, राँड़ होकर लौटोगी। सिर घूम गया। झौंड़ियाकर वहीं पर गिर गई। किसी औरत ने उसे पकड़कर उठाया और मेंड़ पर बिठा दिया। वह धीरे से बुदबुदाई—जाते-जाते मेरे साथ यह घाटि क्यों किया? मेरी कोख क्यों भर गए? अब इसे लेकर मैं कहाँ जाऊँगी? तभी औरतों को मालूम हुआ कि उसके पैर भारी हैं। वे उसे पकड़कर सहारा देते हुए वापस लाईं। वह बिस्तर पर पड़ते ही बेहोश-सी हो गई।

थोड़ी ही देर में पूरा गाँव उमड़ पड़ा। जो जहाँ, जिस हालत में था, वहीं से

तालाब की ओर दौड़ पड़ा। आस-पास के गाँवों में भी आग की तरह यह बात फैल गई। तालाब के पास हजारों का मजमा जमा हो गया। गाँव में जितने बुड़वा थे, सब तालाब में कूद पड़े। पूरा तालाब छान मारा गया। लाशें आखिर किनारे ही मिलीं। गड्ढे में मथुरा ऊपर था। पहले उसी की लाश टकराई। उसे किनारे लाया गया तो निराशा में भी साधू को आशा की एक किरन दीखी। हो सकता है, मथुरा के डूबने से रामहित डर गया हो और आस-पास कहीं छिपा हो। साधू रुँधा हुआ गला साफ कर जोर से चिल्लाए—

"अब तो जो होनी थी हो गई भइया।⋯जहाँ भी हो, निकल आओ।⋯कोई कुछ नहीं कहेगा।"

तब तक एक बुड़वा का पैर दूसरी लाश से टकराया। ऊपर आकर उसने कहा, "लगता है अभी कोई और भी है।"

उसने फिर से डुबकी लगाई और इस बार बाहर आया तो रही-सही आशा भी टूट गई। जिस अनर्थ की आशंका थी वही हुआ। दोनों लाशें निकालकर भीटे पर रखी गईं तो रामदेव दोनों हाथ आकाश की ओर उठाए धड़ाम से जमीन पर गिर पड़ा।

परसराम का बड़ा लड़का नेवता लेकर बसौली जाने की तैयारी कर रहा था। दोपहरी ढल गई थी और धूप की आँच कम हो रही थी। साईस ने घोड़े को खरहरा करके जीन कस दी थी। जनेऊ की भीख का सामान लेकर खिदमतगार साथ जा रहा था। साड़ी, चूड़ियाँ, सुहाग का सामान और सीधा एक पोटली में बाँधा जा रहा था। तभी उत्तर की ओर से एक राहगीर आया और कुएँ पर पानी पीने के लिए रुका।

"कहीं जाने की तैयारी हो रही है क्या भैया?" उसने खिदमतगार से पूछा।

"हाँ, बसौली नेवते में जाना है। महराज का समधियान है। कल जनेऊ है और परसों शादी। धूप थोड़ी और झुक जाए तो निकलें।"

"साधू तेवारी के यहाँ तो नहीं जा रहे?"

"हाँ-हाँ वहीं। उन्हीं के पोते का तो ब्याह है।"

"बड़ा अनर्थ हो गया भइया।"

"क्या हुआ?"

"उनके घर के दो लोग एक साथ तालाब में डूब गए।"

"क्या कह रहे हो?⋯ यह कब हुआ?"

"आज ही की बात है। मैं उधर से ही आ रहा हूँ। दोनों नई उमर के थे। एक तो लड़का ही था। पिछले साल ही शादी हुई थी।"

थोड़ी ही देर में पूरे घर में धुआँ-सा भर गया। परसराम गश खाकर गिर पड़े। उनका लड़का जैसे था वैसे ही घोड़े पर सवार हुआ और उसे तेजी से दौड़ाता उत्तर की ओर चल पड़ा।

वह बसौली पहुँचा तो शाम हो रही थी। साधू का द्वार सूना था। अन्दर से

रह-रहकर औरतों के चीखने की आवाज आ रही थी। थोड़ी दूर पर बाग में हजारों की भीड़ जमा थी। उधर से भनभनाहट उठ रही थी। वह घोड़ा बाँधकर उधर ही बढ़ गया। भीड़ को चीरता हुआ बीच में पहुँचा तो अगल-बगल दो चिताएँ लगाई जा चुकी थीं और आग देने की तैयारी हो रही थी। रामदेव चीखते-चीखते बेदम हो गया था। दो लोग उसे सँभाले हुए थे। साधू एक ओर निर्विकार खड़े थे।

बयालीस

पूजा करते-करते साधू का मन भटक जाता था। वे भगवान् से सवाल-जवाब करने लगते थे। किसी ने उन्हें विचलित होते नहीं देखा था। बाहर से वे पत्थर जैसे बने थे, लेकिन अन्दर-अन्दर टूट गए थे। वर्षों से जमी आस्था पिघलकर बह रही थी। ईश्वर का कैसा विधान है? कब, कहाँ, क्या अनहोनी हो जाय कुछ पता नहीं। और कैसे-कैसे निमित्त बनते हैं? उन्होंने रामहित को कमरी धोने के लिए न कहा होता तो शायद यह अघटित न घटता। न वह रुकता, न मथुरा साथ जाने की जिद करता। लेकिन क्या भरोसा, कोई दूसरा बहाना निकल आता। ऊपरवाला जो करना चाहे उसे कौन रोक सकता है। लेकिन वह ऐसा क्यों करना चाहता है? आदमी को सीधी राह क्यों नहीं चलने देता?⋯कर्मों का फल। कौन से कर्म? आदमी को बताया क्यों नहीं जाता कि उसके किस कर्म का कौन-सा फल मिला है?⋯क्या ईश्वर भी अन्यायी है? या संसार की प्रकृति ही ऐसी है? तो ईश्वर कहाँ है? आदमी किसके सहारे जिए?

साधू का गाँव-पवरत्त में जाना एक तरह से बन्द हो गया था। कोई उनके यहाँ आता तो उससे बात करने से भी कतराते। बस चौकी पर बैठे माला फेरते रहते। सुबह-शाम दिशा-मैदान के लिए निकलते तो खेतों के बीच किसी मेंड़ पर अकेले बैठ जाते। और घंटों गुमसुम बैठे रहते। कभी अपने आप से ही बुदबुदाते। रामहित नई बहू को भगाकर लाया। मन न होते हुए भी मथुरा की शादी महाजनी पेशेवाले परिवार में कर दी। दोनों अपनी-अपनी राह चले गए। अब जो रह गए वो भोगें। पूरा परिवार चोट खाकर लहूलुहान हुए साँप की तरह ऐंठ रहा है। लगता है सब कुछ टूट-फूट गया, तहस-नहस हो गया। सालों-साल किसी के चेहरे पर हँसी नहीं आएगी। एक काली छाया-सी मँडराती रहेगी।

तेरहवीं के दूसरे दिन ही सुमित्रा जिद करके मायके चली गई थी। कुछ लोग वहाँ से आए थे, वे लौटने लगे तो उन्हीं के साथ हो ली थी। पहाड़-सी जिन्दगी उसके सामने

पड़ी है। कैसे काटेगी।....और परसराम दूबे की बिटिया। उसको तो कुछ समझ में ही नहीं आया होगा कि क्या हो गया। किस मुँह से उसका गौना लाएँगे। घर में घुसते समय उसे कैसा लगेगा। उसे देखकर रामदेव और उसकी बहू पर क्या गुजरेगी।.... भगवान् तुम इतने क्रूर क्यों हो ? या तुम्हारे वश में कुछ है ही नहीं ?

कभी-कभी सुचित आकर साधू के पास बैठ जाता और गाँव-गिराँव की बातें उठा देता। कुर्मियान और अहिरान में एक नई हवा चल रही थी। लोग कहते थे जैकरन के भूत ने ही दोनों को डुबोया था। शंकर के ऊपर जान देते समय उसने कहा था—इस परिवार का नाश कर देगा। दुर्बली के मरने के बाद शंकर का वंश तो चला नहीं लेकिन उनकी गद्दी पर जो आया, हुआ तो उन्हीं के परिवार का। उनकी जमीन-जायदाद ली तो उनके किए का फल भी भोगे।

घुरहू अहीर की पतोहू को कई दिनों से बुखार हो रहा था। उस दिन अचानक अभुवाने लगी। पुरुष की बानी बोलने लगी। जाने कहाँ-कहाँ की बातें जो किसी को पता तक नहीं थीं। ओझा-सोखा आए। आखिर बड़ी डाँट-फटकार के बाद उसने बकरना शुरू किया। उसी से मालूम हुआ कि दोनों ब्रह्म बने हैं और भीटे के पासवाले पीपल के पेड़ के ऊपर डेरा डाले हैं। ब्रह्म होते हुए भी दोनों जैकरन के शागिर्द हैं और उसी के कहने पर लोगों को पकड़ते-छोड़ते हैं। वह घास छीलकर लौट रही थी। पेड़ के नीचे से गुजरी तो उनका धरम नहीं मनाया। सो उन्होंने पकड़ लिया। बहुत समझाने-बुझाने पर माना कि जैकरन के थान पर सिखरन और लँगोटी चढ़ाए तो छोड़ देंगे। सुचित बताता रहा और साधू चुपचाप सुनते रहे।....सब अज्ञान है। मायाजाल है। भूत-प्रेत सब मन के भ्रम हैं।....क्या ईश्वर भी मन का भ्रम नहीं है ?

दिन, महीने एक-एककर सरकते रहे। मन में धुआँ-सा भरा रहा। बदली छँटने को नहीं आती थी। तीसरा साल लगते ही मथुरा का गौना ले आए। सबकी छाती पर जैसे वज्र रखा हो। शादी में कितने धूमधाम से बारात गई थी। सबको कितना हौसला था। गौने में वही यात्रा कितनी मनहूस लग रही थी। बस किसी तरह निपट जाए। बहुत सँभालते-सँभालते भी कोई एकदम से चीख पड़ता था। सुनकर बाकी लोगों का भी दिल डूबने लगता था। भगवान् जो सहाता है वह सहना ही पड़ता है। अभी तो फूल-सी बच्ची है। सास के साथ सोती है। उसे देख-देखकर सास रात-भर रोती रहती है। धीरे-धीरे बड़ी होगी, जवान होगी। तब समझ में आएगा। कैसे जिन्दगी काटेगी। साधू उसके सामने पड़ने से बचते हैं। उसको देखते ही उनके भीतर आग-सी जलने लगती है। आँख फेर लेते हैं। घर में आते-आते लौट जाते हैं।

रामहित की ससुराल से खबर आई कि सुमित्रा के लड़की हुई है। एक आशा थी कि लड़का होगा तो उसी के सहारे किसी तरह जिन्दगी कट जाएगी। वह भी टूट गई।

धीरे-धीरे परिवार के और लोग सामान्य होने लगे। पर साधू बुत बने रहे। लोग रो-धोकर भूल जाते हैं। यह भी संसार की प्रकृति है। पर जो सोचता है, अन्दर-अन्दर

गुनता है, वही डूबता-उतराता रहता है। उसी को सँभलने में देर लगती है। कभी-कभी तो नहीं ही सँभल पाता। मगर इस सोचने का क्या किया जाए? अपना-अपना स्वभाव। इससे निस्तार कहाँ है?

बसन्त बीत गया था और गरमी शुरू हो गई थी। ढाक के पेड़ों में नए, मुलायम पत्ते निकल आए थे। चरवाहे उन्हें तोड़कर टोपियाँ बनाते और धूप से बचने के लिए सिर पर रख लेते थे। पेड़ों के नीचे ढाक की बड़ी-बड़ी सूखी फलियाँ पटी पड़ी थीं जिन्हें बटोरकर बच्चे ताँबे के बड़े पैसे-जैसे दाने निकालते और जोड़कर खेलते थे। पेड़ों के झुरमुट में कभी-कभी मोरनियों से घिरे और पंख फैलाकर नाचते मोर दिख जाते। किसी की आहट पाते ही वे पंख समेटकर भाग खड़े होते। दोपहरी में बच्चे उनके गिरे हुए पंख खोजते। साही के काँटे बटोरते, लाल-पीली घुमचियाँ इकट्ठी करते और झाड़ियों से फूटकर उड़ते भुए पकड़ते। जो घटित हुआ था प्रकृति उससे बेलौस थी और बच्चे सब कुछ से अनजान उसी के रंग में रँग गए थे।

मथुरा की बहू के लिए जंगल नया था। उसे देखकर डर लगता था। रात में सियारों की हुआ-हुआ से वह चौंक जाती थी। लेकिन बच्चे वहाँ से खेलकर और तरह-तरह की चीजें लेकर लौटते तो उसकी उत्सुकता जाग उठती और मन हुलसने लगता था। अभी उम्र ही क्या थी। राम अभिलाष की बिटिया उसकी हमउम्र थी और उसके आस-पास मँडराती रहती थी। एक दिन वह जंगल से घुमची की माला बनाकर लाई और बहू के हाथ में रख दी। वह निहाल हो गई। बिना कुछ समझे-बूझे उसने उसे गले में डाल लिया। औरतों ने देखा तो सनकी-मटकी करने लगीं। सास का ध्यान गया तो उसे पास बिठाकर फुसलाते हुए माला निकाल दी और बिलख-बिलखकर रोने लगी। पहले तो बहू को कुछ समझ में नहीं आया। जब उसे अपनी स्थिति का भान हुआ तो एकदम से बुझ गई। धीरे-धीरे उसके भीतर यह अहसास गहराता गया कि उसकी दुनिया अलग है और जिन्दगी का उल्लास उसके लिए नहीं है। और इसी के साथ उसके मन की कोमलता मरती गई। वह बात-बात पर रिसियाने-कोंहाने लगी।

उस दिन सहुआइन शाम को जंगल से पत्ते तोड़कर लौट रही थी। अँधेरा घिरने लगा था। साधू महुए के पेड़ से उठंगकर चुपचाप बैठे थे। बगल में उनका सोंटा रखा था। उन्हें देखकर सहुआइन ठिठक गई।

"का महराज, यहाँ कैसे पड़े हैं?...अँधेरा हो रहा है, घर चलिए।"

"बस ऐसे ही..." साधू चौंककर बोले, "सब ओर अँधेरा-ही-अँधेरा है सहुआइन।"

"आप तो ज्ञानी-ध्यानी हो महराज। आप इस तरह हिरासोगे तो हम लोगों का क्या होगा।"

"अपने ऊपर पड़ती है तो सारा ज्ञान-ध्यान भूल जाता है सहुआइन।"

"ऐसा न कहिए महराज। भगवान् ने जैसे दुख दिया है, वैसे उबारेंगे भी। आप तो रोज उनकी पूजा करते हो, आपकी नहीं सुनेंगे, तो किसकी सुनेंगे।"

"अब क्या उबारेंगे सहुआइन। सब मन की बात है। मानो तो भगवान्, नहीं तो पत्थर।"

सहुआइन कुछ देर चुपचाप खड़ी बिसूरती रही। फिर धीरे-धीरे चलती घर की ओर बढ़ गई। आदमी कैसे टूटता है। कैसे एकदम बदल जाता है। यही साधू हैं, उसके यहाँ चोरी हुई थी तो कैसे समझाया था, कितना सहारा दिया था। आज खुद कैसे हो गए हैं।...उन्हीं के कारण हम यहाँ पड़े हुए हैं। नहीं तो पदारथ ने गाँव से निकालने के लिए क्या-क्या नहीं किया। कैसा-कैसा कीचड़ उछाला। साहु का कारोबार बिगाड़ने की कोशिश की। और कुछ बातें तो ऐसी हैं कि उसने किसी से जिक्र तक नहीं किया।...उस दिन उसे उठने में देर हो गई थी। जाड़े के दिन थे। ठंड के कारण बिस्तर में दुबकी पड़ी रह गई थी। उठी तो उजास फैल रही थी। जल्दी-जल्दी जंगल की ओर भागी। लोगों की आवा-जाही शुरू हो गई थी। जंगल में काफी अन्दर घुसकर, चारों ओर ठीक से देख-ताककर वह एक खूब घनी झाड़ के पीछे बैठी थी। वह पानी छूकर उठी और जैसे ही चलने को हुई कि पीछे से कुछ आहट आई। उसने सिर घुमाकर देखा। ढाक के पेड़ की आड़ में पदारथ खड़े थे। उसके अन्दर झन्न से हो उठा। हे भगवान्, ये किधर से आ गए। वह शरम से गड़ गई। भागते-हाँफते कैसे घर पहुँची कुछ होश नहीं। पता ही नहीं चला पैर कहाँ पड़ रहे हैं। घर पहुँचने पर देर तक दिल धक-धक करता रहा। कई बार सोचा साहु से बताए। यह भी मन में आया कि बसौली छोड़कर कहीं और चलने को कहे। लेकिन कुछ कहने की हिम्मत नहीं हुई। अन्दर-ही-अन्दर जज्ब कर गई। हाँ, उस दिन से ज्यादा सावधानी बरतने लगी। अँधेरे में ही निपट आती थी और जंगल में दिशा बदल-बदलकर जाती थी।

घर पहुँचकर उसने हाथ-मुँह धोया और खाना बनाने में लग गई। साहु बाजार गए हुए थे, आज देर से आएँगे। बार-बार उसका मन साधू की ओर चला जाता था। अँधेरे में कब तक वहाँ बैठे रहेंगे। क्या सोचते होंगे। घर में नई उम्र की दो-दो बेवाएँ। देखकर छाती फटती है। साधू की बुढ़ौती बेकार गई। जिन्दगी-भर इतना पूजा-पाठ, दान-पुन्य किया, कुछ काम नहीं आया। पदारथ को देखो, निःशंक घूमता है। कोई-न-कोई खुरपंच लगाए रहता है। किसी से छीनना, किसी का हड़पना। उसे कोई माता-भवानी भी नहीं पूछती। साधू इतना बच-बचाकर चले तो उनका यह हाल है।...भगवान् तुम्हारी माया अपरम्पार है। उसने जोर से उसाँस ली और अदहन के लिए चावल धोने लगी। तभी साधू के घर से चीख-पुकार की हल्की-हल्की आवाज आई। उसने धुला चावल वैसे ही छोड़ दिया और उधर की ओर भागी।

मथुरा की बहू ने कनेर का बीज खा लिया था। दरवाजे में एक खटोले पर पड़ी थी। दाँत बैठ गए थे। कलछुल से उन्हें उभारा जा रहा था। आँखें झँपी हुई थीं। औरतें चारों ओर से घेरकर खड़ी थीं। एक औरत पंखा झल रही थी। सहुआइन पहुँची तो हवा आने के लिए सबको अलग किया। फिर दाँत उभारकर नमक-पानी पिलाने लगी।

दो-तीन गिलास पीने के बाद हल्की-सी कै हुई। थोड़ी देर बाद आँख खुली। तब लोगों की जान में जान आई। लेकिन वह अभी भी बेसुध पड़ी थी। औरतें आपस में कानाफूसी कर रही थीं कि किसने क्या कह दिया जो बहू ने ऐसा कदम उठा लिया। शायद राम अभिलाख की बहू ने कुछ कहा हो। और तो घर में कोई था नहीं। सब किसी-न-किसी काम से बाहर थीं। क्या कहा होगा उसने। किसी की उससे पूछने की हिम्मत नहीं पड़ रही थी। बहुत बाद में बात खुली। वह दोपहरी में सोकर उठी तो मथुरा की बहू शीशा लेकर बाल सँवार रही थी। रसोई में जूठे बर्तन पड़े थे। एक-दो बार उसे बर्तन धोने को कहा पर वह अनसुनी कर गई। इसी पर वह बिगड़ गई। घर में पाँव धरने के पहले ही भतार को खा लिया। अपना तो अपना, दूसरे का भी सुहाग उजाड़ दिया। बड़ी आई साज-सिंगार वाली। इतना ही शौक था तो बाप से बोलती—दुबारा कहीं बैठकी करा देते। जैसे सूद-बाबर करते हैं। वह चुपचाप उठी। घर से निकलकर पिछवाड़े की ओर गई। कनेर के पेड़ों में हरे-हरे फल लगे थे। तोड़कर लाई और पानी के साथ कच्च-कच्च खा रही थी। तभी बाहर से बूढ़ा आ गईं। किसी तरह हाथ पकड़कर रोका। लेकिन तब तक उसका असर होने लगा था।....साधू को आँख के सामने यह सब भी देखना बदा था। जो गए, आदमी उनका एक बार सन्तोष भी कर ले लेकिन जिन्हें पीछे छोड़ गए उनकी हालत कैसे बर्दाश्त करे।

धरते-उठाते सहुआइन के मन में साधू का उस दिन का चेहरा घूम जाता। बहू को देखकर जब उसका दिल फटता है तो साधू पर क्या गुजरती होगी। औरत तो रो-धोकर गुबार निकाल लेती है लेकिन मर्द क्या करे।

तैंतालीस

दो साल की बामशक्कत जेल की सजा काटकर बाबा बाहर निकले तो अन्दर ऊसर-जैसा खालीपन पसरा था। रूरे लौटते हुए मन डूबा जा रहा था। किसान आन्दोलन की रीढ़ टूट चुकी थी। पछाँह का एका आन्दोलन भी बिखर चुका था। चौरीचौरा की घटना के बाद असहयोग आन्दोलन भी वापस ले लिया गया था। गांधी जी साबरमती जेल में बन्द थे। किसानों के नेता किसानों को अपने करम पर छोड़कर अपने-अपने बिलों में घुस गए थे। प्रान्तीय कौंसिल में उदारवादियों के तमाम हो-हल्ले के बावजू सानों की माँगों पर लीपा-पोती करनेवाला उन्नीस सौ इक्कीस का अवध लगान कानून पारित हो गया था। बदले की आग में जल रहे तालुकेदार निरंकुश होकर किसानों पर कहर ढा

रहे थे। नए कानून में किसानों को जो थोड़ी-बहुत सहूलियतें दी गई थीं उनकी अमल-दरामद देखनेवाला कौन था ? सरकार वही थी, तालुकेदार वही थे, उनकी खैरख्वाही वही थी। तालुकेदारों के हितों की रक्षा में ही सरकार को अपना हित दिखाई पड़ रहा था। वैसे भी किसानों का जीना हराम करने के लिए तालुकेदारों के पास काफी हथियार शेष रह गए थे। किसान अपने भाग्य को कोसते, फिर उसी लटपट जिन्दगी की डगर पर चल पड़े थे। बाबा के सामने सब कुछ धुन्ध में डूबा था। उन्हें अपनी जिन्दगी का कोई मकसद नहीं दिखाई पड़ रहा था।

पट्टी में वे मोटर से उतरे तो शाम हो रही थी। झिंगुरी सिंह और सहदेव सिंह चार-पाँच लोगों के साथ उनको लेने आए थे और दोपहर से खड़े-खड़े उनका इन्तजार कर रहे थे। बाबा के सिर और दाढ़ी के बाल बढ़े हुए थे। शरीर कमजोर होकर साँवला पड़ गया था। चेहरे पर एक निराश ठंडापन आ गया था। लोगों को देखकर वे उनकी ओर बढ़े। अगर उनके मुँह से आवाज न निकलती तो उन्हें पहचानना मुश्किल था। एक बार धीरे से किसी ने बाबा रामचन्द्र की जय का नारा लगाया लेकिन उत्साह के अभाव में उसका स्वर सिलमिलाकर बैठ गया।

रूरे तक की यात्रा में किसी के मुँह से बोल नहीं फूटे। लोग बढ़ते हुए अँधेरे में सहमे हुए-से चुपचाप चलते रहे। सुनसान रास्ते पर उठती उनके पैरों की आहट बगल के खेतों, बागों और बस्तियों में बिखरकर गुम हो जा रही थी। कहीं-कहीं टिमटिमाते दीयों की मरियल रोशनी में हिलते-डुलते लोगों के साये मरघट का-सा आभास देते थे।

फिर वही आश्रम। वही मड़हा, वही पीपल का पेड़। मड़हे को साफ-सूफ कर दिया गया था। पीपल के पेड़ की पत्तियाँ अँधेरे में खड़क रही थीं। खबर पाकर कुछ लोग जमा हो गए थे। किसी ने कुएँ की छूही पर मशाल जलाकर रख दी थी। उसकी झिलमिलाती रोशनी में बाबा चुपचाप लोगों के चेहरे देख रहे थे। उनकी निगाह शायद किसी को खोज रही थी। विषाद और संकोच की बदली के बीच हल्की-सी उत्सुकता का अक्स। पर जल्दी ही वह एक कुंठित निराशा में डूब गया। सभी कयास लगाते रहे कि बाबा क्या बोलेंगे। पर वे चुप्पी साधे चारपाई पर गुमसुम बैठे रहे।

थोड़ी देर बाद बुदबुदाते हुए उन्होंने झिंगुरी सिंह से पूछा—"भगवानदीन नहीं आए?"

"खबर तो भिजवाई थी।...खेती के काम में फँसे होंगे।"

रात में झिंगुरी सिंह के घर से खाना आया। इतने दिन बाद घर का खाना सामने था। लेकिन बाबा की भूख जैसे मर गई थी। वे बेमन से चुपचाप कौर निगलते रहे। खा-पीकर वे चारपाई पर आए तो झिंगुरी सिंह और सहदेव सिंह भी पास आकर बैठ गए।

"धिराजी कभी इधर नहीं आई?" इतनी देर बाद बाबा की चुप्पी फिर टूटी।

"वह क्या आती।...बाबा जब से आप गए, सारा खेल ही जैसे उजड़ गया।"

"जग्गी का क्या हुआ?"

"भगवानदीन के घर में ही है। जब भी शादी-विवाह की बात उठती है, धिराजी आड़े आ जाती है। कहती है बाबा आ जाएँ तो उनसे पूछकर ही कुछ होगा।"

"पागल है।" बाबा ने जैसे अपने आप से कहा और चादर खींचकर आँखें मूँद लीं।

"नींद आ रही है बाबा?...थक गए होंगे। सो जाइए।...कल भगवानदीन को बुलवाते हैं।"

"हाँ, कहना धिराजी और जग्गी को भी साथ लाएँ।...या छोड़ो, रहने दो।"

दोनों के जाने के बाद मड़हा सूना हो गया। अँधेरे में कुछ देर गाँव की ओर से कुछ आवाजें आती रहीं फिर वह भी शान्त हो गईं। बाबा को एक झपकी आई, फिर नींद खुल गई। वे देर तक करवटें बदलते आगे-पीछे के जीवन के बारे में सोचते रहे। बार-बार उनका ध्यान धिराजी पर चला जाता था। रूरे पहुँचकर भी उसके बिना सब कुछ कितना सूना लग रहा है! जैसे भी हो उसे पास बुलाना है। उन्हें लगा वे दौड़ते-दौड़ते थक गए हैं और अब आगे नहीं चला जाएगा।...जग्गी। वही एक पुल है जो उन्हें धिराजी से जोड़ सकता है। लोगों ने उसे दान करने की बात फिर से उठाई तो वे मना नहीं करेंगे। इस निश्चय के बाद रात के आख़िरी पहर में किसी तरह फिर आँख लगी।

यह कौन-सी जगह है? शायद जीरनपुर का पुश्तैनी घर। कितना टूट-फूट गया है! दरवाजे के ऊपर खपड़ैल धँसक गई है। घर में घुसते हुए डर लगता है कि कहीं छत नीचे न आ गिरे। **अहाते** में कुछ उत्सव का-सा माहौल है। बहुत सारे लोग जमा हैं। कहाँ-कहाँ के लोग एक साथ दिख रहे हैं। कुछ परिवार के, कुछ फीजी के दिनों के और कुछ किसान सभा के साथी। बड़े-बड़े देगों में खाना पक रहा है। एक ओर माँड़व-जैसा छाया हुआ है। एक औरत गोबर से वहाँ की जमीन लीप रही है। सामने उसकी पीठ है और वह आगे की जमीन लीपती हुई पीछे की ओर सरकती आ रही है। कौन है वह? धिराजी? फिर वह जाने कहाँ चली जाती है।

दृश्य बदलता है। मजिस्ट्रेट की दोनों लड़कियाँ सिर से पैर तक लाल साड़ी से ढकी एक औरत को दोनों ओर से सँभाले उनके पास ला रही हैं। पास आने पर वे पूछते हैं यह कौन है। दोनों खिलखिलाती हैं पर जवाब नहीं देतीं। एकाएक उसका पल्लू सरकता है और साड़ी जमीन पर फैल जाती है। अरे यह तो जग्गी है। वे उसे सहारा देना चाहते हैं पर बहुत कोशिश के बावजूद उनके हाथ उस तक नहीं पहुँचते। वह सिर झुकाए खड़ी है। फिर मुँह ढककर रोने लगती है। दोनों लड़कियाँ गायब हो जाती हैं। तभी धिराजी कहीं से आकर उसको पीछे से सँभाल लेती है। उसके हाथ में अब भी गोबर लगा है जो जग्गी की साड़ी में भी जगह-जगह लग जाता है। तभी अन्दर से माँ निकलती है और लोगों के बीच से रास्ता बनाती जग्गी के पास आती है और उसकी

साड़ी पर गोबर के दाग दिखाते हुए धिराजी को झिड़कने लगती है। वे माँ को रोकना चाहते हैं पर जबान नहीं खुलती।

अचानक दृश्य फिर बदल जाता है। नदी का किनारा। उसके उस पार जंगल से ढकी पहाड़ियाँ दिख रही हैं। पीछे बा नसाऊ शहर है। दोनों लड़कियाँ नदी में नहा रही हैं। किनारे जग्गी खड़ी है। अचानक वे नदी से निकलकर उसे पानी में घसीटने लगती हैं। वह विरोध में हाथ-पाँव मारती है। पर उसका वश नहीं चलता। वे दौड़कर उसके पास जाना चाहते हैं। पर उनके पैर नहीं उठते। तब तक नदी का पानी उफनता हुआ बीच में आ जाता है। वे पैर बढ़ाना चाहते हैं पर पानी का रेला उन्हें पीछे ठेल देता है। पानी बढ़ता आ रहा है। अब न लड़कियाँ दिख रही हैं, न जग्गी। पानी उनके ऊपर से बहने लगता है। वे सहायता के लिए चिल्लाना चाहते हैं। पर आवाज नहीं निकलती। मन ऊभ-चूभ कर रहा है। तभी देखते हैं कि कुछ लोग दौड़ते हुए उनकी ओर आ रहे हैं। वे कुछ बोल रहे हैं जो साफ सुनाई नहीं पड़ता। उनके चेहरे पहचान में नहीं आते पर आवाज झिंगुरी सिंह और सहदेव सिंह की लगती है। तभी आँख खुल जाती है।...बाहर धूप फैल रही है और कुछ लोग कुएँ के पास खड़े बतिया रहे हैं। बातचीत में झिंगुरी सिंह की आवाज उभरकर मड़हे तक आ रही है।

बाबा उठकर बैठ गए। कुछ देर तक तो सपने की भूल-भुलैया में खोये रहे। कहाँ की ईंट कहाँ का रोड़ा, कैसा उलटा-पलटा संसार खड़ा हो जाता है? आखिरी दृश्य का आतंक अभी भी छाया हुआ है। इतने दिन बाद माँ क्यों दिखी? क्या वह जीवित होगी? उन्होंने सिर को एक झटका दिया। फिर अँगड़ाई लेकर उठे और मड़हे से बाहर आ गए। नाई आकर खड़ा था और उनके उठने का इन्तजार कर रहा था। उसने उनके बाल काटे और दाढ़ी बनाई। उन्होंने खूब मलमलकर स्नान किया। फिर पूजा पर बैठे।

दिन-भर लोग आते-जाते रहे। उनसे बातें करते हुए धीरे-धीरे बाबा के मन की गाँठ खुलती रही। शाम को भगवानदीन आए। मगर साथ में धिराजी नहीं थी। बाबा के चेहरे पर हताशा छा गई।...जिन्दगी की डोर पकड़ में नहीं आती। एक के बाद एक सूत बिखरता जाता है।

दूसरे दिन दोपहर में खाने के बाद बाबा ने कागज-कलम उठाई और लिखने बैठ गए।

"आज दिन-भर लोग आते रहे। मैं उनकी बातें सुनता रहा। बीच-बीच में हँसता-मुस्कराता भी रहा। अपने को देखता हूँ तो सोचने लगता हूँ मैं क्या था, क्या हो गया और आगे क्या होऊँगा। लोग मुझसे पूछते हैं कि किसानों का दुःख कभी दूर होगा या नहीं। तरह-तरह की तकलीफें बयान करते हैं। मैं न उनके घर का न घाट का। न किसी महकमे का हाकिम हूँ कि उनकी दरख्वास्त पर कुछ ले-देकर हुक्म लिख दूँ जैसा कि आजकल हर जगह हो रहा है।...संसार में कई प्रकार के नर-नारी हैं। हर एक की अपनी-अपनी गरज है। बड़े से लेकर छोटे तक वेद, कुरान, कानूनी हिदायतों का

उल्लंघन करते हैं। लेकिन बड़ों का अवगुण उनकी इल्म, तनख्वाह, ओहदे और रहन-सहन की आड़ में छिप जाता है। गरीब और छोटे लोगों पर ही मार पड़ती है। हर शख्स उन्हीं पर उँगली उठाता है। उन्हें नीचा दिखाता है।...समाज अनेक जातियों में बँटा है। लोग जन्म से ही अपनी-अपनी जाति की भाषा, गृह-कार्य, सामाजिक कार्य और लौकिक-पारलौकिक कार्यों में प्रवृत्त हो जाते हैं। उन्हें किसी तरह का असन्तोष नहीं होता। अगर सबका कार्य बराबर हो, सबका मान-सम्मान बराबर हो तब तो कोई बात नहीं। लेकिन आगे सब कुछ गड़बड़ा जाता है। एक जाति, एक वर्ण अपने को सभी जातियों, सभी वर्णों का अधिकारी मान लेता है। अन्य सभी भी इसको स्वीकार कर लेते हैं। तब वह भूल जाता है कि सभी जातियों ने ही उसे अधिकारी बनाया है और सभी की मर्यादा रखना उसका धर्म है। कि उसकी किसी नीति या चाल-चलन से किसी की हानि नहीं होनी चाहिए, किसी को दुःख नहीं पहुँचना चाहिए। लेकिन ऐसा नहीं होता। तो जिन जातियों ने उसे अपना संरक्षक मान लिया उन्हीं से भूल हो गई। इसका सुधार कैसे हो? सभी जातियों के लोग अपने-अपने बीच से अपनी ही जाति का मुखिया चुनें। वह अपनी जाति की उन्नति पर ध्यान दे लेकिन दूसरी जातियों को बुरा-भला कहकर उनसे वैर-विरोध बढ़ाने का धन्धा न अपनाए। लेकिन क्या यह हो पायेगा?"

बाबा ने कागज-कलम एक ओर रख दी और शून्य में ताकने लगे। आहट पाकर वे मड़हे से बाहर आए। सामने धिराजी खड़ी थी। उसके पीछे छोटी-सी गठरी सँभाले और सिर नीचा किए जग्गी। ये कब आ गईं? जग्गी कितनी बड़ी हो गई है? उम्र की कोंपलें कितनी तेजी से फूटने लगी हैं। उसे लेकर उनके मन में जो उधेड़बुन चल रही है, क्या उसको एहसास होगा?

समय धीरे-धीरे सरक रहा है।...रूरे से डेढ़ कोस दक्षिण कमल की बेलों और बीच-बीच में सिर उठाए सफेद-गुलाबी फूलों से भरा विशाल तालाब है जिसके किनारे एक पुराना देवस्थान है। उसे दाउदपुर कुंडा कहते हैं। बगल में कुर्मियों का एक बड़ा गाँव है जिनकी जमीनें तालाब के पास तक फैली हैं। यह इलाका हरीपुर तालुके में आता है। तालुकेदार राय विशेसर सिंह ने वहीं तेरह बिस्वे की आराजी बाबा के नाम लिख दी है। उसी में तालाब के भीटे के पास दाउदपुर के किसानों ने उनके लिए एक कुटिया बना दी है। दूध पीने के लिए एक गाय रख दी है। बाबा रूरे छोड़कर अब इसी कुटिया में आ गए हैं। रूरे छोड़ने के पहले वहाँ भी तीन बीघे जमीन गहनऊ लिया था। खेती की देखभाल के लिए रूरे भी आते-जाते रहते हैं।

बाबा अब गृहस्थ बन गए हैं। पंचों ने मिलकर जग्गी को उन्हें दान कर दिया है। जग्गी बराबर उनके पास रहती है। वे सभा-सोसाइटी जहाँ भी जाते हैं, वह उनके साथ जाती है। उसे अक्षर-ज्ञान कराने के लिए एक कायस्थ मास्टरनी लगाई गई है। चिट्ठी-पत्री लिख ले, रामायण बाँच ले इतना ज्ञान तो जरूरी है। उसकी अभी कच्ची उम्र है। बाबा की गृहस्थी सँभालने धिराजी अक्सर मेंहदिया से आ जाती है। और आती है

तो कई दिनों के लिए रुक जाती है। बाबा और धिराजी के सम्बन्धों में एक स्थिरता, एक जिम्मेदारी का भाव आ गया है। लोगों को कुछ खटकता नहीं है। भगवानदीन ने भी इसे सहज ढंग से स्वीकार कर लिया है। वे भी बीच-बीच में आते रहते हैं। काशी, अयोध्या, प्रयाग, झिंगुरी सिंह, सहदेव सिंह सबका जमावड़ा होता है। बसौली से सुचित भी आ जाता है। बाबा ने किसानों का काम जारी रखा है। पर वे अब मुख्य रूप से कुर्मियों को संगठित करने में लगे हैं। किसान सभा अब मुख्यतः कुर्मियों की सभा होकर रह गई है। जग्गी के साथ शादी होने से जहाँ कुर्मियों के मन में उनके लिए अपनत्व और विश्वास बढ़ा है, सवर्ण लोग उनसे कट गए हैं। खासकर ब्राह्मणों में उनकी बड़ी अप्रतिष्ठा हुई है। आस-पास के गाँवों में सभाएँ होती हैं तो उनके साथी इस शादी के पक्ष में दलीलें देते हैं पर बाबा इस विषय पर मौन रहते हैं।

बाबा कभी-कभी बाहर जाते हैं। प्रतापगढ़, इलाहाबाद, लखनऊ। लौटकर खबरें लाते हैं। केन्द्रीय असेम्बली और प्रान्तीय कौंसिल के चुनाव। मोतीलाल नेहरू की स्वराज पार्टी। गांधीजी का जेल से छूटना। गोलमेज सभा। सविनय अवज्ञा आन्दोलन। इलाके के गाँववाले बाबा की खिड़की से ही बाहर की दुनिया को देखते हैं।

जाड़ा खत्म हो गया है। धीरे-धीरे गर्मी बढ़ रही है। चैती की कटाई शुरू हो गई है। दोपहर में खा-पीकर थोड़ी देर आराम करने के बाद बाबा कुटिया के सामने एक पेड़ की छाया में चारपाई पर बैठे लिख रहे हैं। थोड़ी दूर पर सरसों के कुछ बोझ रखे हैं और धिराजी और जग्गी मुँगरी लेकर सरसों पीट रही हैं। सामने के खेतों में झुंड बनाकर लोग फसल काट रहे हैं। उसकी खस्स-खस्स की आवाज यहाँ तक आती है। बाबा बीच-बीच में सिर उठाकर उनकी ओर देखते हैं और विचारों में खो जाते हैं। कुछ देर बाद फिर लिखने लगते हैं। अचानक जग्गी को उबकाई आती है और सँभालते-सँभालते उसे कै होने लगती है। धिराजी उसे पकड़कर कुटिया के सामने लाती है और पानी लेकर मुँह धुलवाती है। वह बिल्कुल पस्त लग रही है। उसकी ओर देखते हुए बाबा के चेहरे पर चिन्ता और जिज्ञासा का मिला-जुला भाव है। धिराजी तिरछी निगाह से बाबा को देखती है और उसके होंठों पर नामालूम-सी मुस्कान तैर जाती है। माँ-बेटी को इस रूप में देखकर उनके भीतर फुहार-सी छूटती है। वे फिर से लिखने में मशगूल हो जाते हैं।

शाम बहुत धीरे-धीरे उतरती है। ताल के भीटे पर पेड़ों की हिलती टहनियों के बीच सूरज की सुनहरी किरनें कुछ देर काँपती हैं, फिर अदृश्य हो जाती हैं। चिड़ियों की चहचहाहट तेज हो जाती है। शाम का धुँधलका गाढ़ा होते-होते स्याह अँधेरे में घुल जाता है। खेतों की ओर से इक्का-दुक्का किसानों के बोझ बाँधने और उठाने की आवाज आती रहती है।

□□□